ANALISIS DEL ENTORNO ECONOMICO DE LOS NEGOCIOS

Una introducción a la macroeconomía

Serie McGraw-Hill de Management

Coordinador

José Carlos Jarillo Mossi
IMD. Lausanne (Suiza)

Consultores editoriales

Diego del Alcázar Silvela
Director del Instituto de Empresa
Madrid

Josep Chias
Presidente de Marketing Systems y profesor de Marketing de ESADE
Barcelona

Pedro Nueno Iniesta
Profesor de IESE
Barcelona

ANALISIS DEL ENTORNO ECONOMICO DE LOS NEGOCIOS

Una introducción a la macroeconomía

José María O'Kean

McGraw-Hill

MADRID • BUENOS AIRES • CARACAS • GUATEMALA • LISBOA • MEXICO • NUEVA YORK
PANAMA • SAN JUAN • SANTAFE DE BOGOTA • SANTIAGO • SAO PAULO
AUCKLAND • HAMBURGO • LONDRES • MILAN • MONTREAL • NUEVA DELHI • PARIS
SAN FRANCISCO • SIDNEY • SINGAPUR • ST. LOUIS • TOKIO • TORONTO

ANALISIS DEL ENTORNO ECONOMICO DE LOS NEGOCIOS

No está permitida la reproducción total o parcial de este libro, ni su tratamiento informático, ni la transmisión de ninguna forma o por cualquier medio, ya sea electrónico, mecánico, por fotocopia, por registro u otros métodos, sin el permiso previo y por escrito de los titulares del Copyright.

DERECHOS RESERVADOS © 1994, respecto a la primera edición en español, por
McGRAW-HILL/INTERAMERICANA DE ESPAÑA, S. A.
Edificio Valrealty A, 1.ª planta
Basauri, 17
28023 Aravaca (Madrid)

ISBN: 84-481-1995-9
Depósito legal: M. 4.295-1999

Diseño de cubierta: Félix Piñuela. Grafismo electrónico
Preimpresión: MonoComp, S. A.
Impreso en EDIGRAFOS, S. A.

IMPRESO EN ESPAÑA - PRINTED IN SPAIN

A mis padres: Angelina y José María

Resumen del contenido

Prólogo... xiii

PARTE I. INTRODUCCION

CAPITULO 1. Entorno económico y estrategia empresarial..... 1
CAPITULO 2. El funcionamiento de los mercados............ 25
CAPITULO 3. Macromagnitudes e indicadores............... 47

PARTE II. LA DEMANDA AGREGADA

CAPITULO 4. Demanda Agregada (I): consumo, ahorro e inversión..................................... 63
CAPITULO 5. Demanda Agregada (II): los impuestos, el gasto público, el déficit del presupuesto y la política fiscal. 89
CAPITULO 6. Demanda Agregada (III): exportaciones e importaciones; Balanza de pagos, tipos de cambio y política comercial................................ 101
CAPITULO 7. Mercado de activos (I): el sistema financiero..... 127
CAPITULO 8. Mercado de activos (II): dinero y tipos de interés. 149
CAPITULO 9. Demanda Agregada (IV): inversión y políticas monetaria y fiscal. El sector exterior y la balanza de capitales................................... 177

PARTE III. LA OFERTA AGREGADA Y EL FUNCIONAMIENTO DE LA ECONOMIA

CAPITULO 10. La Oferta y la Demanda Agregadas (I): la Demanda Agregada, el mercado de trabajo, la oferta y la determinación de la renta y los precios......... 209
CAPITULO 11. La Oferta y la Demanda Agregadas (II): shocks de oferta, expectativas, políticas contra el desempleo y la inflación, y el largo plazo.................. 227
CAPITULO 12. Los problemas económicos: desempleo, inflación, déficit y competitividad..................... 249

Contenido

Prólogo xiii

PARTE I. INTRODUCCION

CAPITULO 1. Entorno económico y estrategia empresarial....... **3**

Empresarios, entorno y estrategia........................ 3
El análisis del entorno económico........................ 6
Los problemas económicos................................ 8
La construcción del modelo: el flujo circular de la renta........ 15
La identidad macroeconómica básica...................... 17
Aproximación inicial al modelo........................... 18
Una visión de conjunto.................................. 22
Nota bibliográfica 24

CAPITULO 2. El funcionamiento de los mercados............... **25**

El mercado y los sistemas económicos..................... 25
El estudio de los mercados............................... 26
La demanda 28
La oferta 33
El ajuste del mercado................................... 37
La elasticidad y el equilibrio............................. 40
Los fallos del mercado y el papel del Estado............... 43
Nota bibliográfica 46

CAPITULO 3. Macromagnitudes e indicadores.................. **47**

El flujo circular y los agregados económicos................ 47
La producción 48
La renta 51
El gasto 52
Una visión de conjunto.................................. 53

Indices de precios. 55
La población y el desempleo. 57
Instrumentos estadísticos. 57
El diamante 58
Nota bibliográfica 60

PARTE II. LA DEMANDA AGREGADA

CAPITULO 4. Demanda Agregada (I): consumo, ahorro e inversión.   **63**

Introducción 63
La condición de equilibrio. 67
La demanda de consumo. 68
La demanda de inversión. 77
El equilibrio del mercado de bienes y servicios. 79
El efecto multiplicador. 83
La paradoja de la frugalidad. 85
El pleno empleo y la inflación. 86
Nota bibliográfica 88

CAPITULO 5. Demanda Agregada (II): los impuestos, el gasto público, el déficit del presupuesto y la política fiscal. . .   **89**

El Estado y la Demanda Agregada. 89
Los efectos de la intervención del Estado sobre la renta. 91
La política fiscal. 93
El presupuesto del Estado y el déficit. 96
Nota bibliográfica 99

CAPITULO 6. Demanda Agregada (III): exportaciones e importaciones; Balanza de pagos, tipos de cambio y política comercial **101**

La Demanda Agregada y el sector exterior. 101
La Balanza de pagos. 103
El tipo de cambio. 109
Incidencia del sector exterior en la determinación de la renta. . . . 121
La política comercial y el déficit exterior. 123
El modelo de demanda: un resumen. 124
Nota bibliográfica 126

CAPITULO 7. Mercado de activos (I): el sistema financiero **127**

El dinero y la financiación de la economía. 127
Los bancos comerciales. 129
El Banco Central. 133
Los agregados monetarios. 136

La creación de dinero. 138
El sistema financiero. 143
Factores de creación y absorción de la base monetaria. 145
El control de la oferta monetaria. 147
Nota bibliográfica 148

CAPITULO 8.   Mercado de activos (II): dinero y tipos de interés. . . **149**

Introducción 149
Activos financieros 150
Los activos financieros y la financiación económica 152
Rentabilidad de los activos y tipos de interés. 154
Riqueza y mercado de activos. 156
La demanda de dinero. 157
La oferta monetaria. 162
El ajuste del mercado de dinero. 164
Perturbaciones en el mercado de dinero. 167
La política monetaria. 171
Nota bibliográfica 176

CAPITULO 9.   Demanda Agregada (IV): inversión y políticas monetaria y fiscal. El sector exterior y la balanza de capitales . **177**

Introducción. 177
La demanda de inversión y el tipo de interés. 180
Interrelación de los mercados de bienes y activos. 184
Los mercados de activos en economías abiertas. 191
Política fiscal y monetaria con movilidad de capitales. 198
El sector exterior y los mercados de bienes y activos. 203
Nota bibliográfica 205

PARTE III. LA OFERTA AGREGADA Y EL FUNCIONAMIENTO GENERAL DE LA ECONOMIA

CAPITULO 10.   La Oferta y la Demanda Agregadas (I): la Demanda Agregada, el mercado de trabajo, la oferta y la determinación de la renta y los precios. **209**

La deducción de la Demanda Agregada. 209
El mercado de trabajo. 212
La Oferta Agregada. 215
El modelo de Oferta y Demanda Agregadas. 219
Nota bibliográfica 225

CAPITULO 11. La Oferta y la Demanda Agregadas (II): shocks de oferta, expectativas, políticas contra el desempleo y la inflación, y el largo plazo. **227**

Los shocks de oferta y la espiral inflacionista. 227
Las expectativas. 229
Las políticas contra la estanflación. 231
Limitaciones de la política económica. 241
La política adecuada contra la estanflación. 242
El largo plazo y la producción de pleno empleo. 243
¿Es nuestro modelo clásico o keynesiano?. 244
El funcionamiento completo del modelo. 247
Nota bibliográfica 247

CAPITULO 12. Los problemas económicos: desempleo, inflación, déficit y competitividad. **249**

El desempleo 249
La inflación 256
El déficit público y los shocks de oferta. 260
El déficit comercial y la competitividad. 262
Déficit, *crowding out* y endeudamiento: España 1987-1992. 265
El equilibrio fundamental: el origen de la crisis. 267
Nota bibliográfica 268

Prólogo

El proceso de toma de decisiones empresariales es cada vez más complejo. El exclusivo conocimiento del propio mercado y de las fuentes de aprovisionamiento de la empresa no es ya suficiente para el éxito empresarial. El empresario compite en un mercado cada vez más internacional, con empresas de países con características económicas distintas y estrategias competitivas diferenciadas. El Estado a su vez se ha convertido en el principal sector económico. Sus decisiones de naturaleza económica y política alteran el entorno de los negocios. Sus compromisos internacionales condicionan sus políticas y el empresario tiene que ajustar su estrategia propia, si el Estado altera, por ejemplo, su política monetaria o el tipo de cambio de la moneda. Son muchos los empresarios y directivos que no están preparados para comprender este entorno amplio y cambiante en el que su negocio se desenvuelve. A ellos va dirigido este libro. A aquellos que tienen necesidad de interpretar cuál será el efecto de la política económica del Gobierno, o cómo puede afectar el entorno de otros países a nuestra economía.

El texto también pretende ofrecer, con una metodología adecuada para Escuelas de Negocios, un manual para un curso de Entorno Económico, que permita manejar el instrumental necesario para comprender los problemas económicos básicos: el crecimiento económico, la inflación y el desempleo, los efectos de la política económica, la interrelación entre la economía real y las finanzas, los movimientos internacionales de capitales, los problemas ocasionados por los déficit fiscal y exterior, las condiciones necesarias para la mejora de la competitividad y productividad de la economía, el origen de la crisis actual y la incidencia de la política que sigue para salir de ella.

El curso que proponemos ha sido experimentado con éxito durante tres años en el Instituto de Empresa, en los programas MBA de Comercio Exterior y MBA Executive, sirviendo igualmente de base en el Programa de Alta Dirección. El contenido de este programa ha sido igualmente impartido por el autor en el programa de formación para altos funcionarios del Ministerio de Cultura, el curso selectivo de Administradores del Estado impartido en el Instituto Nacional de Administraciones Públicas, así como en otras instituciones de formación.

Al estar dirigido a ejecutivos, empresarios y alumnos de MBA, se ha optado por una distribución de temas progresivos en cuanto a su dificultad y configurados para ser explicados y debatidos en unas veinte sesiones de hora y media a dos horas por sesión. En cada capítulo se presenta de forma continuada el instrumental necesario para enjuiciar el entorno económico en profundidad. El texto es directo para ahorrar tiempo en el estudio y denso en el contenido. Se ha huido del aparato matemático innecesario, optando por el análisis gráfico imprescindible, habida cuenta que los futuros usuarios pueden ser licenciados en carreras técnicas, junto a titulados en licenciaturas sociales y jurídicas e incluso empresarios sin formación universitaria. También puede utilizarse este libro como referencia básica, para impartir un semestre de un curso de Economía Política en Facultades de Derecho o incluso un semestre de Macroeconomía, en la nueva titulación de Licenciado en Administración y Dirección de Empresas.

Hay varias diferencias respecto a los excelentes manuales de Economía o Macroeconomía existentes en el mercado:

1. Los manuales introductorios de Economía no suelen analizar los problemas «difíciles», que son relegados a cursos superiores. Dado que el instrumental económico que explican es presentado con especial detenimiento, y pensando que en cursos superiores será realizado un análisis más profundo, dejan de ofrecer al lector las herramientas que se requieren para comprender la actividad económica cotidiana.
2. Por regla general, los manuales de teoría económica desarrollan un sofisticado lenguaje matemático para explicar los problemas económicos. Este lenguaje impide a los no versados en el cálculo matemático acceder a la comprensión y manejo de las herramientas económicas. Sin duda el lenguaje matemático es poderoso, pero es prescindible. Intentamos en este libro explicar las cuestiones más complejas que son interesantes para un hombre de negocios, con un lenguaje gráfico sencillo, dejando ocultas las funciones matemáticas y las condiciones matemáticas del equilibrio económico.
3. Se ha optado por seguir una secuencia de capítulos con forma y contenido más propios de unas «notas técnicas», acorde con el sistema de enseñanza de las Escuelas de Negocios. Se presenta el análisis necesario de forma directa, con brevedad pero con densidad, sin recurrir sistemáticamente a ejemplos (en ocasiones muy alejados de la realidad económica), que en la mayoría de las ocasiones distraen la atención del lector demostrando lo obvio. Se pide, pues, un esfuerzo intenso pero breve para comprender los problemas económicos actuales, no ejemplos hipotéticos. El sistema pretende que en cada momento y para cada economía se introduzca por el profesor o el estudiante la conexión entre el análisis que se explica y la realidad económica que muestran la prensa económica o los informes de coyuntura.

4. Los capítulos de este libro presentan un cambio completo respecto a los manuales al uso. Se hace hincapié sistemáticamente en el proceso de ajuste y las relaciones causa-efecto que conllevan al aquilibrio, pero el equilibrio se presenta como la tendencia que la economía sigue, no como una igualdad que se alcanza misteriosamente. Para realizar el análisis del entorno económico de los negocios, lo importante es saber cómo afectan a la estrategia empresarial las perturbaciones económicas, no las condiciones de equilibrio de los modelos. Por ello, el lector encontrará gráficos secuenciales de flechas que no aparecen en otros manuales.

El libro se estructura en doce capítulos, divididos en tres partes. Tres capítulos introductorios constituyen la **Primera parte**. El Capítulo 1 sitúa la función empresarial en el diseño de la estrategia de la empresa, y muestra la relevancia y complejidad del análisis del entorno económico; presenta también la secuencia y partes del curso. El Capítulo 2 es instrumental, explica el funcionamiento de un mercado microeconómico. En el Capítulo 3 se consideran los indicadores económicos y las principales macromagnitudes. La **Segunda parte** está dedicada al análisis de los componentes de la Demanda Agregada y el Mercado de Activos. Son seis capítulos para el estudio del consumo, la inversión, el sector público y el sector exterior, el mercado de activos y su interrelación con el mercado de bienes y servicios, considerando la incidencia de los movimientos internacionales de capitales y los efectos de las políticas de demanda. Finalmente, en la **Tercera parte**, tres capítulos presentan el modelo completo de Oferta y Demanda Agregadas y su aplicación al estudio de los problemas económicos fundamentales. A nuestro juicio, los Capítulos 8, 9 y 10 constituyen el análisis fundamental del entorno económico de los negocios. Los anteriores son previos y necesarios para construir el modelo, y los posteriores aplican este instrumental a los problemas reales. También, en nuestra opinión, los últimos cuatro capítulos aportan algunos desarrollos originales, al margen de los esquemas secuenciales de flechas.

Aquellos profesores que crean que los temas deben ser explicados en clase deberían completar los capítulos con los datos y evidencias que entiendan son más interesantes para los alumnos. Su experiencia y sensibilidad les sugerirán en cada momento los ejemplos más adecuados según sus alumnos y la marcha de la clase. Aquellos que sigan un método interactivo pueden encontrar una importante ayuda en este texto. Las cuestiones para plantear a los alumnos en cada capítulo son muy numerosas. Sobre éstos pueden elaborar unas notas personales a modo de ejercicios, preguntas o cuestiones para debatir, o presentarles las adecuadas noticias de prensa para povocar el debate y en él utilizar el instrumental del capítulo.

El lector del libro debe subrayar y ejercitarse en los razonamientos y los diagramas. La Economía es un instrumental y una forma de razonar. Leer el libro comprendiéndolo pero sin «trabajarlo» no es suficiente. No podrá, al final de su lectura, utilizar el modelo de Oferta y Demanda Agregadas para dar respuesta a la incidencia de determinadas políticas o perturbaciones en el entorno. El estudio es una inversión en capital humano; la simple lectura es un acto de consumo: produce satisfacción, pero en contados casos produce rentabilidad alguna. Debe saber utilizar el modelo, no memorizarlo. Con el ejercicio que requiere comprender los diagramas y las veces que tendrá que dibujarlos retendrá el esquema fundamental sin memorización. Después, los repasos rápidos y preguntarse por el efecto de otras variaciones posibles harán el resto. Afortunadamente para nosotros, la prensa económica y los buenos periódicos nacionales e internacionales tienen siempre noticias económicas y editoriales interesantes, que permiten aplicar el esquema argumental del modelo a la realidad cotidiana.

Este libro surgió como una colección de notas técnicas para completar un trabajo de casos de «Análisis económico de países». Lo ideal es que después de completado el estudio de este curso se planteen casos de análisis de países. En la discusión de estos casos el alumno aprenderá a manejar el instrumental y sistematizar las relaciones, para después aplicar el modelo al análisis del entorno de su negocio o la comprensión y predicción de la realidad. El libro de casos del profesor Pampillón[1] es el complemento de estas notas y su origen.

Las discusiones con los profesores del Area del Entorno Económico del Instituto de Empresa, Rafael Pampillón y Manuel Escudero, me sirvieron como punto de referencia para marcar el alcance de estas páginas, que sin duda simplifican mucho la teoría macroeconómica convencional. Carlos Usabiaga, colega del Departamento de Teoría Económica y Economía Política de la Universidad de Sevilla, revisó el manuscrito y me hizo interesantes sugerencias que han mejorado el discurso. Mis alumnos del Instituto me han alentado a terminar el libro y me han indicado algunas partes oscuras que he intentado rectificar. Espero que sigan mostrándome el camino. Diego del Alcázar, director del Instituto de Empresa, confió en mí y me permitió iniciar esta enriquecedora experiencia. Tomás Garicano, director Académico, lo hizo posible. El director del Area del Entorno Económico, Francisco Navarro, me ha obligado prácticamente a escribir este libro, con su exigencia y sobre ella su amistad. A todos ellos mi agradecimiento.

JOSÉ MARÍA O'KEAN
Sevilla, diciembre de 1993

---

[1] PAMPILLÓN OLMEDO, RAFAEL: *Análisis económico de países. Teoría y casos de política económica*, McGraw-Hill, Madrid, 1992.

PARTE I
INTRODUCCION

CAPITULO 1

ENTORNO ECONOMICO Y ESTRATEGIA EMPRESARIAL

El presente capítulo sirve de introducción a un curso de Economía básica, enfocado a explicar los fundamentos para el análisis del entorno económico de los negocios. Se ofrece una aproximación inicial a la función empresarial para resaltar la relevancia del entorno económico en el diseño y la implantación de la estrategia competitiva de la empresa. La complejidad del análisis del entorno económico de los negocios nos obligará a utilizar un modelo: el modelo de Oferta y Demanda Agregadas. La estructura de este modelo y el objeto del curso constituyen el contenido de este capítulo.

EMPRESARIOS, ENTORNO Y ESTRATEGIA

El agente empresarial desempeña una relevante función económica que comprende cuatro vectores: 1) disminuir las ineficiencias que siempre existen en su empresa; 2) captar las permanentes oportunidades de beneficios de los mercados de bienes y factores; 3) estimar el futuro en un entorno de incertidumbre; y 4) innovar, ya sea el sistema productivo, la fuente de aprovisionamientos, el diseño de los productos, etc. El empresario puede ser una persona o un conjunto de ellas, y a su vez puede ser o no propietario del capital de la empresa que dirige. La forma de llevar a cabo la función empresarial consiste en el diseño e implantación de la estrategia competitiva de su empresa. La valoración de los resultados de estas acciones constituye un importante flujo de información que permitirá al empresario evitar las vulnerabilidades del diseño o la implantación estratégicas. (Véase Esquema 1.1.)

Sin embargo, la mayor parte de la información que el empresario necesita para diseñar e implantar la estrategia competitiva de su empresa deberá obtenerla del análisis de su entorno. Una forma de analizar el entorno empresarial consiste en distinguir el entorno de ventas del entorno de compras y producción.

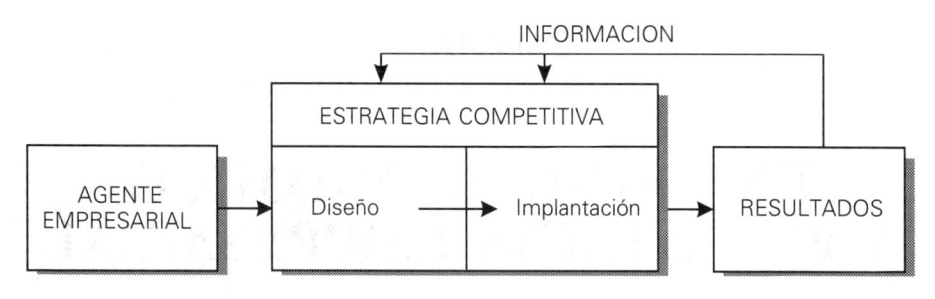

Esquema 1.1.

El *entorno de ventas* de la empresa, a su vez, permite distinguir entre el entorno *inmediato*, constituido por el mercado en el que la empresa compite, (su estructura, diferenciación de productos, barreras de entrada, etc.); y un entorno *general* que comprende las relaciones económicas y sociales en las que este mercado está inmerso. Si bien es cierto que el entorno inmediato constituye la principal fuente de información para elaborar la estrategia empresarial, no es menos cierto que sin comprender qué ocurre en el entorno general tendremos grandes dificultades para conocer la evolución y el funcionamiento del mercado de bienes. Variables en principio tan alejadas del entorno inmediato como el crecimiento del PIB, Consumo privado, Inversión privada y pública, Gasto público, Exportaciones, Importaciones, Tasa de inflación, Tipo de interés, Tipo de cambio, Aranceles, etc., afectan a la cuenta de resultados de las empresas por su incidencia en las ventas y deben ser analizadas y comprendidas.

El *entorno de compras y producción* de la empresa queda también constituido por el entorno *inmediato*, formado por la propia organización empresarial y el mercado de factores que abastece a la empresa, y el entorno *general*, que afecta a la empresa y a sus fuentes de aprovisionamiento, a partir de cambios en variables como la Tasa de salarios, Impuestos, Formación profesional, Importaciones, Seguridad Social, Tasa de inflación, Tipos de cambio, Tipo de interés, etc. Las cuentas de compras y gastos de las empresas serán sensibles a las perturbaciones del entorno general, y su comprensión es necesaria para poder discernir sobre el funcionamiento y evolución del mercado de factores y la propia organización empresarial, a la hora de diseñar e implantar la estrategia empresarial.

El análisis de ambos entornos ofrece una dificultad adicional. *Captar la información* necesaria requiere esfuerzo, conocimiento e intuición, en la medida que la información no suele ser homogénea ni está disponible para cualquier agente. Pero además, el agente empresarial se enfrenta con frecuencia con escenarios en los que no existe la información que precisa. Entonces tiene que *estimar la información* que necesita y se enfrenta a un escenario de incertidumbre. Cuando el empresario se enfrenta a una decisión que se extiende en el tiempo, entonces con frecuencia tiene que estimar el entorno futuro, y con esta acción contribuye a una de las principales funciones económicas y sociales de la actividad empresarial: enfrentarse al futuro y crear vías para hacerlo posible.

Captar la información del entorno y entre ellas las oportunidades de beneficio, y estimar el futuro en un ámbito de incertidumbre, constituían dos de los vectores de la función empresarial ya aludidos. Junto a ellos, disminuir las ineficiencias de la estructura productiva del entorno inmediato, y diseñar una estrategia innovadora e implantarla constituyen las otras facetas de la función empresarial. (Véase Esquema 1.2.)

Para completar este análisis debemos incluir dos sectores económicos adicionales que han cobrado en los últimos tiempos una relevancia funda-

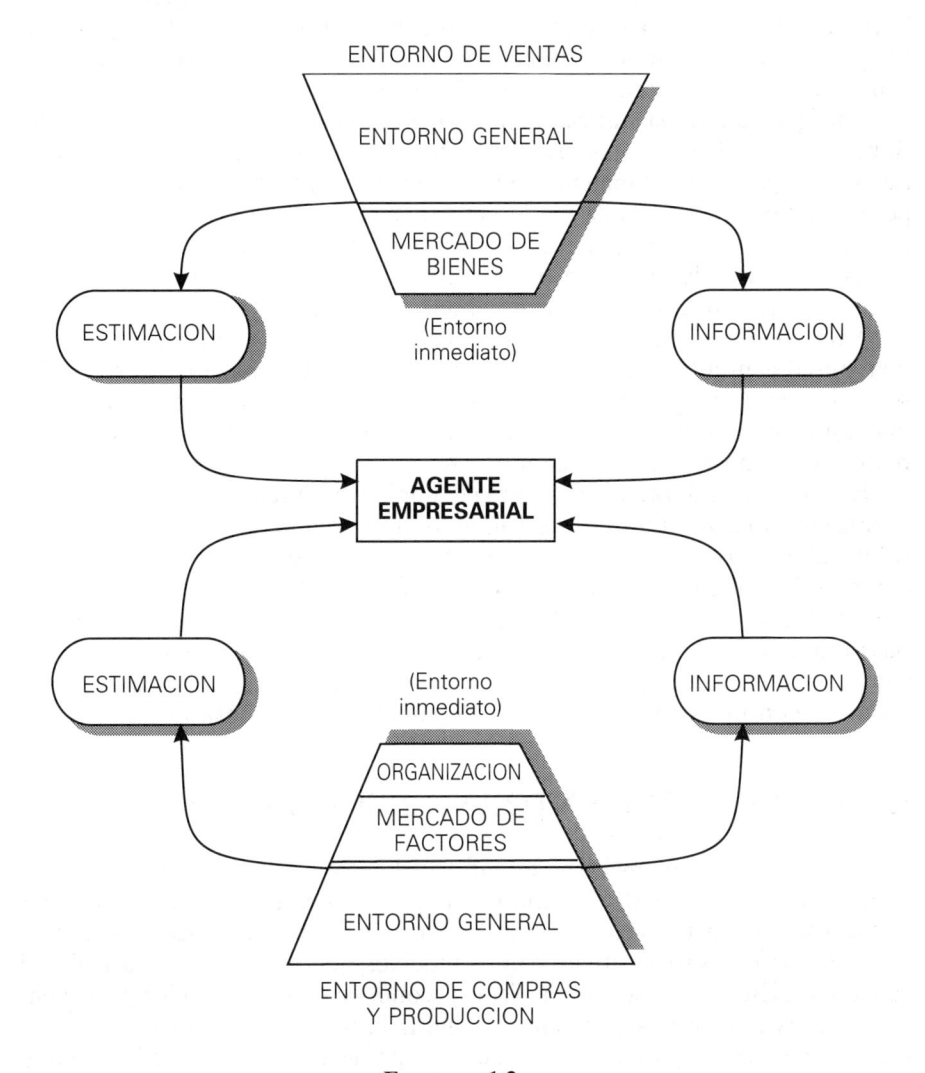

Esquema 1.2.

mental en el análisis estratégico. Nos referimos al Estado y al Sector Exterior. El *Estado*, al aumentar su participación e intervención en la actividad económica, aparece como el *principal agente a la hora de alterar el entorno económico*. Mediante la política económica, su participación en el PIB y la regulación económica afecta directamente tanto al entorno de ventas de la empresa como al de compras y producción, y el agente empresarial deberá estar atento tanto a las *acciones* del Estado como a las *señales* que emite a través de los responsables de las políticas y la gestión públicas. De este análisis el empresario deberá formar sus expectativas sobre cómo estas acciones pueden alterar el entorno económico de su empresa y discernir sus efectos.

Por su parte, el *Sector Exterior* ha cobrado una enorme importancia con la configuración de grandes áreas económicas como la Unión Europea, y la progresiva internacionalización económica, tanto de los mercados de bienes como de los mercados de capitales. El agente empresarial se mueve en un entorno que cambia sustancialmente por la decisión no del gobernador del Banco Central de su propio país, sino por el cambio en la política monetaria de otro país. La competencia en los mercados internacionales es fuerte y permite adquirir factores de mejor calidad y precio, a la vez que dificulta el mantenimiento de la propia cuota de su mercado de ventas. La financiación de los proyectos de inversión puede verse también abaratada en mercados financieros internacionales con movilidad de capitales.

Ante esta compleja realidad, el análisis del entorno económico adquiere una gran dificultad y la certeza sobre las predicciones realizadas es reducida; pero al mismo tiempo permite a los agentes mejor formados, más capaces o más intuitivos captar oportunidades de beneficios que pasan inadvertidas para el resto de los sujetos económicos.

El Esquema 1.3 intenta resumir este conjunto de relaciones y muestra al agente empresarial captando y estimando información de su entorno empresarial, al objeto de diseñar e implantar la estrategia competitiva de su empresa. También recuerda el papel que juega el Estado y su poder para alterar el entorno económico. Finalmente, el Sector Exterior, directamente o pasando por los controles del Estado (aranceles, contingentes, tipos de cambio, regulaciones legislativas, etc.), se constituye en un importante factor cada vez con mayor peso a la hora de conformar el entorno económico.

EL ANALISIS DEL ENTORNO ECONOMICO

De esta primera aproximación al análisis del entorno empresarial cabe deducir su gran complejidad. Los innumerables agentes económicos y factores explicativos a tener en cuenta requieren un análisis sistemático, que genere unas herramientas explicativas y unos modelos que nos permitan la realidad económica. Esto es lo que hace la ciencia económica. Sistematiza los problemas y relaciones económicas e intenta simplificar la realidad mediante un modelo que sea explicativo y que a su vez permita predecir el cambio de la realidad económica (es decir, del entorno económico desde la óptica empresarial).

Entorno económico y estrategia empresarial 7

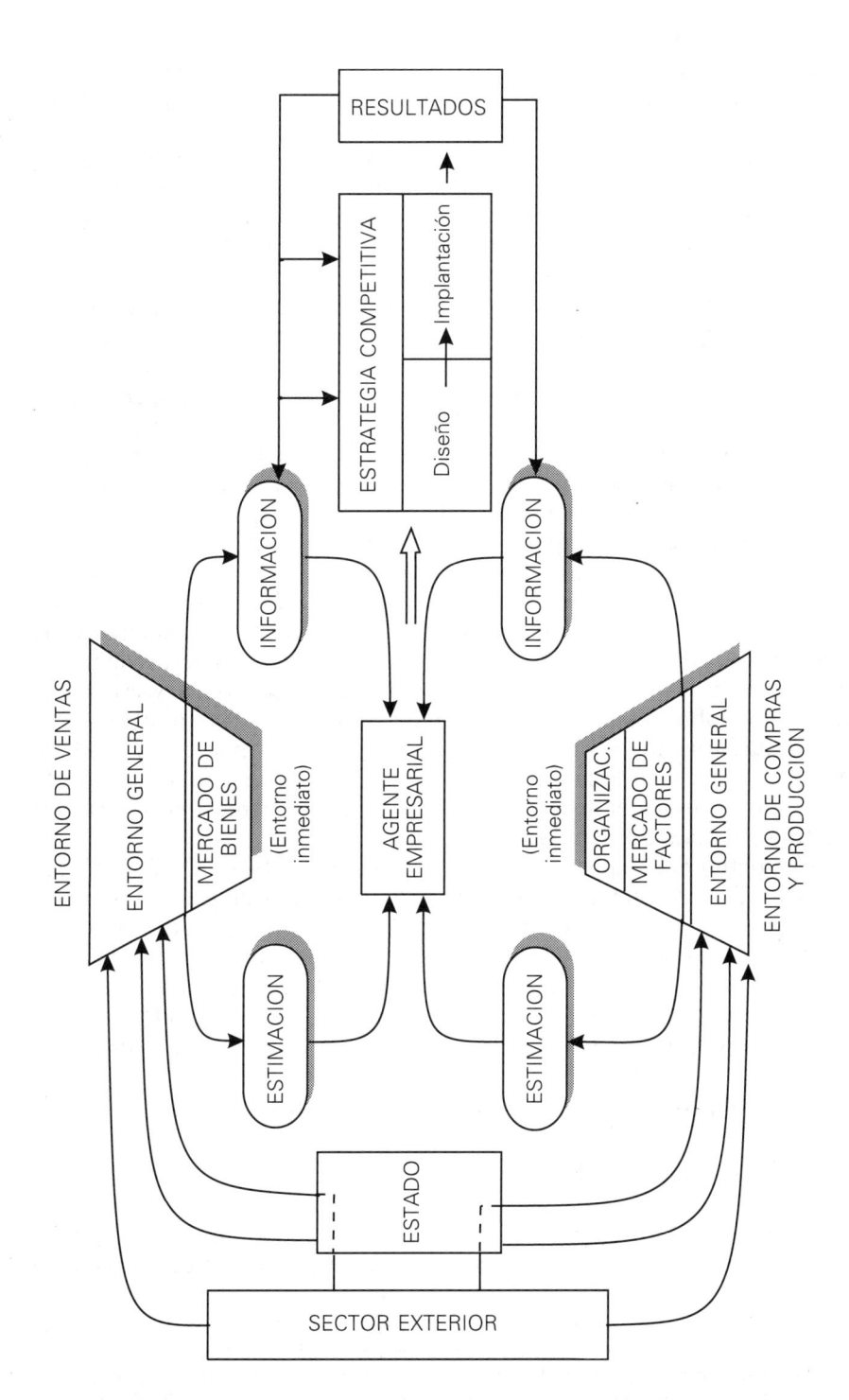

Esquema 1.3.

Los modelos económicos y su carácter predictivo no gozan de buena fama. Hay quien dice que los economistas dedican el 50 por 100 de su tiempo a pronosticar el futuro y el tiempo restante a explicar concienzudamente por qué fallaron en sus predicciones. Este es un importante problema de las ciencias sociales. La interacción de los agentes es permanente, no podemos aislar un experimento del entorno exterior, y aunque cometemos errores, cada vez el margen de error es menor. Hoy podemos errar en un punto de inflación, o de crecimiento. Hace años ni siquiera se podían hacer predicciones. Pero también los médicos son incapaces de precisar el momento exacto del fallecimiento de un enfermo terminal y a pesar de ello nadie duda de que la Medicina sea una ciencia.

Los economistas son los primeros en enjuiciar estos modelos, en denunciar el grado de abstracción, el complejo instrumental analítico que requieren y sus limitaciones, pero sin ellos el análisis del entorno económico se hace inabordable. Es necesario, pues, ofrecer un esquema general explicativo del entorno económico, y para ello debemos conocer que los *modelos* pueden ser de *estructura* (que explican cómo es una realidad), de *funcionamiento* (que analizan las interrelaciones existentes) y de *evolución* (que indican cómo cambia la realidad objeto de estudio). En la actualidad, el *modelo de Oferta y Demanda Agregadas* es comúnmente aceptado y utilizado para el análisis de la actividad económica desde una perspectiva general o macroeconómica. Con él podremos analizar el funcionamiento de la economía y establecer predicciones sobre los escenarios posibles. A partir de las variables y las herramientas que los economistas han ido creando, podremos también analizar la estructura de la economía que estudiemos. Es, pues, un modelo que, siendo de funcionamiento, permite estudiar la evolución y a su vez estructurar la realidad para ser estudiada.

La amplitud del análisis del entorno aconseja también delimitar el área de estudio. De este intento surge el *Método de análisis de países* como una técnica que permite aplicar el modelo explicativo a una realidad bien definida como es la economía de un país. Las distintas partes de este método (análisis de *coyuntura y resultados*, análisis de *contexto y estructura*, y análisis de *estrategias y políticas*) permiten establecer las afinidades con los distintos tipos de modelos aludidos y constituyen unas técnicas adecuadas para afrontar la comprensión del entorno económico de los negocios desde una óptica empresarial y estratégica. (Véase Esquema 1.4.)

LOS PROBLEMAS ECONOMICOS[1]

Los modelos económicos y el análisis del entorno económico tienen que ser capaces de afrontar el reto de explicar los grandes problemas económicos de

---

[1] El lector no debe preocuparse si algunas de las relaciones descritas no le son del todo comprensibles en este momento. A medida que se exponga el modelo y analicemos estos problemas con detenimiento en sucesivos capítulos llegará a comprender en profundidad la naturaleza de estos procesos, que se exponen aquí con carácter introductorio y de forma superficial.

Entorno económico y estrategia empresarial 9

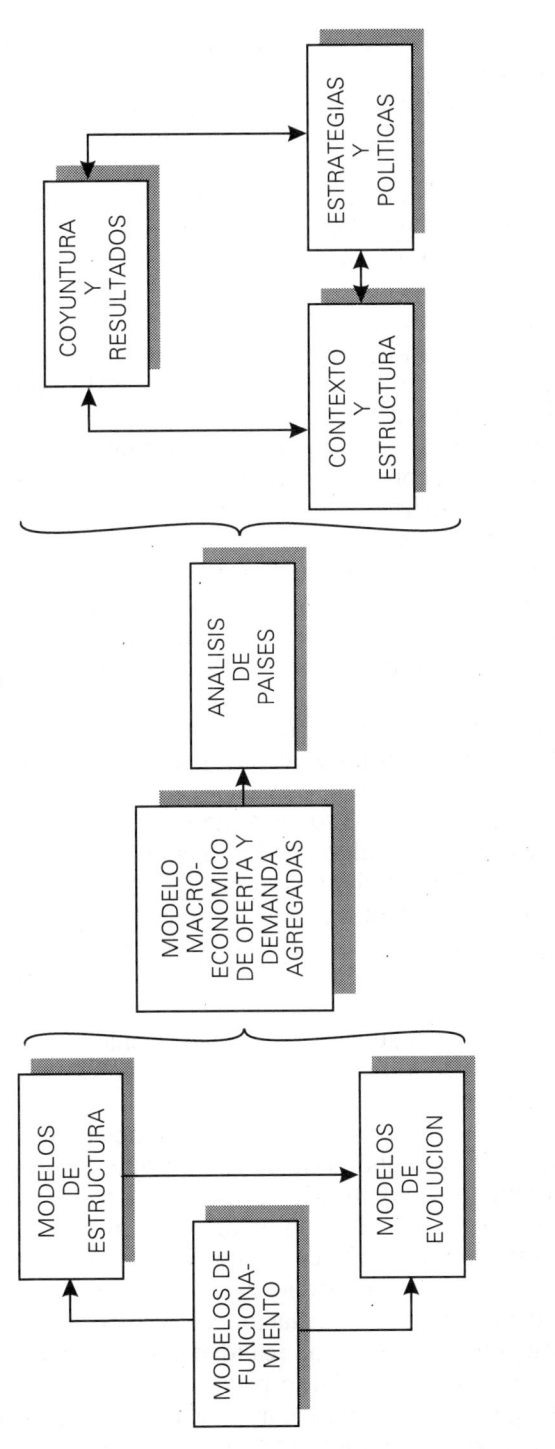

Esquema 1.4.

nuestros días y, si es posible, de ayudar a diseñar las políticas y acciones posibles para su solución. Aun cuando los problemas económicos son numerosos, podemos establecer cinco grandes temas: el crecimiento económico y la productividad, la inflación, el desempleo, los déficit (exterior y público) y el papel que el Estado debe jugar en la economía y la capacidad y eficacia con que puede desempeñar esta función. Veamos con brevedad el significado de cada uno de estos problemas económicos.

La *tasa de crecimiento* se ha convertido en una variable clave en el entorno actual. Incide en las expectativas empresariales de inversión, de ventas y beneficios. Contribuye a mejorar el bienestar social y la renta per cápita. Afecta a la creación de empleo y, por consiguiente, aminora el desempleo. Incide en los impuestos que recauda el Estado y puede iniciar periodos inflacionistas o deflacionistas. Sin embargo, del estudio de los factores que causan el crecimiento económico y del análisis de los resultados, sabemos que las economías occidentales han experimentado en los últimos decenios unas fuertes tasas de crecimiento acumulado, pero que la senda del crecimiento sigue una trayectoria cíclica con fases de expansión, que se ven seguidas inexorablemente por otras de recesión y crisis, previas a una nueva recuperación y expansión económica. Sabemos que si las fases de expansión son más prolongadas en el tiempo y de mayor intensidad, también lo son las crisis económicas. Hemos aprendido —aunque determinadas escuelas cuestionan esta facultad— que el Estado puede jugar un importante papel estabilizando el ciclo, es decir, enfriando la economía en épocas expansivas y animándola en fases recesivas; pero también sabemos que el Estado y sus políticas económicas pueden ser los desencadenantes de fuertes recesiones económicas. (Véase Esquema 1.5.)

Incluso hemos aprendido algo que los agentes económicos (financieros y empresarios principalmente) olvidan con facilidad. En épocas de expansión piensan que nunca vendrá una recesión, y con estas expectativas intensifican el crecimiento; y en fases recesivas forman unas expectativas muy pesimistas que agudizan la contracción. Los economistas se ven casi siempre como aves de mal agüero vaticinando una inminente crisis que casi siempre llega, y los agentes sociales se dejan sorprender con facilidad por los cambios de tendencia en el ciclo económico. Unos anuncian lo evidente y los otros se niegan a aceptar lo inevitable.

Con el estudio del crecimiento también debemos considerar los factores que lo originan: la disponibilidad de materias primas, la cantidad y calidad de los recursos humanos movilizados como factor trabajo, la tecnología, el capital, el tejido empresarial... La combinación de todos estos factores persigue producir el máximo de bienes con el mínimo de recursos, y diferencia un país con altas tasas de productividad de otro ineficiente. La mejora de *la productividad* de un sector o una nación constituye la mejor garantía de futuro; pero lamentablemente es una realidad sobre la que es difícil incidir, y los resultados se ven a medio y largo plazo —mucho después de las próximas elecciones—. Un país es más competitivo que otro cuando produce bienes que por su relación calidad-precio son preferidos por los consumido-

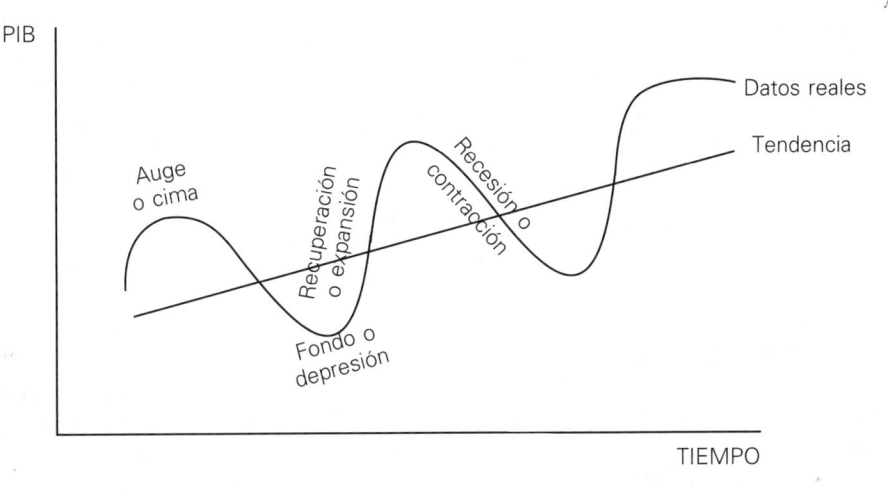

```
PIB
                                          Datos reales
                                          Tendencia
   Auge
   o cima
        Recuperación    Recesión
        o expansión     o contracción

              Fondo o
              depresión

                                    TIEMPO
```

Fases del ciclo:
(1) Auge o cima.
(2) Recesión o contracción.
(3) Fondo o depresión.
(4) Recuperación o expansión.
(5) Auge o cima.

Crisis: Cambio brusco y agudo en la tendencia, que ocurre puntualmente.

Esquema 1.5. Ciclos y crecimiento.

res. En la competitividad influye la productividad (producir más y mejores bienes con menos factores), los costes de producción (salarios, impuestos a la producción y venta, precio de las materias primas, coste del capital, etc.) y el tipo de cambio (precio de una moneda extranjera en moneda nacional). Así pues, un país puede mejorar su competitividad si bajan los costes de producción o si se devalúa su moneda, aunque no mejore su productividad. Sin embargo, a largo plazo es la productividad la causa de la mejora de la ventaja competitiva de unas naciones sobre otras. Un país con fuertes subidas salariales y alta inflación, e incrementos de productividad inferiores a los de otros países con los que compite, sólo podrá mantener su competitividad con sucesivas devaluaciones.

Un segundo problema fundamental es la *inflación*, convertida en los últimos años en el objetivo número uno de la política económica. La subida generalizada de precios es un fenómeno diferente de un ajuste del mercado ante un exceso de demanda o una caída de la producción. Afecta además a todos los bienes y factores de la economía y tiene un carácter sistemático de autoalimentación. La espiral inflacionista de los años setenta y las fuertes distorsiones que generó en el sistema de precios llevó a las economías occidentales a bajas tasas de crecimiento y a un aumento del desempleo. Surgió entonces el fenómeno de la *estanflación* (*stagflation*), inflación con desempleo, que hasta esos años era desconocida y los modelos entonces vigentes no podían explicar.

Hoy los países sacrifican altas tasas de desempleo antes que dejar que los precios se disparen. Saben que el desempleo a medio plazo no se reduce con políticas inflacionistas; que un país que comercia con otros no puede dejar que sus precios crezcan por encima de los precios de sus competidores; que al final, para acabar con la inflación, el sacrificio en términos de desempleo será más doloroso. Esto es algo que la sociedad a veces no entiende y buena parte de los políticos tampoco. Incluso algunos economistas piensan que existen otros modelos que no presagian un horizonte tan limitado para la política económica. Pero la evidencia de los hechos es incuestionable. Mantener los precios estables, incluso en la fase recesiva del ciclo, ayuda a salir de la depresión de una forma equilibrada y duradera, aunque alarga la salida del fondo del ciclo. No obstante, hay también quien afirma que un poco de inflación es bueno para la economía, porque facilita el funcionamiento económico y favorece el crecimiento. Una inflación entre el 0,5 y el 1,5 por 100 se considera adecuada para que la economía no esté sometida a rigideces y pueda mantener una tendencia duradera de moderado crecimiento.

El problema de la inflación, cuando es inesperada o los agentes no pueden adaptarse a ella, radica en sus costes. Un proceso de inflación implica una distribución de renta y riqueza brusca e injusta, a la vez que paraliza el sistema de información que los precios transmiten. La inflación beneficia a quienes deben dinero, al Estado que cobra más impuestos, a los más ricos que pueden proteger mejor el valor de sus activos; y distorsiona las decisiones a medio y largo plazo, a la vez que anula las señales que una subida de precios supone para el sector productivo de una economía.

El *desempleo* es sin duda el principal problema económico. Su porcentaje sobre la población activa, su distribución por edad, sexo, raza, región, estrato social y actividad económica, junto a la duración media del desempleo, dan la exacta medida del problema. Crecimiento y desempleo operan en dirección opuesta. Por ello, si conseguimos que la economía crezca, la senda para la disminución del desempleo parece garantizada. Sin embargo, existe una tasa de desempleo que no se consigue reducir. Es un desempleo friccional debido a que la actividad económica es dinámica, y es inevitable que siempre existan empresas que cierran, trabajadores que son despedidos, y otros que deciden cambiar de trabajo y temporalmente están parados. Junto a ellos hay otros grupos de población que, por su formación inadecuada, encuentran serias dificultades para incorporarse al mercado de trabajo. Esta tasa de desempleo se considera casi irreducible y se le ha llamado *Tasa Natural de Desempleo*. Otros economistas, en cambio, prefieren denominarla *NAIRU* (*Non Accelerating Inflation Rate of Unemployment*), o tasa de desempleo que no acelera la inflación, significando que no es tanto una tasa «natural» e inevitable, sino que refleja un porcentaje de desempleo que si quiere reducirse con una política expansiva, hace subir los precios antes que incrementar la producción y el empleo.

La tasa natural de desempleo se estima que ronda el 6 ó 7 por 100 de la población activa (población en edad de trabajar, que quiera trabajar al salario de mercado y busca empleo); los países con una tasa superior suelen, por lo general, presentar rigideces en el funcionamiento del mercado de trabajo o una falta de formación profesional adecuada de su mano de obra.

El desempleo es el principal coste de las políticas de ajuste y las crisis económicas. Con frecuencia se consideran poco sociales aquellas políticas que dicen anteponer la estabilidad de los precios al crecimiento económico. La evidencia de las décadas más recientes nos permite afirmar que el desempleo y la inflación son a medio plazo la misma cara de una moneda y no situaciones alternativas (esta posibilidad de cambiar inflación por desempleo era la esencia de la curva de Phillips). No hay evidencia alguna de un país que con fuerte inflación haya podido mantener una tasa alta y duradera de crecimiento y empleo.

El desempleo y la inflación son además los dos principales indicadores que condicionan el ciclo político. Por lo general, puede vaticinarse un buen resultado electoral para un Gobierno que concurre a unas elecciones con una tasa de desempleo decreciente y una inflación moderada (estas tasas no tienen que ser bajas, sino que estén decreciendo). Por ello, los gobiernos suelen hacer políticas ligeramente expansivas antes de las elecciones y restrictivas después de las mismas para volver a ajustar la economía, originando el denominado ciclo político.

Los *déficit* constituyen también sendos problemas fundamentales de una economía. Un país con *déficit público* tiene un sector público que gasta más de lo que ingresa. Para hacer frente a este exceso de gastos, el Estado puede hacer tres cosas: fabricar billetes (monetizar el déficit), lo que es fuertemente inflacionista; endeudarse con los ciudadanos, al emitir deuda pública y aumentar, por tanto, la deuda en circulación, lo que implica detraer ahorro nacional hacia el sector público en detrimento del sector privado; o endeudarse con el exterior, comprometiéndose al pago del principal y los intereses en los próximos años. Las tres formas de financiación originan problemas importantes. ¿Por qué existe entonces el déficit público? Porque el Estado ha asumido numerosas funciones y prestaciones sociales, y a su vez aumentar los impuestos es una medida impopular. Los ciudadanos no desean que disminuyan los servicios que reciben del Estado, pero tampoco desean pagar más impuestos por unos servicios que, por lo general, piensan que se prestan ineficientemente. Por su parte, los gestores del presupuesto no desean reducir su participación en el producto nacional, y saben que pueden perder electores si aumentan sustancialmente los impuestos.

¿Significa esto que el déficit público siempre es negativo para la Economía? En absoluto. Se estima conveniente si el montante del déficit es inferior al presupuesto del Estado en inversiones en infraestructuras, viviendas públicas o capital productivo del Estado. También es incuestionable en caso de guerra o calamidad. Por último, puede ser la consecuencia de una necesaria política de reactivación económica que saque a la Economía de una profunda recesión.

Por su parte, el *déficit exterior* indica que una Economía consume más bienes y servicios de otros países (importaciones) que los que vende al exterior (exportaciones). El problema principal de esta situación es financiarla. Numerosos países han incurrido en una deuda externa que se ha convertido en un auténtico impedimento para el desarrollo económico, dado que tienen que destinar una buena parte de su producción a pagar el principal y los intereses de la deuda, en detrimento de las inversiones y el consumo interior. El impago de estas deudas ha originado también fuertes tensiones en los mercados financieros y el descrédito de los países morosos, que ven cómo se les cierran las puertas a la refinanciación de la deuda y a la entrada de capitales extranjeros que supongan una ayuda a su desarrollo.

Indudablemente, la otra cara del déficit exterior es el reflejo de la falta de competitividad del sector productivo de un país. Una realidad que, aunque pueda ser paliada a corto plazo con entrada de capitales, a medio y largo plazo endeuda al país y le obliga a adoptar una política de reajuste de su tipo de cambio.

Finalmente se plantea cada vez con más insistencia la *conveniencia o no de la intervención del Estado y las razones de esta intervención*. El propio ciclo económico es una de estas razones. El Gobierno, mediante la política anticíclica o de estabilización, intenta evitar que la tendencia al crecimiento provoque fuertes oscilaciones y desequilibrios. Se trata de evitar las recesiones largas, e intentar que la expansión sea larga y sostenida, antes que registrar un año de un crecimiento espectacular que preceda a un estancamiento económico.

La estabilización como objetivo parece que sacrifica con frecuencia un objetivo de mayor importancia como es el pleno empleo. Cuando las recesiones son profundas y duraderas, el Estado debe asumir su papel tirando de la demanda y del sector productivo.

El objetivo de equilibrio exterior y estabilidad de los tipos de cambio también es un fin que requiere la intervención del Estado.

Sin embargo, las críticas a esta intervención parecen igualmente justificadas. Para muchos, la intervención estatal a través de la política económica distorsiona más que equilibra. Los déficit públicos persistentes, la deuda en circulación y las perturbaciones inflacionistas son las más directas evidencias de esta excesiva intervención. Además, la participación excesiva del sector público en la demanda, en algunos países occidentales por encima o próxima al 50 por 100, es indicativa para estos autores de la posible pérdida de iniciativa y productividad del sector privado, con las implicaciones que ello supone desde la esfera económica y desde el ámbito político.

En este punto es difícil pero necesario mantener una postura equilibrada. El Estado es el principal agente económico, por su tamaño y poder, para alterar el entorno económico. Puede intervenir de muchas formas, como veremos, pero incluso aplicando la misma política macroeconómica, puede hacerlo de forma muy diferente desde la perspectiva microeconómica. Así, un política fiscal expansiva de incremento de gasto afecta a sectores muy diferentes de la economía según y cómo se articule. No es lo mismo contratar a nuevos funcionarios que hacer una autovía en una zona de bajo nivel de crecimiento; igual que el efecto de conceder subvenciones a empresas de sectores en crisis insalvables difiere de la política de otorgar ayudas para fomentar la exportación a industrias de sectores con ventajas estratégicas respecto a otros países.

Al estudiar el entorno económico y aplicar el análisis a un país, el sector público requiere, pues, una atención especial. Los condicionantes políticos, las relaciones con los agentes sociales y la geoestrategia internacional son algunos de los factores que determinan la política de un Gobierno y permiten aventurar el entorno futuro de los negocios. En ocasiones, los agentes económicos intentan ejercer su influencia sobre el Estado para conseguir actuaciones que alteren el entorno en beneficio propio. Este es, en cierta medida, el papel de las asociaciones empresariales, sindicatos, consumidores, etc.

En la actualidad, la dicotomía entre sistemas capitalistas o planificados ha dejado de ser relevante. No existen ni uno ni otro. El mundo occidental es un mundo de economías mixtas con fuerte participación del Estado, en el que quizá se esté reclamando de un lado moderar esta participación en beneficio de los agentes individuales; y de otro crear agentes e instituciones supranacionales que den solución a nuevos problemas que requieren una política conjunta: la ayuda al Tercer Mundo, el deterioro del medio ambiente y la deuda externa, entre otros. Problemas éstos que ningún país puede afrontar por sí solo en un entorno económico y político cada vez más internacional e interdependiente.

El crecimiento, la inflación, el desempleo, el déficit público, el déficit exterior y el papel del Estado en las economías actuales son los grandes problemas del enfoque macroeconómico que nuestro análisis deberá abordar y a cuya explicación estamos comprometidos.

LA CONSTRUCCION DEL MODELO: EL FLUJO CIRCULAR DE LA RENTA

Comprender un modelo que permita el estudio del funcionamiento, la estructura y la evolución del entorno económico implica iniciar un proceso que puede seguir dos caminos distintos: partir desde los fundamentos más básicos y sencillos y paulatinamente ir completando el análisis; o alternativamente plantear desde el principio el modelo y su funcionamiento, para posteriormente ir descendiendo a los detalles y fundamentos. Optaremos por el primer camino. A cambio de un poco de paciencia alcanzaremos una mejor comprensión del modelo, un estudio más sistemático de sus partes y una aproximación paulatina y más eficaz a los problemas económicos descritos. Con esta opción, al llegar al final a la visión general del modelo, no se produce el desconcierto que origina plantearlo todo a la vez. Un poco, pues, de paciencia.

La explicación del funcionamiento económico, desde una perspectiva macroeconómica, descansa en la idea del *flujo circular de la renta*. Se imagina la economía como un cuerpo en el que existe un doble flujo: uno real de bienes y servicios y factores productivos, y un segundo monetario de precios y rentas. El Esquema 1.6 nos permite comprender mejor esta relación entre los dos principales sectores económicos: las familias y las empresas.

Las *familias* demandan bienes y servicios a las empresas, y pagan sus precios: es pues un flujo monetario de gasto, desde las familias a las empresas. Para realizar esta demanda, las familias necesitan ingresos que obtienen como rentas de los factores de producción que poseen: salarios del trabajo y alquileres e intereses del capital.

Por su parte, las *empresas*, como unidades de producción, ofrecen bienes y servicios a las familias; y reciben los ingresos de los precios de estos bienes. A su vez demandan factores a las familias por las que pagan rentas.

De este sencillo esquema de funcionamiento hay que destacar varias cuestiones:

— En primer lugar, la utilización de las *herramientas* más comunes y relevantes del análisis económico: la *oferta* y la *demanda*, y la determinación por su interacción en los *mercados* de *cantidades* y *precios* de intercambio[2].

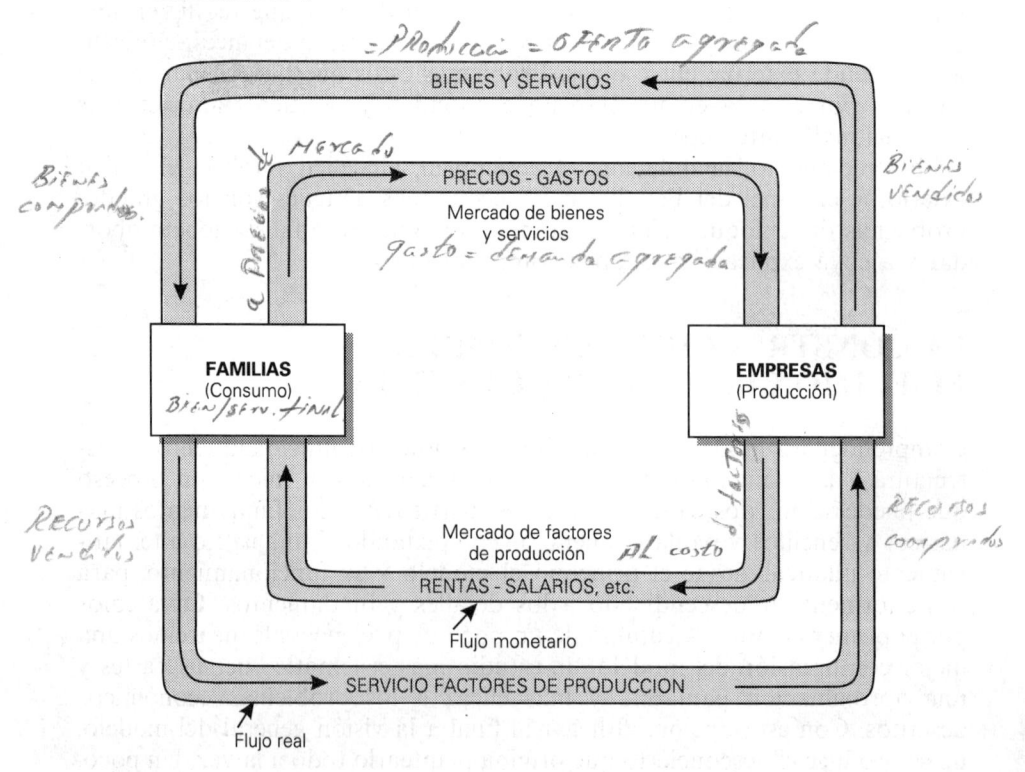

Esquema 1.6. El flujo circular de la renta.

---

[2] El análisis del funcionamiento microeconómico de los mercados será expuesto en un capítulo posterior.

— En segundo lugar, la diferenciación de *dos mercados:* el de *bienes y servicios* y el mercado de *factores.*
— Por último, la existencia de dos flujos contrapuestos: el *flujo real* formado por los bienes y los factores de producción, y el *flujo monetario* de gasto y rentas.

LA IDENTIDAD MACROECONOMICA BASICA

El modelo de flujo circular debe sufrir una adaptación que le permita ser utilizado para explicar el funcionamiento del entorno macroeconómico. Así, como muestra el Esquema 1.7, a la hora de establecer las identidades, se atiende preferentemente al flujo monetario, aunque siempre teniendo presente que ambos flujos son complementarios. Además se distinguen tres importantes momentos de esta circulación: el *gasto o demanda agregada,* la *producción u oferta agregada* y la *renta.*

La necesidad de bienes y servicios (gasto o demanda agregada) tira de la producción (oferta agregada), y para satisfacer aquella demanda las empresas tendrán que pagar unas rentas como contraprestación de los factores productivos. A su vez, la renta permite realizar el gasto, iniciándose un nuevo ciclo. Por esta razón se establece una significativa identidad que siempre deberá cumplirse:

$$\text{GASTO} = \text{PRODUCCION} = \text{RENTA}$$
$$DA = OA = Y$$

La riqueza y el bienestar de una población va a depender de que esta identidad se produzca a un nivel alto de producción, renta y gasto.

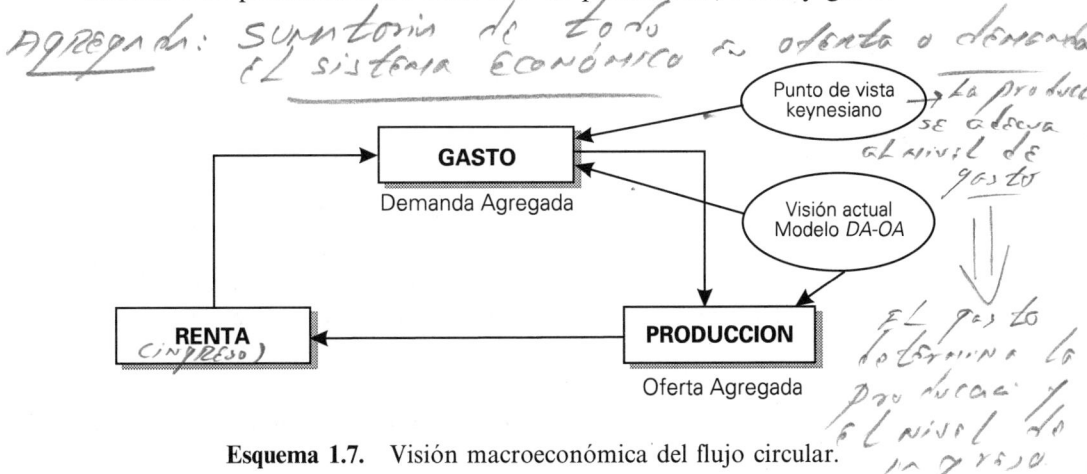

Esquema 1.7. Visión macroeconómica del flujo circular.

Puesto que la complejidad del entorno económico es grande, los modelos explicativos tienden a simplificar la realidad, eligiendo aquellas variables que consideran significativas para la predicción. De esta forma, el modelo keynesiano puso el énfasis en la demanda agregada. Al determinar la demanda, el resto sería también conocido. Incluso llegó a dar un paso más: si el Estado, mediante la política fiscal o monetaria, pudiera aumentar el gasto, la producción y la renta se incrementarían también. Esta teoría desarrolló los modelos de demanda, que han funcionado bastante bien hasta los años setenta. A partir de la crisis originada por el alza del precio de las materias primas, y del proceso de estanflación que originó, el modelo no fue capaz de explicar situaciones simultáneas de inflación y desempleo. Desde entonces, los economistas han ido dando cada vez una mayor relevancia al estudio de la oferta agregada, y en la actualidad el modelo más empleado integra el análisis keynesiano de la demanda junto con el estudio de la oferta agregada. Como podrá apreciarse en los capítulos sucesivos, el análisis de la demanda está mucho más desarrollado que el de la oferta, que aún presenta aspectos oscuros y poco fundamentados. La reciente preocupación por la oferta explica esta descompensación, frente a la tradición del análisis de la demanda.

Es necesario introducir una nueva herramienta desde estas primeras páginas: la idea del *equilibrio económico*. Debemos tener siempre presente que el equilibrio económico, lejos de indicar una situación óptima, implica el fin de un proceso: el punto al que las fuerzas económicas llegan por sí solas, sin que exista tendencia alguna a alterar esta posición. Esta herramienta, que puede parecer simple, es relevante y ha suscitado numerosas polémicas. A partir de su concepción podemos diferenciar dos grandes grupos de planteamientos: los *liberales* (a veces llamados monetaristas), que afirman que dejando a la economía que busque su propio equilibrio se consigue la mejor situación posible, y los *intervencionistas* (también denominados keynesianos), que sostienen que el equilibrio económico no supone en absoluto situaciones óptimas, y que cierta intervención del Estado puede conseguir una mejor posición en términos de empleo y bienestar. Ambas posturas parecen ciertas según los casos, una vez superados los dogmas ideológicos.

APROXIMACION INICIAL AL MODELO

Abordando definitivamente el modelo de Oferta y Demanda Agregadas (*OA-DA*), diferenciamos en él distintas partes para facilitar el análisis y la comprensión: sectores económicos, mercados, funciones de comportamiento, variables a determinar y políticas. El Esquema 1.8 sirve de guía de estudio.

Sectores económicos. El modelo divide la realidad económica en cuatro sectores:

— El *sector de familias o unidades de consumo* es la parte de la economía que consume, ahorra, paga impuestos e importa bienes de consumo. Para hacer estos gastos, utiliza las rentas que recibe al prestar a las empresas los factores productivos que posee.
— El *sector de empresas o unidades de producción* produce bienes y servicios, demanda parte de estos bienes en forma de inversión, paga impuestos y cargas sociales, importa equipos de inversión y materias primas, exporta bienes y servicios, paga rentas en forma de salarios, dividendos, intereses, alquileres y beneficios, y recibe el gasto general de la economía.
— El *sector público* comprende todas las Administraciones Públicas, centrales, regionales y locales. Su actuación se limita, desde el punto de vista del gasto, a demandar bienes y servicios del sector productivo y recaudar impuestos. Transfiere como rentas parte de lo recaudado, en forma de pensiones, subsidios de desempleo, etc., y colabora en la producción de bienes como la educación, la sanidad, defensa, transportes, servicios municipales de agua, etc. Ostenta, incluso, la titularidad de una parte del sector de empresas si existen empresas públicas.
— El *sector exterior* representa al resto del mundo. Las relaciones entre la economía nacional y el resto del mundo se reflejan en la balanza de pagos. Las exportaciones e importaciones de bienes, servicios, transferencias y capitales configuran las diferentes subbalanzas, que estudiaremos en su momento.

Sectores	Mercado	Funciones de comportamiento	Variables a determinar	Políticas
• Familias • Empresas • Sector público • Sector exterior	• Bienes y servicios • Activos — Dinero — Bonos • Trabajo	C, S, T, G, I X, M Mo, Ld Ns, Nd	Y P tc W r	• Demanda — Fiscal — Monetaria — Comercial • Oferta — Rentas — Estructural

C: Función de consumo
S: Ahorro
T: Impuestos
G: Gasto público
X: Exportaciones
M: Importaciones
Mo: Oferta monetaria
Ld: Demanda de dinero
Ns: Oferta de trabajo
Nd: Demanda de trabajo
Y: Renta y producción
P: Nivel de precios de los bienes y servicios
tc: Tipo de cambio
W: Salarios
r: Tipo de interés

Esquema 1.8. Estructura del modelo macroeconómico.

Mercados. A su vez, el modelo más simple de *OA-DA* se estructura en tres mercados, que realmente son cuatro:

— El *mercado de bienes y servicios* considera que el conjunto de la economía produce un solo bien. La producción total de estos bienes puede destinarse al consumo o a la inversión, entendiendo por ésta el flujo de bienes que se dedica a producir nuevos bienes. El volumen general de bienes destinado a este fin es el stock de capital de la economía. Cuando nos referimos al nivel de precios aludimos al precio unitario de cada uno de estos bienes. La Demanda Agregada y la Oferta Agregada se refieren a la demanda y oferta de estos bienes.
— El *mercado de activos* simplifica el modelo utilizando exclusivamente dos tipos de activos: uno rentable, como son los bonos, y un segundo activo muy líquido y en principio sin rentabilidad, que es el dinero. Así pues, realmente tenemos dos mercados de activos: el *mercado de dinero* y el *mercado de bonos*. El análisis del mercado de activos es complejo, pero fundamental para comprender la financiación de la economía y el funcionamiento de instituciones como la Bolsa, el Banco Central de un país, o el conjunto del sistema financiero.
— Finalmente, el *mercado de trabajo* representa el mercado del factor de producción de mayor relevancia en economías que tienen el desempleo como uno de los principales problemas a resolver. La demanda de trabajo de las empresas y la oferta de trabajo constituida por la población activa determinarán el salario, en un marco donde las relaciones sindicales y la regulación del mercado de trabajo son elementos fundamentales para comprender las altas tasas de desempleo de algunos países.

Funciones de comportamiento. Siguiendo con las herramientas elaboradas para el análisis del entorno económico, las funciones representan relaciones causa-efecto entre variables, que definen el comportamiento de los agentes económicos en sus diversas facetas.

— Así, debemos destacar el consumo (C), el ahorro (S), los impuestos (T), el gasto público (G), la inversión (I), las exportaciones (X), o las importaciones (M), en lo relativo a las funciones relevantes para determinar la Demanda Agregada.
— La demanda de dinero (Ld) y la oferta monetaria (Mo) serán las funciones básicas para determinar el ajuste del mercado de activos.
— Por último, la demanda de trabajo (Nd) y la Oferta de Empleo (Ns), determinarán el ajuste del mercado de trabajo y constituirán la base para el estudio de la Oferta Agregada.

Variables a determinar. De la interacción de estos mercados, según las distintas funciones de comportamiento, surge la determinación de las variables que debemos conocer: la renta y producción (Y) (cuya variación mide la tasa de crecimiento de una economía e implícitamente determina el empleo); el nivel general de precios de la economía (*P*) (cuyas alzas indican la tasa de inflación); el tipo de cambio (*tc*); los salarios (*W*); y el tipo de interés (*r*).

Políticas económicas. Finalmente, y como muestra el Esquema 1.8 que estamos comentando, nos quedan por exponer los objetivos e instrumentos que tiene el Estado para alterar el entorno económico. Estas acciones pueden ser diferenciadas en *políticas de demanda* y *políticas de oferta*.

— Las *políticas de demanda* afectan a los distintos componentes de la Demanda Agregada. Mediante la *política fiscal*, el Estado puede alterar la demanda o gasto global de la economía a través del *gasto público* (*G*) y del sistema impositivo (*T*). El Presupuesto del Estado es el documento que recoge el detalle de estas acciones, y el déficit o superávit público, la principal consecuencia. Por medio de la *política monetaria*, el Estado, a través del Banco emisor (Banco Central de un país), incide en el equilibrio del mercado de activos y, como veremos, al determinar el tipo de interés altera principalmente la demanda de inversión y con ello la Demanda Agregada. Por último, la *política comercial* permite por medio de la alteración en los tipos de cambio, el establecimiento de aranceles (impuestos a las importaciones) y contingentes (limitaciones a las importaciones), o la concesión de subvenciones a la exportación, equilibrar el saldo entre exportaciones e importaciones. El déficit comercial será, pues, el desequilibrio a restaurar que tome como objetivo esta política[3].

— En relación a las *políticas de oferta* podemos diferenciar las *políticas de rentas*, que intentan una distribución más justa y flexible de las rentas de los factores de producción, mediante la concertación social y la búsqueda de incentivos a los ajustes; y la *política estructural*, mediante la cual el Estado intenta incidir directamente sobre los sectores productivos de una economía. Los planes de reconversión de un sector o la política de innovación tecnológica pueden ser ejemplos de estas acciones.

Por lo general, el Estado tiene suficientes instrumentos de políticas de demanda y puede actuar con cierta rapidez en el mercado de activos o en el gasto público. En cambio, las políticas de oferta son muy difíciles de realizar, sus resultados son más inciertos y los efectos se perciben a medio y largo plazo; a cambio pueden modificar una economía con un tejido productivo ineficiente, convirtiéndola en otra con sectores competitivos de alta productividad, y niveles sostenidos de crecimiento económico.

---

[3] En el estudio de las relaciones de un país con el sector exterior analizaremos la Balanza de pagos de un país y sus respectivas subbalanzas: bienes y servicios, transferencias, capitales y oro y divisas.

UNA VISION DE CONJUNTO

Para terminar este capítulo exponemos en el Esquema 1.9 un cuadro general de los distintos pasos que debemos dar para asimilar las herramientas necesarias, que nos permitirán comprender el entorno económico y formalizar el análisis de un país.

Como puede apreciarse en este esquema, se diferencia el análisis de la *Demanda Agregada* y el estudio de la *Oferta Agregada*. En el primero debemos considerar el *mercado de bienes y servicios*, representado en un simple gráfico (I), que nos permitirá determinar la renta de una economía con los cuatro sectores económicos: familias, empresas, sector público y sector exterior. En el estudio de este último sector será necesario considerar la Balanza de pagos, la determinación de los tipos de cambio y el estudio de la política comercial. Mientras que al analizar el impacto de la intervención del Estado sobre la demanda estudiaremos inicialmente el efecto de la política fiscal.

El segundo componente del análisis de la demanda es el estudio del *mercado de activos*, que nos permitirá analizar el sistema financiero, la determinación del tipo de interés y la incidencia de la política monetaria (Gráfico II). La interacción de los mercados de bienes y de activos permitirá apreciar la eficacia de la política fiscal y monetaria, los procesos que determinan el equilibrio económico, y los efectos sobre los tipos de cambio, al considerar el sector exterior. A partir de estas interrelaciones obtendremos una relación entre precios y cantidades demandadas de bienes, que denominamos Demanda Agregada (Gráfico IV) y que, si explícitamente representa el mercado de bienes, implícitamente considera los efectos del equilibrio del mercado de activos.

En lo relativo a la Oferta Agregada se considerará el ajuste del *mercado de trabajo* (Gráfico III), para una vez determinado el salario, apreciar la incidencia de este coste de producción en la oferta de producto de las empresas. Así deduciremos la relación entre el precio de los bienes y la cantidad de bienes y servicios que las empresas están dispuestas a producir. La Oferta Agregada representada en el Gráfico V nos permitirá comprender los efectos en la producción de la negociación colectiva, los shocks adversos por variación en el coste de las materias primas, los efectos de una política tecnológica y, en general, el conjunto de perturbaciones y políticas que afectan al sector productivo.

Con este instrumental abordaremos el equilibrio conjunto de la Oferta y la Demanda Agregadas mediante un sencillo gráfico (Gráfico VI), en el que se añade una recta que indica el nivel de producción que se corresponde con el pleno empleo de la economía (Y_{pe}). Este gráfico, con el ajuste de las curvas de OA y DA, permite tener una visión de conjunto del entorno económico y analizar los efectos de una gran diversidad de perturbaciones económicas, a la vez que aventurar la incidencia de las medidas de política económica.

Comprender el funcionamiento de este último gráfico es nuestro objetivo. El camino será largo y paulatino. Se analizarán primero los mercados en

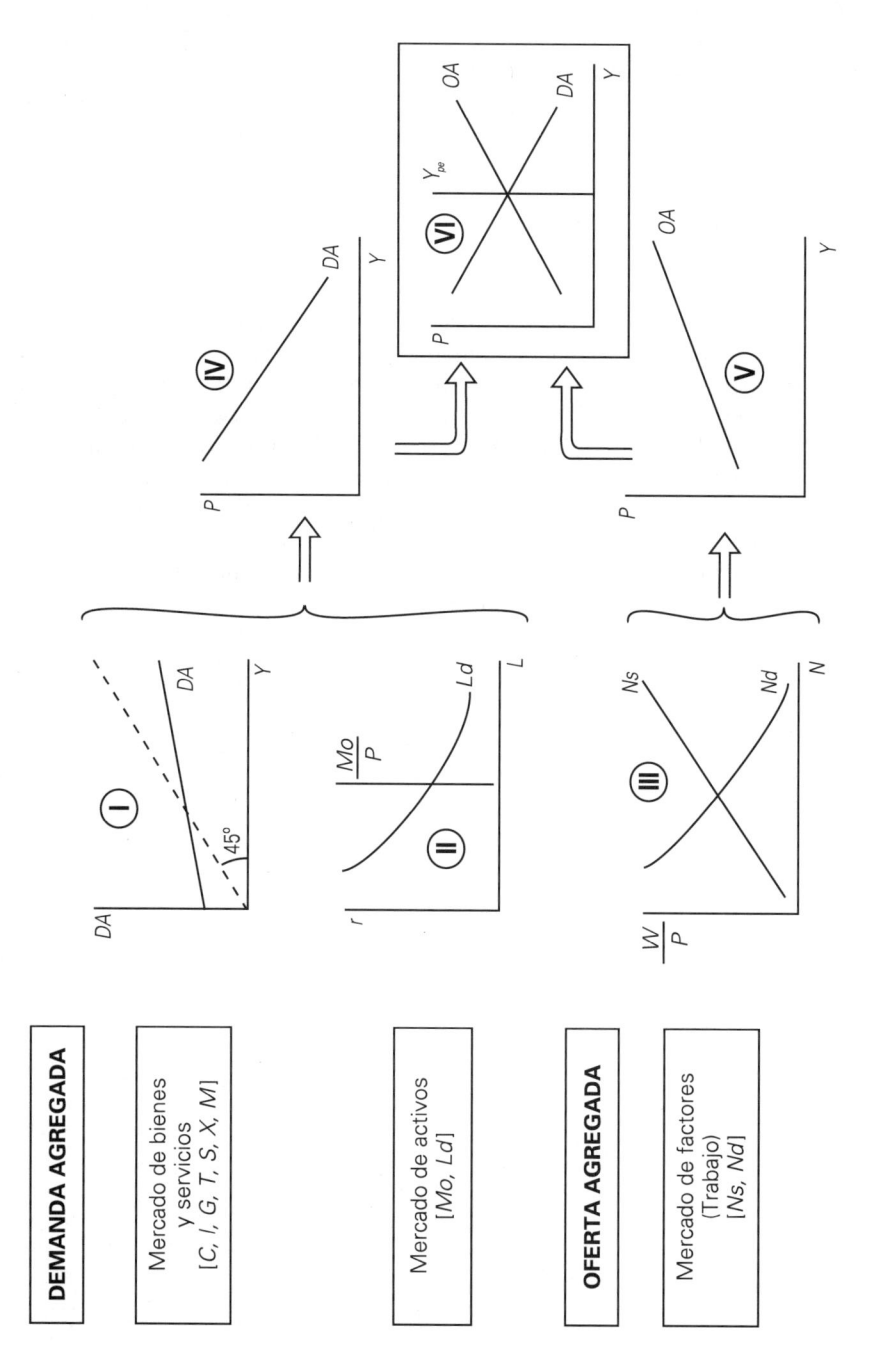

Entorno económico y estrategia empresarial 23

Esquema 1.9. Visión general del modelo.

los supuestos más simples, para ir después incorporando agentes económicos y levantando restricciones iniciales. Empezaremos, pues, con supuestos estrictos y a veces muy irreales. Es simplemente un método de estudio: comprender lo más simple para después abordar el análisis de lo más complejo. Al final del camino el modelo será explicativo de la realidad y el esfuerzo habrá merecido la pena.

NOTA BIBLIOGRAFICA

Los aspectos complementarios a la explicación dada sobre la función empresarial y el entorno económico pueden encontrarse en O'KEAN, J. M.: *Empresario y entorno económico* (Deusto, 1991). Sobre la introducción al modelo macroeconómico pueden consultarse, a pesar de las diferencias, los capítulos 1 y 23 del texto de FISCHER, DORNBUSCH y SCHMALENSEE: *Economía* (McGraw-Hill, 1990). El capítulo segundo del mismo libro da unas nociones sobre los conceptos y las técnicas básicas de la economía para lectores poco familiarizados con el análisis de gráficos. Sobre el método de Análisis de países, véase el interesante libro de RAFAEL PAMPILLÓN: *Análisis de países* (McGraw-Hill, 1992), en el que se expone esta metodología, seguida de la colección de casos que contiene.

CAPITULO 2

EL FUNCIONAMIENTO DE LOS MERCADOS

Antes de iniciar propiamente el análisis del entorno económico de los negocios —que está referido al ámbito macroeconómico— introducimos al lector en el funcionamiento microeconómico de un mercado competitivo. Podrá aprender o repasar en este capítulo conceptos básicos como la oferta o demanda de un bien. En ningún momento debe pensar que este análisis es equivalente al modelo de Oferta y Demanda Agregadas, puesto que los conceptos y variables son distintos.

Al mismo tiempo que se exponen estos fundamentos básicos se intenta familiarizar al lector con el análisis gráfico.

EL MERCADO Y LOS SISTEMAS ECONOMICOS

El mercado es una de las maneras de resolver el problema económico: la asignación de recursos escasos para satisfacer necesidades ilimitadas. Mediante el mercado, los agentes económicos transmiten de forma descentralizada sus deseos y se contestan las grandes preguntas económicas: ¿qué y cuánto producir?, ¿cómo producir? y ¿para quién producir? La otra forma de dar respuesta a estas preguntas es mediante la planificación económica. Una autoridad superior decide el qué, cuánto, cómo y para quién. Un país con un sistema u otro puede ser calificado de capitalista o de comunista. En la realidad, ningún país puede considerarse que adopta uno u otro sistema de forma pura. Nos movemos, pues, en economías mixtas en las que el mercado juega un papel importante junto con una intervención del Estado más o menos acentuada.

La principal defensa de las economías planificadas hacía alusión a la injusta forma del sistema capitalista para contestar al «para quién». El más interesante ataque a la economía planificada proviene de la limitación del «conocimiento humano» para tomar decisiones eficientes que abarquen el conjunto de una economía: decide mejor el mercado que los burócratas del Estado, por mucha capacidad intelectual que tengan éstos y a pesar de sus enormes medios humanos y técnicos. Hoy no se cuestiona la mayor eficiencia del mercado como sistema de asignación de recursos, si los comparamos con los sistemas de economía planificada; y de ahí esta aproximación breve al estudio de su funcionamiento.

EL ESTUDIO DE LOS MERCADOS

En el mercado de un bien determinado, sus posibles compradores y vendedores negocian la cantidad que desean intercambiar de esta mercancía bien definida. Para facilitar el intercambio se suele utilizar otro bien que sirve de unidad de cambio, al que denominamos dinero. Las unidades monetarias a las que se compran y se venden los bienes y servicios se denominan precio. Así pues, un mercado viene definido por la *cantidad* del bien que se intercambia (x), el conjunto de los compradores o *demanda* (D_x), el conjunto de los vendedores u *oferta* (O_x), y el *precio* al que se acuerda intercambiar la cantidad determinada de bienes (P_x).

Cuando los oferentes y los demandantes llegan a un acuerdo de cantidad y precio de intercambio, decimos que el mercado alcanza el *equilibrio*, ya que en principio ambas partes han llegado a una buena relación de intercambio satisfactoria. Para el buen funcionamiento de los mercados hay dos requisitos básicos: que los agentes actúen libremente y que exista una buena información sobre los precios a los que se negocia, las características de los bienes que se intercambian y la naturaleza de los agentes que conforman ese mercado. El equilibrio no implica que el acuerdo de intercambio sea más justo o más deseable. Tampoco tiene que ser la única posibilidad de acuerdo, ni tan siquiera supone que el acuerdo sea estable.

Mientras en macroeconomía se analiza el mercado del conjunto de bienes y servicios de un país, o el total de horas de trabajo contratadas en el mercado laboral, aquí nos estamos refiriendo al mercado de un bien muy concreto: automóviles, patatas, etc.

Cuando analizamos el mercado de uno de estos bienes, podemos diferenciar distintas estructuras o tipos de mercado:

- Un mercado en *competencia perfecta* es aquel en el que hay libertad de entrada y salida del mercado de oferentes y demandantes, ningún agente tiene poder sobre los demás para imponer sus deseos, no hay intervención del Estado, los bienes son todos iguales en sus características y hay una información transparente para todos los agentes sobre el funcionamiento del mercado. No todos los mercados son competitivos, pero se intenta que todos los sean, puesto que es la estructura del mercado que según la economía convencional asigna más eficientemente los recursos y más beneficia a los consumidores.
- Cuando la oferta o la demanda está compuesta por un solo agente, la estructura de mercado se denomina *monopolio*. El monopolio no es un mercado competitivo, puesto que un agente tiene el poder de fijar

la cantidad o el precio del intercambio, pero no las dos cosas a la vez. Así, en un monopolio de oferta como, por ejemplo, era el mercado de carburantes, la única empresa que ofrecía gasolina podía fijar el precio de cada litro, pero los consumidores podrían decidir libremente la cantidad de litros de gasolina que deseaban echar en sus automóviles. En libre competencia, los consumidores pueden negociar cantidades y precios, mientras que en monopolios de oferta, el precio o la cantidad está fijada, y los consumidores pueden adecuar su comportamiento a la variable no predeterminada, limitándose así su capacidad de negociación.
— El *oligopolio* es aquel mercado que, por la parte de la demanda o de la oferta, cuenta con pocos agentes que demandan u ofrecen un determinado bien. Un oligopolio de oferta, por ejemplo, contaría con unas pocas empresas que acaparan y controlan el mercado. Pueden diferenciarse el oligopolio *colusivo* del competitivo. En el primero, las empresas que conforman el oligopolio llegan a un acuerdo y se reparten el mercado entre ellas. En el *competitivo*, luchan entre ellas por dominar el mercado e intentar expulsar a las competidoras. Un ejemplo de oligopolio colusivo es la OPEP.
— Finalmente, una cuarta estructura de mercado es la denominada *competencia imperfecta*, en la cual hay diversos oferentes y demandantes, pero los bienes que producen las empresas de este mercado no son iguales, están diferenciados. Los consumidores prefieren los bienes producidos por una determinada empresa, que identifican por la marca, publicidad, características propias, etc. En consecuencia, dicha empresa tiene un cierto poder de mercado que la aproxima a una situación monopolista. Sin duda, diferenciar el producto se ha convertido en una de las principales estrategias competitivas de las empresas, con la que buscan alejarse de la competencia perfecta y ganar poder de mercado.

Otra diferencia importante que debe ser tenida en cuenta es la que distingue los *mercados de bienes y servicios* de los *mercados de factores de producción*. Mientras en los primeros se negocian los precios y las cantidades de bienes y servicios que satisfacen necesidades humanas, en los segundos se determinan las rentas que los agentes económicos reciben como contraprestación de los factores que poseen: salarios, beneficios, intereses... La propiedad de estos factores de producción por los agentes individuales es otra de las diferencias relevantes entre las economías capitalistas y las economías de dirección central, o planificadas.

Para la mejor comprensión del funcionamiento del mercado estudiaremos el caso de un mercado de un bien en competencia perfecta, por constituir la base fundamental del equilibrio microeconómico. Veremos la demanda, la oferta, el ajuste del mercado y cómo el mercado responde a diversas perturbaciones.

LA DEMANDA

Factores que determinan la demanda

La demanda de un bien (D_x) está compuesta por el conjunto de consumidores o compradores potenciales de ese bien. La cantidad demandada de un bien depende:

a) Del *precio del propio bien* (P_x). Si el precio sube se demanda menos cantidad, puesto que es más caro para los consumidores. Podemos decir que: $\uparrow P_x \to \downarrow D_x$.

b) Del *precio de los demás bienes*. Supongamos dos bienes interrelacionados, de manera que el consumir uno implique necesariamente consumir el otro; en este caso decimos que los bienes son *complementarios*. Si x es el bien que estudiamos, por ejemplo automóviles, e y es el precio de la gasolina, el precio del carburante (P_y) incidirá en principio en la demanda de automóviles. Una subida de la gasolina hace que se demanden menos automóviles: $\uparrow P_y \to \downarrow D_y \to \downarrow D_x$.

Un caso distinto es aquel de dos bienes *sustitutivos*. Dos bienes (x y z) son sustitutivos si el consumir x significa que no se va a consumir z. La margarina y la mantequilla son los ejemplos clásicos de estos bienes. En este caso, si sube el precio del bien sustitutivo (z), al ser más caro los consumidores incrementan el consumo de x: $\uparrow P_z \to \downarrow D_z \to \uparrow D_x$. En efecto, cuando aumenta el precio de la mantequilla ($\uparrow P_z$) se deja de consumir mantequilla ($\downarrow D_z$) y aumenta la cantidad demandada de margarina ($\uparrow D_x$), que es el bien cuyo mercado estudiamos.

Cuando entre dos bienes no existe relación en su consumo, decimos que son *independientes*.

c) De la *renta* de los consumidores (R). En principio, un incremento de renta debe aumentar el consumo: $\uparrow R \to \uparrow D_x$. Pero existen bienes que a medida que la renta sube se dejan de consumir, y se denominan *inferiores* frente a los anteriores, que son los *normales*.

d) Del *gusto* de los consumidores (G), variable que depende de factores culturales, sociológicos y psicológicos, sobre la que se incide a través de la publicidad y otras técnicas de marketing: $\uparrow G \to \uparrow D_x$.

e) Por último, el consumo también dependerá de los precios esperados del bien x (P_e). Si se espera que los precios suban se tenderá a incrementar el consumo actual: $\uparrow P_e \to \uparrow D_x$.

Análisis gráfico de la demanda

Para comprender el funcionamiento de un mercado es necesario valernos del análisis gráfico, que aunque será rudimentario es necesario entender. En el Gráfico 2.1 representamos unos ejes (denominados de abscisas el horizon-

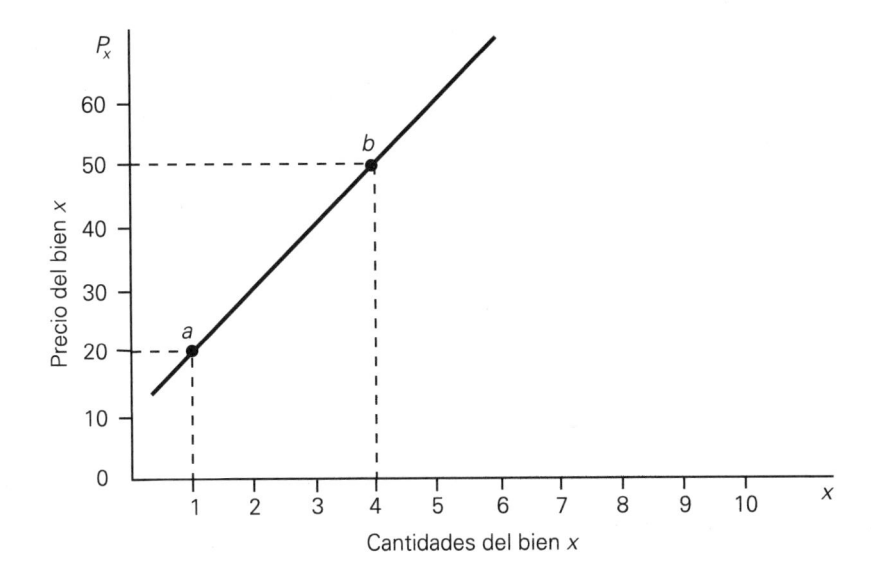

Gráfico 2.1.

tal y ordenadas el vertical). Estos ejes nos servirán a lo largo de todo el libro para representar distintas variables. Como muestra el Gráfico 2.1, representamos en el eje horizontal cantidades del bien x; si nos movemos hacia la derecha aumentan las cantidades de x. En el eje vertical representamos los precios del bien x (P_x); ascendiendo sobre este eje suben los precios.

Una vez comprendido el sentido de los ejes podemos estudiar la función demanda del bien x según su precio P_x. Como habíamos dicho en párrafos previos, la cantidad demandada disminuye si sube el precio. Por ejemplo, la recta (en adelante diremos recta o curva indistintamente) que representamos en el Gráfico 2.1 no puede ser la curva de demanda del bien en relación a su precio, que denominaremos $D_x(P_x)$ —de esta forma indicamos que la demanda depende del precio—. Esta recta es creciente; si en el punto a para el precio 20 se demanda una unidad, esta curva creciente estaría indicando que cuando sube el precio a 50, como muestra el punto b, la demanda sube a cuatro unidades, lo cual no se corresponde con el comportamiento de los demandantes de un bien, si el resto de los factores permanecen constantes.

En cambio, la curva que representamos en el Gráfico 2.2 sí se corresponde con la demanda de x. Obsérvese que en el punto b, para un precio de 50, la demanda es de cuatro unidades, pero al descender los precios hasta 20, la cantidad demandada aumenta hasta ocho, como muestra el punto c. Así pues, la curva de demanda de un bien en relación a su precio debe ser descendente, para indicar que si los bienes son más baratos se demanda más cantidad. (Es importante que se comprenda el sentido de una curva creciente o decreciente.)

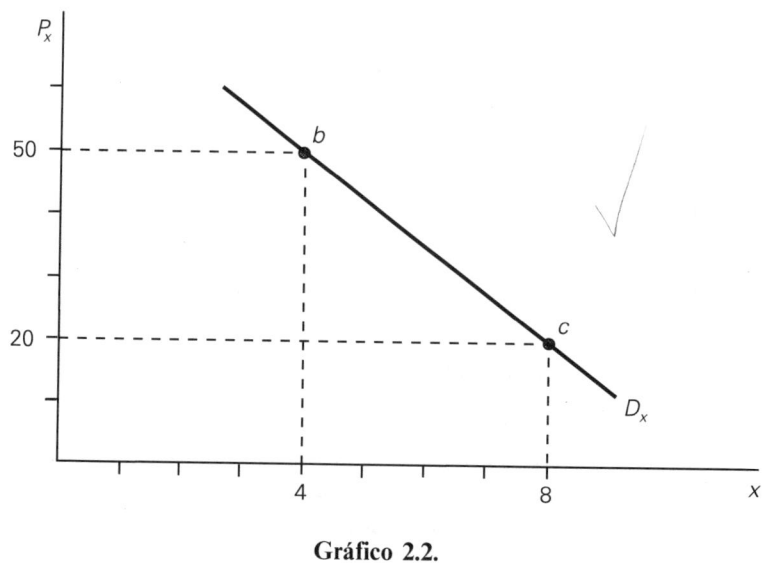

Gráfico 2.2.

La importancia que tiene el análisis gráfico (y el matemático que subyace, aunque nosotros no lo utilicemos) es que mediante una sencilla línea estamos representando un comportamiento humano; en nuestro caso, cómo se comportan los consumidores del bien x si cambia el precio de este bien. La curva nos permite saber no sólo los puntos b o c, sino que contesta para cualquier precio (10, 15, 27 ó 43) las cantidades de bienes que los consumidores desean. Las curvas, pues, responden a preguntas concretas, definiendo el comportamiento humano. Pero contestan si se les hace la pregunta correcta. Por ejemplo, la curva del Gráfico 2.2 no puede responder la cantidad que las empresas están dispuestas a ofrecer a un precio, dado que es una curva de demanda y no de oferta. Tampoco contesta si le preguntamos el incremento de demanda que originaría un crecimiento de renta (en el supuesto de que x fuera un bien normal), puesto que al estar representado en los ejes precios y cantidades no podemos saber con esa curva el impacto de la variación de otro factor de la demanda.

Desplazamientos de la curva de demanda

¿Esto significa que estamos limitados por estos ejes a estudiar sólo la relación de dos variables? ¿Qué ocurre con las demás: los precios de los otros bienes, la renta, los gustos o los precios esperados? Cuando una de estas variables se altera, entonces nos encontramos con una curva de demanda distinta, como es la curva D'_x del Gráfico 2.3. Ahora, para el precio de 50 la demanda no es 4, sino 7, puesto que la curva de demanda se ha *desplazado* hacia la derecha. ¿Por qué lo ha hecho? Porque la demanda ha aumentado ante el cambio favorable de alguno de los otros factores que

Gráfico 2.3.

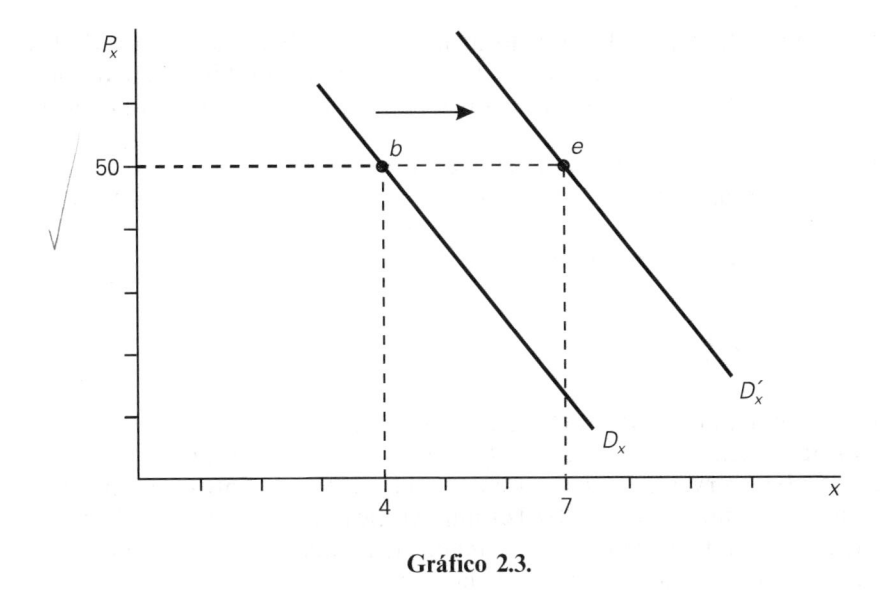

incidía en la demanda. Si ha subido la renta (R) y x es un bien normal, para cada precio se demanda más, y para expresar esto la curva se desplaza a la derecha. Lo mismo ocurriría si aumentan la preferencia de los consumidores por este bien (G) prefiriendo el bien x; si suben los precios esperados (P_e) y desean hacer ahora su consumo; si sube el precio de los bienes sustitutivos (P_z); si baja el precio de los bienes complementarios (P_y); o si baja la renta y x es un bien inferior.

En el Gráfico 2.4 se representa el supuesto contrario. La curva se

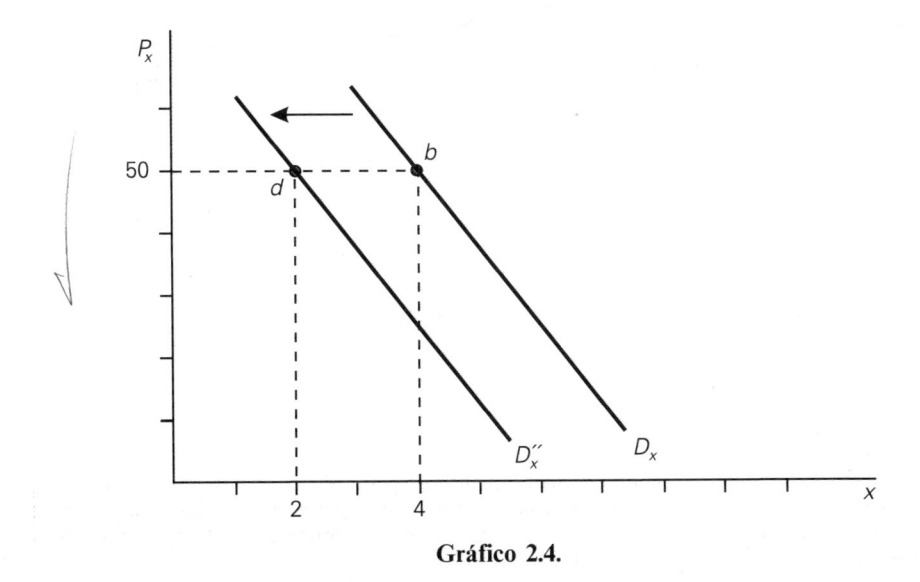

Gráfico 2.4.

desplaza hacia la izquierda, debido al impacto negativo de alguno de los factores de la demanda, a excepción del precio del propio bien. Este desplazamiento es el efecto de las variaciones contrarias a las analizadas en el párrafo anterior.

Hay que aprender de todo lo expuesto que *nos movemos sobre una curva si cambian algunas de las variables que estamos considerando en los ejes, pero que, en cambio, se desplaza la curva si se altera alguno de los factores considerados que no esté representado en los ejes*[1].

Elasticidad de la demanda

Es necesario plantear una última cuestión antes de dar por sentado el análisis de la demanda. La curva D_x es muy distinta a la D'_x en el Gráfico 2.5. Ambas curvas representan comportamientos distintos de demanda del bien x. La primera de ellas (D_x) es muy vertical, tiene mucha pendiente, o es muy *inelástica*. La segunda (D'_x) es menos inclinada, tiene menos pendiente, o es más *elástica*. La elasticidad de las curvas tiene un sentido económico muy importante. Si se comparan ambas curvas puede observarse que en ambas, al precio de 50, se demandan cuatro unidades, pero al bajar el precio de 50 a 40 el efecto sobre la demanda aumenta, pero lo hace mucho más en

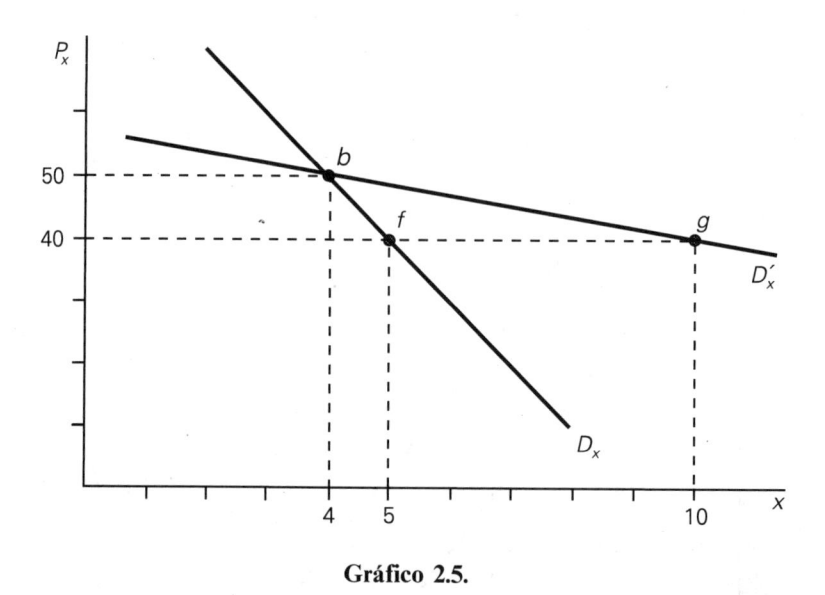

Gráfico 2.5.

---

[1] El lector no versado en este tipo de análisis debería repasar esta parte hasta que comprendiera bien la diferencia entre un movimiento a lo largo de la curva y un desplazamiento de la curva, puesto que utilizaremos con asiduidad esta forma de proceder y de representar el comportamiento de los agentes económicos.

la curva más elástica (D'_x). Esto significa que estos consumidores son muy sensibles ante cambios en los precios, mientras que si la curva es inelástica (D_x) ocurre lo contrario. La pendiente de las curvas nos permite realizar importantes predicciones sobre los efectos de las variaciones de precios: ante una curva de demanda inelástica, la subida de precios apenas hará disminuir la demanda, mientras que en una curva elástica bajar los precios supone una buena estrategia para aumentar la cuota de mercado, ante el previsible incremento de la cantidad demandada.

LA OFERTA

Factores que determinan la oferta

La oferta de un bien x (O_x) está constituida por todas las empresas que están dispuestas a producir dicho bien para los consumidores. La cantidad de producto que las unidades de producción están dispuestas a ofrecer depende:

a) Del *precio del propio bien* (P_x). Si el precio aumenta, las posibilidades de las empresas de obtener beneficios son mayores, y estarán dispuestas a producir más: $\uparrow P_x \to \uparrow O_x$.

b) Del *precio o coste de los factores de producción* (C_a, C_b, C_c, ...). El incremento de los costes de los factores a, b, c, etc., reduce el beneficio y los empresarios dejarán de producir:

$$\uparrow C_a, \uparrow C_b, \uparrow C_c, ... \to \downarrow O_x$$

Por tanto, una subida de los salarios, costes energéticos, precios de las materias primas o tipo de interés de los recursos financieros necesarios para adquirir bienes de capital disminuyen la oferta.

c) Del estado de la *tecnología* (T). La introducción de bienes de capital de alta tecnología aumenta la productividad del resto de los factores de producción. Es decir, utilizando los mismos factores se producen más bienes, o bien es posible producir los mismos bienes con menos factores y, por tanto, a precios inferiores. Generalmente, una mejora tecnológica incrementa la oferta: $\uparrow T \to \uparrow O_x$.

d) De los *objetivos empresariales* (E). Normalmente se supone que las empresas persiguen maximizar su beneficio, y éste es el supuesto básico de todo el análisis económico. Sin embargo, los empresarios pueden perseguir otros objetivos, como tener beneficios no máximos, sino seguros; aumentar la dimensión de sus empresas ampliando su cuota de mercado, aun a costa de ver reducidos temporalmente sus beneficios; apostar por proyectos de alta tecnología para asegurar beneficios futuros a costa de los actuales; mejorar su imagen social atendiendo a la preocupación de los consumidores por el medio ambiente, el deporte, la cultura, etc. Así pues, existe la posibilidad de que se incremente la oferta de un bien porque cambien los objetivos empresariales: $\uparrow E \to \uparrow O_x$.

e) Finalmente, la oferta puede verse afectada por alteraciones en el *precio de los demás bienes* (P_r, P_s, P_w, ...). Si los precios de los otros bienes aumentan, las oportunidades de mejorar los beneficios produciendo esos bienes mejoran. Muchos empresarios que producen x estarán tentados a modificar su empresa y empezar a producir r, s, w, o cualquier otro bien, siempre que las condiciones técnicas lo permitan, lo cual implica que dejarán de producir x, reduciéndose su oferta. En un mercado en competencia perfecta existe esta posibilidad de entrar o salir de un mercado libremente y, por tanto: $\uparrow P_r$, $\uparrow P_s$, $\uparrow P_w \to \downarrow O_x$.

Análisis gráfico de la oferta

En el Gráfico 2.6 presentamos una curva de oferta, que como puede verse es creciente. En efecto, a medida que el precio sube de 30 a 50, la cantidad ofrecida aumenta de 2 a 4. Puesto que los empresarios obtienen mayores beneficios a precios más altos, estarán dispuestos a producir más.

Así pues, una alteración de P_x, dado que es una variable representada en uno de los ejes, supone un movimiento por encima de la curva, sin desplazamiento alguno. Debe observarse igualmente que la curva de oferta nos muestra el comportamiento de todas las empresas que están dispuestas a producir el bien x, si se mantienen constantes el resto de los factores que determinan la oferta.

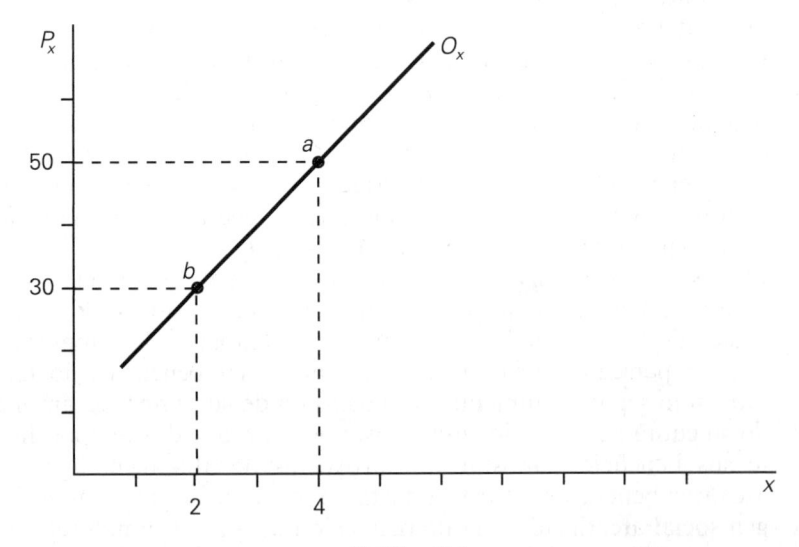

Gráfico 2.6.

Desplazamientos de la curva de oferta

Cuando el resto de dichos factores cambia, entonces se producen desplazamientos de la curva, como muestran los Gráficos 2.7 y 2.8. En el Gráfico 2.7 se ha producido un aumento de la oferta desplazándose ésta a la derecha. Así, para el mismo precio (50), antes se ofrecían cuatro y con la nueva curva seis

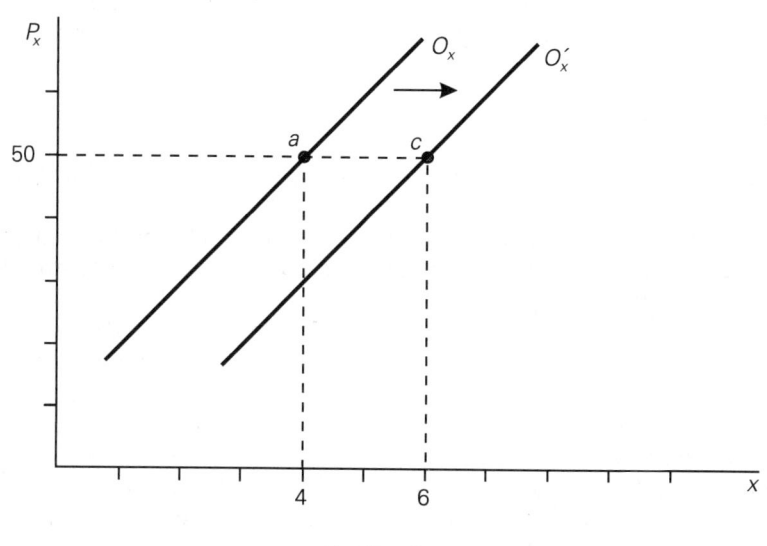

Gráfico 2.7.

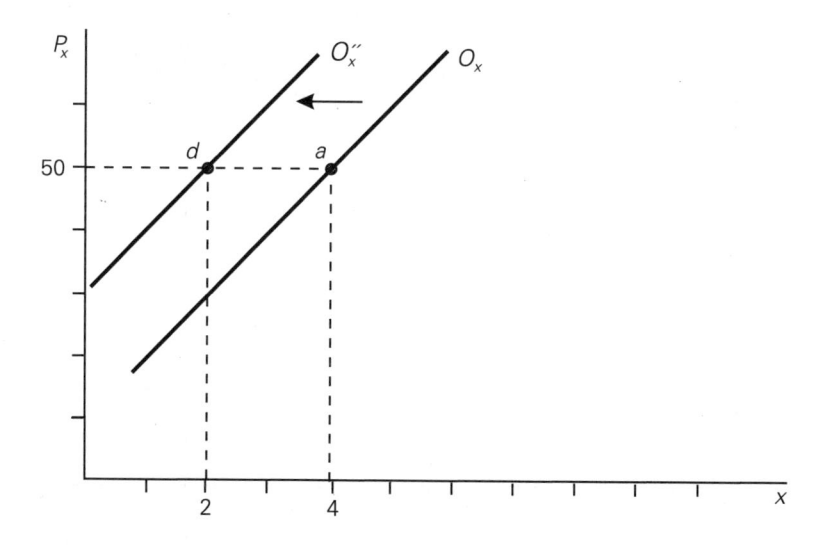

Gráfico 2.8.

(punto c). Este desplazamiento positivo para la oferta se habrá debido a: una disminución del coste de los factores de producción; una mejora del estado de la tecnología; un cambio de los objetivos empresariales dirigido a incrementar la producción; o una disminución del precio de otros bienes, que atraiga empresas al mercado del bien x.

Si las alteraciones de estos factores son de sentido contrario, la curva de oferta se desplazaría hacia la izquierda, como muestra el Gráfico 2.8. En él, al precio de 50, antes se ofrecían cuatro unidades, y tras el desplazamiento negativo de la oferta sólo se ofrecen dos unidades del bien x (punto d).

Elasticidad de la oferta

También la pendiente de la función de oferta debe ser considerada para entender el comportamiento de las empresas de un mercado. En el Gráfico 2.9 el mercado con curva de oferta O_x tiene una oferta con mucha pendiente, o muy *inelástica*. Esto significa que el comportamiento de sus empresas en cuanto a la producción es muy poco sensible a la variación de los precios. El paso del punto a al punto e es una muestra de esta falta de sensibilidad al precio. En cambio, la oferta O'_x, que tiene menos pendiente y es más *elástica*, es un ejemplo de un mercado donde sus empresas reaccionan modificando sustancialmente la cantidad ofrecida ante cualquier variación de los precios. Como puede verse en este gráfico, una subida del precio de 50 a 70 unidades monetarias, aumenta de cuatro a cinco unidades la cantidad ofrecida si la curva es muy inelástica (D_x), o de cuatro a nueve si la función es muy elástica (D'_x).

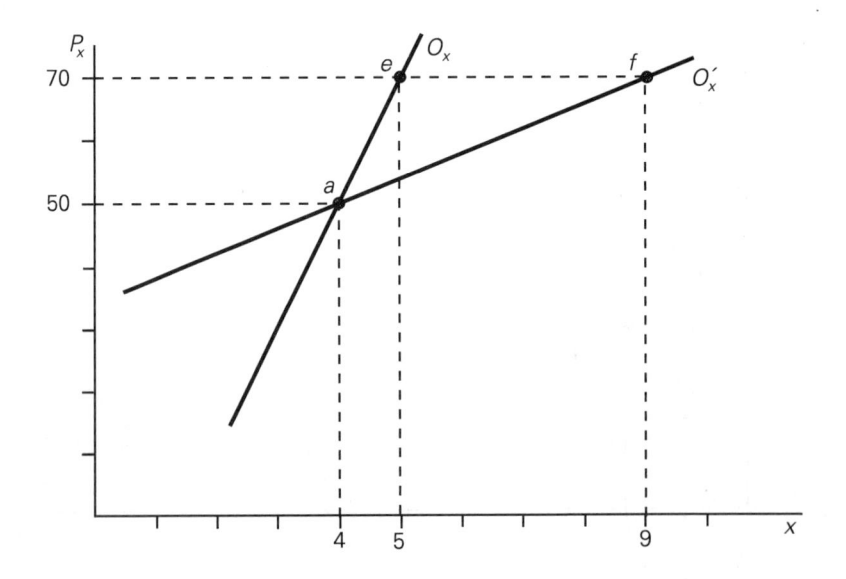

Gráfico 2.9.

EL AJUSTE DEL MERCADO

El proceso de ajuste y el equilibrio

Llegados a este punto, estamos en condiciones de explicar el funcionamiento de un mercado en competencia perfecta. Lo primero que hay que señalar es que tanto la curva de oferta como la de demanda nos muestran las distintas posibilidades del comportamiento de los consumidores y de las empresas. Ahora tenemos que determinar dónde se produce el acuerdo entre unos y otros, y el proceso por el que se llega al acuerdo.

El Gráfico 2.10 representa conjuntamente las curvas de oferta y demanda del mercado del bien x. Es decir, representa el comportamiento de los demandantes y oferentes del bien x. De todos los puntos de oferta y demanda posibles, sólo hay uno en el cual los oferentes y los demandantes llegan a un acuerdo: el punto a, en el cual se intercambian cuatro unidades de x al precio de 50 unidades monetarias cada una. En este punto no faltan ni sobran bienes en el mercado. Lo que los consumidores desean y pueden pagar es lo que las empresas están dispuestas a ofrecerles.

No obstante la relevancia del *equilibrio económico*, lo importante es comprender cómo se produce el acuerdo. Si el precio del mercado inicial fuera de 70, la demanda sería de dos unidades (punto b) y la oferta de seis (punto c). Habría una situación de *exceso de oferta*. Las empresas pueden ajustarse en precios y cantidades. Desearán producir menos para no tener excedentes y aceptarán precios inferiores. Pero al descender los precios, los

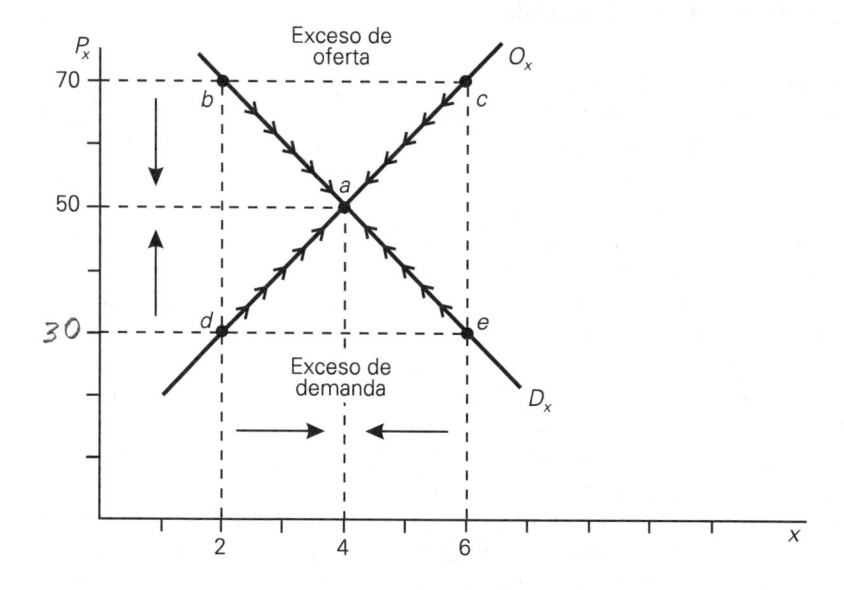

Gráfico 2.10.

consumidores aumentan su demanda, produciéndose el ajuste hacia el equilibrio en el punto *a*.

Si el precio inicial del mercado fuera de 30 unidades monetarias, la oferta sería inferior a la demanda, que es muy alta a un precio tan bajo. La situación sería de *exceso de demanda*, los consumidores estarían dispuestos a pagar precios superiores ante la demanda insatisfecha que existe. Al subir los precios, las empresas empezarían a ofrecer más productos y la propia demanda iría moderándose ante el encarecimiento de los bienes. El ajuste se produciría al alcanzar el punto *a*.

Este es el sentido del equilibrio, al margen de todo juicio de valor: el punto de acuerdo entre la oferta y la demanda de un mercado. Un punto al que convergen las fuerzas del mercado, de manera que una vez alcanzado, si no hay perturbaciones, no existe ninguna intención por parte de los agentes económicos de alterarlo. En este punto se ha producido una asignación de los factores de producción para producir el bien *x* al precio más barato, dada la competencia entre las muchas empresas del mercado. Producen el bien *x* y no otro porque es el bien que los consumidores desean, el bien que los propios demandantes estiman que satisface mejor sus necesidades. La competencia del mercado asegura la eficiencia de la producción y la asignación de recursos para satisfacer las necesidades que los consumidores estiman prioritarias.

Como ha podido comprobarse, el ajuste del mercado requiere la flexibilidad al alza y a la baja de precios y cantidades. No todos los mercados tienen precios y cantidades flexibles. Cuando esto ocurre, el ajuste es difícil y a veces incluso imposible, y el mercado deja de asignar los recursos de forma eficiente.

Alteraciones de la demanda

Una vez comprendido el ajuste del mercado, podemos considerar el efecto sobre el acuerdo, si se alteran algunas de las variables de la demanda además del P_x, que está representado en el eje vertical (eje de ordenadas) del cuadro. En el Gráfico 2.11 se representa un mercado con un equilibrio inicial en el punto *a*. Este equilibrio se ve alterado ante un desplazamiento de la demanda hacia la derecha, hasta D'_x. ¿Por qué se ha producido este desplazamiento? Recuerde: puede haber subido la renta de los consumidores si el bien es normal; aumentar las preferencias de los consumidores por el bien *x*; aumentar el precio de los bienes sustitutivos de *x*; o bajar el precio de sus complementarios... Sea lo que fuere, al precio de *x* que aparece en el gráfico como P_1 hay un exceso de demanda reflejado por la distancia entre el punto *a* y el *c*. En esta situación, como vimos con anterioridad, suben los precios, se incrementa la producción y se modera la demanda, llegándose a un punto de acuerdo o de equilibrio en *b*.

El efecto final ante un desplazamiento por aumento de la demanda ha sido una subida de los precios y de la cantidad producida. Los consumidores querían más bienes y el mercado se los ha proporcionado a cambio de una subida en el precio.

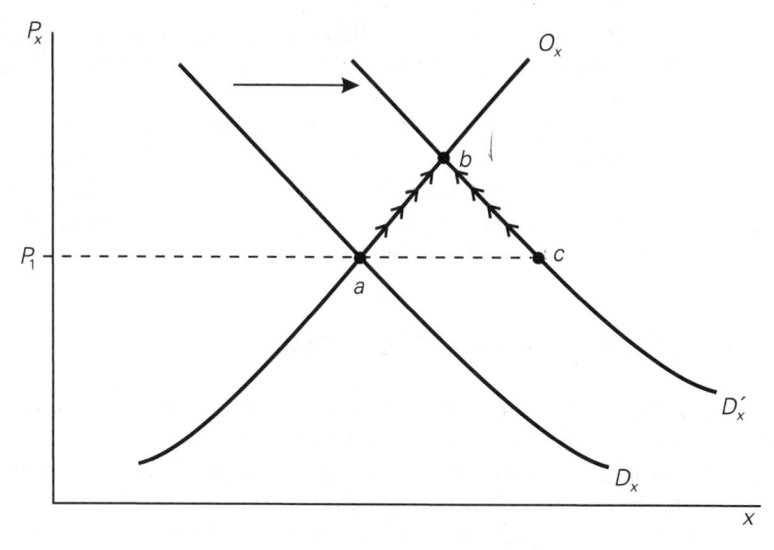

Gráfico 2.11.

Alteraciones de la oferta

El Gráfico 2.12 representa el supuesto de una alteración de la oferta. En este caso se produce una contracción de la oferta debido quizás a un encarecimiento de los costes de producción (o a cualquier otro cambio de las variables que afectan a la oferta, que el lector debería ser capaz de precisar),

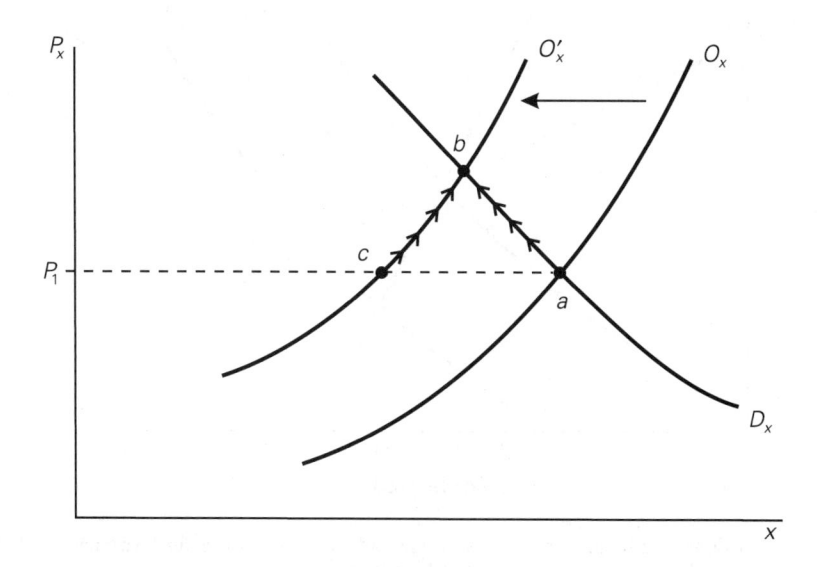

Gráfico 2.12.

que produce un desplazamiento de la oferta hacia la izquierda. El efecto inmediato en el mercado es que pasamos de una situación de equilibrio a otra de exceso de demanda (distancia entre *a* y *c*). El equilibrio, igual que en el caso anterior, se alcanza en el punto *b*, y podemos afirmar que ante una contracción de la oferta el efecto final será una subida en los precios y una disminución en la cantidad ofrecida. En este caso, una subida de los costes de producción ha encarecido también el producto, y los consumidores han optado por demandar menos de un bien que ahora es más caro[2].

LA ELASTICIDAD Y EL EQUILIBRIO

El lector podrá ya preguntarse sobre la incidencia que tiene la elasticidad sobre el equilibrio de un mercado competitivo. En los Gráficos 2.13 y 2.14 hacemos este estudio. En ellos aparecen cuatro curvas distintas y conviene no confundirse, por lo que iremos despacio.

En el Gráfico 2.13 analizamos dos hipótesis distintas de curvas de demanda: una muy inelástica (D_x) y una segunda muy elástica (D'_x). Suponemos que la curva de oferta es O_x y que el equilibrio del que partimos se da en el punto *a*, que coincide para las dos curvas de demanda. Ahora se produce una expansión de la oferta, que pasa de O_x a O'_x. Suponemos, por ejemplo, que la oferta ha crecido porque ha disminuido el precio de los otros bienes y hay empresarios que han decidido entrar en el mercado del

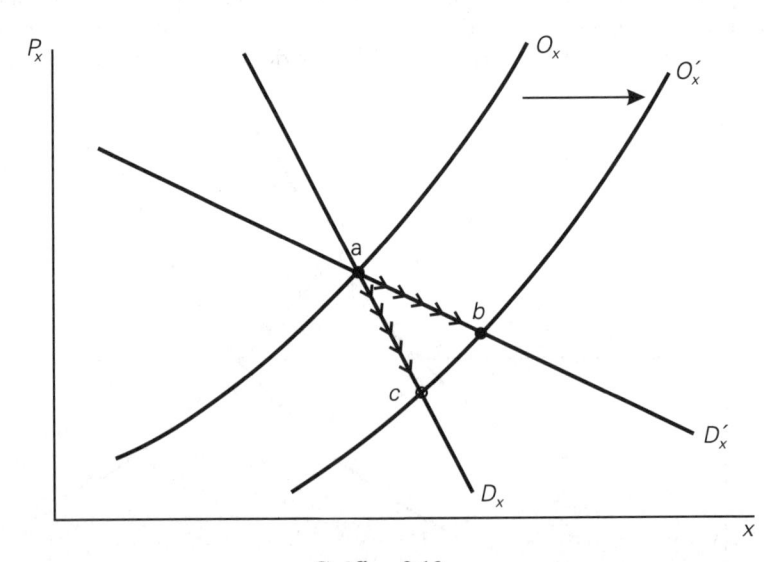

Gráfico 2.13.

---

[2] El lector debería dibujar varias veces un mercado en equilibrio y, ante variaciones de los diversos factores determinantes de la demanda y la oferta, analizar el proceso de ajuste y el equilibrio final del mercado.

bien x. Ante el desplazamiento de la oferta estamos en una situación de desajuste y las fuerzas del mercado corrigen el desequilibrio. Según tengamos una curva de demanda u otra, pasaremos al equilibrio en el punto c, si la demanda es inelástica, o en el punto b si es elástica.

En ambos casos, bajan los precios y aumenta la cantidad intercambiada, pero si la curva de demanda es más inelástica (D_x), bajan más los precios que aumenta la cantidad (punto c), dado que en este caso la demanda es más insensible a los precios. En cambio, si la demanda es más elástica (D'_x) se incrementa más la cantidad que desciende los precios (punto b), al ser la curva más sensible ante cambios en los precios. Por tanto, para estudiar un mercado y establecer pronósticos sobre posibles perturbaciones, no sólo es necesario saber cómo afectan al equilibrio todas las perturbaciones posibles, sino tener también en cuenta la posible elasticidad de las curvas.

En el Gráfico 2.14 se analiza el efecto sobre el equilibrio de la elasticidad de la oferta. Se representan dos curvas de oferta, una muy inelástica (O_x) y una segunda muy elástica (O'_x). Se parte igualmente de un punto de equilibrio común, que viene representado por el punto a cuando la demanda es D_x. Si la demanda se desplaza a la derecha porque disminuye la renta de los consumidores, y x es un bien inferior, el mercado buscará un nuevo equilibrio, un nuevo acuerdo entre sus agentes.

En cualquiera de los casos de desplazamientos de demanda que estudiamos, suben los precios y aumenta la cantidad intercambiada, pero las variaciones son distintas. Si la curva de oferta es muy inelástica (O_x), el nuevo punto de equilibrio (c) indica que suben más los precios que aumenta la producción. En cambio, si la oferta es elástica (O'_x), el punto de equilibrio al que tenderá el mercado (b) refleja una mayor variación de la producción

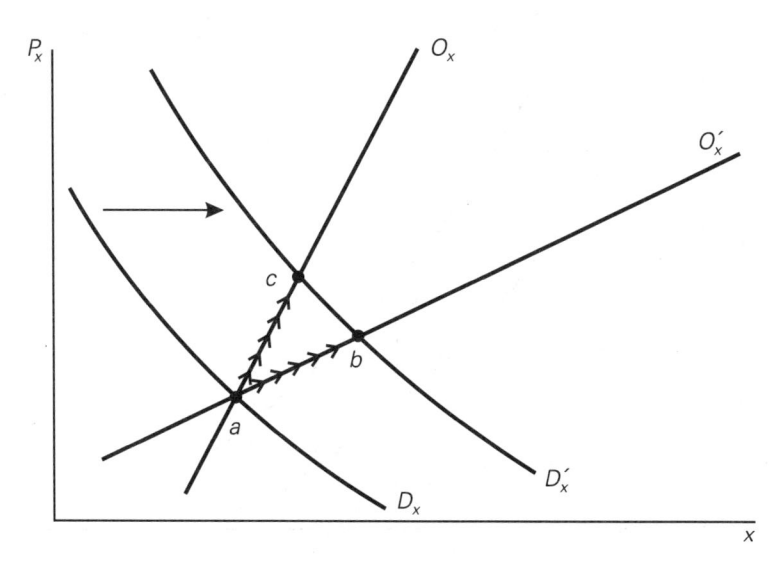

Gráfico 2.14.

que de los precios, fruto de la mayor sensibilidad de las empresas a cambiar la producción ante alteraciones en los precios.

Dos casos extremos de elasticidad de la oferta merecen ser estudiados: la oferta completamente elástica y la oferta completamente inelástica. Ambos casos se recogen en los Gráficos 2.15 y 2.16. ¿Cuál es el significado económico de estos casos?

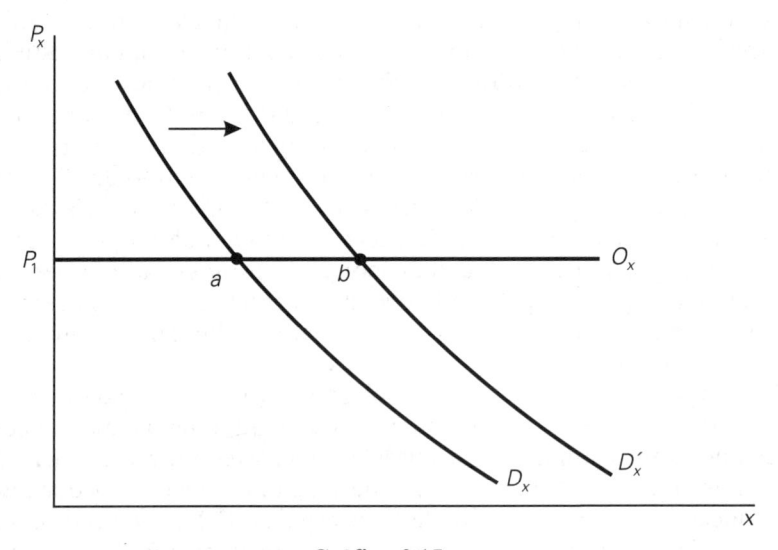

Gráfico 2.15.

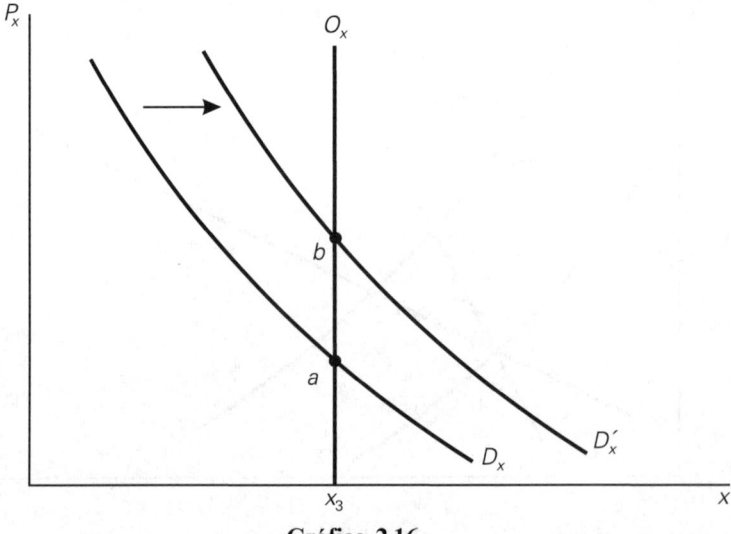

Gráfico 2.16.

La oferta completamente elástica del Gráfico 2.15 nos muestra un mercado en el que las empresas están dispuestas a producir cualquier cantidad a un precio P_1. En este caso, si la demanda se desplaza hacia la derecha se aumenta la producción sin que varíen los precios. Se dice entonces que las empresas son «precio aceptantes».

En el Gráfico 2.16 presentamos el caso opuesto. La oferta completamente inelástica muestra un mercado que está dispuesto a producir una única cantidad de producto (x_3), sea cual sea el precio del bien. Obsérvese que aunque se desplace la demanda a la derecha se sigue produciendo la misma cantidad, y la presión del exceso de demanda se transmite enteramente hacia los precios.

LOS FALLOS DEL MERCADO Y EL PAPEL DEL ESTADO

A pesar de que en la actualidad existe la creencia generalizada de que el mercado es el mejor sistema de asignación de recursos, esto no quiere decir que no tenga fallos. Citaremos los más importantes *fallos del mercado*:

a) *El poder de mercado*. Con frecuencia existen en los mercados agentes que tienen un poder de decisión superior a los demás. El monopolio es el caso más significativo. El estudio del monopolio nos revela que, en equilibrio, la cantidad intercambiada es inferior al equilibrio del mercado competitivo y los precios son superiores. Se dejan, por tanto, de satisfacer necesidades de los consumidores, que en competencia perfecta quedarían satisfechas. El mercado no tiene fuerza alguna de convertir un monopolio en un mercado competitivo. A este respecto hay que indicar que la existencia de un monopolio suele deberse a que existen barreras de entrada en el mercado, que impiden a otras empresas entrar en el mercado y competir con el monopolista.

b) *Las externalidades*. En ocasiones, los acuerdos en el mercado a los que llegan oferentes y demandantes de un mercado afectan a otros agentes que no han tomado parte en dicha negociación. El caso más representativo de externalidad es la contaminación. Seguramente los consumidores de bienes, que en su producción sean muy contaminantes, prefieren no pagar el incremento de costes que supondría producir de una manera más ecológica; pero hay terceras personas que sufren la contaminación y no son consumidores de este bien. Tampoco el mercado tiene por sí mismo instrumento alguno para corregir esta situación.

c) *La falta de información*. Con frecuencia, los agentes más vulnerables de un mercado ven frustradas sus expectativas de satisfacer una necesidad si después de adquirir un bien comprueban que sus características son muy distintas a las esperadas a tenor de la publicidad. Estas situaciones las regula el propio mercado hasta cierto punto. Los consumidores engañados dejarán de comprar ese producto y la empresa en cuestión tendrá que salir del mercado. Sin embargo, hay bienes que se demandan muy pocas veces en la vida de una persona (una vivienda, por ejemplo), y la falta de información puede originar un perjuicio para el consumidor, que el propio mercado no puede evitar.

d) *La distribución arbitraria de la riqueza.* Puesto que la demanda está compuesta por aquellas personas que están dispuestas a pagar un precio por un bien, quedan excluidas aquellas que no cuentan con renta suficiente para poder ser demandantes potenciales. La distribución de la riqueza puede originar que una parte de la población de un país no tenga acceso a una serie de bienes que se consideran básicos e indispensables para vivir. Sin duda, es relativo precisar qué bienes son indispensables para vivir, pero no puede ocultarse que los países más ricos son también los que tienen una distribución más equilibrada de su riqueza, sin que esto signifique que todos sus habitantes ganen lo mismo.

Estas son algunas de las razones que justifican la intervención del Estado en un sistema de economía de mercado. Para paliar estos fallos del mercado y alcanzar los objetivos políticos del Gobierno del Estado, el sector público cuenta con determinados *instrumentos de actuación*:

a) *El gasto público y las transferencias.* El Estado decide gastar en determinados bienes en nombre de sus ciudadanos. Este es el caso de la sanidad, educación, infraestructuras, servicios públicos, seguridad, investigación, etc. Además transfiere fondos a los ciudadanos para que éstos financien su consumo. Estas transferencias toman la forma de pensiones, prestaciones de desempleo, subvenciones, etcétera.

b) *El sistema impositivo.* Mediante los impuestos, el Estado no sólo recauda fondos para financiar sus gastos y transferencias. Los impuestos permiten gravar a unos agentes económicos más que a otros, contribuyendo a redistribuir su riqueza. También pueden gravar determinadas actividades y de esta forma incidir en la asignación de los recursos. Mediante la imposición se pueden evitar las externalidades, gravando, por ejemplo, a las empresas contaminantes hasta el punto que opten por introducir cambios en la organización de la producción que redunden en una menor contaminación y les exima del impuesto.

c) *La regulación.* El Estado, mediante su capacidad normativa, puede definir el marco de actuación de los agentes económicos y establecer sanciones a quienes incumplan las reglas. Puede exigir en determinados mercados unas características mínimas de los bienes en beneficio de los consumidores cuando la información no es transparente; impedir las prácticas monopolistas; y, en su conjunto, regular la actividad económica y social para superar los fallos del mercado o conseguir los objetivos del Gobierno.

d) Finalmente, el Estado puede intervenir en la economía mediante *la empresa pública.* Hay ocasiones en que determinados bienes no pueden ser producidos por empresas privadas, bien porque los costes de producción son muy caros y sólo una pequeña parte de la población podría acceder al mercado —haciendo imposible rentabilizar la inversión necesaria—, bien porque se trate de bienes que pueden ser consumidos al mismo tiempo por distintos agentes. Es el caso de los *bienes públicos.* Los transportes pueden ser el ejemplo del primer caso. Un empresario privado tendría que correr con el gasto del tendido viario de un ferrocarril y de los trenes necesarios para un número reducido de usuarios que no permiten la subsistencia de esta empresa. La protección policial sería un ejemplo del segundo caso, puesto que un agente de policía, con su presencia, da seguridad a todas las personas y bienes patrimoniales que le rodean.

Aunque los fallos del mercado son claros y los instrumentos del Estado para corregirlos pueden ser suficientes, la actuación del Estado está levantando muchas críticas. Si la gestión pública intenta eliminar las ineficiencias del mercado, no parece que su propia actuación pueda considerarse eficiente. Se piensa que al intentar mejorar el sistema de asignación de recursos el Estado con frecuencia causa lo contrario. La crítica liberal a la intervención del Estado intenta disminuir la presencia del Estado en la economía, a la vez que pretende introducir el sistema de decisión del mercado en el ámbito público.

El Estado, al margen de estas actuaciones inspiradas por los fallos del mercado, realiza otra función relevante, también originada por el mercado. Cuando observamos la economía en su conjunto hay que tener presente que la enorme cantidad de mercados de todo tipo, en permanente proceso de ajuste ante las múltiples perturbaciones que reciben, puede originar situaciones simultáneas de disminución de la producción y aumento del desempleo, o de subidas generalizadas de precios que originen un estado de fuerte inflación. Los ajustes de los mercados, junto a la impredecible manera de los agentes económicos de formar sus expectativas, originan situaciones indeseadas, antes las cuales el Estado asume la función de estabilizar la economía y atenuar el ciclo económico. También, los críticos de la actuación del Estado afirman que con esta actuación el Estado es el principal causante del ciclo económico y no el agente que estabiliza la economía.

Es difícil saber dónde está el justo término de la intervención del Estado y la mejor combinación de los instrumentos que debe utilizar. El análisis económico, la gestión pública y la ideología política de cada Gobierno definen en cada caso la opción a seguir.

NOTA BIBLIOGRAFICA

Cualquier manual de Economía considera con amplitud los temas tratados en este capítulo. Remitimos a modo de ejemplo a: FISCHER, DORNBUSCH y SCHMALENSEE: *Economía* (McGraw-Hill, 1990), caps. 3, 4, 13 y 14; WONNACOTT y WONNACOTT: *Economía* (McGraw-Hill, 1987), caps. 4, 5, 27, 28, 29 y 30; y SAMUELSON y NORDHAUS: *Economía* (McGraw-Hill, 1986), caps. 3, 4, 31 y 32.

CAPITULO 3

MACROMAGNITUDES E INDICADORES

En este capítulo se definen y relacionan las principales macromagnitudes de producción, renta y gasto. Se diferencian los distintos índices de precios, los indicadores de paro y se aproxima al lector a algunos instrumentos estadísticos que permiten comparar datos. El capítulo termina planteando una sencilla gráfica que muestra la evolución de los agregados de un país.

EL FLUJO CIRCULAR Y LOS AGREGADOS ECONOMICOS

En el primer capítulo explicábamos cómo la construcción de nuestro modelo explicativo del entorno económico de los negocios descansa en la idea del *flujo circular de la renta*. Representábamos gráficamente el flujo real y monetario entre las familias y las empresas (Esquema 1.6), e indicábamos que otra manera de aproximarnos a la medición de este flujo, que representa la riqueza de un país, era mediante la diferenciación de tres secuencias de ese proceso circular: la producción (Oferta Agregada), la renta y el gasto (Demanda Agregada) (Esquema 1.7). Conviene precisar, antes de comenzar con este estudio del modelo de determinación de la renta, qué entendemos por estas variables, la relación que existe entre ellas y los *problemas de medición*.

Se comprenderá que medir la totalidad de la producción de todos los bienes y servicios que produce un país, el conjunto de rentas que genera y los distintos componentes del gasto no es tarea fácil. Encontraremos que al ser *productos muy heterogéneos* necesitamos agregarlos utilizando sus respectivos precios. Cuando comparemos datos de distintos años, tendremos que tener presente la tasa de inflación para evitar el espejismo de pensar que la economía está produciendo más bienes, cuando produce lo mismo pero a precios más altos. Si queremos conocer la riqueza que produce una economía, que es la que permite satisfacer las necesidades de su población, tenemos que saber los bienes y servicios producidos, eliminando el efecto nominal que producen las alteraciones de precios, que no reflejan cambios reales de la producción.

Debemos igualmente evitar la *doble contabilización* de determinadas partidas. Así, omitiremos todas las relaciones interindustriales y atenderemos a los bienes finales, evitando contar como producto final la producción de una fábrica, que se incorpora como materia prima a la producción de otra empresa. Una forma de evitar este problema es contabilizando no los precios finales de cada empresa, sino su *aportación al valor añadido* de un producto, esto es, la diferencia entre su precio final menos el precio de las materias primas necesarias para su fabricación.

Otra cuestión relevante es que, al realizar estas mediciones, hay *actividades económicas que no se contabilizan*. Así, la actividad del ama de casa no aparece como parte de la producción de un país, y tampoco se considera que genere renta alguna. Por esta razón, la producción de un país en la cual la mujer esté incorporada al mercado de trabajo será muy superior al de una economía más tradicional en la que la mujer realiza las tareas del hogar. Piense el lector que una mujer que empieza a trabajar fuera de casa y contrata una asistenta para que realice las tareas que ella antes efectuaba, genera desde el punto de vista de la contabilidad nacional no una renta, sino dos: la suya y la de la asistenta. Esto mismo ocurre con otras actividades de parecida naturaleza que tampoco se contabilizan porque no pasan por el mercado.

Un último problema es de naturaleza estadística: *la estimación y credibilidad de los datos*. Los países occidentales intentan tener métodos estadísticos similares que permitan la comparación de las principales magnitudes económicas. Organismos internacionales como el FMI o la OCDE elaboran también sus propias estadísticas para evitar que haya manipulaciones interesadas de los datos por los Gobiernos. Téngase en cuenta que unas cifras oficiales más o menos altas de macromagnitudes como la renta por habitante puede hacer que un país tenga acceso a fondos estructurales, ayuda al desarrollo, fondos de cohesión, etc.

En la determinación del flujo circular de la riqueza se siguen las tres posibles aproximaciones; por ello, iremos precisando las distintas magnitudes y componentes de la *producción*, la *renta* y el *gasto*.

LA PRODUCCION

Sectores económicos

Para determinar el volumen de producción de un país tenemos que contabilizar los bienes finales (o el valor añadido) de la totalidad de sectores económicos de la economía, considerando los bienes según los costes de los factores y evitando los problemas de la doble contabilización de las relaciones interindustriales.

Hay una pequeña diferencia entre *contabilizar una variable a precio de mercado y al coste de los factores*. Puesto que partimos de una identidad básica (Producción = Renta = Gasto), nos interesa saber qué parte del precio de un bien se transforma en renta de los factores. Si valoramos un bien a su precio de mercado, los impuestos indirectos (que gravan la producción y las importaciones), estarán incluidos en el precio, pero no constituye renta para los agentes económicos. Igualmente, si el Estado concede una subvención a la producción de ese bien, esta subvención disminuye el precio del bien en el mercado, aunque la empresa paga a los agentes económicos rentas mayores que el precio gracias a esta subvención. De esta forma, cuando tengamos una variable cualquiera valorada a precios de mercado y queramos conocer su valor al coste de los factores, restaremos los impuestos indirectos y sumaremos las subvenciones; y para pasar del coste de los factores a precios de mercado operaremos en sentido contrario.

Para conocer la producción de un país al coste de los factores debemos aproximarnos a su estructura productiva, y para ello podemos utilizar la división de sectores económicos, que distingue tres sectores productivos: Agricultura y Pesca (Sector Primario), Industria y Construcción (Sector Secundario) y Comercio y Servicios (Sector Terciario). Una división más detallada diferenciaría:

AGRICULTURA Y PESCA:
— *Agricultura*.
— *Pesca marítima*.

SECTOR INDUSTRIAL:

— *Energía y agua*:
- Carbones y coquerías.
- Refinerías de petróleo.
- Energía eléctrica y gas.

— *Industrias básicas*:
- Siderurgia y metalurgia.
- Productos minerales no metálicos.
- Industria química.

— *Transformados metálicos*:
- Productos metálicos.
- Maquinaria y equipo mecánico.
- Maquinaria y material eléctrico.
- Material electrónico.
- Vehículos automóviles.
- Construcción naval.

— *Otras industrias manufactureras*:
- Productos alimenticios, bebidas y tabaco.
- Industria textil.

- Industria del cuero.
- Calzado y confección.
- Madera, corcho y muebles.
- Papel, artes gráficas y edición.
- Transformados de caucho y plásticos

CONSTRUCCION
SECTOR SERVICIOS:

— Comercio y hostelería.
— Transportes y comunicaciones.
— Crédito y seguros.
— Servicios públicos.
— Otros servicios.

El PIB

La suma de la producción de todos estos sectores constituye el *Producto Interior Bruto* (valorado, por tanto, al coste de los factores). El PIB nos muestra la producción durante un año del total de bienes y servicios que se producen *en* un país. Es importante tener presente que muchas de las empresas que conforman la estructura productiva de un país pueden ser de capital extranjero. Una parte de las rentas que generen estas empresas no estarán disponibles para la población nacional, sino que serán enviadas al extranjero. De ahí el sentido geográfico del PIB.

El PIB es el indicador más relevante sobre la marcha de la economía de un país. Obtener con la exactitud que permite la Estadística *la cifra* del PIB al coste de los factores de un período de tiempo requiere una compleja elaboración y no está disponible con rapidez. En cambio, saber *la tasa* de crecimiento del PIB a precios de mercado es una tarea más sencilla. Las tasas de crecimiento del PIB trimestrales y anuales son los indicadores más utilizados para el estudio de la coyuntura de un país.

El PNB

Para conocer con más exactitud la renta de la que pueden disponer los habitantes de un país es necesario restar al PIB las rentas de los factores extranjeros que se producen en el país pero se transfieren al extranjero (*rfe*), y sumarle las rentas de los factores nacionales que se producen en otros países (*rfn*). De este cálculo obtenemos el *Producto Nacional Bruto*, que atiende no dónde se producen los bienes, sino qué bienes producen los factores propiedad de los habitantes de un país.

$$PNB = PIB - rfe + rfn$$

Se comprenderá que el PNB será mayor que el PIB en países propietarios de muchas empresas e inversiones en el extranjero. En cambio, los países más dependientes de los capitales extranjeros verán que su PIB es superior a su PNB.

El PNN

Aunque el PNB se aproxima más a la renta de una economía, tenemos que tener presente que al producir, el stock de capital de un país se deprecia y deteriora con el uso. Una economía que consumiera todo su PNB vería que poco a poco iría disminuyendo su capacidad productiva, al desgastarse los bienes de capital o quedar anticuados y obsoletos. Por eso es necesario reponer el capital desgastado en forma de amortizaciones. Si al PNB le restamos las amortizaciones de los bienes de capital, obtenemos el *Producto Nacional Neto*. El PNN al coste de los factores constituye la *Renta Nacional* (*RN*) de una economía.

$$PNNcf = PNBcf - \text{amortizaciones} = RN$$

LA RENTA

RN y RPD

La *RN* nos indica el volumen de ingresos de la población de una economía en un año. Sin embargo, no es aún la renta que los agentes pueden disponer. Tendrán que pagar en primer lugar los impuestos que gravan estas rentas (impuestos directos). Es posible también que los agentes económicos, además de las rentas que reciben de las empresas por la utilización de los factores que poseen, vean aumentar sus rentas por transferencias recibidas del Estado en forma de pensiones, seguro de desempleo, prestaciones sociales, etc. Finalmente, en lo referente a las rentas del capital, los beneficios de las empresas no todos se reparten, aunque esta partida está integrada en el precio de los bienes producidos. Para saber las rentas del capital que reciben los agentes económicos restamos a la *RN* todos los beneficios y le sumamos los dividendos repartidos que sí llegan a la población.

La renta nacional menos los impuestos directos (*T*), más las transferencias (*TR*), menos los beneficios (*B*) y más los dividendos repartidos (*Dv*) es lo que conocemos como *Renta Personal Disponible*:

$$RPD = RN - T + TR - B + Dv$$

La *RPD* es, al fin, dedicada por sus receptores tanto al consumo (*C*) como al ahorro (*S*).

La *RN* o la *RPD*, dividida entre el número de habitantes de un país, nos da la *Renta Nacional per cápita* o la *Renta Personal Disponible per cápita*, que son dos indicadores del nivel de riqueza de los habitantes de una nación. La comparación de indicadores de distintos países muestra el posible bienestar de sus habitantes; sólo debemos advertir que, puesto que se comparan ingresos en distintas monedas (normalmente dólares), la apreciación o depreciación de las monedas, principalmente si son bruscas, puede restar validez a dichas comparaciones.

La distribución de la renta

Además de conocer el volumen de ingresos de una economía, es también importante saber cómo se distribuyen estas rentas. Un estudio de la distribución de la renta permite diferenciar las *rentas sociales*, de las *rentas mixtas* y las *rentas de capital;* un breve listado de sus partidas es explicativo por sí mismo:

RENTA SOCIAL:
— Sueldos y salarios.
— Prestaciones sociales.
— Transferencias.

RENTAS MIXTAS:
— Agrarias.
— Profesionales y autónomos.
— Rentas inmobiliarias.

RENTAS DE CAPITAL

Junto a esta distribución de la renta por el origen de los ingresos, suele disponerse también de datos espaciales, por regiones, provincias o municipios.

EL GASTO

La producción de una economía es ofrecida por las unidades de producción porque existe una demanda que solicita estos bienes; esto constituye el *gasto* de la economía y coincide con el PIB a precios de mercado.

Hay cuatro grandes componentes del gasto: el consumo (C), la inversión (I), el gasto público (G) y el saldo neto exterior ($X - M$), formado por las exportaciones menos las importaciones.

Otra forma de estudiar el gasto distingue entre la *demanda interna*, compuesta por el consumo, la inversión y el gasto público, y el *saldo exterior*. La suma sigue siendo igual al PIB a precios de mercado.

También se diferencia a veces la *demanda interna* de la *demanda final*, que es la demanda interna o nacional más las exportaciones, y esta demanda final menos las importaciones sería el PIB a precios de mercado. De esta forma se hace hincapié en que el consumo, la inversión, el gasto público y las exportaciones constituyen los deseos de bienes de una economía, y a estos deseos, para calcular la producción, hay que restarles las importaciones, que son deseos que satisfacen empresas extranjeras y, por tanto, es gasto que tira de aquellas economías y no del sector productivo nacional.

En otras fuentes estadísticas suele considerarse una única variable de consumo, que comprende el *Consumo privado* (*Cpv*) y el *Consumo público* (*Cpb*), y un componente denominado *Formación bruta de capital*, que a su vez comprende la *Inversión privada* (*Ipv*) y la *Inversión pública* (*Ipb*), para significar que el sector público consume y también invierte cuando construye una carretera, lanza un satélite de comunicaciones, o destina una partida presupuestaria a I+D (investigación y desarrollo). Un cuadro final puede dejar las ideas claras y evitar que las distintas fuentes de datos e informes económicos nos resulten extraños.

GASTO / DEMANDA AGREGADA			
C	C	C	Cpv + Cpb
+I	+I	+I	+Ipv + Ipb
+G	+G DEMANDA INTERNA	+G	
+X	+X	+X DEMANDA FINAL	+X
−M	−M	−M	−M
PIBpm	PIBpm	PIBpm	PIBpm

UNA VISION DE CONJUNTO

El Esquema 3.1 nos muestra una comparación entre todas las macromagnitudes estudiadas. La columna 1 muestra los distintos componentes del gasto. Su suma es igual al PIB a precios de mercado, tal y como indica la columna 2. En la columna 4 se presenta la producción por sectores productivos una vez obtenido el PIB al coste de los factores (columna 3). Deduciendo al PIB las rentas netas con el exterior ($-rfe + rfn$), obtenemos el Producto Nacional Bruto (PNB). Restando las amortizaciones obtenemos el PNN al coste de los factores que, como sabemos, es la Renta Nacional. Tras las deducciones de los impuestos directos, la suma de las transferencias y la parte de los beneficios que se reparten, hallamos la Renta Personal Disponible (RPD), que en cuanto a su origen puede dividirse en rentas de trabajo, rentas mixtas y rentas de capital.

La renta, el gasto y la producción están, pues, relacionadas, y cuando destaquemos la importancia de esta identidad debemos tener presente que

54 *Análisis del entorno económico de los negocios*

Esquema 3.1. Relación de macromagnitudes.

C / I / G / X−M	(1)
PIBpm	(2)
PIBcf	(3)
Agricultura y pesca / Industria / Construc. / Servicios	(4)
−rfe +rfn / PNBcf	(5)
Amortizac. / PNNcf	(6)
RN	(7)
RPD	(8)
RENTAS DE TRABAJO / RENTAS MIXTAS / RENTAS DE CAPITAL	(9)

− Impuestos indirectos + Subvenciones

− Impuestos directos
+ Transferencias
− Beneficios
+ Dividendos

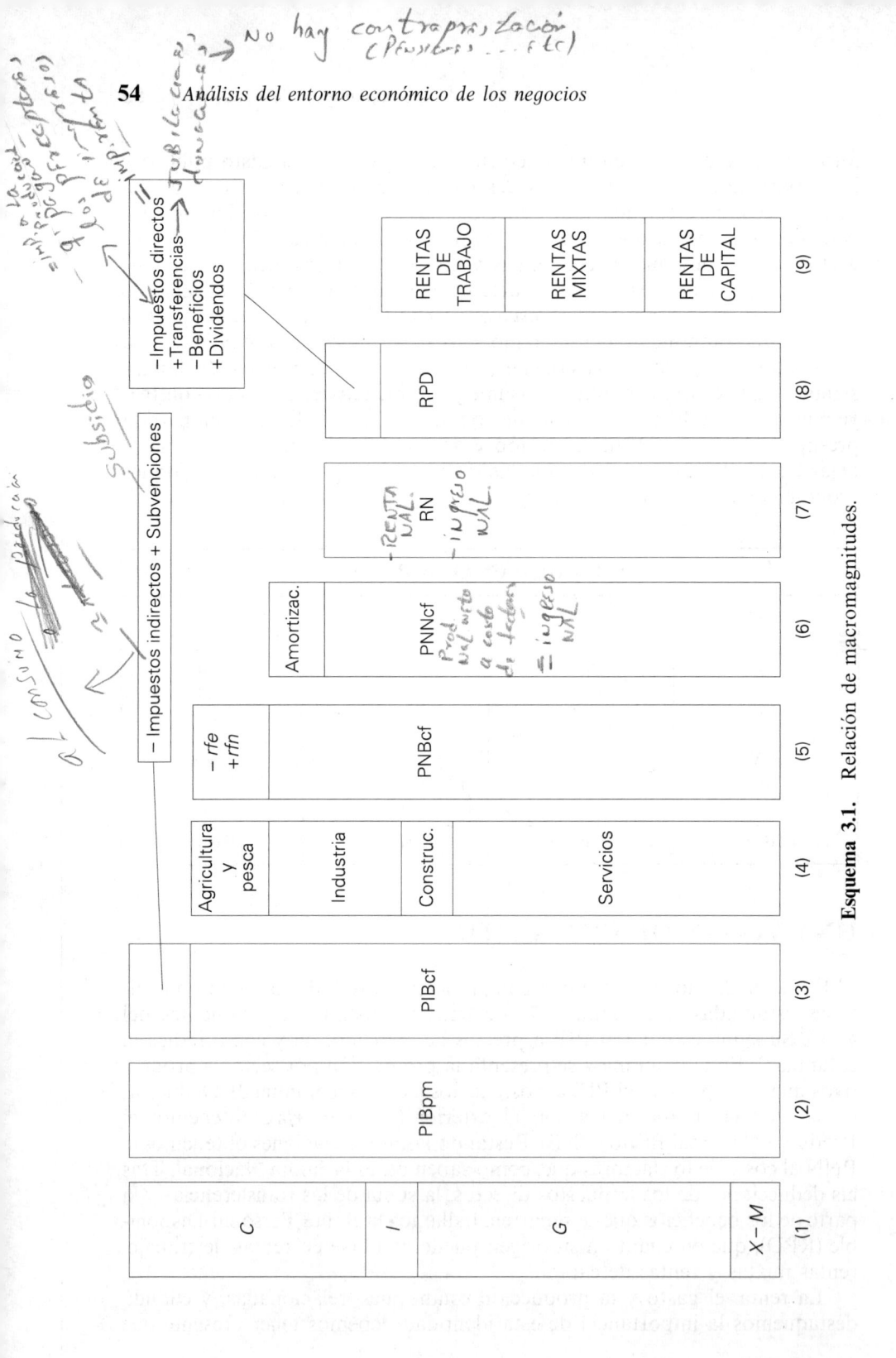

estas tres magnitudes están relacionadas teniendo en cuenta todas las partidas que las diferencian, aunque en nuestro análisis posterior consideremos que son idénticas.

INDICES DE PRECIOS

Vistas las principales macromagnitudes que constituyen las variables reales del modelo, corresponde aproximarnos al estudio de los precios. En nuestro modelo consideramos al mercado de bienes y servicios formado por un solo bien, y, por tanto, existe un solo precio. Sin embargo, en la economía real hay numerosos bienes y servicios y también numerosos precios. Saber cómo varían estos precios es fundamental para conocer el alcance de uno de los principales problemas de nuestros días: la inflación. Ante la diversidad de precios, elaboramos «índices» que nos sirven de indicadores.

Para elaborar estos índices se toman los precios de bienes representativos y se hace una media ponderada entre ellos. La ponderación permite dar más importancia a los precios de unos bienes sobre otros. Si cambiamos la ponderación —hecho que ocurre cada cierto tiempo— cambia el índice y sus resultados. Para medir la variación de precios (tasa de inflación) se observa la modificación del índice de precios entre dos años y se muestra en porcentaje.

Según el tipo de bienes que se observe podemos obtener un tipo de índice u otro, dependiendo del tipo de inflación que queramos conocer, y de ahí la tipología de índices de precios.

El IPC

El *Indice de Precio de Consumo* es el más conocido de los indicadores de inflación de una economía y, posiblemente, el más importante. Los agentes económicos suelen formar sus expectativas sobre la inflación atendiendo a la tendencia de este índice, y es por ello que suele tener un gran impacto en los medios de comunicación y en la vida política, principalmente cuando presenta cifras altas. Se suele presentar en *tasas anuales, mensuales* e *interanuales* (cuando se recoge la subida de precios habida entre el mes actual y el mismo mes del año anterior; es, pues, el índice interanual una tasa anual mes a mes).

Para la obtención del IPC se observan los precios de los bienes que se estiman son los usuales en la cesta de la compra de los habitantes de un país: bienes de alimentación, vestido, transporte, vivienda, medicina, menaje, cultura y una última categoría de «otros», conforman los distintos tipos de bienes. Puesto que el hábito de consumo de un país cambia con el paso del tiempo, el IPC tiene también que adaptarse para mantener su fidelidad con la realidad que pretende medir. Estas modificaciones alteran principalmente las ponderaciones que el índice otorga a las distintas categorías de bienes.

Lo normal es que con el paso del tiempo en los países occidentales pierdan peso los bienes de alimentación (que suelen ser los de mayor ponderación en el índice), puesto que al subir la renta de las familias, cada vez dedican menos porcentaje a alimentación.

La inflación subyacente

El índice de inflación subyacente se corresponde con el IPC, menos los precios de los productos energéticos (*Pe*) y de los productos alimenticios sin elaborar (*Pa*). Con este índice se pretende conocer la subida de los precios de un país al margen de las alteraciones debidas al coste de la energía, que en los últimos decenios está muy condicionada por los acuerdos de la OPEP, y sin considerar las alteraciones en los precios provocadas por las buenas o malas cosechas, que obedecen a factores climáticos entre otros.

$$\text{Inflación subyacente} = IPC - Pe - Pa$$

Este índice refleja mejor que el IPC la tendencia inflacionista de una economía al eliminar los factores más irregulares. Frecuentemente se observa que en la vida política se utiliza uno u otro según convenga. La ventaja quizás del IPC es que suele aparecer con prontitud, normalmente unos días después de que finalice cada mes, provocando su aparición o el rumor sobre la estimación del dato cambios en las expectativas que suelen transmitirse a la bolsa, al mercado de divisas, etc.

El deflactor del PIB

Puesto que tanto el IPC como el índice de inflación subyacente recogen las variaciones de bienes de consumo, es necesario disponer de un índice que comprenda la variación de los precios representativa del conjunto de bienes de una economía: bienes de consumo, industriales, agrarios, del comercio al por mayor y al por menor, de servicios... Esto es lo que pretende el *deflactor del PIB*, cuya utilidad se comprenderá más tarde. Es un dato anual que aparece junto con el cierre de la Contabilidad Nacional, o de sus estimaciones previas.

Otros índices de precios

Junto a estos tres índices de precios existen toda una batería de indicadores de precios, sobre materias primas, bienes industriales de consumo, equipo, intermedios, energéticos... Si necesitamos utilizar algún índice con una finalidad concreta, debemos elegir el índice más conveniente, puesto que hay variaciones entre la subida de precios de unos bienes y otros, y puede distorsionar el análisis que estemos realizando.

Costes laborales y salarios

También hay que conocer la diferencia entre los dos principales índices sobre el coste del factor trabajo. Los *costes laborales* miden las variaciones del valor total de las retribuciones pagadas por los empresarios a los trabajadores incluyendo, además de los *salarios*, las cotizaciones de las empresas a la Seguridad Social, pagos en especie, o las prestaciones sociales a los trabajadores. La forma de financiar los gastos de seguridad social de cada país puede aproximar o separa estos dos índices.

LA POBLACION Y EL DESEMPLEO

En cuanto a la población, hay que diferenciar inicialmente la *población activa* de la *no activa*. La población activa es aquella que está en edad de trabajar y quiere trabajar al salario de mercado. Dentro de la población activa hay que diferenciar entre la *población ocupada* y la *población desempleada o en paro*. Cambios socioculturales, como la incorporación de la mujer al mercado de trabajo, alteran la relación entre la población activa y la población total, que es lo que se denomina *tasa de actividad*. Disminuciones del período de servicio militar o reducciones de los años de enseñanza universitaria o de formación profesional incrementan igualmente la población activa y la tasa de actividad, mientras que la anticipación de la edad de jubilación tiene el efecto opuesto.

La relación entre la población desempleada y la población activa es la *tasa de paro o desempleo*. El incremento de esta tasa se debe tanto al incremento de la población desempleada, como a la incorporación de personas a la población activa que no encuentran empleo. La tasa de desempleo es el principal indicador de malestar social.

INSTRUMENTOS ESTADISTICOS

Para el análisis de países, además de conocer el significado de las macromagnitudes y de los índices de precios y empleo, es necesario saber utilizar un par de instrumentos estadísticos que nos permitan comparar las cifras de distintos años de una forma correcta.

En efecto, si comparamos las cifras de varios años del PIB de un país para ver la tasa de crecimiento económico debemos tener presente que estas cifras considerarán los precios de mercado de cada año, y por ello debemos restar la posible subida de los precios que reflejan un crecimiento nominal pero no real de la producción. Para ello debemos *deflactar* los datos de producción mediante un índice de precios, y a este efecto se utiliza el *deflactor del PIB*.

Cuando son cifras de varios años las que queremos comparar, suele tomarse un año de referencia, y se actualizan todas las cifras como si fueran datos del año elegido. Por eso suele hablarse de datos *a precios corrientes* de cada año, o *a precios constantes* del año elegido. Existen tablas del valor adquisitivo de las monedas, elaborado según el coste de la vida, que permiten llevar cualquier dato corriente de un año a los precios constantes del año que tomemos como base.

Otra forma de establecer comparaciones es utilizando el instrumento de considerar 100 la cifra de un año, y en relación a esta cifra considerar los datos de los años posteriores. Esto es lo que se denomina un *Indice Base 100*.

Por último, hay que diferenciar cuando trabajemos con tasas de crecimiento y no con unidades monetarias, que estas tasas pueden tener también un componente nominal y otro real. Para obtener la *tasa real* restaremos a la *tasa nominal* el índice de inflación.

EL DIAMANTE

Con frecuencia, el análisis de la economía de un país requiere comparar distintos indicadores de cada año. A veces, la tendencia de los datos no es clara, y mientras unos indicadores mejoran, otros empeoran, y es difícil tener una idea clara de la evolución de esa economía. El diamante es un gráfico que ayuda a obtener conclusiones del estudio.

Para representar el diamante de una economía se toman los datos de los años que queramos comparar de los siguientes indicadores: el crecimiento del PIB (o cualquier otra magnitud de producción), la tasa de desempleo, el IPC y el déficit de la balanza por cuenta corriente (este concepto se estudiará más adelante). Estas cifras se representan en dos ejes en forma de cruz, tal y como muestra el Esquema 3.2.

— En la parte derecha del eje horizontal se representa para cada año la tasa de desempleo. Si nos alejamos del centro tenemos más desempleo.
— En la parte izquierda de este eje se mide el IPC. Al alejarnos del origen, la inflación es mayor.
— En el eje vertical se representa en la parte inferior el déficit o superávit de la balanza por cuenta corriente (por ejemplo, en miles de millones de dólares). Si el punto se aleja del origen que marca el centro de la cruz, el desequilibrio exterior de la economía es peor y requerirá una corrección o estar recurriendo a la financiación exterior.
— En la parte superior del eje vertical se representa el dato del crecimiento económico, pero se invierte el sentido de las cifras. El crecimiento cero está en el tramo más alto del eje, mientras que las mayores tasas de crecimiento son las más próximas al origen. De esta forma, un alto crecimiento está próximo al origen, mientras que cifras que indican recesión económica se alejan del centro.

Uniendo los datos de cada año de los cuatro ejes se obtiene el diamante de ese año. Se comprenderá que un diamante pequeño es mejor que uno grande, puesto que los datos de cada eje son mejores cuando se aproximan al centro. Normalmente, al comparar el diamante de varios años de una economía no suele observarse que el diamante crezca o disminuya por igual; por lo general, las economías equilibran unos indicadores a costa de otros.

El Esquema 3.2 representa algunos diamantes de la economía española. En concreto, los correspondientes a los años 1986, 1988 y 1990. A simple

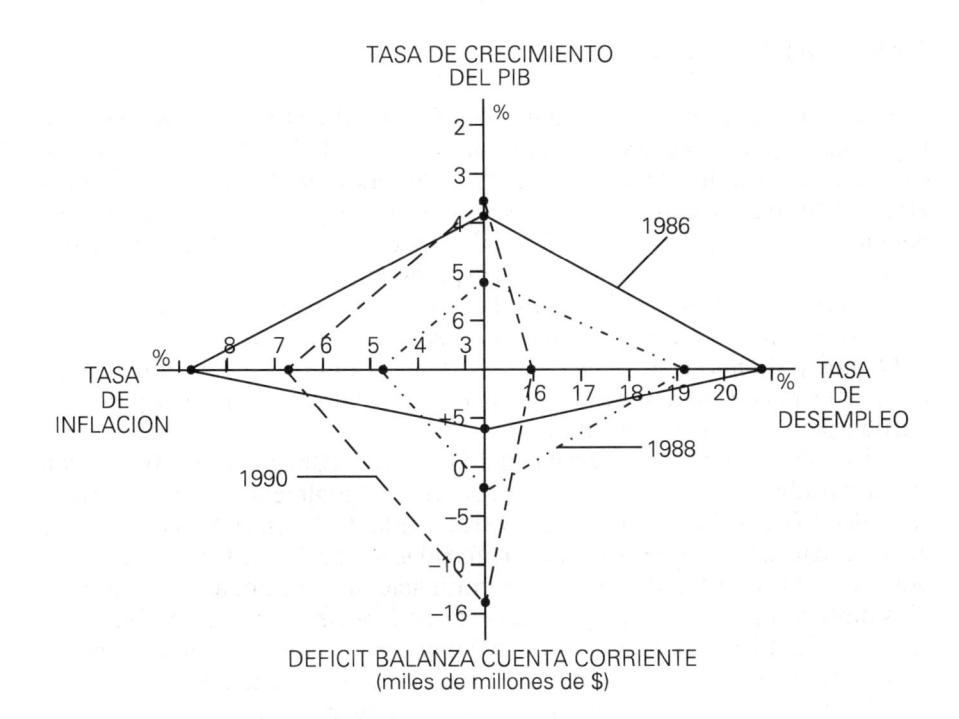

DATOS: ESPAÑA			
	1986	1988	1990
PIB %	3,8	5,2	3,7
DESEMPLEO %	20,8	19,1	16
IPC %	8,8	4,8	6,7
BAL. c/c (m.m. $)	+4,9	−3,1	−15,7

Esquema 3.2. El diamante.

vista puede observarse que el año 1988 fue mejor que los anteriores, puesto que es el diamante con menos superficie, aunque el saldo exterior fue peor que el dato de 1986. El diamante de 1990, aunque refleja una notable disminución del desempleo, presenta una subida de precios y del déficit exterior respecto a las cifras de dos años antes. Cuando el lector vaya avanzando en el manejo del modelo de Oferta y Demanda Agregadas, en el que entraremos a partir del próximo capítulo, comprenderá el significado de los desequilibrios económicos y podrá valorar las consecuencias de los cambios de superficie del diamante.

NOTA BIBLIOGRAFICA

Para el estudio de las macromagnitudes, el Capítulo 24 del texto de FISCHER, DORNBUSCH y SCHMALENSEE: *Economía* (McGraw-Hill, 1990) puede constituir una primera aproximación. El texto de MOCHÓN: *Economía* (McGraw-Hill, 1990), en su capítulo 15 nos aproxima además a la Contabilidad nacional española. Más preciso y extenso es el libro de MUÑOZ CIDAD: *Introducción a la economía aplicada* (Espasa-Calpe, 1992).

Diversos estudios anuales sobre la economía española merecen ser destacados: el *Informe Anual* del Banco de España; el informe sobre España de la OCDE y el *Informe Económico* del BBV; el «Country Report» que realiza para cada país el semanario *The Economist* es también un buen punto de partida para el análisis de un país.

El *Boletín Económico* mensual del Banco de España ofrece trimestralmente estudios sobre la coyuntura económica. Igualmente hace la publicación del Ministerio de Economía y Hacienda *Coyuntura Económica*, que aparece trimestralmente. *Coyuntura Económica*, de la CECA, ofrece cada dos meses un informe de coyuntura internacional y nacional, junto a estudios monográficos de países y temas económicos de interés. La publicación mensual del FFIES, *Cuadernos de Información Económica*, muestra interesantes trabajos sobre la economía española e internacional. Las revistas *Papeles de Economía Española*, *Información Comercial Española* y el *Boletín Económico de ICE* ofrecen numerosos artículos sobre el sistema productivo, financiero y las relaciones comerciales del entorno económico de los negocios.

En cuanto a las fuentes estadísticas, citar los trabajos de *Contabilidad Nacional* del INE, el *Boletín Estadístico* del Banco de España, la *Síntesis de Indicadores* del Ministerio de Economía y Hacienda, y, sobre el entorno internacional, las fuentes de datos de la OCDE y el FMI. Finalmente, el estudio *Renta Nacional* del BBV ofrece datos por comunidades autónomas y provincias.

PARTE II
LA DEMANDA AGREGADA

CAPITULO 4

DEMANDA AGREGADA (I): CONSUMO, AHORRO E INVERSION

En este capítulo se inicia la explicación de un modelo sencillo de determinación de la producción y la renta. Los supuestos son muy restrictivos al principio; posteriormente se irán eliminando y el modelo se acercará a la realidad. Se supone conocidas las definiciones de la Contabilidad Nacional, la visión del flujo circular de la renta y las identidades macroeconómicas básicas. El modelo que se expone es un modelo de demanda; determinar la renta y producción de equilibrio y estudiar el proceso de ajuste es nuestro objetivo.

INTRODUCCION

Para estudiar el entorno económico y analizar la coyuntura y estructura económica de países es necesario realizar simplificaciones de la realidad que nos permitan clasificar fenómenos, diferenciar lo importante de lo secundario, cuantificar variables clave predefinidas, analizar el impacto de políticas económicas y realizar predicciones que definan el entorno de nuestras decisiones. Los modelos económicos constituyen estas herramientas simplificadoras, diseñadas bajo unos supuestos en principio muy restrictivos que a medida que van desapareciendo complican el análisis, aunque también nos acercan a la realidad.

El modelo que empezamos a explicar es un modelo basado en el flujo circular de la renta. Una visión de la economía que percibe esta actividad como un flujo de ingresos entre familias (unidades de consumo) y empresas (unidades de producción), y diferencia en el movimiento circular tres momentos importantes que se suceden: el gasto (o demanda), la producción (también denominada oferta agregada) y la renta (o ingreso). El Cuadro 4.1 muestra esta secuencia, en la que no hay principio ni fin y permite iniciar el círculo por cualquiera de estas tres abstracciones.

El modelo que consideramos es un modelo de gasto o demanda porque entiende que el gasto es la variable que determina las demás. Para un deseo

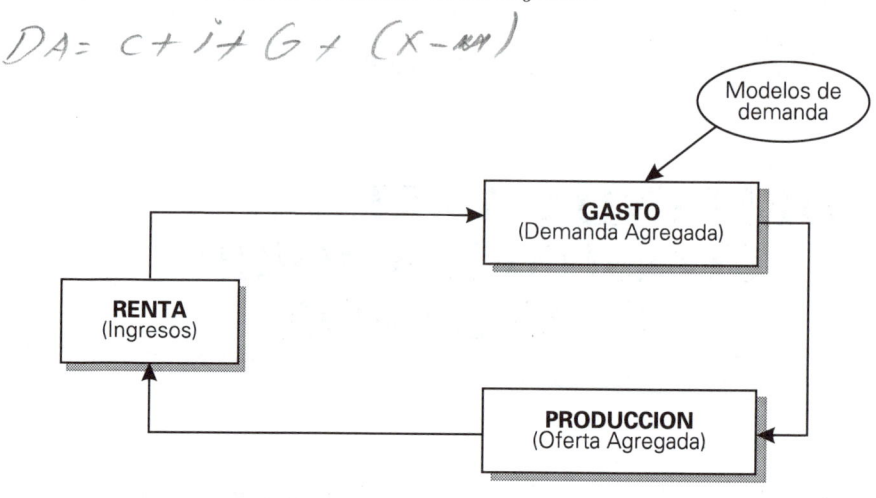

64 *Análisis del entorno económico de los negocios*

DA = C + I + G + (X − M)

Cuadro 4.1. El flujo circular de la renta, el gasto y la producción.

de gasto de bienes y servicios, las empresas intentan satisfacer esta demanda y producen los bienes y servicios necesarios. Para producir estos bienes necesitan factores productivos (trabajo, capital y tecnología) que generan unas rentas; estos ingresos a su vez condicionan los deseos de gasto o demanda de bienes. Un mayor deseo de gasto aumenta la producción, la renta y el gasto posterior. El modelo, al observar preferentemente la demanda, deja en segundo plano la oferta o producción. Cuando se complete el modelo con la Oferta Agregada, se introducirá en el análisis esta problemática y permitirá explicar problemas como el desempleo, la inflación y los déficit de una forma más global y completa. Hasta entonces es necesario avanzar paso a paso. (Véase Cuadro 4.1.)

El modelo pretende determinar la Demanda Agregada de toda la economía de un país. Determinada la *DA*, queda también cuantificada la producción y la renta. Por ello utilizaremos a veces estos términos como equivalentes, en la medida que suponen una identidad básica:

$$DA = OA = Y$$

A su vez, un nivel de producción concreto determina igualmente un volumen de empleo, y si aceptamos que existe un nivel potencial de producción máximo (con la población dada, el stock de capital y la tecnología constante y la jornada laboral fija), también determina el desempleo de la economía. La diferencia entre la producción existente o efectiva y la de pleno empleo o potencial se denomina «brecha o *gap* de la producción». El Gobierno, mediante la política económica, intenta reducir todo lo posible la brecha de la producción para disminuir el desempleo; sin embargo, cada política tiene sus costes, y a veces son altos.

El modelo es agregado o macroeconómico. La Economía de un país es algo demasiado grande y complejo para alcanzar un conocimiento global de la misma, estudiando el comportamiento de cada uno de sus ciudadanos y cada una de sus empresas. Por ello, es necesario simplificar y utilizar variables y magnitudes macroeconómicas. A veces se critica este enfoque aludiendo que es demasiado vasto y alejado de la realidad. Es verdad, pero la mente humana tiene limitaciones y éstas se reflejan en el análisis económico. Sin embargo, la teoría y los modelos económicos son útiles y por lo general funcionan aceptablemente. Además, no tenemos otra cosa. Cualquiera de nosotros tiene una idea distinta de la economía de nuestro país. Si quisiéramos conocerla mejor y estudiar con un análisis más individualizado todos sus agentes, después de años dedicados a este empeño, tampoco estaríamos más cerca de la verdad, porque la realidad cambia muy deprisa. El análisis de países requiere, pues, el conocimiento de estos modelos no en sus fundamentos más teóricos, pero sí en todo aquello que nos permita conocer una economía y poder hacer algún tipo de predicciones sobre su futuro.

Supuestos del modelo

Nuestro modelo imagina los deseos de gasto de una economía (Demanda Agregada) divididos en *cuatro sectores* que demandan bienes y servicios: las *familias*, que demandan bienes para su consumo; las *empresas*, que además de ser las unidades de producción demandan bienes para inversión; el *Estado* o *sector público*, que igualmente demanda bienes y servicios que son consumidos en forma de gasto público (también invierten en infraestructura, etc.); y el *sector exterior* o *resto del mundo*, que solicita parte de nuestros bienes como exportaciones y al mismo tiempo ofrece una parte de su producción para nuestro gasto denominada importaciones. En nuestro modelo inicial tan sólo consideraremos *dos sectores:* las familias y las empresas, lo que implica que nuestra demanda de bienes tiene dos componentes: consumo (C) e inversión (I).

Normalmente, los modelos macroeconómicos más simplificados suelen constar de cuatro *mercados:* bienes y servicios, dinero, activos financieros rentables (bonos) y trabajo. En principio consideraremos exclusivamente el *mercado de bienes y servicios*. Es un mercado de un solo bien cuyo nivel de producción (y renta de la economía) denominaremos Y. El nivel de Y es la variable clave de nuestro modelo. Si es alto significa que la economía crece, hay más empleo, más bienes y más bienestar para la población. Por eso determinar el nivel de Y es tan importante. Tener una sola clase de bienes implica también que sirven tanto para el consumo como para la inversión. Los empresarios deciden los bienes que quieren para invertir, es decir, bienes que se utilizan para producir más bienes; y las familias, los bienes que desean para el consumo. Pero en el modelo son todos iguales. El supuesto parece igualmente irreal, pero expresa muy bien la idea del ahorro. Si queremos invertir necesitamos dejar de consumir (ahorrar) y canalizar estos ahorros a la inversión.

El modelo que estudiaremos es también a *corto plazo*. La diferencia entre el largo plazo y el corto ha sido fuente de debate y controversia. El enfoque a largo plazo predominó en el análisis económico hasta el primer tercio de este siglo. Un célebre economista (J. M. Keynes) cambió este enfoque, y una de sus más conocidas frases se acuñó para siempre: «a largo plazo todos estamos muertos». ¿Qué significa el corto plazo? Que hay cosas que no se pueden cambiar en él. El tiempo es una variable clave en economía. A largo plazo (cincuenta años, por ejemplo), todo es posible. Nuestro nivel de renta puede conocer cotas muy altas, puede haber desaparecido el problema de la inflación y el desempleo... A corto plazo, en cambio, hay cosas que hay que aceptar como dadas, inalterables en el modelo; por ejemplo, la población, el stock de capital, la tecnología, la estructura productiva del país. Indudablemente siempre estamos en un corto plazo cambiante, el devenir económico es dinámico y está en continuo movimiento. Esta realidad para las abstracciones teóricas es terrible. Cuando empezamos a conocer una realidad, ya está cambiando. Para salvar esta limitación se utilizan modelos a corto plazo de «equilibrio estático». Esto significa que estudiamos una situación y vemos cuál es el escenario al que tiende. A este estadio final le llamamos equilibrio del modelo. Si se produce algún cambio que queramos analizar introducimos esta perturbación en el modelo y estudiamos el nuevo equilibrio. De la comparación de ambos equilibrios nace el «análisis estático comparativo». Esta es nuestra forma de proceder: nos movemos de un equilibrio a corto plazo a otro equilibrio a corto, y así marchamos hacia el largo plazo.

Una cuestión es muy importante. El estudio del equilibrio es nuestro objetivo, pero lo relevante es conocer por qué la economía va en esa dirección y no en otra. Hay que entender y dominar los procesos económicos para poder hacer el análisis estático comparativo y poder analizar la incidencia de cualquier shock en la economía de un país.

Son necesarios dos supuestos más. *Los precios son constantes*. Este supuesto en las economías actuales es muy duro o irreal. Pero introducir desde el principio la variación de precios no garantiza que se pueda comprender esta primera etapa. Hay que tener paciencia; no obstante iremos señalando con frecuencia las implicaciones posibles si los precios se alteran. Este supuesto va muy relacionado con el último: *las empresas son precio aceptantes*. Esto significa que las empresas desean producir todo lo posible para satisfacer la demanda a un determinado precio. Es muy importante esta cuestión. Si la demanda de bienes para la que produce una empresa es muy fuerte, el empresario puede hacer cuatro cosas: 1) no producir más ni subir el precio, que para nosotros es irracional puesto que si produce es porque el empresario recibe ingresos en forma de beneficios, dividendos, etc., y suponemos que nuestros agentes económicos son racionales; 2) aumentar la producción; 3) aumentar los precios; o 4) ambas cosas. Estamos, pues, afirmando que ante un aumento de la demanda los empresarios producen más al mismo precio. Cuando el modelo estudie la Oferta Agregada, admitiremos que a corto plazo suben la producción y los precios ante una presión de la demanda, y a largo plazo sólo suben los precios, ya que se supone que la economía está en pleno empleo y no es posible producir más.

Una última advertencia antes de empezar: *las variables están en términos reales*, no nominales. Si el consumo crece no significa que las familias adquieren los mismos bienes a mayor precio, sino que compran más bienes. Además, los precios de momento son constantes.

LA CONDICION DE EQUILIBRIO

Cuando hablamos de «equilibrio» significa que no existe una tendencia en la economía hacia otra posición. La renta de equilibrio Y_e es el nivel de producción al que esperamos que la economía llegue si no intervenimos en ella. La idea de equilibrio no significa óptimo, ni máximo, ni bueno, ni nada parecido. Con una renta de equilibrio puede haber desempleo y pobreza y escaso nivel de bienestar. Cuando hablamos de demanda de bienes nos referimos a los deseos de bienes y servicios de la población que pueden pagar. Tienen que tener ingresos (renta) para poder adquirirlos. Así pues, el nivel de consumo de equilibrio puede dejar muchas necesidades básicas sin cubrir.

Consideramos que no existe ninguna tendencia y, por tanto, estamos en equilibrio cuando la Demanda Agregada coincide con la producción (Oferta Agregada) y ésta con la renta. Puesto que el valor de la producción va a retribuir a sus factores, podemos decir que la condición de equilibrio es que la Demanda Agregada o gasto sea igual a la renta:

$$Y = DA$$

Los componentes de la demanda son los deseos de bienes de los cuatro sectores en que hemos estructurado la economía: consumo (C), inversión (I), gasto público (G) y exportaciones netas (o exportaciones menos importaciones), que denominaremos $X - M$. Así pues, la condición de equilibrio sería:

$$Y = DA = C + I + G + (X - M)$$

Por su parte, la renta obtenida por los agentes económicos se dedica al consumo (C), al ahorro (S) y al pago de impuestos al Estado (T). Por tanto, podemos completar la condición de equilibrio:

$$C + S + T = Y = DA = C + I + G + (X - M)$$

Y simplificando:

$$S + T = I + G + (X - M)$$

Esta igualdad es más importante de lo que parece: indica hasta dónde se puede llegar, pero es pronto para profundizar en ella. Si recordamos que analizaremos el modelo inicialmente con dos sectores (familias y empresas), la condición de equilibrio se simplifica notablemente. No hay que considerar ni el gasto público (G), ni los impuestos (T), dado que no estudiamos la acción del Estado. Tampoco incluiremos las exportaciones netas (X − M), al ser la economía cerrada, esto es, sin sector exterior. En conclusión:

$$C + S = Y = DA = C + I$$

Otras formas comunes de señalar el equilibrio económico son:

$$Y = C + I$$

y, finalmente:

$$S = I$$

Así pues, podemos conocer el nivel de renta y producción al que tiende la economía (Y) si conocemos su consumo (C) y su nivel de inversión (I). Pasemos a estudiar estos dos componentes de la DA.

LA DEMANDA DE CONSUMO

El consumo es el principal componente de la Demanda Agregada. Es el deseo de las familias de adquirir bienes y servicios para satisfacer sus necesidades. Las familias dedican la mayor parte de sus ingresos al consumo y el resto constituye el ahorro. La renta nacional menos el consumo es el ahorro del país:

$$S = Y - C$$

Si conocemos la renta de la economía y la parte que las familias dedican al consumo, determinaremos sin problemas el ahorro. Al igual que el consumo es el deseo de bienes para satisfacer necesidades, el ahorro es el deseo de guardar parte de la producción para ser consumida en el futuro, cuando los ahorradores lo necesiten.

¿De qué depende el consumo? Indudablemente de los ingresos nacionales, de la renta nacional. Por eso podemos afirmar que el consumo es función de la renta y expresarlo así:

$$C = f(Y)$$

Sin embargo, debemos precisar un poco más esta función. Por lo general se acepta que en términos agregados el sector familias no gasta todos sus ingresos en consumo, sino un porcentaje alto de los mismos (por ejemplo, un 70 o un 80 por 100 de su renta). Otra forma de decirlo es señalando que de cada 100 pesetas que se ganan se consumen 70 u 80 pesetas, en cada caso. El porcentaje de renta en tanto por uno que se dedica al consumo se denomina *propensión marginal a consumir* (PMC o c). De esta forma podemos expresar esta relación escribiendo:

$$C = c \cdot Y \quad \text{siendo} \quad 1 > c > 0$$

Aquí afirmamos que el consumo depende de la renta según la propensión marginal a consumir, parámetro que alcanza un valor menor que uno y mayor que cero. En nuestro ejemplo 0,7 y 0,8, respectivamente. Resulta claro además que c es mayor que cero, porque si fuera inferior a cero indicaría que a mayor nivel de renta el consumo iría decreciendo, algo que no es racional; pero también es lógico pensar que la PMC sea inferior a uno, ya que si fuera mayor indicaría que de cada 100 pesetas de renta la familia dedicaría, por ejemplo, 120 al consumo, y esto no es posible hacerlo siempre. Así pues, el consumo depende de la renta según una fracción que, por lo general, es bastante estable y que denominamos PMC. Si la PMC crece, significa que las familias dedican más porcentaje de su renta al consumo y menos al ahorro; son, por tanto, menos frugales. Comparando dos países, si el primero de ellos tiene una PMC superior al segundo, el segundo ahorra más que el primero, siempre en términos relativos, es decir, por cada 100 pesetas. Si el primero es un país muy grande y el segundo muy pequeño, las cifras totales de consumo y ahorro del primero serán superiores al segundo, pero no en porcentajes, sino en términos relativos.

¿De qué renta depende el consumo? El consumo depende de la renta disponible de las familias, es decir, de la renta nacional menos los impuestos directos y más las transferencias que las familias reciben del Estado en forma de pensiones, ayudas de subsistencia, seguro de desempleo y otras transferencias. Deberíamos, pues, señalar

$$C = c \cdot Y_d \quad \text{y no} \quad C = c \cdot Y$$

pero como en nuestro modelo inicial el sector público no está aún considerado, no hay gasto público ni tampoco impuestos ni transferencias. En este caso, la renta nacional es igual a la renta disponible ($Y = Y_d$), aunque no debemos olvidar esta cuestión que será muy importante al estudiar el sector público. (A partir de ahora omitiremos por comodidad y para evitar confusiones el signo de la multiplicación «·».)

En teorías más complejas del consumo se afirma que ni siquiera la renta disponible es explicativa del consumo. Las familias no consumen según su renta disponible, sino según su renta permanente. En los ingresos que reciben hay un componente permanente y otro aleatorio, siendo el primero el que determina el consumo. Esta teoría sirve para explicar por qué en ocasiones sube la renta y no lo hace el consumo, si las familias interpretan que la subida de renta es coyuntural y pasado un tiempo los ingresos volverán a su posición de origen. También explica casos en los que las familias aumentan su consumo sin que la renta haya aumentado, al esperar una subida de renta permanente en breve y anticipar el consumo.

¿Sólo la renta determina el consumo? Indudablemente no. A niveles de renta muy bajos, el consumo puede estar por encima de la renta que se gana, ya que sencillamente con esa renta no se puede vivir. Esto se consigue pidiendo prestado, gastando ahorros de otros años o recibiendo ayuda del Estado o instituciones de caridad o ayuda al desarrollo. No es corriente esta situación al analizar países del mundo occidental, pero es frecuente en países subdesarrollados.

Existen otros factores importantes en la determinación del consumo que ocupan en nuestro modelo un papel secundario, pero es conveniente tener persente. El primero de ellos es la *riqueza real* de las familias (W_n/P). La riqueza real de las familias es el conjunto de activos de todo tipo que vienen valorados a sus respectivos precios de mercado (W_n) y divididos (deflactados) por el nivel de precios de bienes y servicios (P), para tener una idea de qué podemos comprar con estos activos. La riqueza se tiene por herencia, donación o por ahorro de nuestros ingresos (como son los planes de pensiones, por ejemplo). Economías con niveles de riqueza altos consumen más de lo que podría pronosticarse a la vista de sus ingresos y su PMC. Si en ocasiones la renta disminuye, mantienen por lo general sus hábitos de consumo, ahorrando menos mientras dura la recesión.

Sin embargo, la riqueza como variable que incide en el consumo tiene tres importantes connotaciones que hay que tener presente. En economías ricas donde los planes de pensiones son frecuentes, el consumo se mantiene muy estable durante toda la vida de los agentes económicos. Esta es la teoría del ciclo vital, que considera que las familias ahorran en los años de vida activa de sus miembros para mantener el mismo nivel de consumo cuando se jubilan. Ahorran mientras están formando parte de la población activa y desahorran cuando pasan a ser jubilados. Esta teoría permite introducir en el análisis la estructura de la población, y principalmente su índice de natalidad. Así, poblaciones con poca tasa de natalidad auguran en el futuro una difícil situación cuando la población actualmente activa se jubile y empiece a consumir sus ahorros; entonces la población activa será más reducida y los ahorros que generen también. La estructura de la población es igualmente importante al analizar el papel del Estado; baste pensar en la parte de la población que paga impuestos y aquellos otros que tras jubilarse cobran pensiones y demandan, por lo general, más prestaciones de la Seguridad Social. Como vemos, una población envejecida y una tasa de natalidad baja son problemas para el futuro, aunque a corto plazo permita un reparto satisfactorio de los bienes y altas cotas de renta per cápita.

La segunda connotación de incluir en el análisis la riqueza real es su relación con la Bolsa de Valores o Mercado Secundario de Valores. El público tiene su riqueza en activos físicos y en activos financieros como los bonos o las acciones. Si las cotizaciones bursátiles se desploman y los precios de los bienes no bajan, la riqueza real disminuye y el consumo también. Como se comprenderá, las expectativas de lo que vaya a pasar con las cotizaciones son muy importantes para reducir drásticamente el consumo o seguir con el mismo nivel si esperamos una recuperación. También dependerá de la riqueza del país en cuestión, de las características de los activos en los que se mantiene la riqueza, de la estructura del mercado financiero nacional y de su relación con las finanzas internacionales.

La tercera implicación de la riqueza es que indirectamente nos va a incluir en la función de consumo la variable precios. Si la inflación es alta y el valor nominal de los activos no cambia, somos menos ricos en términos reales y consumimos menos (recordemos que estamos considerando la riqueza en términos reales, W_n/P). La inflación aminora buena parte de la riqueza, cuyo valor no sube de precio con la misma rapidez; y las familias se resienten de su pérdida de riqueza consumiendo menos.

Una última variable es importante al estudiar el consumo: el *tipo de interés* (r). El tipo de interés es la retribución porcentual de los activos rentables. En los modelos económicos se suele suponer, para simplificar el análisis, un tipo de activo financiero rentable único: el bono. Si compramos un bono de 10.000 pesetas y todos los años como compensación por los ahorros se reciben 1000 pesetas, se dice que la rentabilidad del bono o su tipo de interés es del 10 por 100 (estos temas se verán en detalle con posterioridad). Parece lógico pensar que si el tipo de interés es alto, los ahorros también lo serán —y consiguientemente el consumo bajo—, por lo que el interés tendría una relación inversa respecto al consumo. Esto que es cierto parece secundario a nivel macroeconómico. La mayoría de las familias son de niveles de renta medio y bajo, y ahorran lo que les queda después del consumo, pero no dejan de consumir para ahorrar. En cambio, en los niveles de renta muy altos o en países muy ricos la relación entre el tipo de interés y el consumo es más significativa.

Sin embargo, el tipo de interés sí es importante en lo que se denomina consumo de bienes duraderos. En nuestro modelo, al considerar un solo tipo de bienes no contemplamos de momento esta circunstancia. Pero existen bienes que no se consumen en un solo instante de tiempo: coches, electrodomésticos, etc. (las viviendas se consideran bienes de inversión). Normalmente, estos bienes suelen tener altos precios y se suelen comprar a plazos solicitando préstamos en los que el tipo de interés juega un papel importante. Altos tipos de interés reducen el consumo de estos bienes, y tipos a la baja lo fomentan. La relación es nuevamente inversa entre el tipo de interés y el consumo, por lo que ambas relaciones se apoyan mutuamente.

Visto esto, formular la función de consumo como el producto de la PMC por la renta puede no ser explicativo de algunos fenómenos, y por ello añadimos a este término uno nuevo (C_0) que no depende de la renta y es constante hasta que cambie alguna de las variables que hemos expuesto. La función de consumo que utilizaremos será:

$$C = C_0 + cY$$

Las relaciones de todas las variables con el consumo se exponen en el Cuadro 4.2.

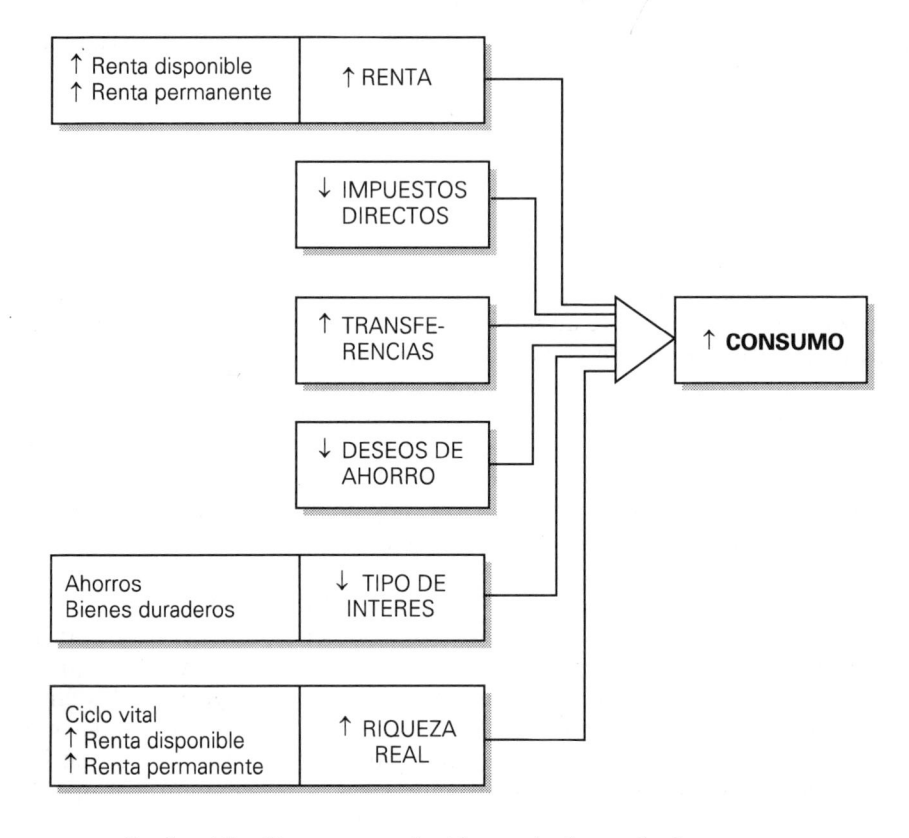

↑ Renta disponible ↑ Renta permanente	↑ RENTA
	↓ IMPUESTOS DIRECTOS
	↑ TRANSFE-RENCIAS
	↓ DESEOS DE AHORRO
Ahorros Bienes duraderos	↓ TIPO DE INTERES
Ciclo vital ↑ Renta disponible ↑ Renta permanente	↑ RIQUEZA REAL

→ ↑ **CONSUMO**

Cuadro 4.2. Factores que inciden en la demanda de consumo.

Análisis gráfico

En la función de consumo podemos distinguir dos componentes, como hemos visto. Uno autónomo (C_0), que depende de variables que consideramos externas, dadas o exógenas al modelo; y otro inducido (cY), que está en función de la renta. La representación gráfica de estos componentes se hace por separado en los paneles A y B del Gráfico 4.1, en el que la renta se representa en el eje de abscisas (eje horizontal) y el consumo en el de ordenadas.

El consumo autónomo se representa como una recta horizontal. Para cualquier nivel de renta el consumo autónomo se mantiene estable. Si cambiara el tipo de interés, la riqueza, etc., esta recta se desplazaría en paralelo hacia arriba o hacia abajo según su incidencia sobre el consumo.

En el panel B se representa el consumo inducido como una recta creciente que parte del origen. Si la renta es cero, el consumo inducido por la

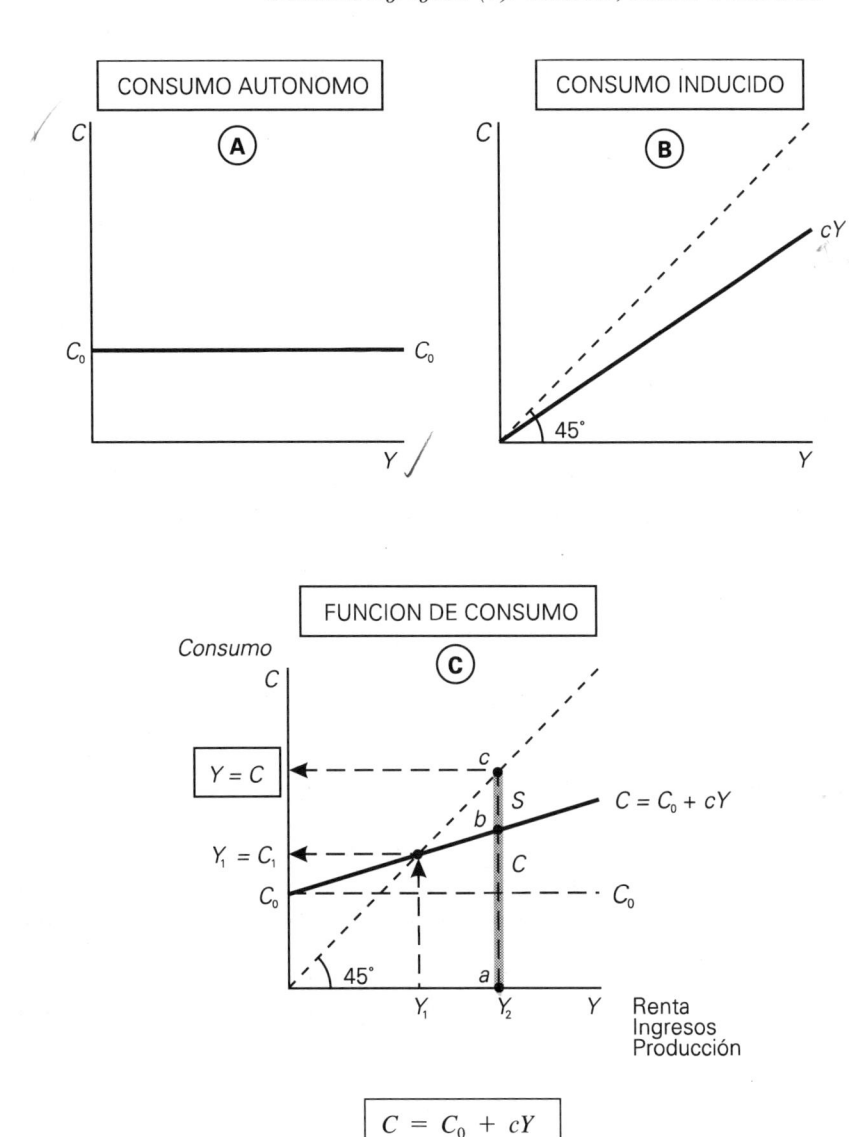

Demanda Agregada (I): consumo, ahorro e inversión 73

Gráfico 4.1. Análisis gráfico de la función de consumo.

renta es igualmente cero. A medida que la renta sube, el consumo también lo hace. Que esta recta tenga más o menos pendiente depende de la PMC. Si la PMC es muy alta, la recta tiene más pendiente (y queda más cerca de la línea de 45° que ahora explicaremos). Si la PMC disminuye, la recta gira hacia una posición de menos pendiente.

En este gráfico se representa la bisectriz del cuadrante. El significado de esta línea discontinua de 45° es importante. Los puntos sobre ella implican que la variable representada en las abscisas (eje horizontal) es igual a la representada en las ordenadas (eje vertical). Si la función de consumo pasa por esta línea en un punto, significaría que la renta es igual al consumo en dicho punto; es decir, que se consume todo lo que se gana. Como vemos, la recta de consumo inducido está en la parte inferior de la línea de 45°, ya que se consume menos de lo que se obtiene como ingreso. Si la recta de consumo pasara por algún punto superior a esta línea se estaría consumiendo una cantidad mayor al ingreso.

En el panel C de este gráfico se representan conjuntamente ambos componentes sumados. Para obtener la recta que representa la función de consumo ($C = C_0 + cY$), sumamos verticalmente al consumo autónomo (C_0) el inducido (cY). Véase que para un nivel de renta Y_1 el consumo es igual a la renta, puesto que pasa por la línea de 45°. Para una renta inferior, el consumo es superior a la renta. ¿Cómo es posible? Es posible por el consumo autónomo, que a pesar de tener escasos ingresos mantiene un nivel de consumo mínimo. Para conseguir los recursos necesarios para realizar este consumo, las familias utilizan los ahorros de otros años: desahorran o tienen un ahorro negativo. Si el nivel de renta fuera Y_2, a la derecha de Y_1, el consumo sería inferior a los ingresos. Concretamente, el consumo sería ab y la renta ac. La diferencia sería el ahorro de las familias para ese nivel de renta (bc).

En el Gráfico 4.2 analizamos los efectos sobre la función de consumo de distintas alteraciones en las variables.

En el panel A vemos que si la renta sube desde Y_1 hasta Y_2, el consumo pasa de C_1 a C_2. Nos movemos sobre la recta, pero ésta no cambia, ya que la variación de la renta se recoge en el eje de abscisas y no es una variable externa o exógena al modelo.

En cambio, en el panel B se ha producido un incremento en la PMC. Las familias han cambiado sus hábitos de consumo, algo que no suele ocurrir a corto plazo. Puesto que la PMC no está considerada en ninguno de los ejes del gráfico, la recta se mueve para recoger esta alteración. Como puede verse, la recta de consumo ha girado hacia arriba, y para un mismo nivel de renta Y_1, antes el consumo era C_1 y ahora es C_2.

En el panel C podemos apreciar el efecto producido por una subida del consumo autónomo. Los intereses pueden haber bajado o las cotizaciones bursátiles subido, o incluso es posible que los precios hayan descendido y la riqueza real aumentado... El efecto es un desplazamiento en paralelo y hacia arriba de la función de consumo, y puede apreciarse cómo para un mismo nivel de renta Y_1, el consumo también ha aumentado (desde C_1 hasta C_2).

En el último panel se analiza un cambio en la propensión marginal a ahorrar (PMS); ésta es la parte de la renta que se dedica al ahorro (que como sabemos es PMS = 1 − PMC). Si la PMS sube, la PMC baja y la recta de consumo gira hacia abajo. Tras esta alteración para un mismo nivel de renta el consumo ha descendido.

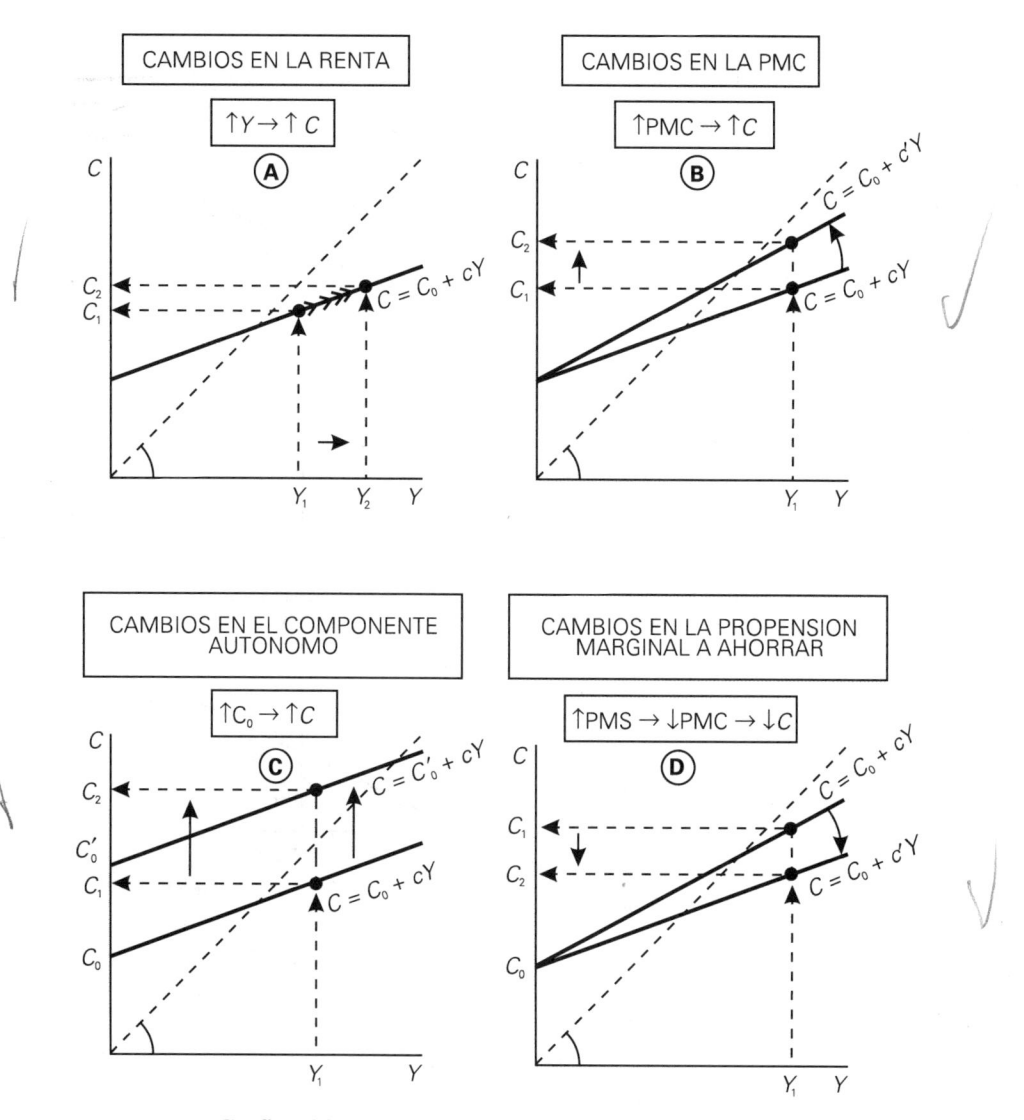

Gráfico 4.2. Variaciones en la función de consumo.

El consumo y el ahorro

Este último análisis nos va a permitir introducirnos en la función de ahorro. El ahorro es complementario al consumo o alternativo, según se mire. El consumo más el ahorro coincide con el total de ingresos de la economía, es decir, la renta; y dada una renta, lo que no se consume se ahorra. En el Gráfico 4.3 se muestran las funciones de consumo y ahorro y se representan ambas gráficamente.

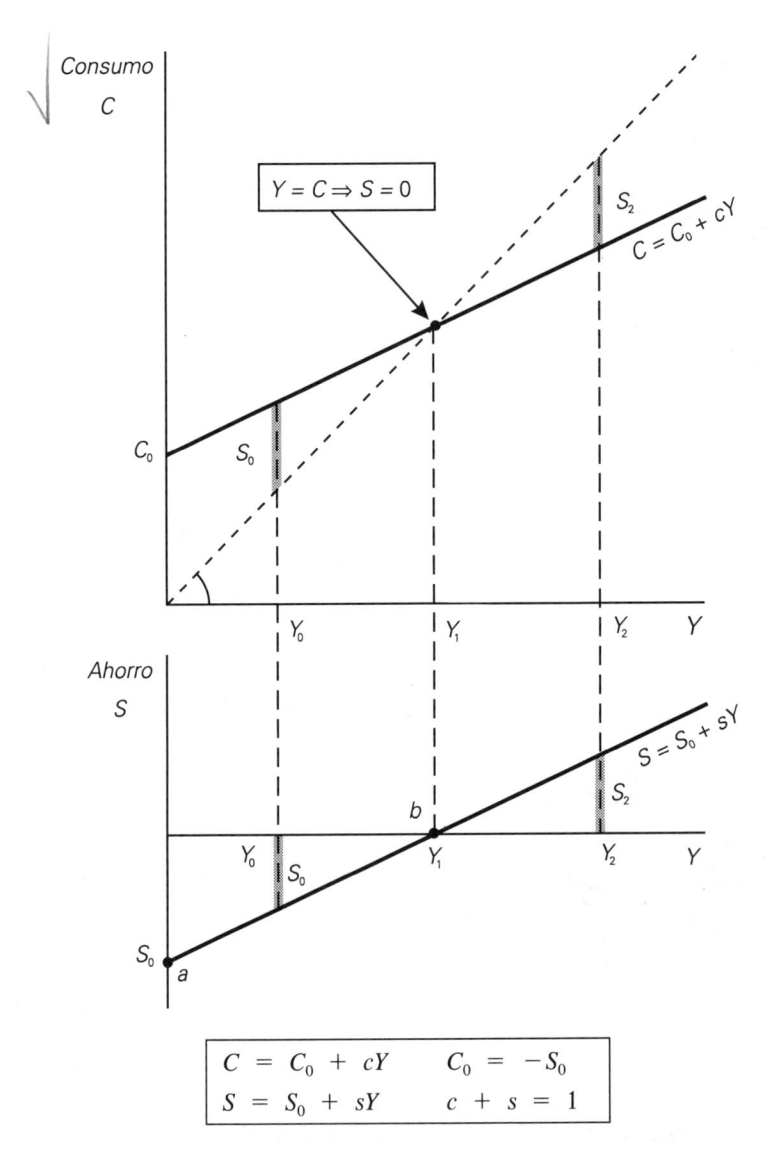

Gráfico 4.3. Consumo y ahorro.

La función de ahorro es: $S = S_0 + sY$.

El ahorro autónomo (S_0) es una cantidad negativa que coincide con el consumo autónomo con signo menos. En efecto, cuando la renta es cero el consumo autónomo (C_0) se financia con un ahorro negativo (S_0). A medida que la renta sube también lo hace el ahorro inducido (sY), cuya propensión marginal a ahorrar sumada a la PMC suma la unidad.

Las dos figuras de este gráfico muestran la correspondencia entre el consumo y el ahorro. Deducir la recta de ahorro es muy sencillo. Puesto que conociendo dos puntos de una recta podemos trazarla, un primer punto se obtiene cuando la renta es cero. Entonces, el consumo autónomo (C_0) es igual al desahorro (S_0), que como hemos dicho tiene un valor negativo (punto *a*). Para obtener el segundo punto consideramos el nivel de renta Y_1, para el cual el consumo agota todos los ingresos puesto que la recta de consumo pasa por la línea de 45°. Para este nivel de renta el ahorro es cero (punto *b*). Sobre estos dos puntos trazamos una recta que nos indica el comportamiento de las familias ante el ahorro.

La recta superior nos contesta para cada nivel de renta el volumen de consumo deseado por las familias. La recta inferior, el volumen de ahorro para cada nivel de renta. También es posible, como vimos, preguntar por el volumen de ahorro a la recta de consumo comparándola con la línea de 45°. En los gráficos inferior y superior se muestran el ahorro para dos niveles de renta Y_0 e Y_2.

LA DEMANDA DE INVERSION

Una vez estudiado el primer componente de la Demanda Agregada, tenemos que aproximarnos al segundo: la demanda de inversión.

La acción de invertir consiste en adquirir bienes para producir otros bienes. Por tanto, con esta acción los empresarios no pretenden satisfacer una necesidad de consumo, sino que esperan que el resultado de la inversión les reporte en el futuro unos ingresos superiores, que servirán para satisfacer entonces sus necesidades de consumo o aumentar su riqueza.

Los bienes y servicios dedicados a la inversión suelen diferenciarse en tres categorías básicas: las existencias (capital circulante), las plantas y los equipos (capital fijo) y las viviendas e infraestructuras (capital social). El estudio de la inversión es muy complejo. El tipo de interés, las expectativas, los beneficios empresariales acumulados, la renta de la economía y otras variables, inciden en ella. En nuestro modelo nos limitaremos a las existencias, puesto que en el corto plazo no es posible modificar las plantas productivas, los equipos o las viviendas. Además, vamos a considerar hasta que estudiemos el dinero y el mercado de activos, que incluso la inversión en existencias viene dada. Es decir, en el estado actual de la economía los empresarios desean tener en las estanterías de sus empresas una cantidad de bienes I_0. ¿Por qué desean I_0 y no más o menos? No entraremos por ahora a considerar esta importante cuestión, es un supuesto simplificador que más adelante superaremos.

Así pues, desean un nivel de existencias I_0 que depende de variables exógenas al modelo, por lo que la recta de inversión es horizontal y paralela al eje de abscisas, como muestra el Gráfico 4.4. Sea cual sea el nivel de renta, la demanda de inversión es la misma, I_0.

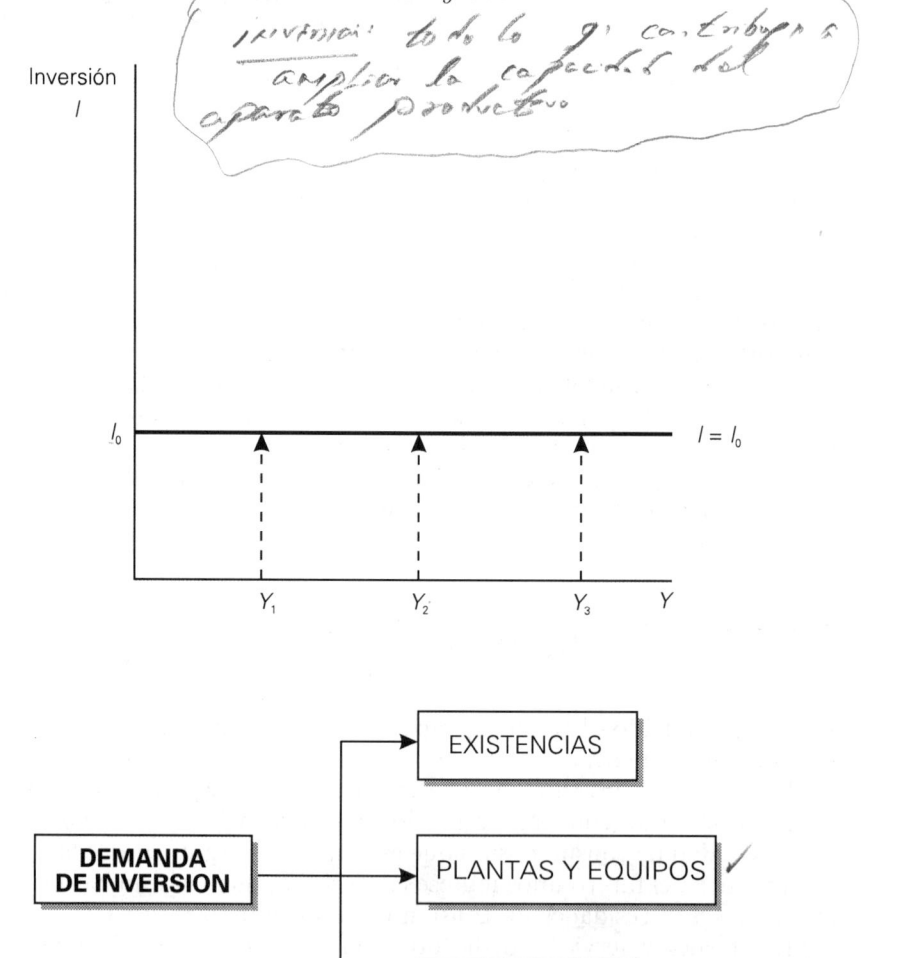

78 Análisis del entorno económico de los negocios

Gráfico 4.4. La demanda de inversión.

¿Qué papel juega la inversión en nuestro modelo? Los empresarios mantienen unos stocks de bienes en sus estanterías para hacer frente a la demanda de consumo. Si el consumo aumenta inesperadamente y no tienen existencias suficientes pueden perder la oportunidad de hacer un buen negocio.

Imaginemos que, efectivamente, los deseos de consumo crecen. Los empresarios verán que sus niveles de existencias caen por debajo de lo deseado, atienden la demanda de consumo y aumentan la producción al formular nuevos pedidos. Detengámonos un momento en este proceso lógico. Cuando los empresarios ven vaciarse sus estanterías, están invirtiendo en existencias menos de lo que desean. Es decir, la inversión deseada o prevista es superior a la inversión efectiva o real, y puesto que quieren alcanzar el nivel de inversión deseado activan el proceso productivo con nuevos pedidos de bienes. Si el consumo cae, en las estanterías se amontonan más bienes de los que los empresarios desean. La inversión deseada o prevista es inferior a la inversión real o efectiva, y darán órdenes de que los pedidos de bienes en curso no le sean servidos, deteniéndose el proceso productivo. Este mecanismo es clave para explicar el proceso de ajuste del mercado de bienes y servicios, como veremos seguidamente, y explica por qué el nivel de existencias es un indicador importante para conocer la situación coyuntural de un país.

EL EQUILIBRIO DEL MERCADO DE BIENES Y SERVICIOS

Puesto que ya conocemos el comportamiento de las familias respecto a la demanda de consumo y hemos supuesto un comportamiento estable de los empresarios para determinar sus deseos de inversión, podemos conocer el nivel de renta y producción al que tiende la economía, que denominamos punto de equilibrio.

Como se recordará, el equilibrio del mercado de bienes o la situación de estabilidad se dará cuando la demanda de bienes sea satisfecha por la producción:

$$C + S = Y = DA = C + I$$

Así pues, podemos considerar que estamos en equilibrio si:

$$Y = C + I$$

o también cuando:

$$S = I$$

Estas condiciones se analizan en el Gráfico 4.5. En el gráfico superior se representa la función de consumo, y a ella se añade la demanda de inversión, que consideramos autónoma y que desplaza la función de consumo en paralelo hacia arriba. La suma del consumo y la inversión es la Demanda Agregada, que como vemos es una recta creciente. Si la renta sube el consumo (inducido) sube y, por tanto, la Demanda Agregada también lo hace.

¿Cuál es el punto de equilibrio? Si nos fijamos en la parte superior del Gráfico 4.5, representamos en las abscisas la renta y producción como ha venido siendo habitual en gráficos anteriores. En las ordenadas representamos ahora los distintos niveles de Demanda Agregada. La línea de 45° indica aquellos puntos en los que las cantidades representadas en abscisas y ordenadas coinciden, es decir, los puntos en los que la *DA* es igual a la

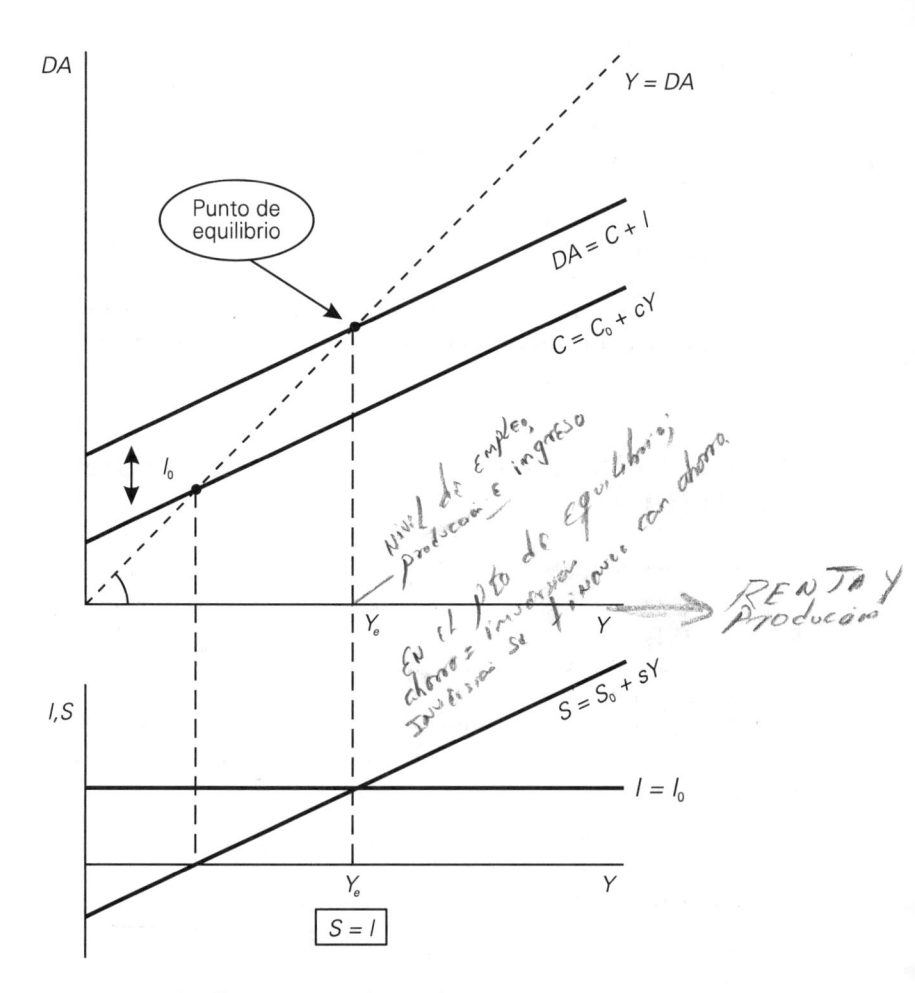

Gráfico 4.5. La demanda agregada.

producción y renta; o, lo que es lo mismo, la condición de equilibrio del mercado de bienes. En efecto, el nivel de renta y producción Y_e es el nivel al que tiende el mercado de bienes y servicios, y marca la producción del país y su renta (Renta Nacional o Producto Nacional Neto al coste de los factores).

La parte inferior de este gráfico nos muestra otro aspecto del equilibrio del mercado de bienes. La estabilidad se consigue cuando los bienes no consumidos (ahorro) coinciden con el deseo de inversión de los empresarios.

El proceso de ajuste

¿Pero qué ocurre si el nivel de renta efectiva actual no es Y? Se inicia el proceso de ajuste que nos llevará a Y_e. El Gráfico 4.6 nos permite estudiar este proceso.

Demanda Agregada (I): consumo, ahorro e inversión — 81

Imaginemos que el nivel de producción y renta de la economía es inferior al nivel de equilibrio (Y_1). En este caso, la oferta de bienes es inferior a la demanda ($Y < DA$). Al ser la demanda superior a la producción, el público, en su deseo de adquirir bienes, agota el nivel de existencias deseado por los empresarios. Es decir, la inversión efectiva es inferior a la inversión deseada o prevista. Los empresarios solicitan que les sirvan nuevos pedidos y el sector de la producción se pone en marcha (recuérdese que las empresas son precio aceptantes). A medida que la producción se incrementa, el diferencial entre la oferta y la demanda se reduce hasta llegar a Y_e.

Si la producción fuese muy superior al equilibrio (Y_2), la demanda sería insuficiente y habría un exceso de bienes. Las existencias empresariales se acumularían por encima de los niveles deseados y se reducirían los pedidos, iniciándose una disminución de la producción hasta que se igualase con la demanda.

De esta forma, Y_e es el punto al que tiende la economía en las situaciones descritas del modelo. Indudablemente siempre estamos sufriendo alguna perturbación e iniciando un nuevo proceso de ajuste económico, pero nos permite saber hacia dónde vamos, que es lo importante.

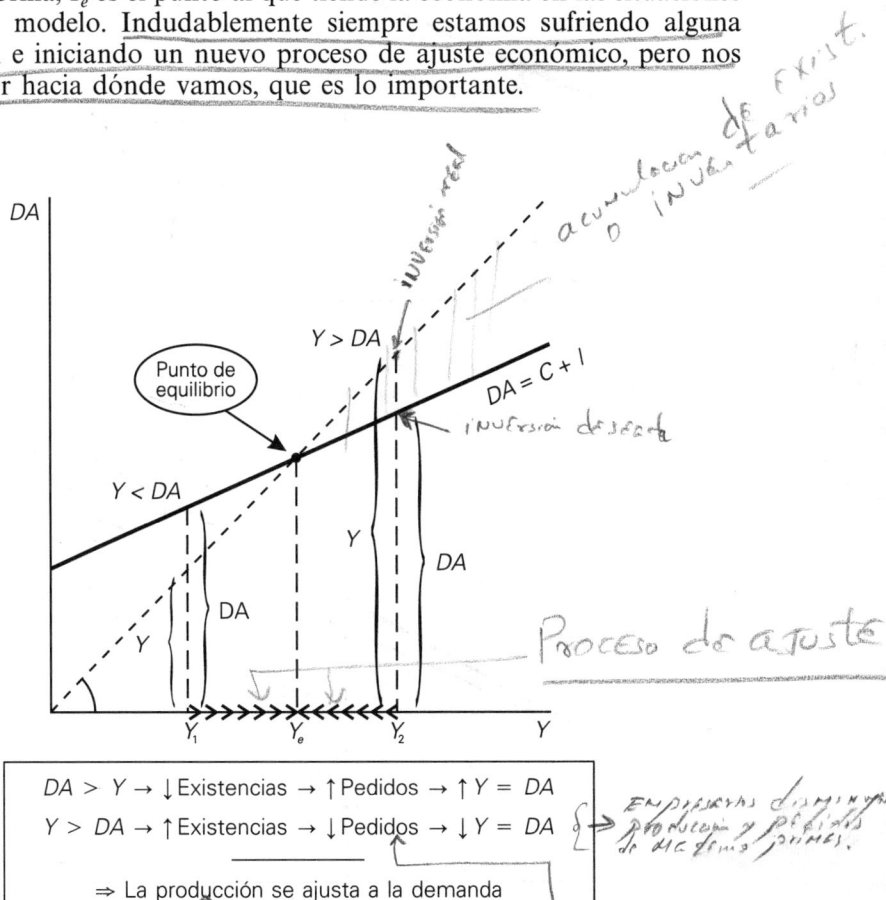

$DA > Y \rightarrow \downarrow$ Existencias $\rightarrow \uparrow$ Pedidos $\rightarrow \uparrow Y = DA$
$Y > DA \rightarrow \uparrow$ Existencias $\rightarrow \downarrow$ Pedidos $\rightarrow \downarrow Y = DA$

$\Rightarrow$ La producción se ajusta a la demanda

Gráfico 4.6. El proceso de ajuste.

Efecto sobre la renta de perturbaciones externas

Una vez construido el modelo podemos utilizarlo para ver el efecto sobre la renta, la producción y el empleo, de cualquier cambio en las variables que consideramos por ahora.

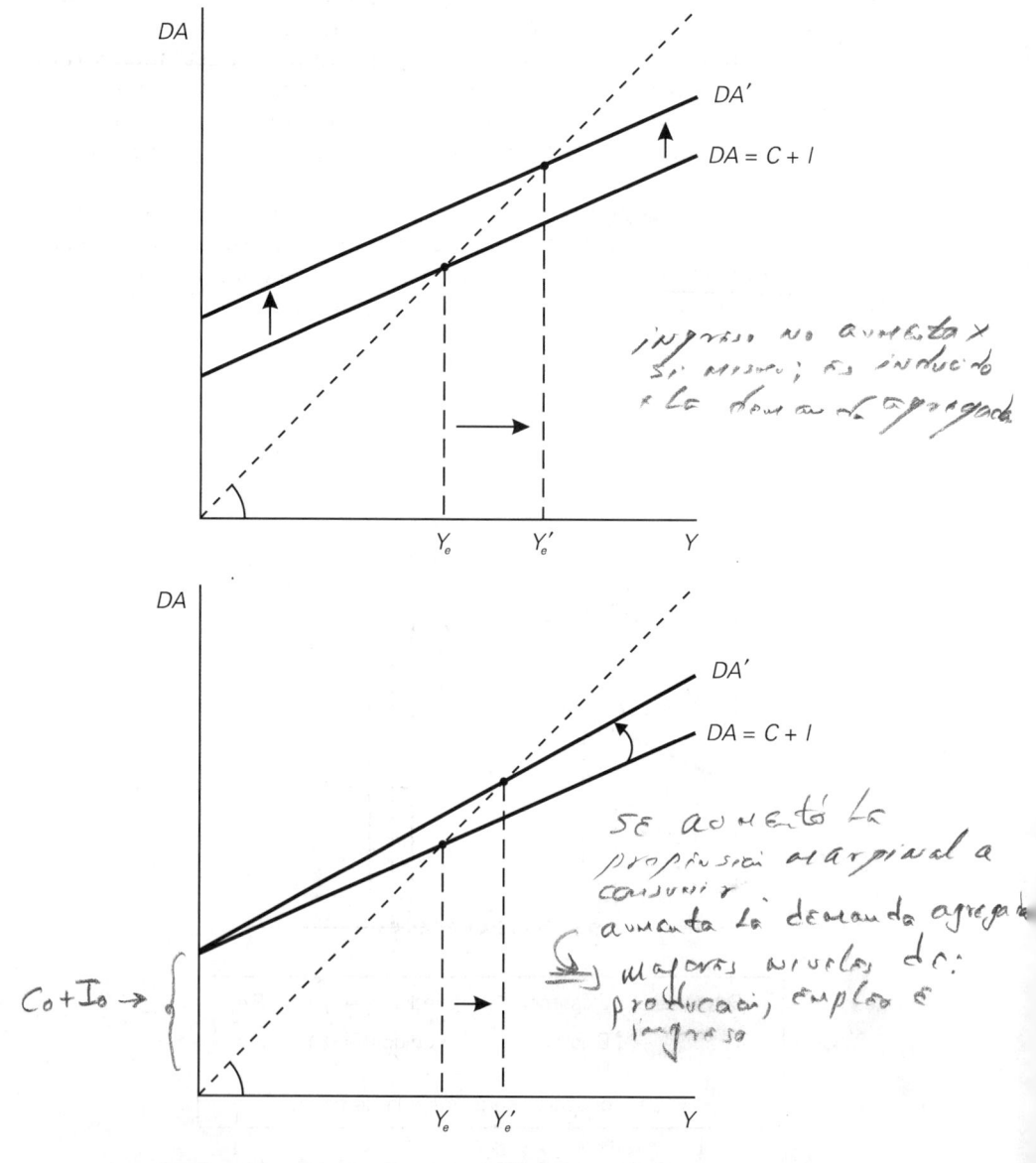

Gráfico 4.7. Efecto de perturbaciones externas sobre la renta.

En el Gráfico 4.7 se muestran dos incrementos de la *DA* (nótese que obviamos la representación de cada uno de los componentes de la *DA*). En la parte superior se ve el efecto sobre la renta de equilibrio del aumento de algunos de los componentes autónomos de la *DA*; en concreto la demanda de inversión (I_0) y el consumo autónomo (C_0). Si cualquiera de las variables que incide en estos componentes de la demanda (tipo de interés, riqueza, expectativas...) incrementa I_0 o C_0, la demanda agregada se desplaza en paralelo hacia arriba y el nivel de producción sube hasta Y_e, tal y como muestra la parte superior del Gráfico 4.7.

Si los componentes autónomos del gasto disminuyeran, la *DA* se desplazaría hacia abajo y el nivel de renta de equilibrio sería inferior a Y_e.

En la parte inferior de este gráfico se analiza el efecto de un incremento en el componente inducido, debido a una subida de la PMC o a una disminución de la PMS. La *DA* gira hacia arriba y el nivel de renta y producción de equilibrio aumenta.

El modelo es muy sencillo y permite contestar muchas preguntas. Al conocer las variables que inciden en el consumo y la inversión, podemos estudiar con facilidad los efectos de diversas perturbaciones y ver sus impactos sobre la renta y la producción de la economía.

EL EFECTO MULTIPLICADOR

Este modelo tiene dos implicaciones muy importantes: el efecto multiplicador y la paradoja de la frugalidad. El Gráfico 4.8 muestra lo primero.

Si partimos de una demanda inicial (*DA*) que determina una renta de equilibrio y se produce una subida de la inversión autónoma, la renta de equilibrio se incrementa hasta Y_e. El proceso de ajuste sería sencillo. Para el nivel de renta Y_e, una vez que se desplaza la demanda hasta *DA'*, habría un exceso de demanda. Las existencias disminuirían y los empresarios solicitarían nuevos pedidos, aumentando la producción hasta el nuevo nivel de renta de equilibrio.

Observando el gráfico hay algo evidente: el incremento de la producción y renta es mucho mayor que el incremento de demanda inicial (subida de la inversión autónoma). Si la economía está en recesión y podemos actuar sobre algún componente de la demanda, originará una subida mayor de la producción que nos permitirá salir de dicha recesión.

¿Cómo sucede esto? El incremento inicial de la inversión hace subir la *DA* en la misma cuantía. Este tirón inicial de la demanda inicia un proceso de ajuste que, tras incrementar la producción, hace subir la renta. Al subir la renta se incrementan el ahorro y el consumo (en la proporción que marque la PMC); y no podemos olvidar que el consumo es un componente de la *DA*, por lo que el gasto subirá nuevamente. Esta subida de la *DA* (ahora inducida) genera un nuevo proceso de ajuste que termina momentáneamente con un nuevo incremento de la producción; a su vez esta subida de la renta hace subir nuevamente el ahorro y otra vez el consumo, y el proceso continúa.

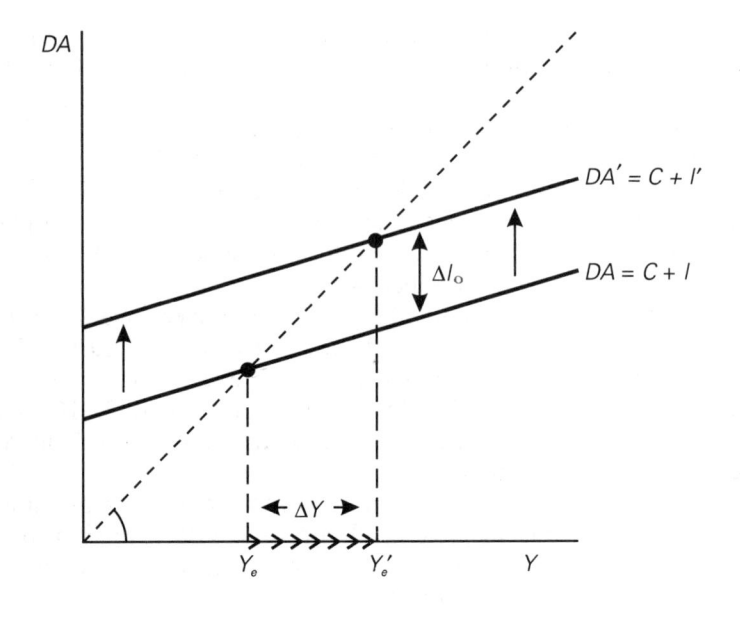

Gráfico 4.8. El efecto multiplicador.

Como puede apreciarse, un incremento inicial de la inversión genera sucesivos incrementos de la producción y renta, que abre la posibilidad de intervención del Estado en la economía cuando ampliemos el modelo. En efecto, puesto que el gasto público también es un componente de la DA, con una pequeña subida de las compras del sector público se puede hacer que la producción crezca mucho más.

El multiplicador ha sido un argumento a favor de la política económica en el intento de paliar las recesiones cíclicas de la economía, pero a medida que se ha ido estudiando más a fondo se ha visto que su efecto no es tan grande como podría pensarse en un principio, aunque es significativo.

¿De qué depende el efecto multiplicador? En el esquema que acompaña al Gráfico 4.8 puede apreciarse que la DA sigue aumentando mientras que el consumo inducido continúe creciendo. Este proceso se detiene según la importancia de las salidas que merman el efecto multiplicador, esto es, aquella parte de la renta que va al ahorro. Si ahorramos mucho, el efecto multiplicador desaparece pronto, mientras que se alimenta con una PMC elevada.

Una última cosa sobre el multiplicador: opera en los dos sentidos. Si la inversión cae, arrastra a la producción mucho más allá de la disminución de la *DA*, y la recesión es mayor.

LA PARADOJA DE LA FRUGALIDAD

Siempre se ha pensado que el ahorro es bueno para la economía, que una población frugal es mejor que otra derrochadora, que gasta toda su renta. Si consiguiéramos mediante algún tipo de incentivo que las familias ahorraran más (y, por tanto, consumieran menos), podría pensarse que la economía marcharía mejor. Nuestro modelo nos hace llegar a resultados sorprendentes. Una economía que ve aumentar su propensión marginal al ahorro reduce el nivel de renta de equilibrio y termina ahorrando en términos absolutos la misma cantidad que antes. El Gráfico 4.9 es ilustrativo de la paradoja de la frugalidad.

Para su comprensión nos valemos de la representación del equilibrio entre el ahorro y la inversión, que se determina en el nivel de renta y producción Y_e en el que se cumple la condición de equilibrio $S = I$. A partir

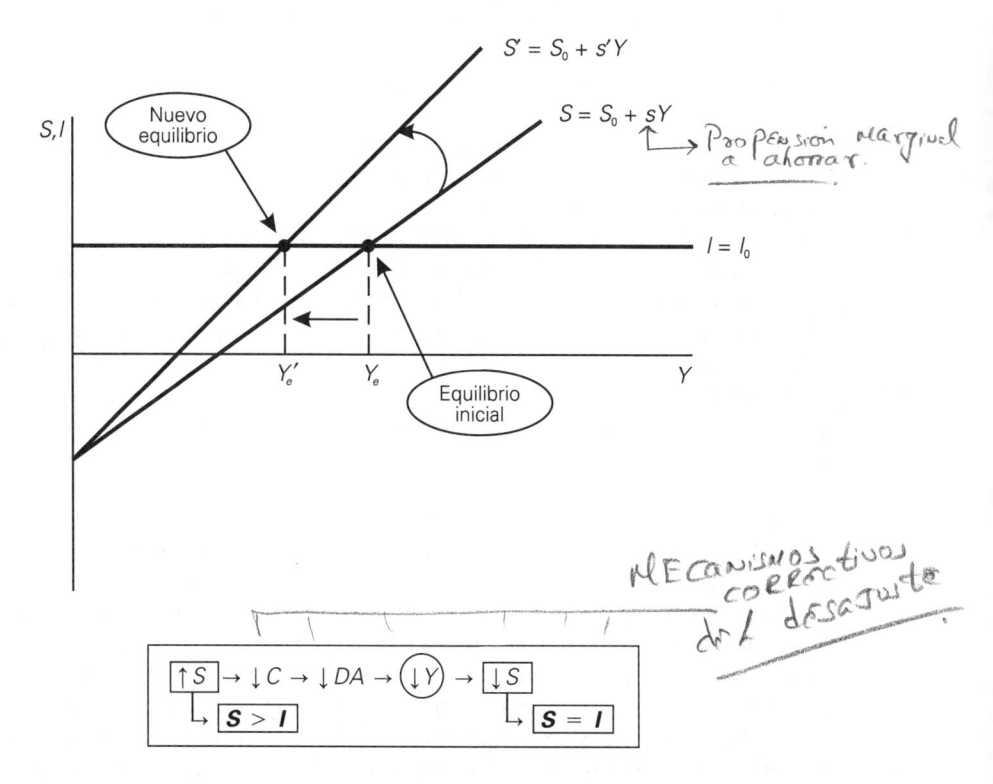

Gráfico 4.9. La paradoja de la frugalidad.

del equilibrio inicial consideramos el efecto que produce un aumento de la propensión marginal al ahorro. La recta de ahorro gira hacia arriba y se determina un nuevo equilibrio en Y'_e, inferior al inicial. ¿Qué ha pasado? Las familias, al modificar su comportamiento hacia el ahorro, también han alterado los hábitos de consumo. El aumento de ahorro implica una disminución del consumo que aminora la DA. El descenso de la DA causa un exceso de bienes, los empresarios ven aumentar la inversión en existencias por encima de los valores deseados, dejan de hacer sus pedidos y la producción cae. Al descender la producción disminuye el ahorro hasta que nuevamente coincida con la inversión deseada que se ha mantenido inalterable; por lo que terminamos ahorrando lo mismo en términos absolutos: lo necesario para financiar la inversión que no se ha alterado.

En momentos de recesión económica, apuntar que la solución de nuestros problemas es ser más frugales (ahorrar más y consumir menos) es un error que agudiza la recesión. En cambio, cuando la demanda es muy fuerte y lleva a la economía hacia la senda de la inflación, puede ser una buena medida que contribuiría a mantener la inversión y el crecimiento económico, disminuyendo, por la caída del consumo, la presión de la demanda.

EL PLENO EMPLEO Y LA INFLACION

Aunque nuestro modelo es inadecuado para explicar el proceso inflacionista, permite una primera aproximación a la denominada inflación de demanda, que tradicionalmente ocurría, según la teoría, cuando estando en pleno empleo la demanda era superior a la producción. El Gráfico 4.10 contempla esta posibilidad en la figura superior.

En la representación de la DA incluimos una recta nueva vertical, que indica el nivel de producción de pleno empleo, Y_{pe}. Con los recursos dados es imposible producir más allá. Como puede apreciarse, para la DA considerada la producción de equilibrio es muy superior a la producción de pleno empleo, y el equilibrio económico es inalcanzable. Así pues, estaremos en pleno empleo (Y_{pe}), pero con una demanda que presiona a la producción ante la escasez de bienes. La presión de la demanda sobre la producción de pleno empleo se denomina «gap inflacionista», y viene representado por el exceso de demanda entre los puntos a y b. Los empresarios, que ven sus estanterías vacías y la imposibilidad de que les sirvan nuevos pedidos, suben sus precios y generan una espiral inflacionista que no cesa hasta que la DA se modere y coincida con la producción de pleno empleo.

Esta explicación de la inflación era insuficiente para explicar el fenómeno de la *estanflación*, que asoló a las economías occidentales en los años setenta. Como es sabido, la *estanflación* significa una fuerte inflación a la vez que altas tasas de desempleo. El modelo descrito tan sólo explica la inflación en pleno empleo y, por esta razón, hubo que completar este modelo de demanda con el estudio de la Oferta Agregada para que resultara explicativo de la realidad.

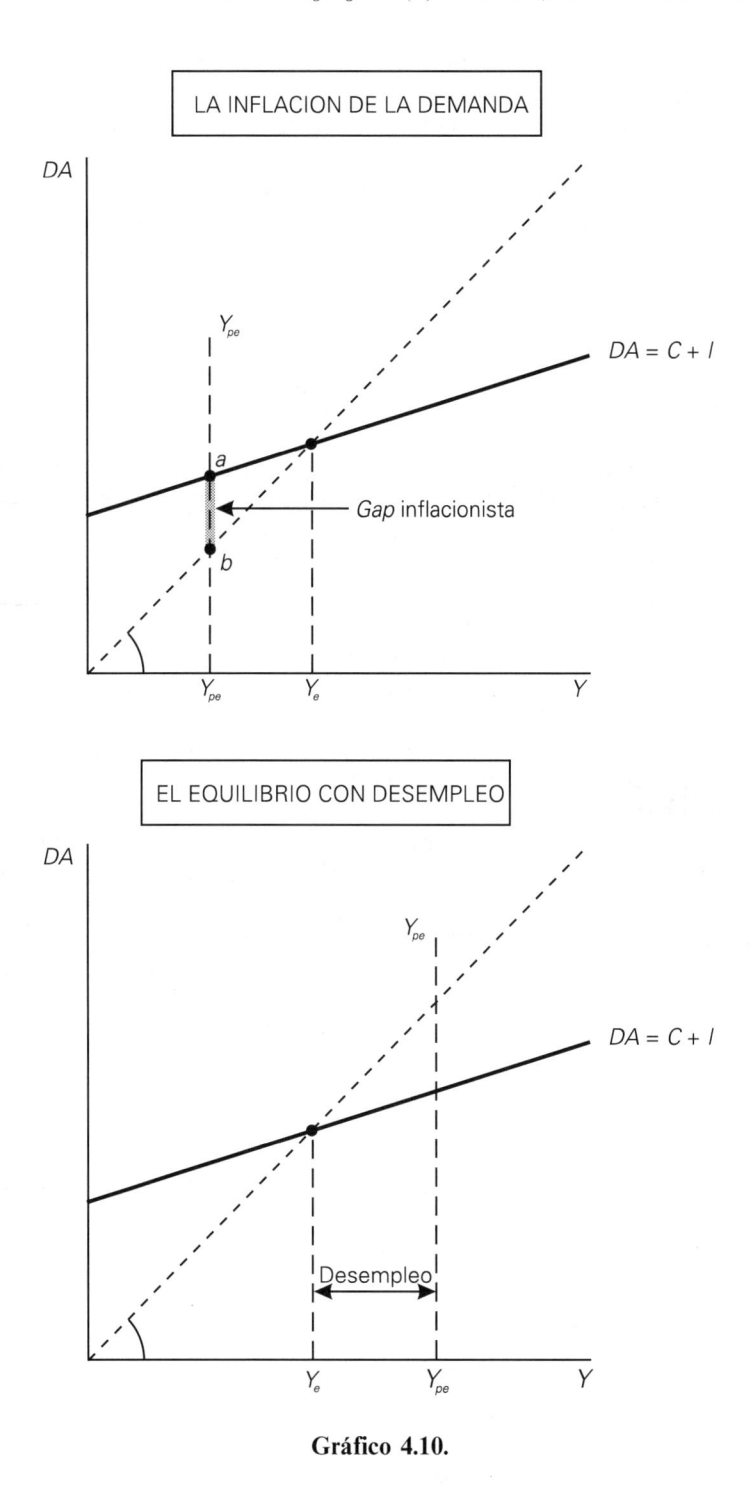

Demanda Agregada (I): consumo, ahorro e inversión **87**

LA INFLACION DE LA DEMANDA

Y_{pe}

$DA = C + I$

a

Gap inflacionista

b

Y_{pe} Y_e Y

EL EQUILIBRIO CON DESEMPLEO

Y_{pe}

$DA = C + I$

Desempleo

Y_e Y_{pe} Y

Gráfico 4.10.

Sin embargo, el modelo supuso en su formulación inicial un notable avance respecto a los anteriores. Antes de este modelo, por excelencia keynesiano, los economistas neoclásicos creían que la economía por sí sola se ajustaría hacia el pleno empleo, y por ello no era necesario (ni conveniente) que el Estado interviniese en la economía (algo en lo que hoy vuelve a creerse). En la figura inferior del Gráfico 4.10 se puede percibir que esto no es así. Si el pleno empleo está por encima de la renta de equilibrio, y la DA se mantiene estable, no hay ninguna fuerza que lleve a la economía al pleno empleo. En estas circunstancias, decía Keynes que era aconsejable que el Estado interviniese en la economía desplazando la DA hacia arriba mediante el gasto público. Como vemos, los tiempos marcan la vigencia de los modelos económicos, y ante nuevos problemas es necesario reformularlos o crear otros nuevos.

Una última cuestión: cuando hablamos de producción de pleno empleo, ¿toda la población tiene trabajo? El pleno empleo significa que está trabajando la población activa, que es aquella en edad de trabajar y que quiere trabajar al salario vigente en el mercado. Significa además que se respeta el horario legal establecido y que además existe una tasa de desempleo friccional (entre un 5 y un 7 por 100), denominada tasa natural de desempleo. La tasa natural de desempleo muestra la evidencia de la dinámica económica. Todos los días hay empresas que cierran y despiden a sus trabajadores, y hay trabajadores que dejan un empleo para buscar otro mejor. Esta tasa que es friccional no debe ser motivo de alarma, y es imposible eliminarla. El que sea mayor o menor en un país que en otro suele depender del funcionamiento del mercado de trabajo; si es flexible y competitivo, los reajustes se hacen rápidamente y la tasa natural de desempleo es pequeña, si el mercado de trabajo está muy intervenido, los salarios son altos y no bajan, las condiciones de contratación requieren procesos burocráticos tediosos, la tasa natural de desempleo será elevada. Por ello, los Gobiernos de países que contemplan altas tasas de desempleo que resisten políticas expansivas contra el desempleo buscan liberalizar el mercado de trabajo antes que seguir aumentando la DA y alimentando la inflación.

NOTA BIBLIOGRAFICA

Una explicación complementaria de este modelo puede encontrarse en cualquier manual de Economía, aunque no se encontrarán algunas de nuestras referencias a la riqueza o al mercado de valores. Uno de ellos puede ser: FISCHER, DORNBUSCH y SCHMALENSEE: *Economía* (McGraw-Hill, Madrid, 1990, 2.ª edición), capítulo 25.

CAPITULO 5

DEMANDA AGREGADA (II): LOS IMPUESTOS, EL GASTO PUBLICO, EL DEFICIT DEL PRESUPUESTO Y LA POLITICA FISCAL

En este capítulo se continúa desarrollando el modelo de demanda del equilibrio del mercado de bienes y servicios. Se mantienen los supuestos de empresas precio aceptantes, precios fijos y corto plazo, pero introducimos un tercer sector en la economía junto a las familias y las empresas: el sector público. Al intervenir el Estado damos entrada al problema del déficit público y a las implicaciones de la política fiscal.

EL ESTADO Y LA DEMANDA AGREGADA

Al considerar un tercer sector económico en el modelo de demanda o gasto se produce una importante alteración en la identidad macroeconómica básica. Se recordará del capítulo anterior que la condición de equilibrio de una economía con dos sectores era:

$$C + S = Y = DA = C + I$$

Al dar entrada al sector público se producen dos importantes alteraciones en esta identidad. Por un lado, el Estado se convierte en una unidad más de gasto; demanda, por tanto, bienes y servicios por medio del *gasto público* (G). Por otro lado, de los ingresos de las familias que se dedicaban al consumo (C) y al ahorro (S), tendrán que detraer una cantidad para pagar sus impuestos (T). La identidad sufre, por tanto, una transformación sustancial:

$$C + S + T = Y = DA = C + I + G$$

y la situación de equilibrio, que determina el nivel de renta de la economía, será aquella en que la producción sea igual a la demanda, incluyendo el gasto del sector público:

$$Y = DA = C + I + G$$

Para simplificar el análisis, supondremos que los impuestos son directos (en proporción a la renta), no distinguiremos el gasto público de las transferencias, y supondremos que el gasto público se determina a través del Presupuesto General del Estado por el poder legislativo de una manera exógena (es decir, no determinada en el propio modelo).

Esto significa que la *función de impuestos* (T) estará relacionada con la renta por medio de la *tasa media impositiva* (t, que será mayor que 0 y menor que 1), expresada en tanto por uno sobre la renta. Es decir, si es 0,2 significa que se paga el 20 por 100 de impuestos sobre la renta, como porcentaje medio, independientemente de que los agentes más ricos paguen un porcentaje mayor de sus ingresos. Una forma de expresar esto es:

$$T = t \cdot Y$$

donde el total de impuestos recaudados (T) es igual a la tasa media impositiva (t) por la renta (Y). (En adelante omitiremos el signo de la multiplicación.)

Por su parte, dado que el *Gasto Público* lo consideramos exógeno al modelo, podemos decir que es: $G = G_0$.

Es necesario concretar una última cuestión antes de entrar en la determinación de la renta. En el capítulo anterior afirmábamos que el consumo depende de la renta disponible (Y_d) y no de la Renta Nacional (Y). Si considerábamos la función de consumo dependiendo de la *RN* ($C = C_0 + cY$) era debido a que, al no admitir la existencia del Estado en el modelo, la renta nacional y la renta disponible coincidían. Sin embargo, ahora debemos considerar cómo afecta esta circunstancia al consumo.

Puesto que la renta disponible es igual a la renta nacional menos los impuestos, y ya que los impuestos son a su vez función de la renta nacional, podemos comprender que la renta disponible será igual a:

$$Y_d = Y - T = Y - tY = (1 - t)Y$$

Si en vez de considerar el consumo en función de la renta nacional ($C = C_0 + cY$) exponemos más acertadamente su relación con la renta disponible ($C = C_0 + cY_d$), podemos determinar más acertadamente la función de consumo en la forma:

$$C = C_0 + c(1 - t)Y$$

Expresión en la que puede observarse que la proporción de la renta que se consume se reduce al quedar multiplicada la propensión marginal a consumir c por (1 − t), que es positivo pero menor que uno. El lector debe entender que si la tasa media impositiva sube, porque el Estado decida subir los impuestos, la propensión al consumo, considerada ahora como $c(1 − t)$, disminuye y, por tanto, se consume menos[1]. Opuestamente, una disminución de los impuestos aumenta el nivel de consumo para cada nivel de renta.

LOS EFECTOS DE LA INTERVENCION DEL ESTADO SOBRE LA RENTA

Para comprender los efectos de la intervención del Estado sobre la determinación de la renta de equilibrio, y siguiendo con el análisis gráfico iniciado en el capítulo precedente, vamos a representar inicialmente la función del gasto público, y el efecto de los impuestos sobre el consumo.

En el Gráfico 5.1 representamos el gasto público, que al no depender de la renta (es exógeno: $G = G_0$) se representa como un línea horizontal paralela al eje de abscisas.

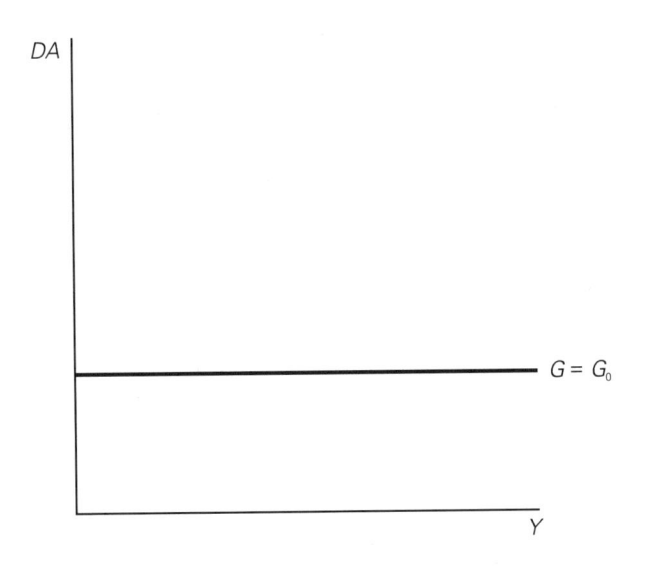

Gráfico 5.1.

---

[1] Si no lo comprende, póngase un ejemplo numérico. Suponga que la propensión marginal a consumir c es 0,7. Es decir, de cada 100 pesetas se consumen 70. Si el Estado establece unos impuestos del 20 por 100, la propensión al consumo sería ahora:

$$c(1 − t) = 0,7(1 − 0,2) = 0,7 \times 0,8 = 0,56$$

que indica que ahora de cada 100 pesetas se consumen no 70, como antes del impuesto, sino 56. Compruebe que si aumentan los impuestos al 30 por 100 disminuye el consumo.

En el Gráfico 5.2 se considera una función de consumo sin impuestos ($C = C_0 + cY$) y otra inferior en la que aparece la tasa media impositiva reduciendo la parte de la renta que se consume ($C = C_0 + c(1 - t)Y$).

Finalmente, en el Gráfico 5.3 se representa la Demanda Agregada ($DA = C + I + G$), en la que puede observarse que al intervenir el sector

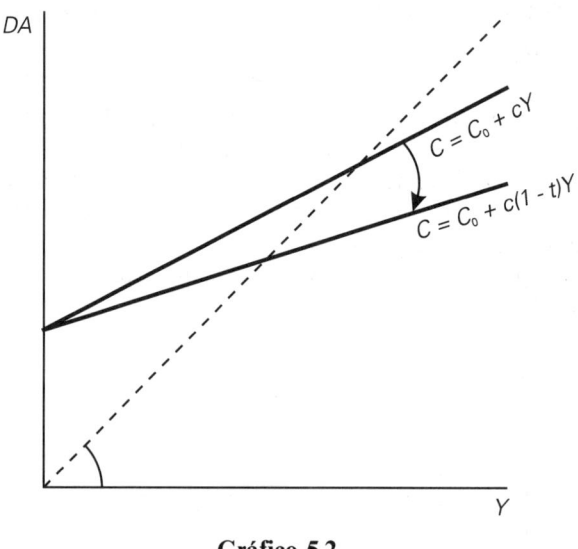

Gráfico 5.2.

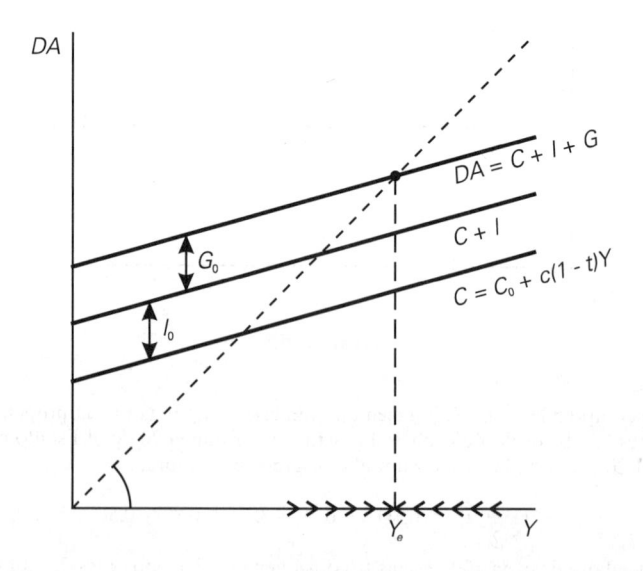

Gráfico 5.3.

público se suma a la curva de consumo más inversión el total del gasto público (G). El equilibrio se produce donde la Demanda Agregada corta a la recta de 45°, que como se recordará representa el punto en que la demanda coincide con la Oferta Agregada. Cualquier situación inferior a la renta de equilibrio Y_e es inestable porque la demanda sería superior a la oferta, los empresarios verían cómo sus estanterías se vacían, darían órdenes de servir nuevos pedidos y se incrementaría la producción hasta Y_e.

En el Gráfico 5.4 se considera el efecto sobre la renta de un incremento del gasto público. La Demanda Agregada (DA) se desplaza en paralelo hacia arriba hasta DA', originando un incremento de la producción y la renta desde Y_e hasta Y'_e. (Obsérvese que también se produce un efecto multiplicador.)

En el Gráfico 5.5 se muestra el negativo efecto sobre la renta de una subida de impuestos. La Demanda Agregada gira hacia abajo y la producción cae. (En adelante, no es tan relevante que el lector distinga cuando la DA gira o se desplaza ante cualquier perturbación; lo importante es que sepa cuándo aumenta la demanda o cuándo disminuye.)

LA POLITICA FISCAL

Una vez comprendida la incidencia del sector público sobre la economía podrá adivinar que mediante los cambios del gasto público o los impuestos, el Estado tiene dos poderosos instrumentos para aumentar o disminuir

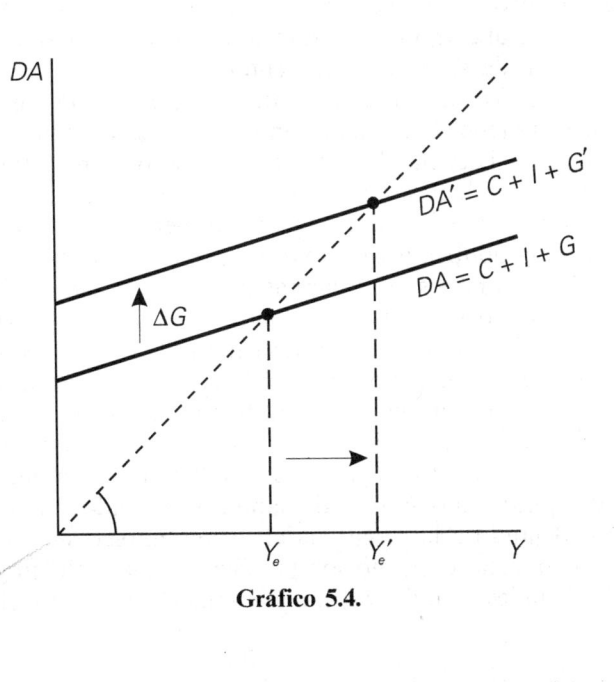

Gráfico 5.4.

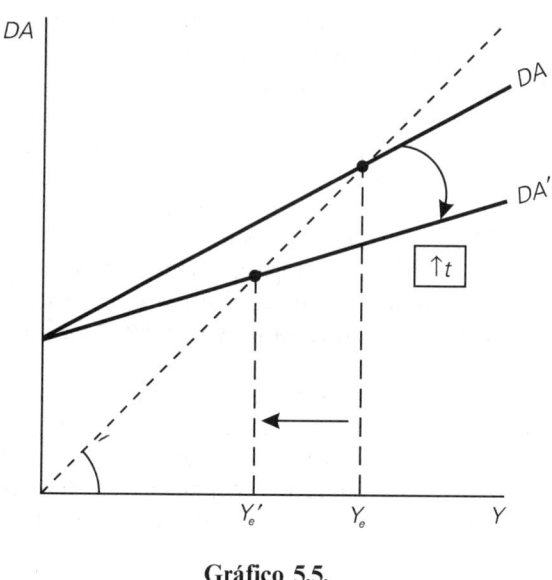

Gráfico 5.5.

la *DA* y con ella la producción y el ingreso. La utilización de estas variables constituye la esencia de la *política fiscal*, mediante la cual el Estado controla directamente *G*, e indirectamente *C* a través de los impuestos.

Si replanteamos las dos situaciones que dejamos abiertas en el capítulo anterior, comprenderemos que mediante la política fiscal es posible, según este modelo, resolver con facilidad el problema del desempleo o de la inflación (recuerde que según este modelo de corte keynesiano, ambos problemas no pueden darse simultáneamente).

En el Gráfico 5.6 se representa una economía con un equilibrio Y_e, inferior al nivel potencial de pleno empleo Y_{pe}. La diferencia entre ambos puntos refleja la existencia de factores productivos no utilizados y, por tanto, desempleo; y, además, nos indica que el mercado por sí solo no tiene ninguna fuerza o tendencia a aproximarse al pleno empleo. En este caso, si el Estado hace una política fiscal expansiva de aumento del gasto público (o disminución de los impuestos, o ambas a la vez), la *DA* se desplaza hacia arriba y puede acercar la economía al nivel de pleno empleo. (Recuerde que en pleno empleo siempre existe una tasa natural de desempleo.)

En el Gráfico 5.7 se muestra una economía con una fuerte demanda, que al no poder ser satisfecha, por estar en pleno empleo, ve cómo los precios generan una inflación de demanda. En este caso, el Estado, mediante una política fiscal contractiva (reduciendo *G*, o subiendo los impuestos, o ambas cosas a la vez), podría moderar la demanda reduciendo el *gap* o la «brecha inflacionista», dejando a la economía en pleno empleo sin inflación.

Indudablemente, las cosas no son tan fáciles en la realidad y comprenderemos las dificultades cuando vayamos completando el modelo, lo cual no

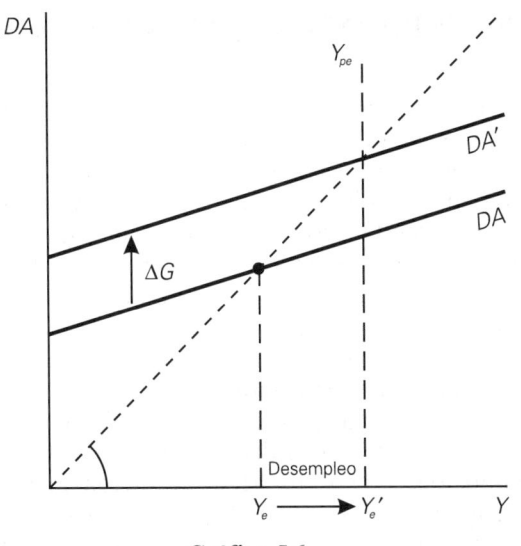

Gráfico 5.6.

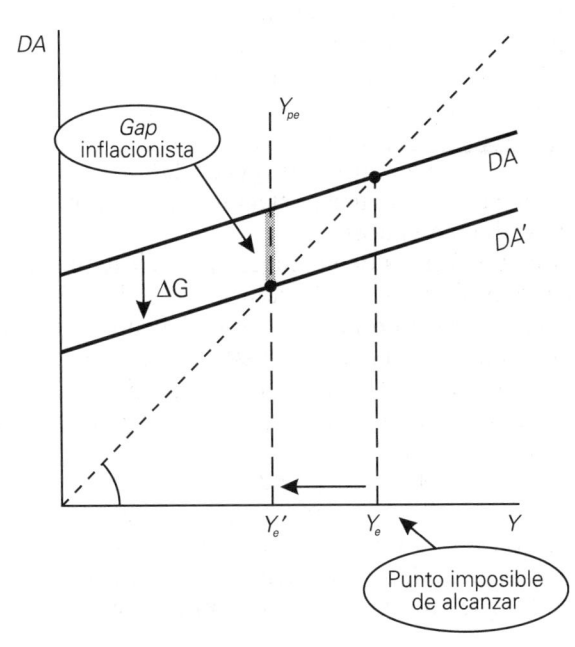

Gráfico 5.7.

obsta para que los keynesianos (por lo general, políticamente socialdemócratas) demanden una política fiscal expansiva de incremento del gasto público cuando el desempleo se incrementa. Uno de los principales problemas de la política fiscal es el déficit público y la manera de financiarlo.

EL PRESUPUESTO DEL ESTADO Y EL DEFICIT

La relación de gastos e ingresos del Estado en un año constituye su presupuesto. Lo ortodoxo es que el Estado, al igual que cualquier agente económico, demande bienes según sus ingresos le permitan. Pero tanto el Estado como una parte considerable de los agentes económicos suelen gastar más de lo que ingresan, endeudándose con otros agentes que gastan menos de lo que ingresan y, por tanto, ahorran. La diferencia entre los gastos y los ingresos del Estado constituye el saldo presupuestario, que puede presentar una situación de déficit, equilibrio o superávit.

El modelo keynesiano que hemos visto justificó, mientras estuvo plenamente vigente, la creciente intervención del Estado. Sirvió a los intereses de la clase política, para multiplicar su presencia en la economía y la sociedad, y configuró una filosofía del papel del Estado: la «economía del bienestar». Después de algunos decenios se ha hecho tradicional cerrar los Presupuestos del Estado con significativos *déficit públicos*, que tienden a acentuarse ante una mayor demanda de prestaciones sociales por los ciudadanos, sin subidas paralelas de los impuestos, siempre impopulares.

El *problema del déficit público* es que *hay que financiarlo*. Normalmente hay tres formas de hacerlo: pidiendo prestado a los propios ciudadanos parte de sus ahorros, pidiendo prestados sus ahorros a los ciudadanos de otros países, o monetizando el déficit, es decir, fabricando dinero para pagarlo. Aunque parezca increíble, el Estado, a través de su Banco Central (Banco de España en nuestro caso), puede fabricar tantos billetes como desee, sin que tenga que mantener relación alguna con el oro o las divisas depositadas en el Banco emisor.

Las dos primeras formas de financiar el déficit requieren elevar algo los tipos de interés, e implican que el Estado se endeuda y tiene que devolver lo prestado más los intereses prometidos. Si el déficit es muy fuerte, el Estado se hipoteca para el futuro, aumenta el gasto público para pagar *la deuda del Estado*, y al hacerlo vuelve a tener un nuevo déficit que tiene que financiar. Así pues se inicia un proceso circular que autoalimenta el déficit, y amenaza con la «crisis fiscal del Estado».

Si se monetiza el déficit, se inunda el mercado de billetes y, por lo general, se provoca una fuerte inflación que después es muy difícil controlar, y si se logra es con un alto coste social en términos de tasa de desempleo.

Volviendo a la identidad macroeconómica, podemos entender mejor el problema. Puesto que en una economía con tres sectores la igualdad es:

$$C + S + T = Y = DA = C + I + G$$

simplificando un poco nos queda:

$$S + T = I + G$$

y pasando los impuestos al otro lado del signo igual (=) obtenemos:

$$S = I + (G - T)$$

Es fundamental entender esta identidad. Nos indica que el ahorro de la economía (es decir, los bienes no consumidos) tiene que ser igual a los bienes que se demandan para la inversión, más los bienes que el Estado demanda sobre sus ingresos (es decir, el déficit público $G - T$). Si el ahorro está dado en el equilibrio económico y el Estado tiene un fuerte déficit público, no habrá suficientes bienes para la inversión, que es el componente de la demanda que hace crecer la economía y genera empleos estables y productivos. El Estado, con su mayor participación en la economía, va poco a poco desplazando al sector productivo de la misma, que no encuentra bienes para la inversión: el gasto público va aumentando su peso en el gasto en perjuicio de la inversión.

¿*Es siempre malo el déficit público?* Hay que diferenciar el *déficit cíclico* del *déficit estructural*. Si la economía se encuentra en la fase recesiva del ciclo económico, se dejan de ingresar impuestos ante la caída de la renta y, por otro lado, aumentan las prestaciones por el seguro de desempleo. Es decir, bajan los impuestos y aumentan los gastos, con lo cual el déficit público se incrementará. Pero este *déficit de naturaleza cíclica* tenderá a remitir cuando la economía vaya saliendo del ciclo; entonces los ingresos del Estado aumentan al subir la renta, y las cantidades destinadas al seguro de desempleo disminuyen. Por ello, a los impuestos y a las prestaciones por desempleo se les denomina *estabilizadores automáticos* de la economía, puesto que tienden a animar la demanda cuando se entra en recesión, mientras que la atenúan cuando el crecimiento económico es fuerte.

En cambio, cuando en la fase alta del ciclo económico, próximos al pleno empleo, el déficit persiste, entonces tiene un *carácter estructural* y se entra en una peligrosa situación en la cual ni siquiera en los momentos de bonanza económica, cuando los ingresos son máximos, podemos reducir la deuda del Estado.

El Gráfico 5.8 nos muestra la *estructura fiscal* de un país: la recta de gasto público horizontal y la recta creciente de impuestos, que seguimos suponiendo dependen de la renta. Del cruce de ambas curvas obtenemos un nivel de renta (Y_{sp}), en el cual el saldo presupuestario es cero. Para rentas inferiores, los impuestos son inferiores a los gastos y la situación del Presupuesto es de déficit. A la derecha del Y_{sp} tendríamos en cambio un superávit. En el caso que representamos, la economía está en recesión, puesto que su nivel de renta actual (Y_e) es muy inferior al nivel de producción de pleno empleo (Y_{pe}). Sin embargo, cuando la economía salga de la recesión y se acerque al pleno empleo, el déficit desaparecerá y tendremos un superávit presupuestario que permitirá pagar la deuda contraída. En Y_e tenemos un *déficit cíclico*, pero no estructural. El déficit cíclico debe ser observado, y mientras no se convierta en estructural no debe preocupar, puesto que tiende a remitir.

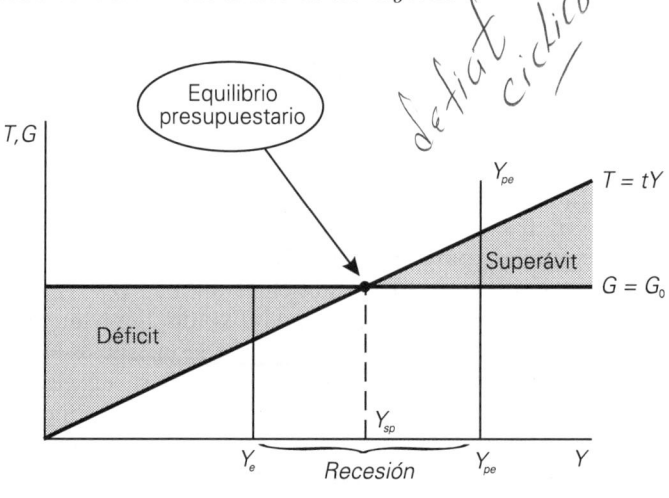

Gráfico 5.8.

En cambio, en el Gráfico 5.9 la situación es de *déficit estructural*, puesto que ni siquiera en pleno empleo veríamos reducirse el desequilibrio presupuestario. En este caso es necesario un cambio en la estructura fiscal, disminuyendo los gastos públicos o aumentando los impuestos para evitar que al cabo de unos años los problemas para amortizar o refinanciar la deuda sacrifiquen el crecimiento y el bienestar social alcanzado.

Digamos para terminar que aunque en nuestro modelo el gasto público y los impuestos aparecen como grandes magnitudes agregadas se comprenderá que hay muchas formas de gastar y muchas maneras de financiar el gasto. La eficiencia en la gestión pública y la administración escrupulosa de la hacienda pública son fundamentos imprescindibles a los que debe seguir una distribución del gasto que no perjudique al sector productivo y beneficie a los más necesitados, y un sistema impositivo que no desincentive el

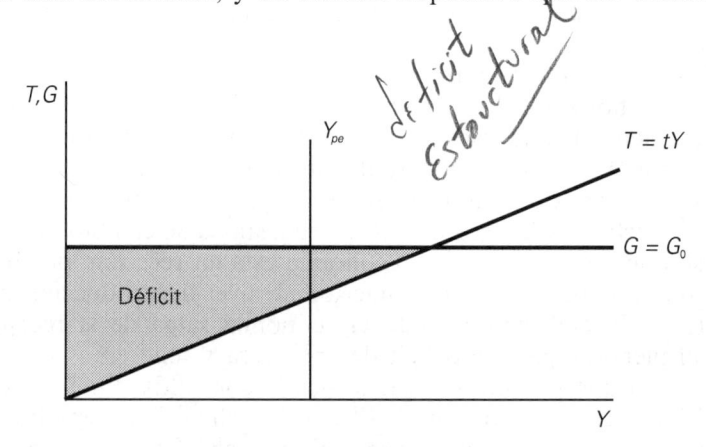

Gráfico 5.9.

trabajo ni la inversión, a la vez que contribuya a redistribuir la riqueza. Alcanzar este deseado equilibrio es un objetivo prioritario de cualquier Gobierno, de ahí la importancia del análisis del Presupuesto y la política fiscal.

NOTA BIBLIOGRAFICA

Para ampliar este capítulo puede consultarse cualquier texto de Economía. Remitimos al lector al capítulo 28 del texto de DORNBUSCH, FISCHER y SCHMALENSEE: *Economía* (McGraw-Hill, 1990).

CAPITULO 6

DEMANDA AGREGADA (III): EXPORTACIONES E IMPORTACIONES, BALANZA DE PAGOS, TIPOS DE CAMBIO Y POLITICA COMERCIAL

En este capítulo se analiza el cuarto sector de la demanda de bienes y servicios: el sector exterior. Para su estudio se expondrán previamente los fundamentos de la Balanza de pagos y la determinación del tipo de cambio. La política comercial y sus efectos sobre la renta y el empleo cerrarán el modelo de demanda que estamos considerando. Al final de estas páginas se expondrá en un esquema-resumen el conjunto de variables consideradas en el modelo de Demanda Agregada.

LA DEMANDA AGREGADA Y EL SECTOR EXTERIOR

Con el sector exterior se completan los cuatro componentes de la Demanda Agregada, y puede analizarse el gasto agregado en su conjunto. Además del consumo, la inversión y el gasto público, el Saldo Neto Exportador —exportaciones (*X*) menos importaciones (*M*)— pone en relación a la economía nacional con *el resto del mundo*, puesto que así consideramos al conjunto de países del entorno internacional de una economía.

Al incluir al sector exterior en nuestro modelo, la *identidad macroeconómica básica* debe completarse definitivamente:

$$C + S + T = Y = DA = C + I + G + (X - M)$$

y la condición de equilibrio nos obliga a encontrar el volumen de renta que iguala la producción con el total de la demanda:

$$Y = C + I + G + (X - M)$$

Debe recordarse que mientras las exportaciones entran en el gasto con signo positivo, puesto que suponen un tirón de nuestra producción por el resto del mundo, las importaciones aminoran este efecto, en la medida que es parte de la renta nacional que demanda bienes de otros países y no bienes nacionales. El Saldo Neto Exterior $(X - M)$ marca el *déficit o superávit* de nuestras *relaciones comerciales*, e indica un nuevo desequilibrio económico que no debe ser pasado por alto.

Al estudiar el sector exterior desde la perspectiva del mercado de bienes y servicios debemos considerar las variables que determinan las exportaciones y las importaciones.

Las *exportaciones* (X) son los bienes y servicios valorados en moneda nacional, que son vendidos a los residentes del resto del mundo. Su volumen depende de cuatro variables fundamentales:

— La *renta del resto del mundo* (Y^*); si los países de nuestro entorno ven aumentar sus ingresos, aumentarán nuestras ventas a sus habitantes. En sentido contrario, una recesión mundial disminuirá nuestras exportaciones.

— Los *precios nacionales* (P); aun cuando en nuestro modelo se consideran, por el momento, los precios constantes, una subida de los precios de nuestros productos hará los bienes nacionales menos atractivos para los extranjeros y afectará negativamente a nuestras exportaciones.

— Los *precios del resto del mundo* (P^*); puesto que si éstos suben, los productos nacionales son relativamente más baratos y, por tanto, los extranjeros preferirán comprarlos frente a los producidos en su país, que son ahora más caros.

— Finalmente, el *tipo de cambio* (tc), que son las pesetas que pagamos a cambio de un dólar (que será la moneda que utilizaremos para nuestros ejemplos). Si pagamos más pesetas por un dólar, el tipo de cambio sube, pero nuestra moneda vale menos, puesto que disminuye su capacidad de compra en dólares. Desde el punto de vista de las exportaciones, subidas del tipo de cambio pesetas/dólares (pesetas pagadas por dólar) incrementan la capacidad de compra del dólar sobre productos españoles y eleva las exportaciones. Contrariamente, si el tipo de cambio disminuye, pagamos menos pesetas por dólar, o desde la perspectiva de los norteamericanos, ellos deberán pagar más dólares por las pesetas: nuestros productos son más caros para ellos y las exportaciones disminuirán[1].

---

[1] Si no ha entendido bien este párrafo después de una segunda lectura, no se preocupe; más adelante se expondrá la teoría del tipo de cambio y entonces lo comprenderá.

Resumiendo, podemos concretar que: ↑Y^*, ↓P, ↑P^*, ↑tc(ptas./\$) → ↑X.

En cuanto a las *importaciones* (M), son las compras de bienes y servicios extranjeros de los residentes españoles valoradas en moneda nacional. En su conjunto, las importaciones dependen de:

— La *renta nacional* (Y); si sube la renta española, los españoles tenderán a comprar más productos de otros países y aumentarán las importaciones españolas. Esta es la razón por la cual en recesión se reducen las importaciones y, en cambio, aumentan sustancialmente en la parte alta del ciclo.
— Los *precios nacionales* (P); en la medida que si tienden a subir, los productos españoles serán más caros y los consumidores españoles preferirán comprar productos extranjeros.
— Los *precios del resto del mundo* (P^*); si descienden aumentan las importaciones nacionales.
— El *tipo de cambio* (tc); una subida del tipo de cambio (ptas./\$) encarece el dólar y todos los productos que se compran en dólares, con lo cual se reducen las importaciones.

A modo de resumen: ↑Y, ↑P, ↓P^*, ↓tc(ptas./\$) → ↑M.

Como puede apreciarse, la relación entre los precios nacionales y extranjeros, junto al tipo de cambio, constituyen los factores comunes a las exportaciones e importaciones, completándose el cuadro de variables con las rentas nacional y extranjera. Sin embargo, a pesar de esta primera aproximación al estudio de la determinación de la renta con cuatro sectores, para comprender en profundidad el análisis del entorno económico internacional es necesario el análisis previo de la Balanza de pagos y de la teoría de determinación del tipo de cambio.

LA BALANZA DE PAGOS

La estructura de la Balanza de pagos

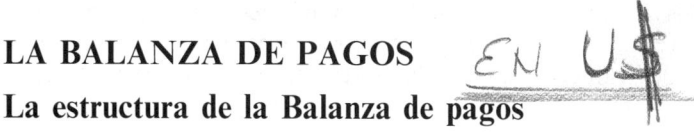

La Balanza de pagos es el documento contable que recoge las relaciones económicas de los residentes de un país con el resto del mundo durante un período de tiempo determinado, generalmente un año. Las anotaciones se realizan siguiendo el sistema de partida doble, lo cual significa que cualquier operación concreta tiene que aparecer en la balanza con dos anotaciones, una en ingresos y otra en pagos (de igual manera que para la contabilidad de las operaciones empresariales existe el debe y el haber). El sistema de contabilidad doble garantiza que la suma de todas las anotaciones de ingresos tiene que coincidir con la de pagos, haciendo que la Balanza de pagos esté siempre equilibrada en su conjunto. Sin embargo, para el análisis económico es necesario diferenciar una serie de *subbalanzas*, o saldos parciales, que son reveladores de los intercambios con el exterior de una economía y de los desequilibrios exteriores existentes. Para ello hay que conocer las distintas partes o subbalanzas de la Balanza de pagos.

En el Cuadro 6.1 presentamos la estructura simplificada de la Balanza de pagos de una economía. En este cuadro aparecen distintas partidas y dos columnas: una de ingresos y otra de pagos. La primera de las partidas que contabilizamos son las *Mercancías*, donde se apuntan las exportaciones de bienes en los ingresos y las importaciones en los pagos. Si los ingresos y pagos de esta partida coinciden, decimos que la *Balanza comercial* está equilibrada. Si los ingresos fueran mayores que los pagos, estaríamos en una situación de superávit, y en caso contrario en déficit de la Balanza comercial o de mercancías.

La segunda partida contabiliza los *Servicios*, y por eso también se le llama Balanza invisible. Aquí se contabilizan los servicios de transportes y fletes, turismo, seguros, servicios financieros, rentas de inversión, patentes y asistencia técnica. Si se prestan estos servicios por empresas nacionales a residentes extranjeros se considera una exportación y se anota como ingreso, y cuando son los residentes nacionales quienes reciben estos servicios, aparecen como importaciones en los pagos. La suma de la Balanza comercial y de la Balanza de servicios es la *Balanza de bienes y servicios*, que puede presentar igualmente un saldo de equilibrio, déficit o superávit.

Las *Transferencias* son operaciones sin contrapartida. Si al anotar una exportación de un bien como ingreso reflejábamos la entrada de recursos en el país a cambio de la salida del bien, en las transferencias se anotan aquellas donaciones de un país o de sus residentes a otro sin ninguna contrapartida a cambio. Aquí se contabilizan la repatriación de las remesas de emigrantes, ayuda internacional, transferencias recibidas de fondos estructurales o sociales, contribuciones a organismos internacionales, donaciones a fondo perdido y otras transferencias. Se suele distinguir entre transferencias públicas y privadas según el origen de las mismas.

La suma de los ingresos y pagos de las anotaciones por intercambio de bienes y servicios (Balanza de bienes y servicios) y operaciones por transferencias (Balanza de transferencias unilaterales) es la *Balanza por cuenta*

	Ingresos	Pagos
1. Mercancías *(Balanza comercial)*	Exportaciones	Importaciones
2. Servicios	Exportaciones	Importaciones
* Balanza de bienes y servicios (1 + 2)		
3. Transferencias	Entradas	Salidas
*4. *Balanza por cuenta corriente* (1 + 2 + 3) (o por cuenta de renta)		
5. Capitales a largo plazo	Importaciones	Exportaciones
* Balanza básica (4 + 5)		
6. Capitales a corto plazo	Importaciones	Exportaciones
7. Variación Reservas Oro y Divisas	Disminución	Aumento

Cuadro 6.1. Estructura de la Balanza de pagos

corriente o por cuenta de renta. Su saldo mide las repercusiones del sector exterior en la Demanda Agregada y es el principal indicador de competitividad de una economía.

Las siguientes partidas de la estructura de la Balanza de pagos miden los movimientos de capitales, diferenciando la *Balanza de capitales a largo plazo* de la *Balanza de capitales a corto plazo*. Mientras los primeros son entradas o salidas de capitales para realizar inversiones directas en empresas, en bolsa, en inmuebles, créditos, etc., los movimientos de capitales a corto plazo contabilizan los movimientos monetarios cuyo plazo de amortización es inferior a un año. La diferencia entre capitales a corto y largo plazo es muy importante en la Balanza de pagos, como veremos con posterioridad. En la práctica no es tan sencillo diferenciar la naturaleza de los movimientos de capitales, y esta confusión puede originar grandes tensiones en los mercados financieros, cada vez más internacionalizados y con mayor movilidad de los flujos monetarios.

Las partidas de capitales a corto y largo plazo anotan las entradas de capitales (importaciones de capitales) en los ingresos, y las exportaciones de capitales como salidas en los pagos. A este respecto hay que tener en cuenta que si recibimos capitales extranjeros (importaciones), el país se está endeudando con el resto del mundo. Mientras que si prestamos nuestros capitales al resto del mundo, son los otros países quienes se endeudan con nosotros.

La suma de la Balanza por cuenta corriente y de los movimientos de capitales a largo plazo constituye la *Balanza básica*, cuyo relevante significado se verá con posterioridad.

Finalmente, la última partida registra la *Variación de las Reservas de Oro y Divisas* de un país, normalmente custodiadas en su Banco Central. Esta cuenta ofrece la particularidad de que se contabiliza al contrario de como pudiera parecer inicialmente: los aumentos de divisas en los pagos y las disminuciones en los ingresos, ayudando a realizar las anotaciones de las restantes partidas como veremos a continuación.

Las anotaciones de la Balanza de pagos

Algunos ejemplos de anotaciones correspondientes a distintas operaciones comerciales ayudan a comprender el funcionamiento de este documento contable de partida doble.

Una exportación española de bienes cobrada en dólares se apuntará en pesetas como ingreso en Mercancías, y como pago en pesetas (aumento) en Oro y Divisas.

Una importación de un servicio se reflejará como pago en Servicios y como ingreso (disminución) en Oro y Divisas.

Una transferencia recibida para ayuda al desarrollo aparecerá como ingreso en Capitales a largo plazo y como pago (aumento) en Oro y Divisas.

Una entrada (importación) de capitales a largo plazo aparecerá como ingreso en Capitales a largo plazo, y como pago (aumento) en Oro y Divisas.

En cambio, una salida de capitales a corto plazo (exportación) se reflejará como pago en Capitales a corto plazo y como ingreso (disminución) en Oro y Divisas. (Esta operación se corresponde también con la devolución de préstamos internacionales.)

De estos ejemplos se puede comprender la justificación de que la cuenta de Oro y Divisas se contabilice con signo cambiado, hasta el punto de que un saldo negativo o deficitario de Oro y Divisas significa un aumento neto de las reservas, y un saldo positivo refleja una pérdida de las reservas internacionales.

Al margen de las operaciones expuestas, que son las más sencillas, podemos plantear operaciones más complejas. Por ejemplo, una importación de bienes que se financie mediante un préstamo internacional a corto plazo se reflejaría como un pago en Mercancías y un ingreso (importación) en Capitales a corto plazo, puesto que estamos endeudándonos. O una exportación de servicios que financiamos mediante la ayuda española al desarrollo aparecería como un ingreso en Servicios y como una salida de Transferencias en pagos.

Vista la estructura y el sistema de anotaciones de la Balanza de pagos, debemos pasar al estudio del análisis del significado económico de los distintos equilibrios de las subbalanzas.

El equilibrio de la Balanza de pagos

Puesto que la Balanza de pagos sigue el sistema de partida doble, el saldo de cada una de las subbalanzas tiene que corresponderse con un saldo equivalente pero de sentido contrario en el resto de las partidas. Veamos con algunos ejemplos esta condición y las repercusiones económicas que conlleva.

En el Cuadro 6.2 analizamos el equilibrio de la Balanza de pagos. En los dos primeros apartados analizamos el *Equilibrio de la Balanza por cuenta corriente* ($B^c/_c$). En el apartado A) se expone el caso de un déficit de $B^c/_c$. Fíjese que en el esquema representativo de este déficit, los pagos de la $B^c/_c$ son mayores que sus ingresos (bloque superior de la Balanza de pagos). Dado que la totalidad de ingresos y pagos debe coincidir, un déficit de la $B^c/_c$ implica un superávit del saldo de las demás partidas (Capitales a largo y corto plazo, y Oro y Divisas). ¿Cuál es el significado económico de este obligado equilibrio? El déficit de la $B^c/_c$, que refleja unas mayores importaciones que exportaciones, tiene que financiarse con unos mayores ingresos de las cuentas de capitales y reservas. El superávit de estas cuentas refleja bien una entrada de capitales, bien una disminución de las reservas de oro y divisas. Así pues, el déficit de la $B^c/_c$ implica una financiación recibida mediante la entrada de capitales y el consiguiente endeudamiento de la nación, o una disminución de las divisas internacionales, que supone una pérdida de activos del resto del mundo en manos de españoles. Como vemos, un déficit comercial tiene que financiarse, y si esta situación se mantiene, puede producirse la pérdida neta de divisas o el endeudamiento

A) Déficit Balanza cuenta corriente ; $B^{c}/_{c}$

Ingresos Pagos

```
┌─────────────────┐
│   Balanza por   │
│ cuenta corriente│
├─────────────────┤
│                 │
│   Capitales,    │
│  Oro y Divisas  │
└─────────────────┘
```

Déficit $B^{c}/_{c}$ → Financiación recibida $\Big\}$
→ (ENDEUDAMIENTO) Entrada capitales
→ Disminución reservas (PÉRDIDA ACTIVOS)

B) Superávit Balanza cuenta corriente

Ingresos Pagos

```
┌─────────────────┐
│   Balanza por   │
│ cuenta corriente│
├─────────────────┤
│                 │
│   Capitales,    │
│  Oro y Divisas  │
└─────────────────┘
```

Superávit $B^{c}/_{c}$ → Financiación otorgada $\Big\}$
→ Salida capitales
→ Aumento reservas

C) Superávit Balanza básica

Ingresos Pagos

```
┌─────────────────┐
│     Balanza     │
│      básica     │
├─────────────────┤
│                 │
│Capitales a corto│
│  Oro y Divisas  │
└─────────────────┘
```

Superávit Bal. básica → Disminuyen obligaciones a corto $\Big\}$
→ Salida capit. a corto plazo
→ Aumento reservas

D) Déficit Balanza básica

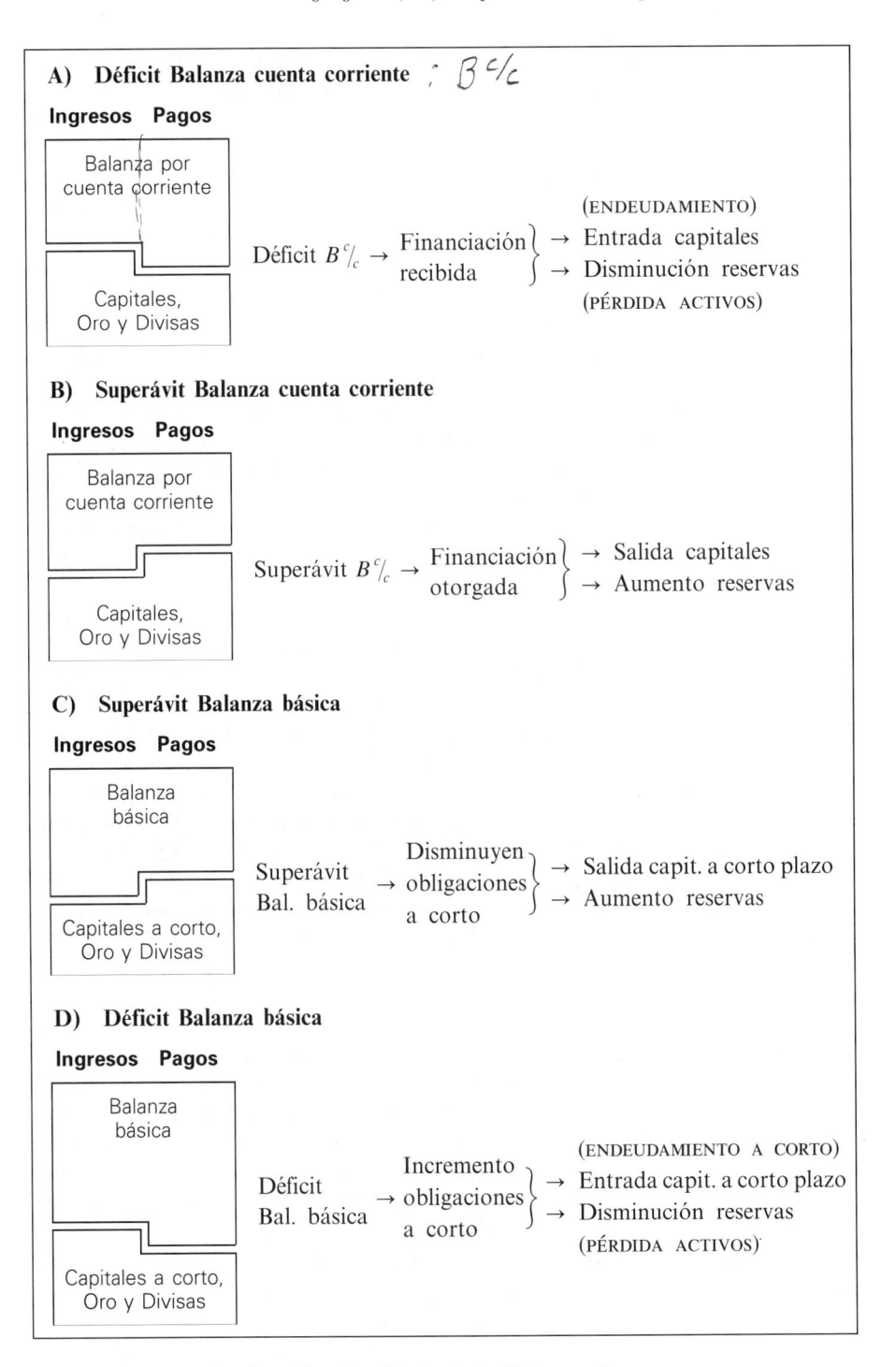

Ingresos Pagos

```
┌─────────────────┐
│     Balanza     │
│      básica     │
├─────────────────┤
│                 │
│Capitales a corto│
│  Oro y Divisas  │
└─────────────────┘
```

Déficit Bal. básica → Incremento obligaciones a corto $\Big\}$
→ (ENDEUDAMIENTO A CORTO) Entrada capit. a corto plazo
→ Disminución reservas (PÉRDIDA ACTIVOS)

Cuadro 6.2. Equilibrio de la Balanza de pagos.

paulatino de un país. La creciente deuda internacional que debe devolverse con sus correspondientes intereses ha provocado unas fuertes tensiones en los mercados financieros, la pobreza de muchos países —que han tenido que sacrificar su bienestar para devolver los préstamos— y, en ocasiones, graves perturbaciones en la vida política.

En el segundo esquema del Cuadro 6.2 se expone el análisis de un superávit en la $B^c/_c$. Como puede apreciarse, los ingresos de la $B^c/_c$ son superiores a los pagos, lo cual se corresponde con un saldo opuesto en el resto de partidas de la Balanza de pagos. Puesto que el superávit de la $B^c/_c$ refleja que el país está vendiendo más bienes y servicios al extranjero de los que adquiere de otros países[2], sus reservas aumentarán o se producirá un préstamo neto al exterior de capitales para financiar estas operaciones. En el segundo caso se otorga financiación al resto del mundo, bien mediante la salida (exportación) de capitales, o mediante el aumento de las Reservas nacionales de Oro y Divisas, puesto que supone inyectar pesetas en los mercados financieros internacionales.

En los dos esquemas inferiores del Cuadro 6.2 se expone el *Equilibrio de la Balanza básica*. Esta balanza es la suma de la $B^c/_c$ más los capitales a largo plazo, y su significado económico es muy importante.

En el esquema C) se presenta una situación de superávit de la Balanza básica (*Bb*). En este caso, la suma de los ingresos (exportaciones de bienes y servicios más entradas de capitales a largo plazo) es superior a los pagos (importaciones más salida de capitales). Esto significa principalmente que, o bien tenemos un superávit en la $B^c/_c$ y la Balanza de capitales a largo plazo equilibrada, o bien aunque tengamos un déficit en la $B^c/_c$, lo estamos financiando con comodidad con capitales a largo plazo. En efecto, un superávit en la *Bb* indica que el resto de las partidas de la Balanza de capitales a corto plazo (exportaciones), más los pagos de Oro y Divisas (aumento), son superiores a los ingresos. O lo que es lo mismo, que la situación financiera del país no va a presentar problemas a corto plazo, dado que aumentan las reservas y salen capitales a corto plazo, siendo el resto del mundo quien se endeuda con la nación. En este caso están disminuyendo las obligaciones a corto de la economía.

El supuesto de déficit de la *Bb* conlleva una situación muy complicada. La economía en cuestión está incrementando sus obligaciones a corto plazo: están entrando capitales a corto plazo y perdiendo reservas para financiar posiblemente el déficit de la $B^c/_c$, que no se llega a financiar del todo con capitales a largo. Cuando se agoten las reservas, o en el corto plazo haya que devolver los capitales, la situación puede ser muy complicada. Así, mientras que una situación de superávit de la *Bb* puede mantenerse aunque oculte un déficit de la $B^c/_c$, un déficit de la *Bb* requiere tomar medidas de política comercial para reestructurar las relaciones comerciales y financieras exteriores.

---

[2] Omitiremos por comodidad las transferencias en el análisis de la $B^c/_c$.

EL TIPO DE CAMBIO

Tipo de cambio fijo o flexible: los patrones monetarios

Para adquirir bienes, servicios o activos de otros países es necesario previamente hacerse con unidades monetarias de esos países, y para ello hay que acudir al *mercado de divisas*. Allí se establecen los precios o *tipos de cambio* de las distintas divisas. El análisis de los tipos de cambio confunde un poco al principio, debido a que depende de la moneda que estudiemos y del punto de vista del agente económico considerado. Así, un español va al mercado de divisas a demandar dólares a cambio de pesetas, y para él el dólar es la divisa, mientras la peseta sirve para determinar el precio o tipo de cambio pesetas/dólares. Sin embargo, en el mismo mercado de divisas, el norteamericano que vende los dólares considera la peseta como divisa y su moneda nacional le sirve para marcar el tipo de cambio dólares/pesetas. Así, los dos agentes son demandantes y oferentes en el mercado de divisas, por eso es necesario tener claro el punto de vista inicial. En nuestro caso consideraremos la peseta como moneda nacional y el dólar como divisa.

Si el tipo de cambio se fija en el mercado de divisas libremente por la interacción de oferentes y demandantes, decimos que el *tipo de cambio es flexible o fluctuante*. Este sistema de patrón monetario deja que el mercado establezca la relación entre las monedas, y los Bancos Centrales de los diversos países no intervienen.

En otras ocasiones, los Estados de distintos países llegan a establecer acuerdos entre ellos para mantener sus monedas ligadas mediante unos tipos de cambio que permanecen inalterables. Es el caso de los *tipos de cambio fijos*. En este sistema de patrón monetario cada Banco Central tiene que colaborar para mantener su moneda a la paridad fijada. Si hay una fuerte demanda de pesetas y existe la amenaza de no poder respetar la paridad, el Banco de España tendría que poner pesetas a la venta disminuyendo la presión sobre su moneda. En el supuesto de que hubiera un exceso de oferta de pesetas en demanda de dólares, tendría que poner en circulación dólares para mantener las paridades. En el primer caso, el tipo de cambio obliga a aumentar la oferta monetaria de pesetas, y en el segundo obliga al Banco de España a perder sus Reservas de Oro y Divisas. A cambio de estas posibles perturbaciones, el tipo de cambio garantiza los resultados económicos de las operaciones comerciales, eliminando la incertidumbre de las alteraciones de los tipos de cambio.

En la realidad, no existe de forma pura ni un sistema ni otro. Ni los Estados dejan que sus monedas fluctúen libremente, ni mantienen unas paridades absolutamente fijas. El Cuadro 6.3 presenta las distintas posibilidades:

— El supuesto ya inexistente de tipos de cambio fijos sin intervención del Estado es el *Patrón Oro*, en el que las monedas mantienen una relación con el oro y, a través de este metal que hace de patrón, con las demás monedas. Este sistema es defendido en la actualidad por algunos radicales ultraliberales, puesto que impide aumentos de la

Intervención del Estado	Tipos de cambio	
	Fijos	Flexibles
Ninguna	TC fijo puro (Patrón Oro)	Fluctuación libre
Alguna	Fluctuación ajustable	Fluctuación dirigida o sucia

TC FIJO PURO TC FLUCTUACIÓN AJUSTABLE	Compromiso del Banco Central de mantener el TC	• Devaluación • Revaluación
TC FLUCTUACIÓN LIBRE	Sin intervención del Banco Central	• Depreciación
TC FLUCTUACIÓN DIRIGIDA	Con intervención del Banco Central	• Apreciación

Cuadro 6.3. Patrones monetarios.

oferta monetaria para estabilizar el ciclo, en la medida que la cantidad de billetes en circulación tiene que tener una relación con el oro depositado en el Banco emisor[3].

— El patrón monetario de *fluctuación ajustable* es aquel que manteniendo los tipos de cambio fijos permite que en determinadas situaciones se produzcan devaluaciones o revaluaciones de las monedas para evitar los desequilibrios. Al igual que en el Patrón Oro, el Banco Central se compromete a mantener las paridades, teniendo para ello que disponer de las suficientes reservas de divisas.

— El patrón de *fluctuación libre* permite que los tipos varíen apreciándose o depreciándose[4] las monedas, según las condiciones del mercado, sin que exista ninguna intervención por parte del Estado.

— Finalmente, la *fluctuación dirigida* o sucia es una modalidad de tipo flexible que permite intervenir a los Estados esporádicamente cuando estiman que las paridades no son adecuadas, aunque sin ningún tipo de compromiso explícito.

En la actualidad, las tres principales monedas (dólar norteamericano, yen japonés y marco alemán) fluctúan entre ellas libremente, aunque con

---

[3] La incidencia de los patrones monetarios en la política monetaria será objeto de estudio en el Capítulo 9, una vez introducido al lector en el sistema financiero y en el análisis del mercado de activos.

[4] Las alteraciones del tipo de cambio si el patrón de cambios es de tipos flexibles se denominan «apreciaciones» o «depreciaciones». Si el patrón es de tipos fijos hablamos entonces de «revaluaciones» o «devaluaciones».

frecuencia los Bancos Centrales de estos países dirigen las paridades, por lo que podría considerarse un sistema de fluctuación dirigida. Por su parte, el marco alemán tira del resto de monedas del Sistema Monetario Europeo, en el cual existe una moneda, el ECU, que es a su vez una cesta ponderada de todas las monedas que integran el Sistema. El ECU sirve como referencia para mantener fijas las paridades entre todas las divisas, aunque se admiten unas bandas de fluctuación (del 2,25, del 6 y ahora del 15 por 100). Cuando alguna moneda ante las presiones de los mercados de divisas no puede aguantar su paridad con el ECU ni con las demás monedas, tiene la opción de devaluar su moneda, es decir, ajustar su paridad. Podemos decir, por tanto, que el SME sigue un patrón de fluctuación ajustable, puesto que caben devaluaciones, aunque permite que la fluctuación sea dirigida mientras las monedas se muevan en su banda de fluctuación. La brillante ingeniería monetaria del mecanismo de cambios del SME ha funcionado bien durante más de doce años, promoviendo el comercio dentro del área comercial de la CEE. En la actualidad, ante la recesión generalizada, está poniendo de manifiesto la inconveniencia de los tipos de cambio fijos ante una situación de necesarios reajustes que los compromisos de mantenimiento de paridades entre países impiden realizar con prontitud. El problema es que los reajustes de paridades que benefician las relaciones comerciales de unos países perjudican a los otros, y puede originar una guerra de devaluaciones competitivas que eleve la incertidumbre y paralice las operaciones comerciales.

Determinación del tipo de cambio

Tras esta introducción a los patrones monetarios vamos a iniciar el análisis de la determinación del tipo de cambio pesetas/dólar considerando que el patrón monetario es de fluctuación libre, para después ir dando entrada a los patrones alternativos.

Puesto que utilizaremos el análisis gráfico, debemos fijarnos en primer lugar en los ejes y las variables que medimos en ellos. En el Gráfico 6.1 representamos las cantidades de divisas intercambiadas en las abscisas ($), y en las ordenadas (eje vertical) se miden las pesetas que se pagan por cada dólar. Si partimos de una paridad central de 100 ptas./$, debemos fijarnos que una subida del tipo de cambio, por ejemplo a 140 ptas./$, significa que la peseta se deprecia, puesto que antes pagábamos 100 ptas./$ y ahora 140. Por su parte, el dólar se habrá apreciado, y los norteamericanos habrán visto aumentar su capacidad de compra sobre los productos españoles. Una disminución del tipo de cambio a 60 ptas./$ implica una apreciación de la peseta y una depreciación del dólar. Ahora son los españoles los que ven aumentar la capacidad de compra de su moneda sobre el mercado americano.

$\uparrow tc$ (ptas./$) $\rightarrow$ Depreciación peseta

$\downarrow tc$ (ptas./$) $\rightarrow$ Apreciación peseta

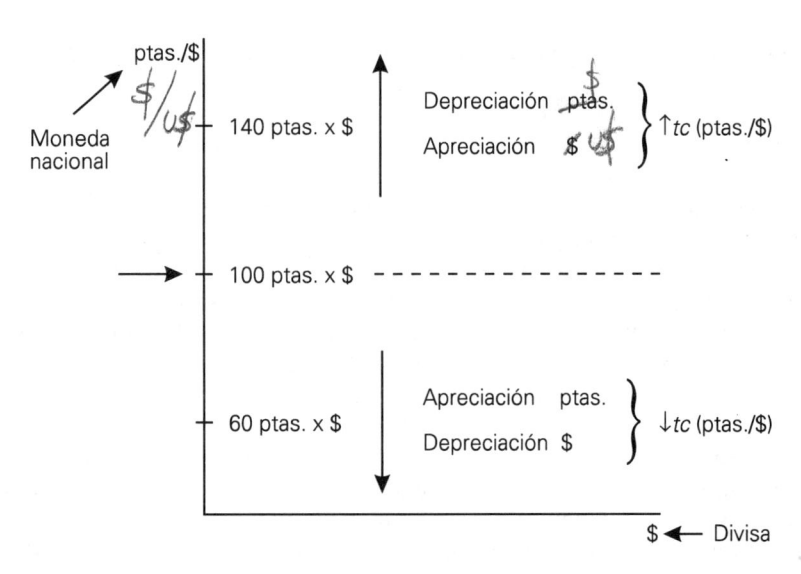

Gráfico 6.1. El mercado de divisas.

Puesto que estamos considerando tipos de cambio flexibles, hablamos de *depreciación* o *apreciación* de la peseta ante subidas o bajadas del tipo de cambio pesetas/dólar; sin embargo, si el patrón monetario fuera de tipos de cambio fijos diríamos que ante una subida del tipo de cambio la peseta se *devalúa* y si el tipo bajara se habría producido una *revaluación*. Otra cuestión a tener presente, antes de analizar la demanda y la oferta de divisas, es que si analizáramos el mercado de divisas desde la perspectiva de los norteamericanos tendríamos que representar en las abscisas pesetas, que es ahora la divisa, y en las ordenadas dólares/pesetas.

La demanda de divisas

La demanda de dólares se representa en el Gráfico 6.2. ¿Quién demanda dólares y para qué en el mercado de divisas? Desde el punto de vista de la economía española, demandan dólares quienes deseen importar bienes y servicios americanos que han de pagarlos en esta moneda. También se requieren dólares para comprar activos americanos en lo que supone una exportación de capitales españoles a Estados Unidos. El Banco de España también puede comprar divisas si la fluctuación es dirigida o sucia. Además hay que tener presente que junto a la compra de dólares se están vendiendo pesetas en el mercado de divisas. Así pues, un deseo de comprar dólares es también un deseo de vender pesetas.

Para la economía estadounidense la demanda de dólares esconde exportaciones americanas a España de bienes y servicios, importaciones de capitales españoles, o el deseo de compra de dólares por parte de la Reserva Federal (Banco Central de EE. UU.) para desprenderse de pesetas.

Demanda Agregada (III): exportaciones e importaciones... 113

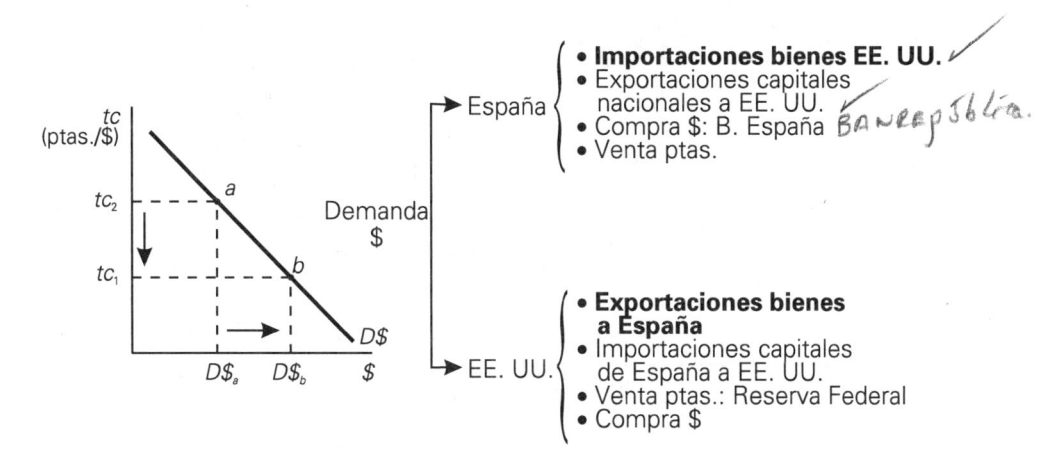

Gráfico 6.2. La demanda de divisas.

De todas estas variables consideramos exclusivamente por el momento las operaciones de intercambio de bienes y servicios. Al considerar la demanda de dólares sabemos que detrás de esta demanda está el deseo de los españoles de comprar productos americanos. Si el tipo de cambio pesetas/dólar es alto (tc_2), la peseta está depreciada, su capacidad de compra es baja y los españoles no querrán comprar muchos productos americanos; en consecuencia, las importaciones españolas serán bajas y se demandarán pocos dólares para adquirir dichos bienes y servicios ($D\$_a$). En cambio, si la peseta se aprecia y su tipo de cambio baja (tc_1), los españoles verán que pueden comprar más productos americanos al mismo precio en dólares, pero a menor precio en pesetas. Aumentarán las importaciones españolas de productos americanos, y se demandará mayor cantidad de dólares ($D\$_b$). Esta es la razón por la cual la curva de *demanda de dólares es decreciente* al tipo de cambio, y explica también la razón por la que una depreciación de la moneda desanima las importaciones, mientras que una apreciación anima las compras de productos extranjeros.

La oferta de divisas

En el Gráfico 6.3 se representa la curva de oferta de dólares y se exponen las razones por las que se ofrecen las divisas en el mercado.

Desde la economía española ofrecen dólares los exportadores españoles que, tras la venta de sus productos a los americanos, necesitan cambiar los dólares por pesetas para pagar a sus trabajadores, materias primas y otros costes. También ofrecen dólares aquellos americanos que deseen comprar activos españoles, puesto que al estar nominados en pesetas deben ser adquiridos en los mercados financieros en pesetas y no en dólares. Esta compra de activos españoles es una importación de capitales americanos

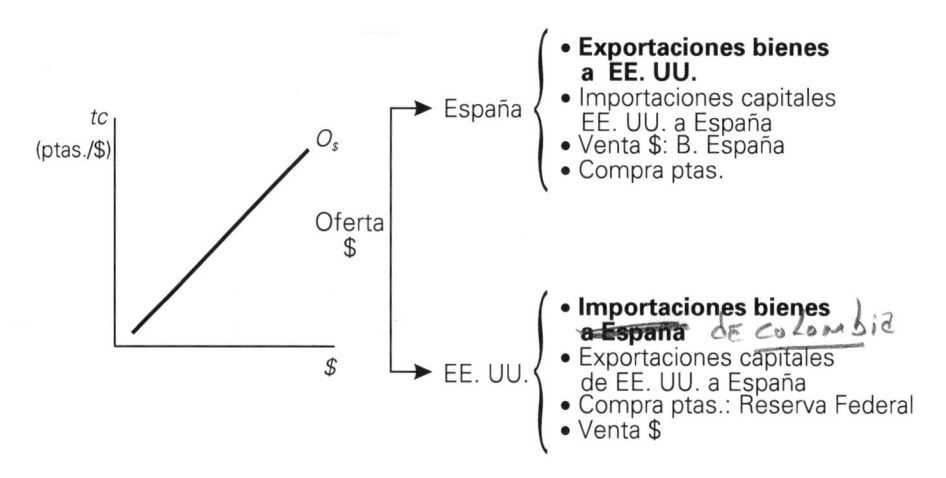

114 *Análisis del entorno económico de los negocios*

Gráfico 6.3. La oferta de divisas.

para la economía española. El Banco de España también puede ofrecer dólares cuando quiera desprenderse de ellos, o retirar pesetas de la circulación, puesto que la oferta de dólares implica la compra de pesetas.

Desde la perspectiva norteamericana, ellos ofrecen dólares para comprar pesetas y adquirir bienes y servicios españoles. Las exportaciones españolas de bienes y servicios son importaciones americanas. En cuanto a los movimientos de capitales, la adquisición de activos españoles es una salida (exportación) de capitales americanos hacia España. También la Reserva Federal puede ofrecer dólares a cambio de pesetas cuando quiera adquirir divisas, o aumentar la liquidez del sistema evitando que el dólar se aprecie por ser escaso. Con la venta de dólares evitaría la apreciación de éste.

En el Gráfico 6.3 se aprecia que la curva de oferta de divisas es creciente, significando que una subida del tipo de cambio, aumenta las exportaciones de bienes y servicios españoles. En efecto, si el tipo de cambio sube, la peseta se deprecia, pero el dólar se aprecia. Los productos españoles son ahora más baratos para los americanos y nuestras exportaciones se incrementarán. Para pagarlas, los americanos ofrecerán dólares a cambio de pesetas aumentando la oferta, de ahí que la curva de *oferta de divisas sea creciente* respecto al tipo de cambio.

El ajuste del mercado de divisas

Superponiendo las curvas de oferta y demanda de divisas podemos al fin determinar el equilibrio del mercado de divisas. Observando el Gráfico 6.4 se puede aventurar que en el punto e habrá un acuerdo entre oferentes y demandantes de dólares. Sin embargo, lo relevante es conocer cómo el mercado busca ese equilibrio y no se aleja de él.

Demanda Agregada (III): exportaciones e importaciones... **115**

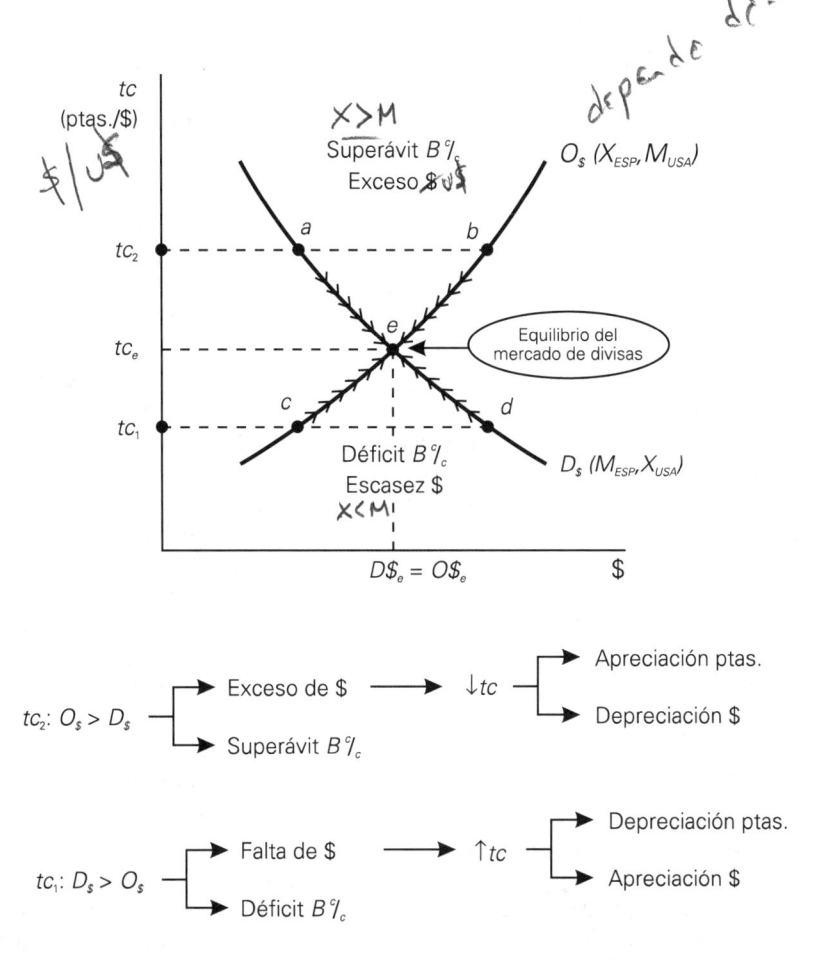

Gráfico 6.4. El equilibrio del mercado de divisas.

En nuestro análisis hemos considerado que los movimientos sobre la curva de demanda de divisas relacionan tipos de cambio e importaciones españolas, mientras que los movimientos sobre la curva de oferta relacionan las exportaciones españolas con los tipos de cambio. Esto supone que los movimientos de capitales y las intervenciones de los Bancos Centrales en uno u otro sentido originarán desplazamientos de las curvas que serán analizados con posterioridad.

Volviendo al Gráfico 6.4 podemos partir de un tipo de cambio muy alto, como tc_2, para el que la peseta está depreciada y el dólar muy apreciado. Para este tipo de cambio, la oferta de divisas es muy superior a la demanda, y el mercado está en una situación de exceso de dólares. La razón de esta situación es que, dado el tipo de cambio tan alto, los productos españoles son baratos para los americanos, lo que hace aumentar las exportaciones de productos españoles y, consiguientemente, la oferta de dólares en el mercado de divisas. Por su parte, para este tipo de cambio la demanda de dólares es reducida, debido a que el dólar es caro para los españoles y los productos americanos nominados en dólares también lo son; las importaciones españolas de productos americanos serán bajas y la demanda de dólares consiguiente también. Por tanto, para tc_2 el exceso de dólares del mercado de divisas (distancia entre los puntos a y b) refleja una situación de superávit de la Balanza por cuenta corriente. En la situación descrita, dado que los dólares son abundantes, la peseta es escasa. El mercado irá valorando esta circunstancia. Quien desee pesetas estará dispuesto a pagar más dólares; y quien tenga dólares aceptará menos pesetas a cambio. La peseta se irá apreciando y el dólar depreciando; el tipo de cambio pesetas/dólar descenderá y con su caída se animarán las importaciones españolas y se reducirán las exportaciones de productos españoles. La demanda de dólares se incrementará y se irá reduciendo su oferta, caminando hacia el equilibrio para el tipo de cambio tc_e, en el que la oferta y la demanda de dólares coinciden y la Balanza por cuenta corriente está en equilibrio.

Si el precio del dólar fuera tc_1, la demanda de dólares sería muy fuerte para pagar las altas importaciones españolas debidas a la apreciación de la peseta. Por su parte, la oferta de dólares sería pequeña, dado que el dólar estaría muy depreciado y los americanos no podrían adquirir los productos españoles, ahora muy caros para ellos. La situación de escasez de dólares del mercado de divisas (distancia entre c y d) sería fiel reflejo del déficit de la Balanza española por cuenta corriente, en la que las importaciones son muy superiores a las exportaciones. En esta situación de escasez de dólares, el dólar se iría apreciando y la subida del tipo de cambio pesetas/dólar conllevaría la depreciación de la peseta. Tras esta depreciación, aumentarían las exportaciones españolas y se reducirían sus importaciones, tendiendo a equilibrarse el mercado de divisas en el punto e y a eliminarse el déficit de la $B^c/_c$.

Debe observarse que si el tipo de cambio es flexible, no sólo se equilibra el mercado de divisas, sino también la Balanza por cuenta corriente, cuyos movimientos originan la demanda y oferta de monedas. Por esta razón, los tipos de cambio flexibles siempre gozan de defensores entre los economistas más ortodoxos y los políticos formados en la doctrina del mercado. En cambio, los hombres de negocios que exportan e importan bienes, servicios y materias primas prefieren tipos de cambio fijos que reduzcan la incertidumbre de las futuras paridades. También los prefieren los ahorradores y los especuladores en divisas.

Puede ya aventurarse una última precisión. Si por alguna razón se mantuviera estable un desequilibrio de la Balanza por cuenta corriente (en el supuesto de tipos de cambio fijos), podría corregirse mediante una variación adecuada de las paridades. La variación de los tipos de cambio es uno de los principales instrumentos de la política comercial.

Movimientos de capitales

El modelo de determinación de equilibrio del mercado de divisas permite también estudiar la incidencia sobre el tipo de cambio de los movimientos de capitales.

En el Gráfico 6.5 se muestra el efecto de una *exportación de capitales* sobre el mercado de divisas. Partiendo de un equilibrio entre la oferta y la demanda de dólares en el punto *a*, pasamos a considerar la incidencia de una exportación de capitales españoles al extranjero. La exportación de capitales supone una compra de activos americanos por los inversores españoles. Para adquirir estos activos deberán cambiar las pesetas por dólares en el mercado de divisas, aumentando la demanda de dólares y, consiguientemente, elevando el tipo de cambio pesetas/dólar. En el gráfico vemos que la curva de demanda se desplaza hacia la derecha hasta $D'_\$$. Ante la escasez de dólares que provoca esta demanda adicional de divisas, el dólar se aprecia y la peseta se deprecia, aumentando el tipo de cambio pesetas/dólar. El efecto final es el indicado en el punto *b*: subida del tipo de cambio y aumento de la cantidad de dólares intercambiada en el mercado.

La *importación de capitales* origina el efecto contrario. Si la economía española recibe capitales extranjeros será preciso cambiar las divisas por pesetas para adquirir los activos españoles, aumentando en esta ocasión la oferta de dólares. El Gráfico 6.6 muestra este desplazamiento de la curva de oferta debido a una importación de capitales. El incremento de la oferta de dólares hace que éstos se deprecien y la peseta se aprecie, disminuyendo el tipo de cambio pesetas/dólar. El equilibrio final se alcanza en el punto *b*,

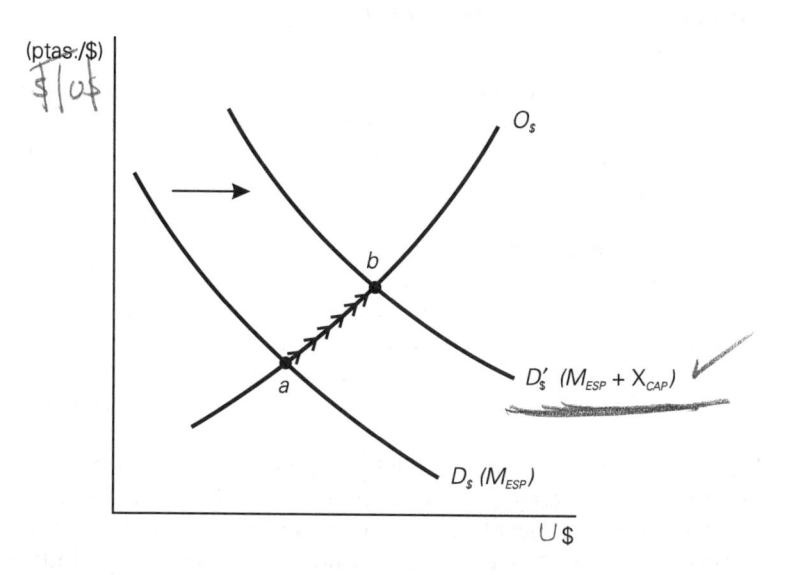

Gráfico 6.5. Exportación de capitales.

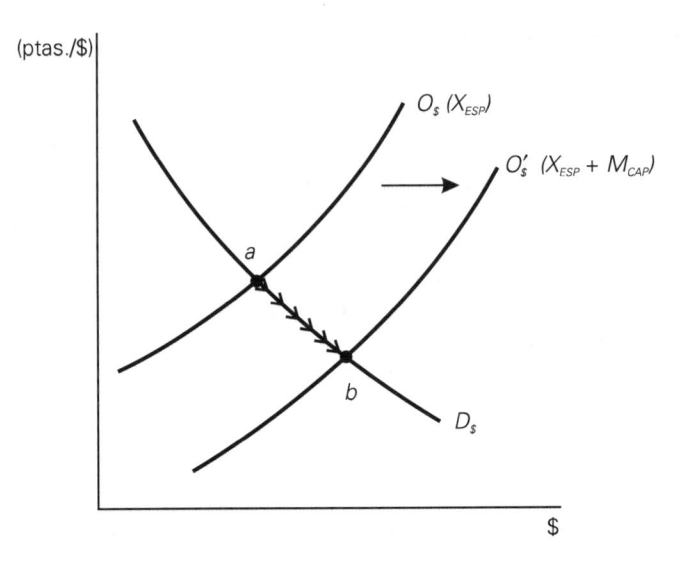

Gráfico 6.6. Importación de capitales.

aumentando la cantidad de divisas negociada y reduciéndose el tipo de cambio.

La intervención de los Bancos Centrales

Igual que los agentes económicos privados intervienen en el mercado de divisas comprando y vendiendo divisas, los Bancos Centrales de España y Estados Unidos pueden hacer lo propio para mantener o alterar la paridad entre sus monedas si el tipo de cambio es de *fluctuación dirigida o sucia*. Los Gráficos 6.7 y 6.8 muestran la incidencia en el mercado de divisas de la intervención del Banco de España.

En el Gráfico 6.7 se estudia el efecto de una compra de dólares por parte del Banco de España. La curva de demanda de dólares se desplaza hacia la derecha, el tipo de cambio sube y la peseta se deprecia. Así pues, cuando la política comercial aconseje depreciar la peseta para mejorar el saldo de la $B^c/_c$, el Banco Central puede conseguirlo comprando dólares y aumentando el tipo de cambio.

En cambio, si desea que la peseta se aprecie deberá poner en el mercado los dólares que tenga en su cuenta de reservas de divisas. La venta de dólares adicional desplaza la curva de oferta de dólares a la derecha, apreciándose la peseta y depreciándose el dólar, como indica el Gráfico 6.8.

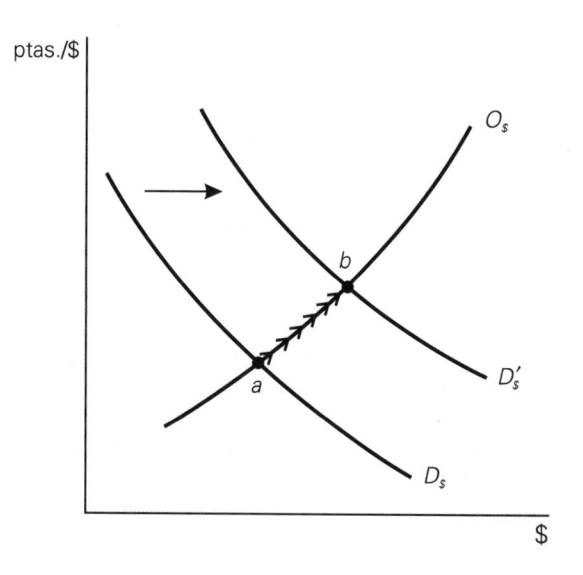

Demanda Agregada (III): exportaciones e importaciones... **119**

Gráfico 6.7. Compra de dólares por el Banco Central.

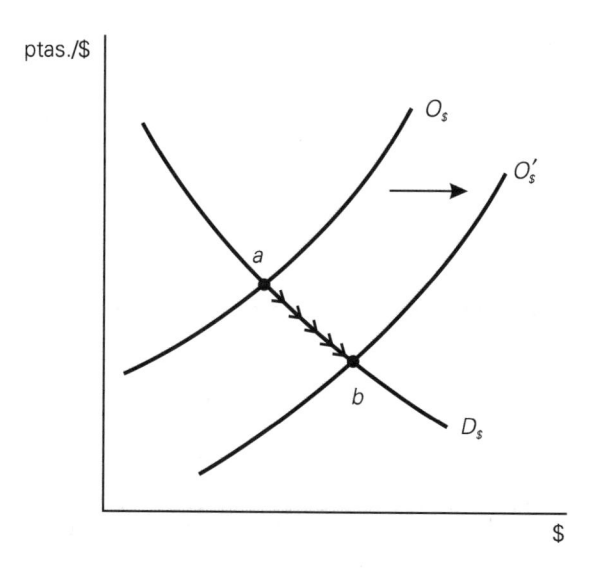

Gráfico 6.8. Venta de dólares por el Banco Central.

Tipo de cambio fijo y bandas de fluctuación

Finalmente, resultará fácil comprender que cuando el patrón monetario sea de tipos de cambio fijos, o de fluctuación dentro de una banda de flotación, el Banco Central de cada país deberá estar atento para mantener el tipo de cambio en la paridad adecuada. Cuando perciba que la demanda o la oferta de divisas se ha desplazado por alteraciones en las operaciones de bienes, servicios o capitales, deberá intervenir comprando o vendiendo dólares contra pesetas para que el tipo de cambio no se aleje de los objetivos propuestos.

En el Gráfico 6.9 se plantean los objetivos de los patrones monetarios con tipos de cambio fijos. El tipo de cambio fijo puro consistiría en el mantenimiento de un tipo de cambio representado por la línea continua. El Banco Central deberá intervenir ante cualquier tensión que amenace el compromiso adquirido.

En cambio, cuando el sistema permita una banda de fluctuación, si el tipo de cambio de mercado está dentro de la banda, el Banco Central no tendría que intervenir. Su intervención estaría limitada a las situaciones en las que la paridad amenace con salirse de la banda de fluctuación. En este caso, la amplitud de la banda de fluctuación determina la posibilidad de fluctuación de las monedas. Una banda estrecha impide fluctuaciones bruscas, pero obliga a intervenir constantemente a la autoridad monetaria. En cambio, si la banda es más ancha, la paridad puede fluctuar más sin que el Banco Central se vea obligado a intervenir.

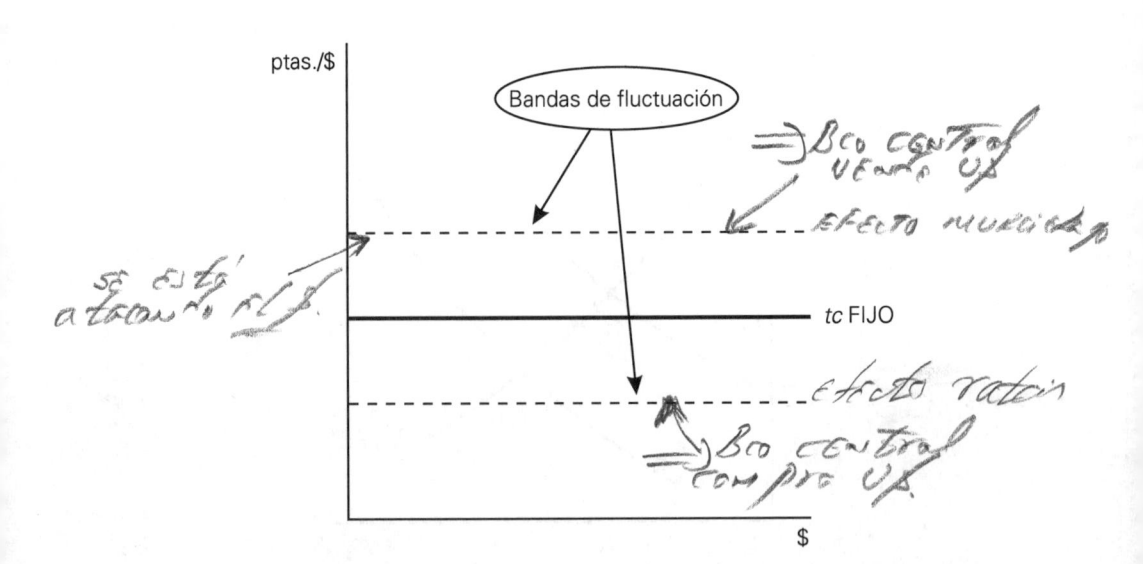

Gráfico 6.9. Objetivos de patrones monetarios fijos.

Una devaluación consistiría en subir el tipo de cambio fijo (línea continua), o en subir los dos límites de la banda de fluctuación, mientras que una revaluación de la peseta en relación al dólar ocasionaría movimientos en la dirección opuesta.

INCIDENCIA DEL SECTOR EXTERIOR EN LA DETERMINACION DE LA RENTA

Las funciones de X y M

Una vez expuesto el ajuste del mercado de divisas y la determinación del tipo de cambio, debemos volver a retomar el modelo de Demanda Agregada para comprender la incidencia sobre el gasto de las exportaciones y las importaciones.

Se recordará del principio de este capítulo que las exportaciones venían determinadas por la renta exterior (Y^*), los precios nacionales y exteriores (P, P^*) y el tipo de cambio (tc); mientras que las importaciones estaban en función de la Renta Nacional (Y), los precios nacionales y exteriores (P, P^*) y el tipo de cambio (tc). En nuestro modelo consideraremos que las exportaciones son exógenas al modelo ($X = X_0$), puesto que no dependen de la renta española, y las importaciones serán el resultado de multiplicar Y por la propensión marginal a importar (m); por tanto: $M = mY$.

En el Gráfico 6.10 se representan las exportaciones como una recta paralela a la renta (puesto que no dependen de la renta nacional), y las importaciones como una recta creciente (dado que las importaciones crecen si la renta del país aumenta). Cualquier alteración en el resto de las variables que inciden en ellas desplazaría estas curvas hacia arriba o hacia abajo según el caso.

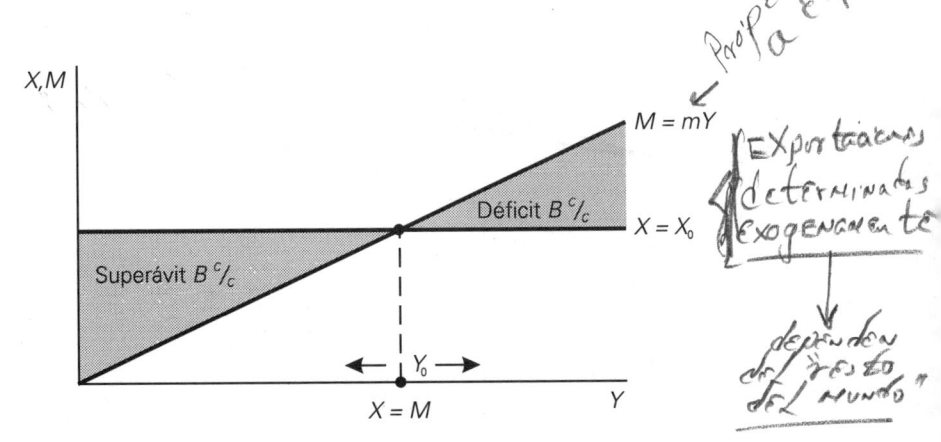

Gráfico 6.10. Exportaciones e importaciones.

La Demanda Agregada de una economía abierta

En el Gráfico 6.11 puede apreciarse la incidencia de incluir el sector exterior en la Demanda Agregada. Partiendo de una curva de Demanda sin sector exterior (DA_1) debemos sumar las exportaciones, y la curva se desplazaría hasta DA_2; y después restar las importaciones, dando como resultado la Demanda Agregada DA_3, que representa el gasto de una economía con cuatro sectores. En el caso expuesto, el nivel de producción pasaría de Y_e a Y'_e, subiendo la producción y la renta.

El lector podrá imaginar sin dificultad la incidencia que tendrá sobre la renta y la producción una subida del tipo de cambio de la renta del resto del mundo o cambios en los precios nacionales o extranjeros.

La Demanda Agregada se desplazará hacia arriba y originará una subida de la producción y la renta si sube el tipo de cambio, si aumenta la renta exterior, si descienden los precios nacionales o si suben los de los bienes y servicios extranjeros:

$$\uparrow tc, \uparrow Y^*, \downarrow P, \uparrow P^* \to \uparrow DA \to \uparrow Y$$

La renta y la Balanza por cuenta corriente

De este análisis puede concluirse que el crecimiento económico empeorará el saldo de la $B^c/_c$. El Gráfico 6.10 puede aclarar esta implicación.

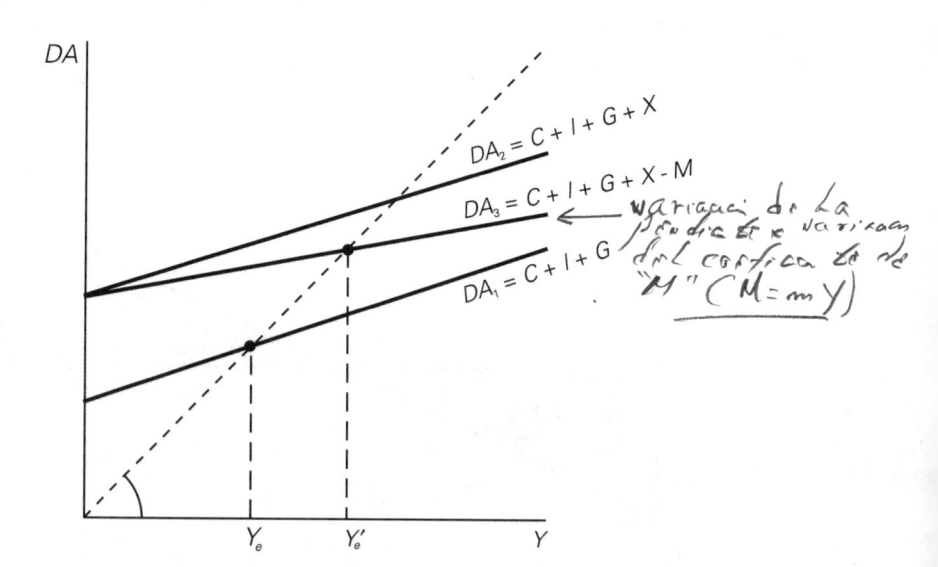

Gráfico 6.11. La Demanda Agregada y el sector exterior.

Representadas en él las exportaciones (X) y las importaciones (M), se observa que en el nivel de renta Y_0 coinciden y, por tanto, la $B^c/_c$ estará en equilibrio. Para niveles de renta inferiores, las importaciones irán disminuyendo, mientras las exportaciones se mantienen constantes, por lo que la $B^c/_c$ pasa a un saldo superavitario. En cambio, si la renta y la producción suben por encima de Y_0, el crecimiento de las importaciones origina un déficit de la $B^c/_c$. Esto supone que una política para eliminar el déficit exterior es contraer o «enfriar» la economía. El coste de esta política será el desempleo, por lo que se intentan utilizar otros instrumentos alternativos que eviten la disminución de la renta del país.

LA POLITICA COMERCIAL Y EL DEFICIT EXTERIOR

La política comercial persigue el equilibrio de las relaciones comerciales con el exterior, o la estabilización del ciclo económico. Para llevarla a cabo se utilizan determinados instrumentos que suelen actuar directamente sobre la Demanda Agregada.

El primer instrumento a considerar es el *tipo de cambio*. Hemos visto que en los sistemas de fluctuaciones dirigidas, los Bancos Centrales pueden forzar depreciaciones de las monedas que redunden en una mejora del saldo de la $B^c/_c$ y en un aumento de la Demanda Agregada. Si el tipo es fijo, una devaluación tendría el mismo efecto.

Un segundo instrumento serían los *aranceles*. Los aranceles son impuestos a las importaciones, que al encarecerlas tienden a reducirlas, generando el mismo efecto positivo sobre la $B^c/_c$ que una depreciación de la moneda.

También es posible emplear *subvenciones a la exportación*, que abaraten los productos nacionales para los extranjeros.

Finalmente, pueden limitarse las operaciones comerciales exteriores mediante restricciones en las cantidades intercambiadas, fijando unas cuotas. Estas limitaciones se conocen como *contingentes*.

El problema de estos instrumentos de política comercial es que benefician a la economía nacional pero perjudican las relaciones comerciales del resto de países con los que comerciamos. Por lo general, estos países no van a permanecer impasibles ante una política comercial que les perjudique, y tras alguna advertencia entrarán en guerra comercial. El resultado de las guerras comerciales es negativo para todos y, salvo excepciones, nadie gana, por lo que se limita el comercial internacional.

Hay que tener presente que los años posteriores a la Segunda Guerra Mundial, tras los acuerdos de Bretton Woods y las sucesivas rondas del GATT, las altas y sostenidas tasas de crecimiento económico de los países occidentales estuvieron acompañadas del desarrollo de las relaciones comerciales. Los países prefieren equilibrar sus relaciones comerciales mediante acuerdos que entrar en guerras comerciales. En este intento de equilibrio del comercio bilateral, la *tasa de cobertura* es un buen indicador del estado de la situación, puesto que expresa en tanto por cien la relación entre las exportaciones y las importaciones. Una tasa superior a 100 indica que exportamos más a ese país de lo que importamos de él.

Los acuerdos entre países para facilitar el comercio internacional han cristalizado en la definición de *áreas comerciales* entre distintos países, que adoptan patrones monetarios que favorezcan la estabilidad de los tipos de cambio y una política arancelaria mínima entre ellos. El caso más intenso de área comercial puede llegar a cristalizar en una Unión Económica como intentan hacer los países de la CE, con la pretensión de tener incluso una moneda común que elimine de una vez por todas los riesgos de alteraciones de los tipos de cambio. En el camino hacia la unión monetaria y política, la convergencia de las economías obliga a una corrección de los desequilibrios nacionales para evitar tensiones posteriores a la unificación monetaria.

EL MODELO DE DEMANDA: UN RESUMEN

Una vez visto el sector exterior, el lector debe ser capaz de pronosticar el efecto que tendrán sobre la renta de equilibrio, la producción y el empleo, las alteraciones de una gran cantidad de variables que inciden en la Demanda Agregada a través de cualquiera de sus componentes. El Cuadro 6.4 resume los tres capítulos previos. Si la *DA* se desplaza o gira ante estas pertubaciones, no es tan importante. Lo relevante es saber el efecto que tienen sobre la *DA* y a través de ésta sobre la producción y el empleo.

Para finalizar, el lector debe recordar las opciones de las políticas económicas de demanda que hasta el momento hemos analizado. Si mediante la política fiscal podemos incidir en el consumo —por medio de los impuestos— y en el Gasto Público, mediante la política comercial es posible incidir en las exportaciones y las importaciones. Ambas políticas tienen dos consecuencias peligrosas que las limitan: el déficit público y el déficit exterior. El endeudamiento del Estado y del país es el efecto que produce el mantenimiento pertinaz de ambos desequilibrios. El único componente del gasto sobre el cual no hemos incidido por el momento es la demanda de inversión. La política monetaria es justamente el instrumento que permite controlar este último componente de la Demanda Agregada, pero para comprender cómo actúa es necesario comprender las relaciones del sistema financiero y el funcionamiento del mercado de activos. A estos temas dedicaremos los dos capítulos siguientes.

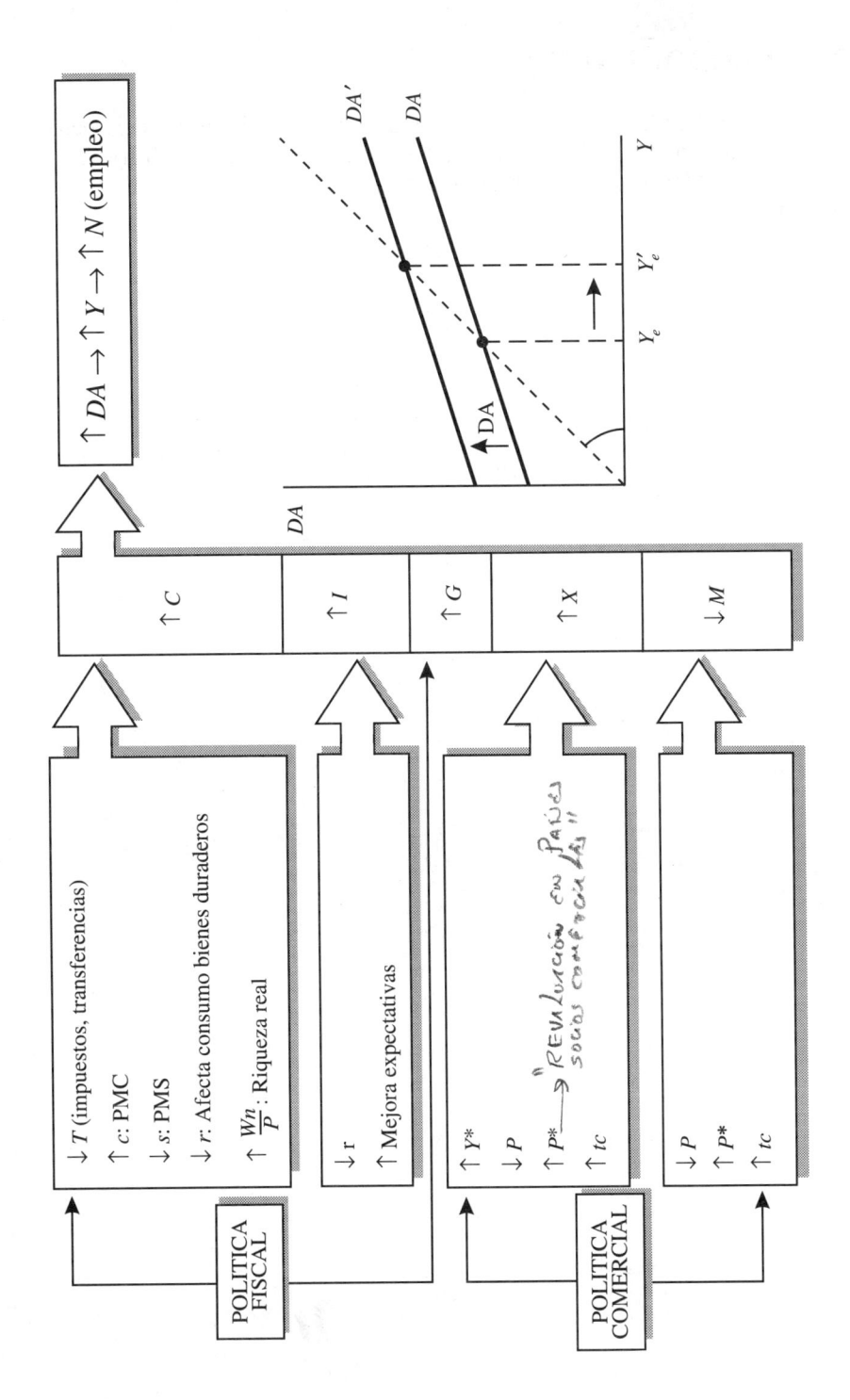

Demanda Agregada (III): exportaciones e importaciones... **125**

$\uparrow DA \rightarrow \uparrow Y \rightarrow \uparrow N$ (empleo)

$\uparrow C$
- $\downarrow T$ (impuestos, transferencias)
- $\uparrow c$: PMC
- $\downarrow s$: PMS
- $\downarrow r$: Afecta consumo bienes duraderos
- $\uparrow \frac{Wn}{P}$: Riqueza real

$\uparrow I$
- $\downarrow r$
- $\uparrow$ Mejora expectativas

$\uparrow G$

$\uparrow X$
- $\uparrow Y^*$
- $\downarrow P$
- $\uparrow P^*$ → "REVALUACIÓN EN PAÍSES SOCIOS COMERCIALES"
- $\uparrow tc$

$\downarrow M$
- $\downarrow P$
- $\uparrow P^*$
- $\uparrow tc$

POLÍTICA FISCAL

POLÍTICA COMERCIAL

Cuadro 6.4. La Demanda Agregada: resumen.

NOTA BIBLIOGRAFICA

No suele encontrarse en los manuales al uso un análisis breve del sector exterior. Puede consultarse el texto de Fischer, Dornbusch y Schmalensee: *Economía* (McGraw-Hill, 1990), que dedica los capítulos 36, 37 y 38 a estos temas.

CAPITULO 7

MERCADO DE ACTIVOS (I): EL SISTEMA FINANCIERO

Con este capítulo iniciamos el estudio del Mercado de activos. El dinero, el papel de los bancos comerciales y las funciones del Banco Central serán los contenidos de estas páginas, en las que se definen los grandes agregados monetarios y los instrumentos de la política monetaria. Dejaremos para el siguiente capítulo el estudio del funcionamiento del Mercado de activos.

EL DINERO Y LA FINANCIACION DE LA ECONOMIA

El flujo circular de la renta necesita para pasar de la producción a la renta, de la renta al gasto y de éste a la producción, un instrumento de cambio que facilite este enorme conjunto de transacciones. El dinero lleva a cabo esta *función de instrumento de cambio y pago* que facilita el intercambio, el ajuste de los mercados, la satisfacción de necesidades y la disponibilidad de los recursos necesarios para la producción. Junto a esta primera y más importante función del dinero, la segunda función nos muestra al dinero como *unidad de cuenta*; mediante su uso se pueden fijar precios y realizar cálculos sin necesidad de llevar a cabo transacción alguna. Por último, el dinero es un *depósito de valor* que permite mantener la riqueza disponible para el consumo futuro. Con su uso se pueden hacer previsiones, mantener la liquidez de los ahorros y ajustar el comportamiento de los agentes económicos al paso del tiempo. El dinero es, pues, un activo financiero que tiene la propiedad de ser completamente líquido, es decir, es el activo que permite a quien lo posee efectuar cambios directamente.

A lo largo de la historia, las clases de dinero han sido muy variadas. Hoy podemos distinguir inicialmente el *dinero legal* del *dinero bancario*. El *dinero legal* es aquel que el Gobierno declara que debe aceptarse como medio de pago y cambio. Este es el tipo de dinero que tiene respaldo del Estado. El dinero legal a su vez puede diferenciarse en:

— *Dinero mercancía*, constituido por monedas de pleno contenido metálico. Eran, pues, monedas de oro o plata, cuyo valor monetario era equivalente a su valor metálico en el mercado de oro o plata.
— *Dinero signo o fiduciario*, constituido por *monedas* y *billetes* representativos de un valor nominal pero sin valor intrínseco equivalente. Las monedas eran emitidas normalmente por el Tesoro (Ministerio de Hacienda, Casa de la Moneda...) para hacer frente a pagos fraccionarios, mientras que los billetes los emite el Banco Central (Banco de España) y son utilizados para hacer frente a grandes pagos.

Finalmente, el *dinero bancario* está constituido por los depósitos de los agentes económicos en los bancos comerciales, que pueden movilizarse mediante cheques. Los agentes utilizan estos cheques para el intercambio y el pago, y por ello se consideran, a todos los efectos, dinero. La utilización de estos depósitos bancarios para hacer frente a pagos por transacciones, mediante tarjetas de plástico y operaciones electrónicas por línea telefónica o comunicación informática, hace que sea ésta la forma más utilizada de dinero en las economías más desarrolladas. (Véase Esquema 7.1.)

Puesto que las dos grandes clases de dinero son los billetes y los depósitos bancarios a la vista, es necesario comprender bien el funcionamiento de las instituciones financieras que pueden crear dinero: el Banco Central y los bancos comerciales.

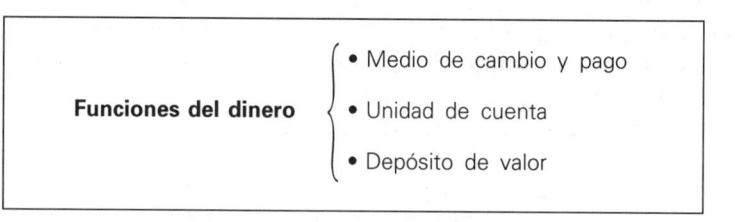

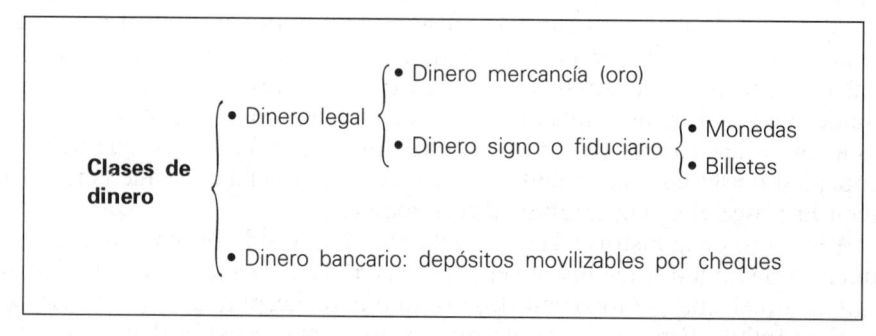

Funciones del dinero
- Medio de cambio y pago
- Unidad de cuenta
- Depósito de valor

Clases de dinero
- Dinero legal
  - Dinero mercancía (oro)
  - Dinero signo o fiduciario
    - Monedas
    - Billetes
- Dinero bancario: depósitos movilizables por cheques

Esquema 7.1. El dinero.

LOS BANCOS COMERCIALES

Los bancos comerciales son instituciones financieras a las que la autoridad monetaria (Banco Central; en nuestro caso el Banco de España) les permite aceptar depósitos que se pueden movilizar por cheques, a la vez que dar créditos a sus clientes.

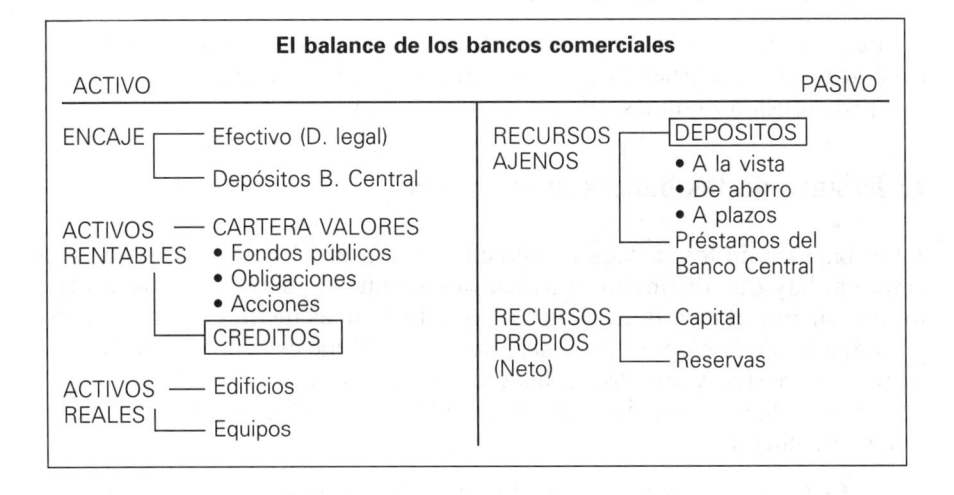

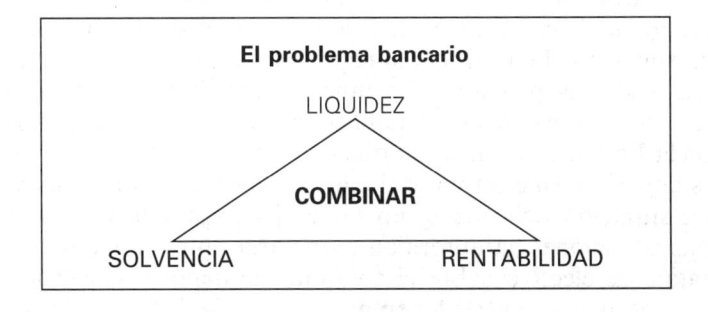

Funciones
- Mediadora
- Creación de dinero
- Seguridad

El balance de los bancos comerciales

ACTIVO

- ENCAJE
  - Efectivo (D. legal)
  - Depósitos B. Central
- ACTIVOS RENTABLES
  - CARTERA VALORES
    - Fondos públicos
    - Obligaciones
    - Acciones
  - CREDITOS
- ACTIVOS REALES
  - Edificios
  - Equipos

PASIVO

- RECURSOS AJENOS
  - DEPOSITOS
    - A la vista
    - De ahorro
    - A plazos
  - Préstamos del Banco Central
- RECURSOS PROPIOS (Neto)
  - Capital
  - Reservas

El problema bancario

LIQUIDEZ — COMBINAR — SOLVENCIA — RENTABILIDAD

Esquema 7.2. Los bancos comerciales.

Funciones de los bancos comerciales

Las funciones de los bancos comerciales son principalmente tres:

— Función *mediadora* entre los ahorradores y los prestatarios, es decir, entre los agentes con ingresos superiores a su consumo y aquellos que desean tener unos gastos superiores a sus ingresos. De esta forma cumplen la función de facilitar la financiación de la economía, hasta el punto de que una economía moderna no podría funcionar sin el sistema bancario.
— Función de *creación de dinero*, en la medida que pueden abrir depósitos a sus clientes o permitir que la disposición por cheques exceda a la cantidad ingresada. Con la expansión de los depósitos a la vista estarían aumentando el dinero bancario del sistema y, por tanto, creando dinero (como veremos a continuación).
— Función de *seguridad* para los agentes económicos que depositan en los depósitos bancarios sus ingresos en efectivo (dinero legal), para protegerlo de pérdidas y sustracciones.

Para comprender el funcionamiento de los bancos comerciales es necesario fijarnos en la estructura de su balance y en las anotaciones que reflejan su operaciones habituales. (Véase Esquema 7.2.)

El balance de los bancos comerciales

En el balance de los bancos comerciales, como en el balance de cualquier empresa, hay que distinguir el *activo*, o conjunto de derechos y bienes con los que cuenta, el *pasivo*, en el que se contabilizan las fuentes de financiación y las deudas de la empresa, y el *neto patrimonial*, que es la diferencia entre el activo y el pasivo y equivale a los recursos propios.

En el *activo* de los bancos comerciales cabe diferenciar tres grandes grupos de cuentas:

— El *Encaje*, formado por el Efectivo (dinero legal: monedas y billetes) que guarda en su caja, más los Depósitos que el propio banco haya abierto en el Banco Central, y de los que puede disponer cuando los necesite. Con el encaje, el banco comercial mantiene la liquidez necesaria para las peticiones de dinero legal de sus clientes. Si en un momento determinado el público mostrara una mayor preferencia por la liquidez (tenencia de dinero), acudiría a su banco a convertir sus depósitos en efectivo, y el banco comercial podría encontrarse en una situación delicada si no tiene el encaje suficiente. Para evitar estas situaciones, la autoridad monetaria obliga a mantener un porcentaje de efectivo sobre el conjunto de depósitos reflejados en los recursos ajenos, que se denomina *Coeficiente de Caja o de Liquidez*. El encaje, por tanto, da liquidez al banco comercial, pero le priva

de rentabilidad, dado que el dinero legal es un activo que no genera rentabilidad alguna en forma de intereses.
— Los *Activos rentables* buscan obtener intereses que redunden en la cuenta de resultados del banco. La dirección del banco debe combinar estos activos buscando los de mayor rentabilidad, pero sin olvidar que con frecuencia los activos más rentables tienen esa alta rentabilidad porque conllevan un elevado riesgo. Entre los activos rentables debemos distinguir la *Cartera de valores* de los *Créditos*. La *Cartera de valores* comprende aquellos activos financieros emitidos por diversas instituciones en forma de Fondos públicos[1], Obligaciones públicas y privadas, y Acciones de empresas. Mediante la Cartera de valores los bancos comerciales persiguen diversificar su activo con títulos rentables y a la vez de entidades seguras que garanticen la solvencia del banco. Por su parte, los *Créditos* constituyen las operaciones típicas de los bancos comerciales; con ellos permiten a sus clientes realizar gastos que no pueden financiar con sus ingresos actuales, y a cambio reciben intereses y la devolución del préstamo. Cuando la economía entra en recesión, los agentes dejan de devolver sus préstamos y aumentan los índices de morosidad del sistema bancario. Si alguno de estos prestatarios no puede hacer frente a sus pasivos, puede darse el caso que tras la quiebra del cliente el banco tenga que asumir la pérdida. Este riesgo ha motivado que para evitar nuevas crisis de entidades bancarias, la autoridad monetaria obligue a respetar un *Coeficiente de Solvencia*, que relaciona los recursos propios del banco (capital y reservas) con los créditos concedidos que se clasifican según su riesgo.
— Finalmente, los *Activos reales* constituyen las partidas más solventes pero menos rentables del activo de los bancos comerciales, a la vez que son también las tenencias menos líquidas. Los edificios, propiedades inmobiliarias y los equipos e instalaciones conforman esta última partida del activo.

En las cuentas de *pasivo* de los bancos comerciales hay que diferenciar en primer lugar los *Recursos ajenos*, constituidos por los depósitos a la vista (cuentas corrientes movilizables por cheques), los depósitos de ahorro (cartillas de ahorro que no admiten talonarios de cheques) y los depósitos a plazo que aseguran cierta estabilidad a estas imposiciones. Los recursos ajenos representan los ingresos ahorrados por los prestamistas en última instancia del sistema económico, mediante los cuales se generan las operaciones rentables del activo de los bancos comerciales. Para la dirección del banco, los depósitos a plazo son los menos exigibles, pero también los que hay que retribuir más. Hay que tener en cuenta que, puesto que el objetivo de los

---

[1] El Estado, mediante el *Coeficiente de Inversión Obligatoria*, requería a las entidades bancarias mantener un porcentaje de activos sobre depósitos en Fondos públicos. De esta forma financiaba el déficit público a tipos de interés bajos. La liberalización de las operaciones financieras en el marco de la Unión Europea ha eliminado la vigencia de este coeficiente.

bancos es maximizar sus beneficios, intentarán tener activos muy rentables, financiados con recursos ajenos (depósitos) baratos y relativamente exigibles, para aumentar así su margen comercial y evitar problemas de liquidez. En este sentido, la aparición de los depósitos a la vista de alta rentabilidad («supercuentas») ha venido a alterar la gestión clásica de los pasivos bancarios, abriendo una guerra por la captación de fondos entre las entidades financieras. Por último, entre los Recursos ajenos también aparecen los préstamos que el Banco Central hace a las entidades de depósitos, principalmente para mantener el coeficiente de liquidez y hacer frente a la liquidez que sus clientes necesitan.

Junto a los Recursos ajenos, los *Recursos propios* representan las cuentas del neto patrimonial. El capital y las reservas son los fundamentos de la solvencia del banco, puesto que son recursos que el banco no tiene que devolver, al estar formados por las anotaciones de las aportaciones de los socios por la suscripción de acciones, y por los beneficios no distribuidos. (Parece innecesario advertir al lector que estas cuentas son simplemente la diferencia entre el activo y el pasivo exigible, y que no suponen ningún tipo de fondo monetario o activo de ninguna clase.)

El problema bancario

La gestión de las diferentes partidas de activo y pasivo de los bancos comerciales constituye la esencia del problema bancario fundamental: la combinación de las partidas del balance para alcanzar un punto de equilibrio entre solvencia, liquidez y rentabilidad. Por lo general, la rentabilidad de los activos suele no ir acompañada de liquidez o solvencia. Por su parte, la captación de pasivos (depósitos) a bajos costes suele ir acompañada de una inmediata exigibilidad. Los activos solventes suelen ser poco rentables y de fluidez intermedia. En cambio, los activos líquidos son, por lo general, de muy baja rentabilidad.

Naturalmente, la combinación entre liquidez, solvencia y rentabilidad define distintos estilos de gestión de las entidades bancarias. También es posible la innovación financiera, con el lanzamiento de activos y pasivos nuevos que mejoren los ratios de liquidez, solvencia y rentabilidad de los anteriores. La competencia entre las entidades obliga a prestar una atención constante a las estrategias de las entidades competidoras, principalmente por lo que se refiere a la captación de pasivos, en la medida que el volumen de depósitos determina el *ranking* bancario, una clasificación que da seguridad a los clientes actuales y potenciales.

La relevancia del sistema financiero se ve además aumentada cuando las entidades bancarias no sólo buscan la máxima rentabilidad de sus activos, sino que a través de la cartera de valores son los principales accionistas de grandes compañías industriales, energéticas, constructoras, de transportes, comerciales, de seguros... En estos casos, la gestión bancaria se complica aún más, puesto que junto a la liquidez, solvencia y rentabilidad de los activos deben mantener el suficiente control sobre las compañías de su grupo empresarial para seguir ostentando la dirección de estas sociedades.

Los principales problemas de las entidades con estas características provienen de sus menores recursos para colocar activos rentables, por lo que deben buscar una alta rentabilidad a los créditos, que compense la a veces nula rentabilidad de otros activos, que mantienen por motivos estratégicos. En segundo lugar, ante momentos de recesión económica que afectan principalmente a los sectores industriales, de la construcción, comercial, energético..., el banco tiene que hacer frente a una difícil disyuntiva: inmovilizar recursos para ayudar a estas empresas, con un alto coste de oportunidad, o desprenderse de estas empresas, teniendo que hacer frente a cuantiosas pérdidas que requerirán detraer de los beneficios altas provisiones para cubrir los «agujeros», y provocarán el malestar de los accionistas de la entidad, que verán cómo descienden sus dividendos.

EL BANCO CENTRAL

El otro agente principal del sistema financiero es el Banco Central del país, quien ostenta la autoridad monetaria de la economía.

Funciones del Banco Central

Las funciones ordinarias de un Banco Central suelen diferenciarse entre *funciones monetarias* y funciones no monetarias. Entre las primeras hay que destacar que el Banco Central tiene el *monopolio de creación del dinero legal* otorgado por el Estado. Además ostenta la competencia de *regular y controlar la creación de dinero bancario*, que como sabemos está compuesto por los depósitos a la vista del sistema bancario. Esta función es la que hace del Banco Central el *agente que instrumentaliza la política monetaria del país*.

Entre las *funciones no monetarias*, el Banco Central es el *banco y cajero del Estado*: centraliza los cobros y pagos de todas las dependencias del Estado; concede préstamos a corto plazo al Estado para hacer frente a sus pagos, superando así las situaciones de desfases entre los ingresos y los cobros; e igualmente puede conceder préstamos a largo plazo al Estado mediante la suscripción directa de títulos de deuda pública.

En segundo lugar, el Banco Central es quien *custodia y gestiona la Reserva de Oro y Divisas* del país. Finalmente, es el *Banco de bancos*. Mantiene parte el Encaje de los bancos comerciales en cuentas abiertas a cada banco, da préstamos a las entidades bancarias que los necesitan para regular la liquidez del sistema, y compensa las operaciones entre los bancos actuando como oficina de compensación bancaria.

Naturalmente, estas funciones tradicionales del Banco Central han evolucionado al hacerlo el mercado financiero. Han aparecido nuevos instrumentos financieros y se han informatizado muy rápidamente las operaciones entre los agentes. Estas grandes modificaciones han ocasionado que la función de control del dinero en circulación cada vez sea más difícil, por lo que ha sido necesario readaptar la definición de los grandes agregados monetarios, y obliga a modificar permanentemente la regulación del sistema y los instrumentos de control monetario.

Junto a estas funciones, el Banco Central suele también ofrecer un importante *servicio de asesoría*, fundamental para el diseño de la política económica. Por lo general, los informes y publicaciones de cada Banco Central alcanzan una alta reputación entre los analistas financieros y fundamentan las decisiones de buena parte de las operaciones financieras y bursátiles.

En la actualidad hay un interesante debate sobre la conveniencia de la independencia entre el Banco Central y el Gobierno. Los estudios empíricos sobre la realidad económica de los últimos años parecen demostrar que aquellos países con Bancos Centrales más independientes han tenido unos precios más estables, fruto de que la política monetaria obedece en estos países a objetivos más técnicos que políticos. Por lo general, los economistas no son partidarios de que el Banco Central financie el déficit público, puesto que obliga a fabricar billetes según las necesidades del Gobierno, y esta inyección de liquidez ocasiona generalmente una fuerte inflación. En cambio, los políticos, que suelen tachar de tecnócratas y monetaristas estas posiciones, consideran que en ocasiones —quizás demasiado frecuentes— el Banco Central debe acudir en ayuda del Estado para evitar la recesión económica, o para financiar los grandes proyectos de infraestructura, o para la presencia internacional del Estado.

En nuestro caso, caminamos hacia una mayor independencia del Banco de España, que ya ostenta una relación muy amplia de *funciones atribuidas por la Ley de Organos Rectores del Banco de España*:

1. Regulación de la circulación fiduciaria:
   — Emisión de billetes.
   — Puesta en circulación de moneda metálica.
   — Retirada y canje del dinero legal en circulación.
2. Banco del Estado y operaciones con particulares:
   — Prestación de servicios financieros de Deuda pública.
   — Servicio de Tesorería.
   — Central de anotación en cuenta.
   — Crédito al sector público.
3. Banco del sistema bancario:
   — Custodia de las reservas líquidas de los bancos.
   — Servicio telefónico del mercado monetario.
   — Liquidación de cámaras de compensación y Servicio de compensación electrónica.
   — Prestamista en última instancia.
4. Control de cambios:
   — Centralización de reservas y mercado de divisas.
   — Movimientos de pagos y cobros con el exterior.
   — Autorizaciones administrativas de las operaciones con el exterior.

5. Central de información de riesgo y Central de balances.
   6. Servicio telefónico del mercado de dinero y Servicio de reclamaciones.
   7. Política monetaria:
      — De acuerdo con los objetivos fijados por el Gobierno.
      — Vertiente interior.
      — Vertiente exterior.
   8. Disciplina e intervención de las entidades de crédito:
      — Autorizaciones administrativas y registros oficiales.
      — Inspecciones ordinarias y extraordinarias.
      — Expedientes sancionadores.
      — Crisis.

El balance del Banco Central

El balance del Banco Central nos ayuda también a la comprensión del funcionamiento del sistema financiero (véase Esquema 7.3).

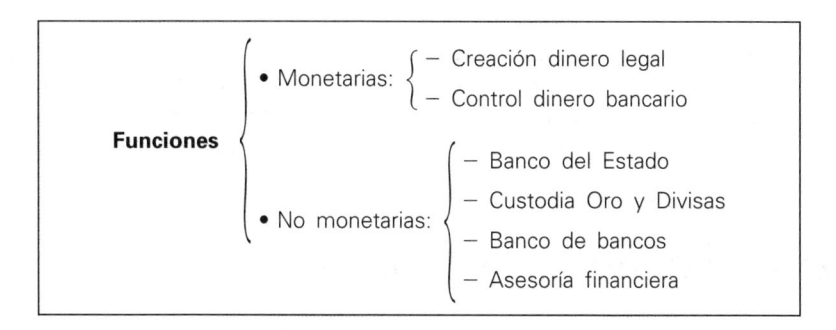

Funciones
- Monetarias:
  - Creación dinero legal
  - Control dinero bancario
- No monetarias:
  - Banco del Estado
  - Custodia Oro y Divisas
  - Banco de bancos
  - Asesoría financiera

El balance del Banco Central

ACTIVO	PASIVO

— RESERVAS EXTERIORES ⎯ Oro, Divisas
— CARTERA DE VALORES
— CREDITOS AL SECTOR PUBLICO
   — Créditos
   — Títulos públicos
   — Cuentas corrientes del Tesoro
— PRESTAMOS A LOS BANCOS
— ACTIVOS REALES
	PASIVO MONETARIO
	— EMISION DE BILLETES (BASE MONETARIA)
	  • En manos del público
	  • En el encaje bancario
	— DEPOSITOS DE LOS BANCOS COMERCIALES (Encaje bancario)
	
	PASIVO NO MONETARIO
	— DEPOSITOS DEL TESORO
	— CAPITAL
	— RESERVAS

Esquema 7.3. El Banco Central.

En su *activo* se concentran las partidas en cuatro grandes bloques: las *Reservas exteriores*, donde se registran las cantidades de oro y divisas del país; la *Cartera de valores* adquiridos por el Banco Central en los mercados financieros y en ocasiones fruto de situaciones de crisis de entidades financieras a las que ha tenido que socorrer; los *Créditos al sector público*, bien como créditos explícitos a alguno de los organismos del Estado —en forma de títulos públicos—, o cuentas corrientes en descubierto con las instituciones públicas que hayan ordenado hacer pagos contra ingresos futuros. Los *Préstamos a los bancos comerciales* son las anotaciones del Banco Central en que se apuntan las ayudas al sistema bancario que éste ha solicitado para hacer frente a problemas de liquidez. Finalmente, los *Activos reales* contabilizan los edificios, equipos e instalaciones.

Por su parte, el *pasivo* del Banco Central es la pieza clave para la emisión del dinero legal. En el *pasivo monetario* se registran la totalidad de billetes emitidos que están en manos del público y en el encaje bancario. También se contabilizan aquí los depósitos de los bancos comerciales en el Banco Central, que como vimos constituían una parte del Encaje bancario. En el *pasivo no monetario* aparecen, junto al capital y las reservas del banco emisor, los depósitos del Tesoro por el cobro de impuestos y otros ingresos públicos de los que aún no se haya dispuesto.

El pasivo monetario constituye la *Base monetaria* o *Base metálica* emitida, a la que también se le denomina dinero de alta potencia. De la Base monetaria (*BM*) estará en circulación exclusivamente la parte de este *Dinero legal en manos del público* (*Dlmp*), mientras que el resto forma parte del *encaje bancario* (*E*).

LOS AGREGADOS MONETARIOS

El dinero en circulación es una de las variables fundamentales de la economía; su escasez supone una importante restricción para las transacciones económicas, a la vez que, como veremos, altera los mercados financieros y la inversión de la economía. Su exceso facilita las transacciones, anima el mercado de valores y ayuda a financiar los proyectos de inversión. Sin embargo, si la inyección de liquidez (dinero) es mayor que las necesidades del sistema, suele provocar inflación. Por estas razones, el control del dinero en circulación constituye el objetivo instrumental básico de la política monetaria.

La definición más simple de dinero en circulación es la *oferta monetaria* M_1. Esta es la suma del dinero legal en manos del público (*Dlmp*) más los depósitos a la vista (D_v), que constituye el dinero bancario movilizable mediante cheques.

Sin embargo, los agentes económicos pueden tener otros activos muy líquidos que, al convertirlos rápidamente y sin coste alguno en dinero legal, estarían aumentando la M_1 repentinamente e impedirían al Banco Central controlar el dinero en circulación. Por esta razón se definen una serie de

Mercado de activos (I): el sistema financiero **137**

INSTRUMENTOS FINANCIEROS	AGENTES EMISORES					
	Banco España	Sistema bancario	Crédito oficial	EAOL (1)	Adminis. Públicas	Empresas no finan.
1. Efectivos en manos público	X					
2. Depósitos a la vista		X				
3. **Oferta monetaria** M_1 **(1+2)**						
4. Depósitos de ahorro		X				
5. M_2 **(3+4)**						
6. Depósitos a plazo		X	X	X		
7. Cesión temporal activos		X	X	X		
8. Participaciones de activos		X	X	X		
9. Activos en moneda extranjera		X				
10. Empréstitos		X	X	X		
11. M_3 **(5+6+7+8+9+10) Disponibilid. líquidas**						
12. Operaciones de seguro				X		
13. Transferencia activos privados		X				
14. Letras endosadas						X
15. Avales de pagarés a empresas		X				
16. Valores públicos a corto plazo					X	
17. **Activos líquidos en manos del público** *ALP* **(11+12+13+14+15+16)**						
18. Valores privados a corto plazo						X
19. **ALP2 (17+18)**						

(1) Sociedades de Crédito hipotecario, Sociedades de Arrendamiento Financiero y Entidades de Financiación.

Esquema 7.4. Las nuevas magnitudes monetarias en España.

agregados monetarios que permiten concretar los objetivos inmediatos de la política monetaria.

Así, la M_2 es la M_1 ($Dlmp + D_v$) más los depósitos de ahorro (D_a), y la M_3 se definía como la M_2 más los depósitos a plazo (D_p). La suma de la M_3 con otros activos muy líquidos del sistema (pasivos bancarios como empréstitos, vales de pagarés de empresas, cesión temporal de activos, letras endosadas, operaciones de seguros y los títulos públicos en manos del público) se conocía como los *activos líquidos en manos del público* (*ALP*).

En los últimos meses se ha realizado una *redefinición de los agregados monetarios* para dar entrada a las innovaciones financieras habidas, y armonizar estas magnitudes con la definición de agregados de los países comunitarios. Los principales cambios de los nuevos agregados afectan a la M_3, los *ALP* y crean los *ALP2* (véase Esquema 7.4).

Tras estos cambios, en la nueva definición de la M_3 se incluyen junto a la M_2 *y los depósitos a plazos* (en los que ahora se incluyen los pagarés bancarios y de crédito oficial con vencimiento inferior a un año), las *cesiones temporales de activos* (*REPOs*[2] de letras y pagarés del Tesoro a medio y largo plazo, y activos privados), las *participaciones de activos*, los *depósitos en moneda extranjera* y los *empréstitos* emitidos por las entidades de depósitos.

Los nuevos *ALP* constan de la M_3 más los *empréstitos* del crédito oficial y otras entidades de crédito, *operaciones de seguro, transferencias de activos, letras endosadas, avales a pagarés de empresas* y *valores a corto plazo* emitidos por las Administraciones Públicas central y periféricas.

Finalmente, los *ALP2* comprenden los *ALP1* más los *valores a corto plazo* emitidos por las empresas no financieras en forma de pagarés de empresas.

Con estos nuevos agregados, la política monetaria se centra en el control tanto de la M_3 como de los *ALP*, para que su nivel de crecimiento se mantenga en los límites fijados en el marco general de la política económica.

LA CREACION DE DINERO

El dinero legal

El Banco Central es la entidad que tiene la competencia de poner y retirar el dinero legal en circulación. Para poner dinero en circulación, el Banco Central puede comprar activos en los mercados financieros, conceder créditos a las entidades financieras o al sector público. Al hacerlo tiene que emitir billetes, como indica el Esquema 7.5, y con esta emisión se está creando dinero.

Para destruir dinero puede llevar a cabo las operaciones contrarias: vender títulos o exigir la rescisión de los préstamos concedidos. Como contrapartida de los créditos o de la venta de títulos, el Banco Central

---

[2] Los *REPOs* son activos que cuando se compran se formaliza a la vez un acuerdo de recompra con el mismo agente o entidad que los pone a la venta.

CREACION DE DINERO

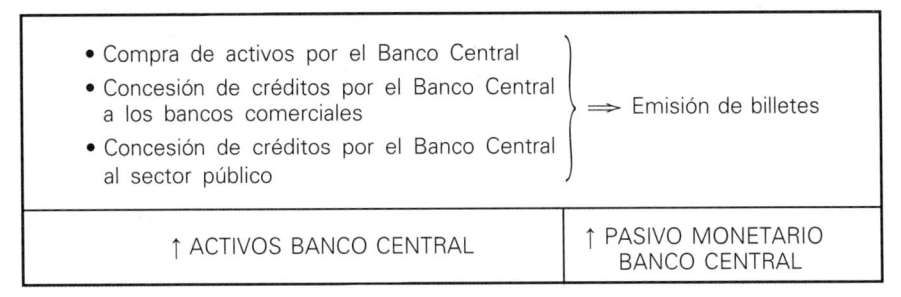

• Compra de activos por el Banco Central • Concesión de créditos por el Banco Central a los bancos comerciales • Concesión de créditos por el Banco Central al sector público } ⟹ Emisión de billetes
↑ ACTIVOS BANCO CENTRAL   ↑ PASIVO MONETARIO BANCO CENTRAL

DESTRUCCION DE DINERO

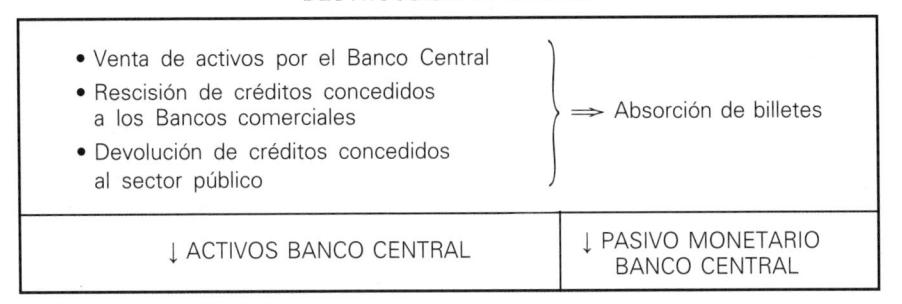

• Venta de activos por el Banco Central • Rescisión de créditos concedidos a los Bancos comerciales • Devolución de créditos concedidos al sector público } ⟹ Absorción de billetes
↓ ACTIVOS BANCO CENTRAL   ↓ PASIVO MONETARIO BANCO CENTRAL

Esquema 7.5. El proceso de creación de dinero legal.

recibe dinero legal, que al llegar a su poder deja de estar en circulación, absorbiéndose parte de la Base monetaria emitida.

El dinero bancario

Por su parte, los bancos comerciales también pueden crear dinero, en este caso dinero bancario. El Esquema 7.6 resume todo el proceso, en el que partimos de una situación de exceso de liquidez.

El exceso de liquidez que inicia el proceso de creación de dinero bancario puede deberse a varios factores: ampliación de capital del banco, emisión de obligaciones o empréstitos, captación de pasivos (con nuevos productos, campañas de publicidad...), rescisión de créditos concedidos, venta de títulos de la cartera de valores, venta de activos reales... En general, un incremento del pasivo o del neto patrimonial, o una alteración en el activo, desde los activos menos líquidos hacia el activo más líquido: el dinero legal.

El exceso de liquidez por encima del coeficiente legal de caja deja recursos desaprovechados en el encaje por los que no se recibe rentabilidad alguna. La tendencia del banco será conceder activos rentables (créditos) contra el exceso de encaje. Cuando concede estos préstamos, abre un

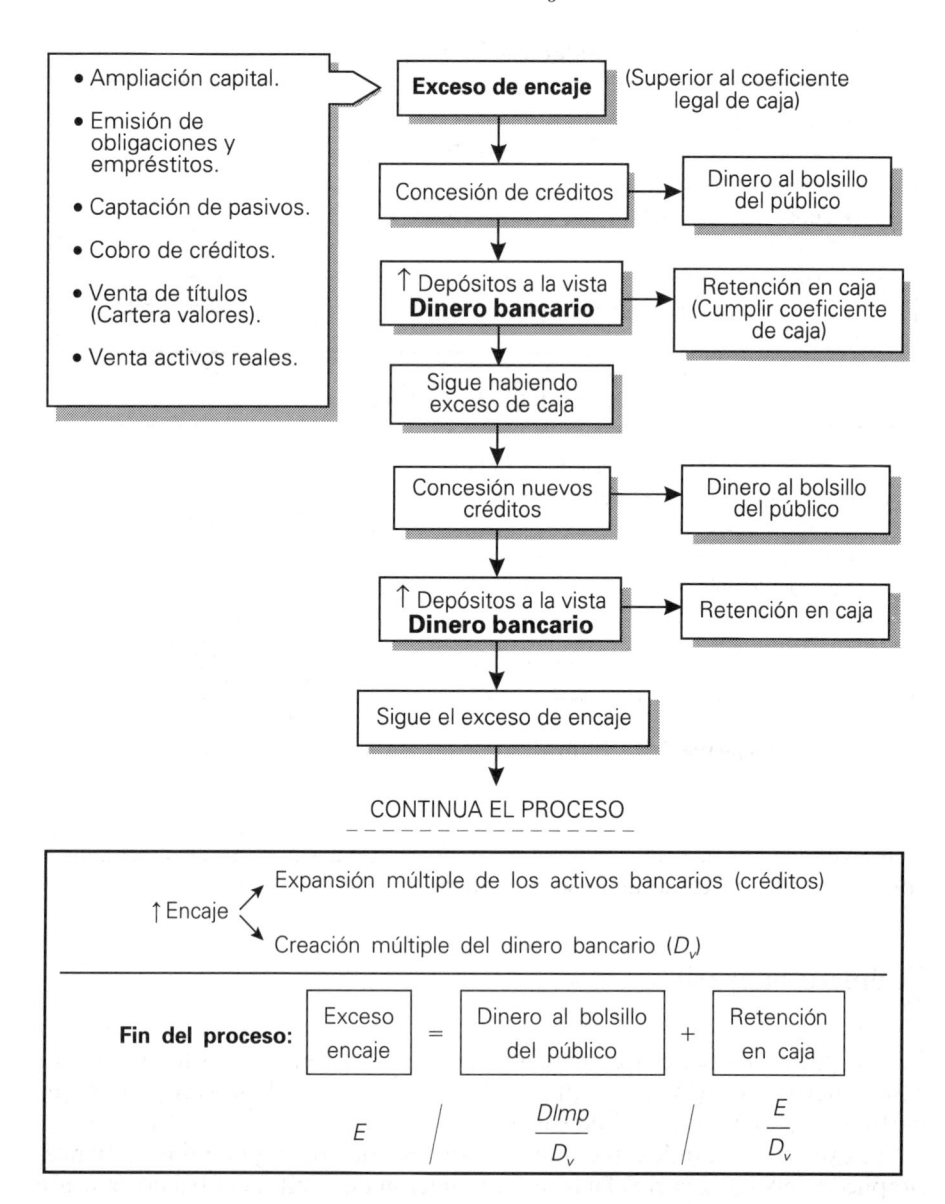

140 *Análisis del entorno económico de los negocios*

- Ampliación capital.
- Emisión de obligaciones y empréstitos.
- Captación de pasivos.
- Cobro de créditos.
- Venta de títulos (Cartera valores).
- Venta activos reales.

```
Exceso de encaje  (Superior al coeficiente legal de caja)
        ↓
Concesión de créditos  →  Dinero al bolsillo del público
        ↓
↑ Depósitos a la vista
   Dinero bancario    →  Retención en caja (Cumplir coeficiente de caja)
        ↓
Sigue habiendo exceso de caja
        ↓
Concesión nuevos créditos  →  Dinero al bolsillo del público
        ↓
↑ Depósitos a la vista
   Dinero bancario    →  Retención en caja
        ↓
Sigue el exceso de encaje
        ↓
CONTINUA EL PROCESO
```

↑ Encaje
- Expansión múltiple de los activos bancarios (créditos)
- Creación múltiple del dinero bancario (D_v)

Fin del proceso: Exceso encaje = Dinero al bolsillo del público + Retención en caja

$$E \quad / \quad \frac{Dlmp}{D_v} \quad / \quad \frac{E}{D_v}$$

Esquema 7.6. Proceso de creación de dinero bancario.

depósito a la vista al prestatario. El cliente utilizará una parte del préstamo en efectivo que se filtra hacia las manos del público, y el resto lo moviliza mediante cheques, creándose de esta manera el dinero bancario. La parte que se filtra hacia el bolsillo del público depende de la relación dinero legal en manos del público/depósitos a la vista ($Dlmp/D_v$), que, por lo general, es una relación estable.

Los depósitos a la vista generados por la concesión del préstamo suponen un incremento del pasivo exigible del banco comercial, y está sujeto al coeficiente de retención en caja. El banco observará que del exceso de encaje inicial, una parte se ha filtrado a manos del público y otra deberá retenerla como coeficiente de caja para hacer frente a la liquidez de los nuevos depósitos. Pero aún mantendrá un encaje que superará las necesidades de liquidez de su activo. ¿Qué hará? Seguirá concediendo préstamos para aumentar sus activos rentables. Al hacerlo, vuelve a abrir otros depósitos a la vista de los que una parte va al bolsillo del público y el resto, que se moviliza por cheques, es dinero bancario que, al estar sujeto a la retención del coeficiente de liquidez, supondrá una nueva disminución del exceso de encaje inicial.

El proceso puede continuar varios ciclos, generando una expansión múltiple de los activos bancarios en forma de créditos concedidos y una expasión del dinero bancario en circulación y, por tanto, de la oferta monetaria ($M_1 = Dlmp + D_v$).

¿Cuándo termina este proceso de creación del dinero bancario? Cuando el exceso de liquidez se elimine. Y esto sólo puede ocurrir cuando el exceso de encaje se filtre en forma de dinero legal en manos del público a los agentes económicos particulares, o cuando pase a formar parte del dinero retenido en caja por el coeficiente de liquidez obligatorio. Si la relación $Dlmp/D_v$ es baja, porque el público utilice asiduamente el dinero bancario (cheques, tarjetas...), y el coeficiente de liquidez (E/D_v) es reducido, el proceso de expansión de activos bancarios y su contrapartida —la creación de dinero— puede durar más ciclos, y cuando finalmente se elimine el exceso de liquidez, se habrá creado una gran cantidad de dinero bancario. En cambio, la expansión del dinero bancario es más reducida si ambas relaciones ($Dlmp/D_v$ y E/D_v) son altas.

Puesto que la relación de dinero legal en manos del público sobre los depósitos es muy estable, y el coeficiente de caja está regulado por el Banco Central, la autoridad monetaria puede controlar el proceso de creación del dinero bancario, aumentando o disminuyendo el coeficiente legal de caja.

El efecto combinado

Ahora podemos comprender el proceso combinado de creación de dinero legal y bancario, tal y como muestra el Esquema 7.7. El banco emisor decide efectuar una expansión monetaria. Para ello compra títulos en los mercados financieros —a estas compras o ventas se les denomina *Operaciones de Mercado Abierto* (*OMA*)—, emitiendo billetes para su pago. Con la emisión de billetes expande la Base monetaria o Base metálica ($BM = Dlmp + E$). Este incremento del dinero legal suponemos que llega íntegro a los bancos comerciales, produciendo un exceso de encaje. Los bancos comerciales que pretenden obtener altos beneficios transforman estos activos líquidos en activos rentables y conceden préstamos. Al conceder estos créditos, una parte se filtra al bolsillo de los particulares (*Dlmp*), y otra en forma de

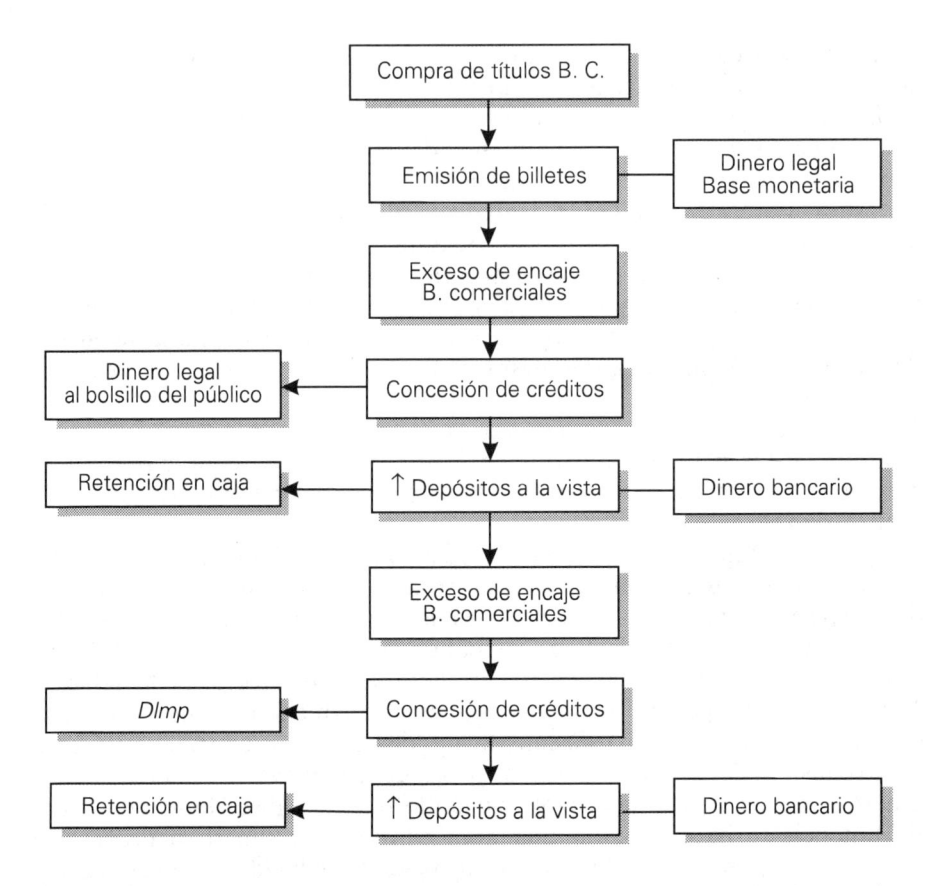

```
┌─────────────────────┐
│ Compra de títulos B. C. │
└──────────┬──────────┘
           ▼
┌─────────────────────┐      ┌─────────────────┐
│ Emisión de billetes │──────│ Dinero legal    │
└──────────┬──────────┘      │ Base monetaria  │
           ▼                 └─────────────────┘
┌─────────────────────┐
│ Exceso de encaje    │
│ B. comerciales      │
└──────────┬──────────┘
           ▼
┌──────────────────┐   ┌─────────────────────┐
│ Dinero legal     │◄──│ Concesión de créditos│
│ al bolsillo del  │   └──────────┬──────────┘
│ público          │              ▼
└──────────────────┘   ┌─────────────────────┐    ┌──────────────┐
┌──────────────────┐   │ ↑ Depósitos a la    │────│ Dinero       │
│ Retención en caja│◄──│ vista               │    │ bancario     │
└──────────────────┘   └──────────┬──────────┘    └──────────────┘
                                  ▼
                       ┌─────────────────────┐
                       │ Exceso de encaje    │
                       │ B. comerciales      │
                       └──────────┬──────────┘
                                  ▼
┌──────────────────┐   ┌─────────────────────┐
│ Dlmp             │◄──│ Concesión de créditos│
└──────────────────┘   └──────────┬──────────┘
                                  ▼
┌──────────────────┐   ┌─────────────────────┐    ┌──────────────┐
│ Retención en caja│◄──│ ↑ Depósitos a la    │────│ Dinero       │
└──────────────────┘   │ vista               │    │ bancario     │
                       └─────────────────────┘    └──────────────┘
```

Esquema 7.7. Proceso de creación de dinero (efecto combinado).

depósitos a la vista (D_v) se moviliza por cheques (dinero bancario). El crecimiento de los depósitos obligará a aumentar el encaje del banco (E), pero aún así persistirá el exceso de liquidez, concediéndose nuevos préstamos que generan depósitos.

Al final del proceso, los billetes emitidos terminan en manos del público ($Dlmp$) o en el encaje bancario (E), y es por ello por lo que decimos que la Base monetaria es: $BM = Dlmp + E$.

Oferta monetaria y base metálica

Pero la BM no define el dinero en circulación. Por un lado, el encaje bancario (E) no está en circulación, sino retenido en el activo líquido de los bancos comerciales. Del otro, la BM no considera el dinero bancario, que mediante los cheques permite efectuar transacciones. El dinero en circulación es lo que mide la oferta monetaria (M_1), constituido por el $Dlmp$ más los depósitos a la vista (D_v).

$$BM = Dlmp + E$$
$$M_1 = Dlmp + D_v$$

Base monetaria

Dlmp   E

Dlmp D_v

Oferta monetaria

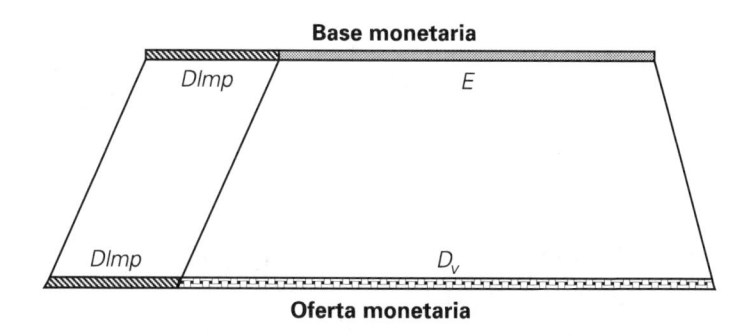

Esquema 7.8. La oferta y la base monetaria.

Sólo una parte de la base monetaria (*Dlmp*) se mantiene en circulación y forma parte de la oferta monetaria. El resto se retiene en el encaje (*E*), pero produce una fuerte expansión del dinero bancario (D_v), que sí forma parte de la oferta monetaria. Como muestra el Esquema 7.8, una expansión de la base monetaria provoca un incremento de mayor cuantía en la oferta monetaria, fruto del proceso de expansión de los activos rentables de los bancos comerciales, en forma de depósitos a la vista. El Banco Central, si quiere aumentar la M_1, tendrá que calcular muy bien el efecto de la emisión de billetes sobre los depósitos a la vista, para mantener la M_1 dentro de los objetivos de crecimiento fijados.

EL SISTEMA FINANCIERO

Después de estudiar las funciones y comportamientos de los bancos comerciales y del Banco Central podemos mostrar más ampliamente el funcionamiento del sistema financiero en su conjunto (véase Esquema 7.9).

Cabe distinguirse en él cinco agentes diferenciados:

El *Gobierno*, que obtiene financiación a través del Banco Central, aunque también puede financiarse de los intermediarios financieros o de los propios ahorradores[3]; que realiza sus pagos a través del banco emisor y que

---

[3] Estos flujos no están recogidos en el Esquema 7.9. La financiación de los bancos comerciales la lograba el Gobierno obligándoles a comprar títulos públicos mediante el coeficiente de inversión obligatoria. De los ahorradores obtiene los recursos directamente emitiendo Deuda pública, Letras del Tesoro o cualquier otro activo que los particulares adquieran cuando se ponen a la venta por primera vez, puesto que la compra en Bolsa (mercado secundario) de un activo emitido inicialmente por el Estado no revierte al Estado, sino al tenedor de este activo.

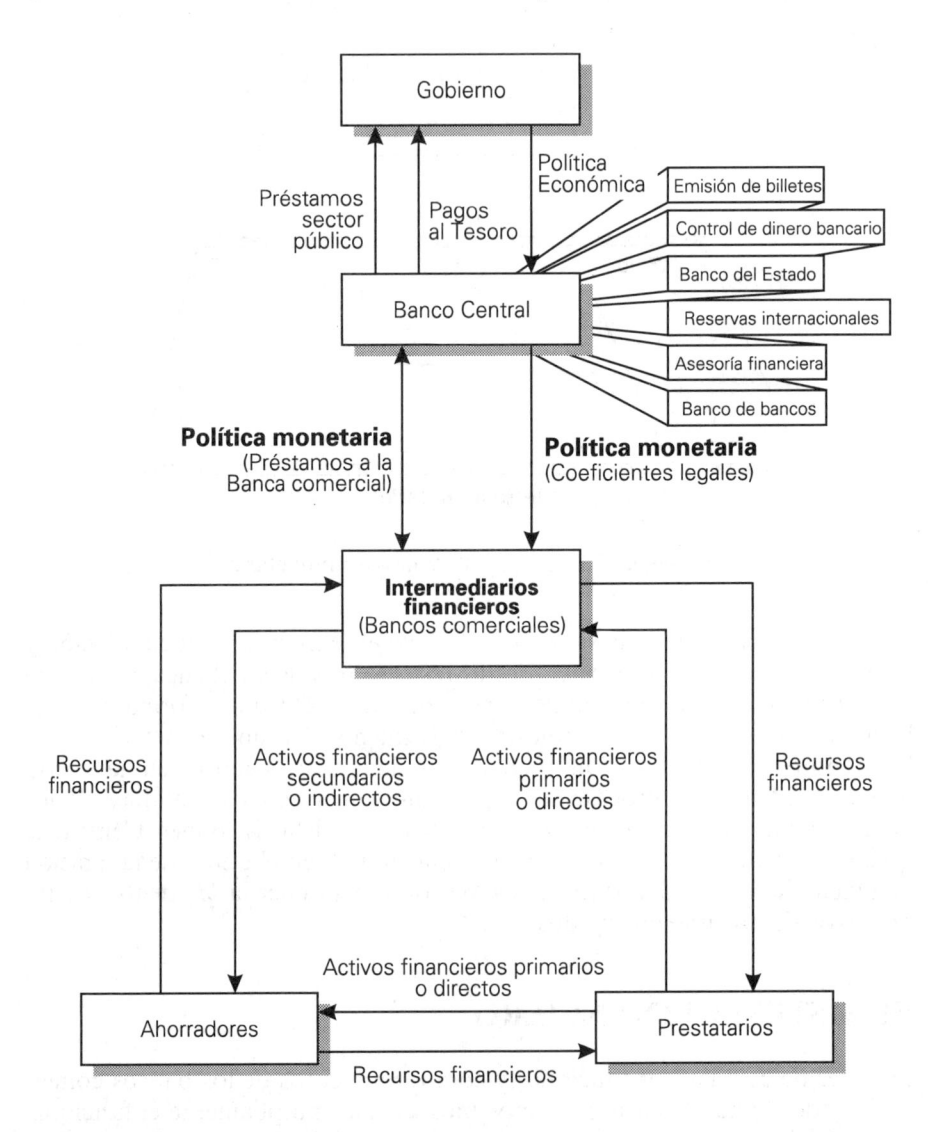

Esquema 7.9. El sistema financiero.

instrumentaliza una parte de su política económica (la política monetaria) por medio del Banco Central.

El *Banco Central*, banco del Estado, banco de bancos, banco emisor del dinero legal, encargado de articular la política monetaria, de custodiar las reservas monetarias internacionales y que presta un servicio de asesoría al Gobierno y al sistema financiero, se preocupa además del buen funcionamiento de todo el sistema, para lo cual dispone de competencias en materia de tutela y sanción.

Los *intermediarios financieros*, una buena parte de los cuales son *bancos comerciales*, facilitan el acuerdo entre los otros dos agentes: los *ahorradores* y los *prestatarios*. Los ahorradores, a cambio de recursos financieros, reclaman un activo que les garantice una propiedad o la devolución de la cantidad prestada más los correspondientes intereses. Los prestatarios, por su parte, que necesitan recursos financieros para financiar sus proyectos de consumo o inversión, están dispuestos a emitir activos financieros denominados «primarios o directos», llamados así por ser emitidos por los prestatarios en última instancia, es decir, los agentes que al final del proceso van a realizar el gasto. Las instituciones financieras facilitan activos «secundarios o indirectos» (depósitos) a los ahorradores a cambio de sus recursos financieros. Con estos recursos adquieren los activos financieros primarios o directos de los prestatarios en última instancia.

El papel de los intermediarios financieros es emitir activos secundarios atractivos para los ahorradores, por su solvencia, liquidez y rentabilidad, a la vez que diseñar los activos que deben emitir los prestatarios para obtener los recursos que necesitan. Esta función es muy importante en la economía, permitiendo canalizar el ahorro hacia la inversión, financiar el consumo de bienes duraderos e incluso el déficit del Estado. Su tarea además incide en la homogeneización de los activos en circulación, lo cual permite que los agentes particulares compren y vendan estos activos en la Bolsa de Valores (mercado secundario), seguros del respaldo de las instituciones emisoras. A su vez facilitan el crédito que la economía necesita en cada momento y transmiten al Banco Central estas necesidades de liquidez del sistema cuando le demandan préstamos al Banco de bancos.

FACTORES DE CREACION Y ABSORCION DE LA BASE MONETARIA

Estas necesidades de liquidez del sistema financiero obligan al Banco Central a crear o absorber la Base monetaria dependiendo de una serie de factores que en ocasiones el banco emisor puede controlar, mientras en otros casos se ve obligado a actuar de forma obligada, incluso en contra de lo que sería su deseo.

Factores autónomos de creación y absorción de la *BM*

El primer factor autónomo a considerar es el *sector exterior*. Si el Banco Central debe hacer frente al compromiso del Gobierno de defender una determinada paridad de la moneda, tendrá que intervenir en el mercado de divisas, bien comprando divisas y vendiendo pesetas, bien vendiendo divisas contra pesetas. Si el Banco Central compra divisas y vende pesetas, incrementa las reservas de Oro y Divisas, pero se ve obligado a emitir billetes como contrapartida. La creación de la base monetaria provocará un incremento de la oferta monetaria que puede exceder de los límites de expansión monetaria fijados. En este caso puede compensar la creación de una base monetaria con una política contractiva que drene la liquidez del sistema.

Si el Banco Central se ve obligado a vender divisas y comprar su propia moneda (normalmente para evitar una devaluación), irá perdiendo paulatinamente parte de sus reservas internacionales y retirando base monetaria del sistema (billetes que al llegar al banco emisor dejan de estar en circulación). Esta circunstancia resta liquidez al sistema y puede compensarse con una política monetaria expansiva, aunque si se incrementa la cantidad de moneda nacional en circulación, lo normal es que los mercados de divisas respondan queriendo desprenderse de este exceso de base monetaria, y el Banco Central se vea nuevamente obligado a intervenir.

Este factor autónomo del control de la base monetaria es especialmente significativo cuando existe independencia entre el Banco Central y el Gobierno. En estas ocasiones, el compromiso del Gobierno con otros países obliga al Banco Central, que ve cómo sus objetivos de crecimiento de los agregados monetarios están a merced de las perturbaciones del mercado de divisas, que es verdaderamente quien obliga a crear o absorber la base monetaria.

El *sector público* constituye el segundo factor autónomo al que el Banco Central tiene que enfrentarse a la hora de controlar la base monetaria y la liquidez general del sistema. Puesto que es el banco del Estado, está obligado a efectuar los pagos del Tesoro contra los presupuestos de las distintas Administraciones Públicas. Con cada pago, el Banco Central produce un nuevo aumento de sus pasivos monetarios. Sus transferencias a la banca privada generan excesos de liquidez que inician la expansión del dinero bancario. Si finalizado el año y liquidado el presupuesto los pagos han sido superiores a los ingresos obtenidos, el déficit público se habrá financiado mediante la monetización del saldo, es decir, creando base y oferta monetaria.

La independencia del Banco Central garantiza aquí un límite de pagos, por encima del cual el Banco puede oponerse a seguir tramitando mandamientos de pagos de determinadas entidades de las Administraciones Públicas que hayan excedido ya su crédito presupuestario.

La monetización del déficit público ha sido una de las principales causas de inflación en los últimos decenios, y la principal justificación de la independencia de los Bancos Centrales. La realidad demuestra que a pesar de que la aprobación del Presupuesto General del Estado por el poder legislativo debería garantizar su equilibrio o la existencia de un déficit razonable, justificado y que fuera financiado con los ahorros propios de la economía, la gestión diaria del presupuesto y la aprobación de partidas extraordinarias de gasto durante la legislatura, hacen del déficit efectivo una cifra imprevisible que distorsiona los objetivos de política monetaria y en ocasiones hace peligrar la estabilidad económica.

Factores controlables de creación o absorción de la *BM*

Otros factores permiten el control de la base monetaria. En primer lugar, los *créditos al sistema bancario*, mediante los cuales el Banco Central, en su calidad de banco de bancos, concede a los bancos comerciales más importantes la liquidez que necesitan para mantener los coeficientes legales ante las peticiones de liquidez de sus clientes. El redescuento de letras, los préstamos de regulación monetaria concedidos a muy corto plazo, los certificados de depósitos y los préstamos especiales son algunos de los instrumentos utilizados para controlar los agregados monetarios.

Al conceder estos préstamos, los bancos comerciales obtienen la liquidez necesaria para hacer frente a sus operaciones. El Banco Central, aumentando o reduciendo el tipo de interés de estos préstamos o el tipo aplicado al redescuento, desalienta o favorece la petición de estos préstamos, a veces ofrecidos en subastas para conocer mejor así las necesidades del sistema.

Los bancos y otras entidades financieras que no operan directamente con el Banco Central, cuando necesitan liquidez obtienen préstamos de otros bancos comerciales a cambio de un tipo de interés «interbancario».

Por lo general, todas estas tipologías de préstamos se conceden a muy corto plazo (un día, una semana...), de manera que para absorber la base monetaria basta con no renovar estos préstamos a su vencimiento y pedir altos tipos de interés para impedir nuevas peticiones.

Las *operaciones de mercado abierto* (*OMA*) constituyen el segundo factor controlable de creación y absorción de la base monetaria. El Banco Central, interviniendo abiertamente en los mercados financieros, compra o vende títulos emitiendo o absorbiendo base monetaria con estas operaciones. Estas transacciones se realizan exclusivamente sobre una serie de activos normalmente públicos muy concretos, ofreciéndose para su venta en subasta diaria o cada cierto tiempo (diez días...). El operar con estos títulos garantiza la fluidez del mercado, dada la solvencia del Estado y la transparente información sobre las características de estos activos. En ocasiones el intercambio se lleva a cabo con un pacto de reposición (*REPOs*), garantizando así al Banco Central que cuando quiera volver a comprar o a vender estos activos podrá hacerlo a las condiciones fijadas en los contratos iniciales.

Los precios ofrecidos por estos activos en relación al nominal que deberá devolver el Estado a su amortización (seis meses o un año) determina el tipo de intervención del Banco Central en los mercados financieros, favoreciendo o desalentando a los bancos comerciales a desprenderse de los títulos a cambio de liquidez, o a adquirirlos dada su alta rentabilidad, perdiendo la oportunidad de expandir sus activos en forma de préstamos al sector privado.

EL CONTROL DE LA OFERTA MONETARIA

De esta forma podemos concluir que los instrumentos de los que dispone el Banco Central para el control de la base monetaria y a través de ella de los agregados monetarios, son principalmente tres: la *manipulación de los coeficientes legales*, los *créditos a la banca* y las *operaciones de mercado abierto*; debe destacarse igualmente que las entidades financieras son muy sensibles a las *indicaciones del Banco Central* y a su servicio de inspección bancaria en relación a los límites de las expansiones bancarias, tenencias de activos de alto riesgo, reparto de dividendos o dotación de provisiones para insolvencias.

En los últimos tiempos, la manipulación de los coeficientes legales ha sido un instrumento que ha ido cayendo en desuso. La armonización financiera de los países comunitarios ha obligado a adoptar coeficientes comunes de liquidez y solvencia, relegando un instrumento de política monetaria, que con su manipulación obligaba a reajustar todo el activo y el pasivo de lo bancos. De esta forma, debía supeditarse la propia estrategia del negocio bancario al cumplimiento de estos ratios para evitar las sanciones que el Banco Central puede imponer en su función de supervisor del marco legal establecido.

Por su parte, los préstamos a los bancos comerciales y las operaciones de mercado abierto se articulan mediante normas cambiantes de unos años a otros. Se modifican la naturaleza de los activos, el procedimiento de contratación y subasta, y las condiciones de las entidades que pueden intervenir en ellas. Esto obliga a los agentes que intervienen en estos mercados a un conocimiento institucional de carácter práctico muy dinámico, que varía de un mercado a otro y de un país a otro.

Aun cuando la política monetaria será estudiada en el capítulo siguiente, debemos esperar al Capítulo 9 para comprender las limitaciones de la política monetaria cuando existe movilidad de capitales y los tipos de cambio son fijos, situación similar a la existente en el Sistema Monetario Europeo.

NOTA BIBLIOGRAFICA

Puesto que en el sistema financiero los aspectos institucionales son relevantes es preferible utilizar como consulta textos españoles. Una visión general puede verse en MOCHÓN: *Economía* (McGraw-Hill, 1990), caps. 18 y 19. Una aproximación a la historia del dinero puede encontrarse en SOLOZÁBAL: *Curso de Economía* (Deusto, 1984), caps. 25, 26 y 27. La evolución más reciente de la articulación de la política monetaria en España está bien detallada y con brevedad en ARGANDOÑA: *Macroeconomía española* (McGraw-Hill, 1992), cap. 6. Un estudio del sistema financiero español centrado en las instituciones puede ser el de CASILDA: *Sistema financiero español* (Alianza, 1992). Un trabajo profundo sobre el mercado de activos puede encontrarse en PÉREZ y QUESADA: *Dinero y Sistema Bancario. Teorías y análisis del caso español* (Espasa-Calpe, 1991). Por su parte, la revista *Papeles de Economía Española* suele dedicar un denso número cada año al sistema financiero nacional e internacional.

CAPITULO 8

MERCADO DE ACTIVOS (II): DINERO Y TIPOS DE INTERES

En este capítulo se pretende abordar el análisis del equilibrio del mercado de activos y especialmente el mercado de dinero y la política monetaria. El capítulo hace referencia a la incidencia de la política monetaria en el sector real, pero el detalle de este proceso no es propio de estas páginas. Igualmente hay alusiones a la relación del mercado de activos con los tipos de cambio que serán explicados con más profundidad en otro tema. Algo parecido ocurre con los precios: se suponen de momento estables, aunque aparecen algunas implicaciones de interés para entender los procesos inflacionistas.

INTRODUCCION

El nivel de producción, renta y empleo son determinados por los distintos componentes de la Demanda Agregada, según el modelo de gasto basado en el flujo circular de la renta. El consumo, la inversión, el gasto público y la demanda exterior neta son los factores que determinan el gasto total de la economía. Las empresas querrán satisfacer dicho nivel de gasto (demanda global) ofreciendo productos. Para poner en marcha la producción tendrán que adquirir materias primas y productos semielaborados, contratar trabajo y utilizar una parte de los bienes de capital instalados. Todas estas operaciones, tanto las que se realizan para satisfacer la demanda global (compraventa de bienes), como para la adquisición de los factores productivos, requieren para llevarse a cabo medios de pago que faciliten este conjunto de transacciones.

En numerosas ocasiones, algunos agentes económicos desearán realizar operaciones sin poseer los recursos necesarios. En tales casos acuden a los mercados financieros para obtener estos recursos: se endeudan. Por su parte, otros agentes obtienen unos niveles de ingresos superiores a sus deseos de gasto y tienen que plantearse qué hacer con estos ahorros para mantener y si es posible aumentar su riqueza.

Estos son los temas que tratamos de abordar: la financiación de la economía, el mantenimiento de la riqueza, la incidencia del sector financiero sobre la economía real y los medios (y si son eficaces) que tiene el Gobierno para incidir en la economía real con los instrumentos de política monetaria.

La interrelación entre el sector real y el sector financiero ha suscitado interesantes debates sobre la importancia del dinero sobre el crecimiento económico, la inflación y el desempleo; implícitamente ha levantado la duda sobre la eficacia de la política monetaria, a la vez que ha dado entrada en los modelos de demanda a los cambios de precios y al análisis de la inflación.

ACTIVOS FINANCIEROS

Haciendo abstracción, un *activo* es, en última instancia, un derecho de su tenedor. Son activos tanto los bienes físicos como los valores (activos financieros) en manos de los agentes económicos. La distinta naturaleza de cada activo condiciona su titularidad (propiedad o tenencia) y el propio derecho en sí (uso, renta, amortización). Las *clases de activos* existentes son innumerables. Una clasificación inicial puede diferenciar los activos reales de los activos financieros. Los **activos reales** son bienes físicos: terrenos, edificaciones, viviendas y bienes de capital —que son aquellos bienes que se utilizan para producir otros bienes—. La propiedad de estos activos otorga a sus titulares derechos de uso y disfrute, de recepción de alquileres y otras prestaciones.

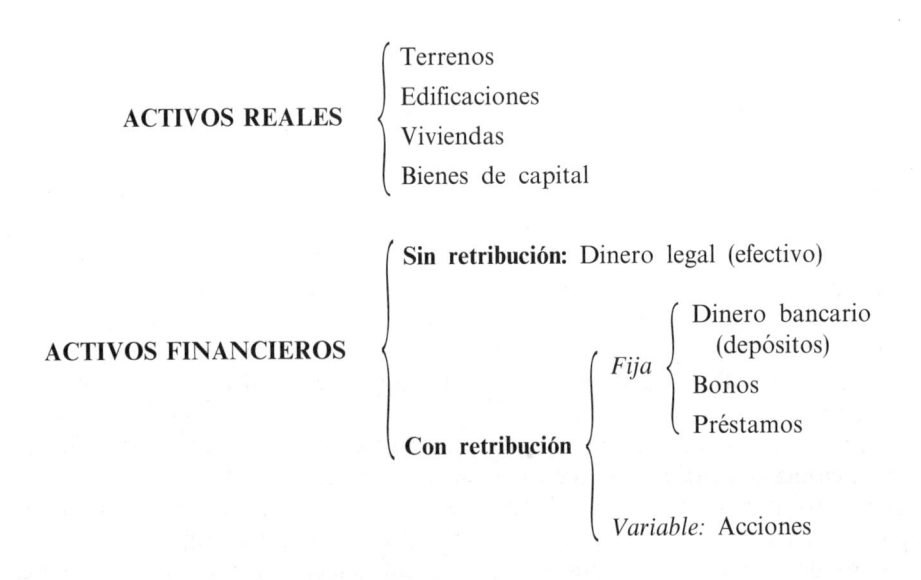

ACTIVOS REALES { Terrenos / Edificaciones / Viviendas / Bienes de capital

ACTIVOS FINANCIEROS { **Sin retribución:** Dinero legal (efectivo) / **Con retribución** { *Fija* { Dinero bancario (depósitos) / Bonos / Préstamos } / *Variable:* Acciones }

Cuadro 8.1. Clases de activos.

El resto de activos son **activos financieros** y su naturaleza es un tanto más compleja, como veremos. A su vez, los activos financieros pueden dividirse en activos no rentables y activos rentables. El **activo financiero no rentable** por excelencia es el dinero legal, los billetes y monedas en efectivo emitidos por el Banco Central y el Ministerio de Economía, que constituyen la base monetaria o base metálica. Entre los **activos financieros rentables** podemos igualmente distinguir aquellos cuya retribución es *variable*, como las acciones, y aquellos otros que tienen una rentabilidad *fija*, entre los que cabe destacar: el dinero bancario (los depósitos), los bonos (deuda pública y obligaciones públicas y privadas entre otros activos) y los préstamos bancarios o particulares, que pueden tomar forma de letras de cambio. Entre todos los activos financieros merecen una especial consideración aquellos que por ser considerados «medio de pago» son dinero (los depósitos a la vista movilizables por cheques).

La diferenciación de los activos en estas categorías facilita el estudio de su naturaleza. Por lo general, al considerar un activo se suelen destacar tres *características* básicas: su liquidez, su rentabilidad y su solvencia. La *liquidez* de un activo indica la facilidad de ser transformado en cualquier momento en un medio de pago sin pérdida de valor. De esta forma, el dinero (dinero legal y depósitos a la vista), al ser el medio de pago comúnmente aceptado, constituye el activo más líquido de todos y es por ello más deseable que los demás atendiendo a esta característica. La *rentabilidad* de un activo es el rendimiento que su tenedor recibe. Si consideramos el supuesto de que existan alteraciones en los niveles generales de precios es necesario distinguir entre la rentabilidad nominal y la rentabilidad real de un activo. Un activo con una rentabilidad nominal del 10 por 100 anual verá reducirse su rentabilidad real al 4 por 100 si la tasa anual de inflación es del 6 por 100. Puede incluso darse el caso de activos con una tasa de rendimiento real nula o incluso negativa, como suele ocurrir en economías con tasa de inflación muy alta, en las que la rentabilidad de los activos no compensa la pérdida de valor real de los títulos. La *solvencia* mide el riesgo del tenedor del activo de no poder transformar su título en medios de pago; este riesgo está directamente relacionado con las cualidades del emisor del activo, es decir, el agente que está comprometido a pagar las rentas y, en su caso, a devolver el principal.

De los activos, el dinero es el más líquido, mientras que los activos reales son los que tienen menor grado de liquidez, ya que el coste de transformar rápidamente su valor en medios de pago es mayor. Sin embargo, atendiendo a la rentabilidad, el dinero es menos rentable, pero su solvencia es máxima al tener el respaldo del Estado.

El dinero, junto a su función como unidad de cuenta y medio de pago, reúne la condición de ser depósito de valor. Al tener la autoridad monetaria la competencia y los instrumentos de control para su creación, adquiere una naturaleza diferente que lo distingue de los restantes activos financieros; de hecho, la cantidad de dinero en circulación será el objetivo primordial de la política monetaria.

Dentro de los depósitos bancarios hay que distinguir entre depósitos a la vista, de ahorro y a plazo. Los depósitos a la vista (cuentas corrientes movilizables por cheques) son medio de pago y, por tanto, dinero en sentido estricto; tienen la liquidez propia del dinero y la solvencia de la entidad bancaria depositaria. Su rentabilidad era considerada baja, pero la aparición de cuentas corrientes a la vista de alta rentabilidad («supercuentas») ha venido a matizar esta consideración.

Por lo general, los *activos reales* (casas, fincas, maquinaria) se consideran rentables, poco líquidos y solventes, aunque depende del tipo de bienes que estemos considerando y si se deterioran o no con el uso o el tiempo, es decir, si son fungibles. Los *bonos* suelen tener una rentabilidad media, una liquidez bastante alta si cotizan en Bolsa y una solvencia dependiente del agente que los emite. Son muy solventes si los emite el Estado, y conllevan riesgos si son emitidos por agentes privados de pequeña entidad. Los *préstamos* tienen comúnmente una rentabilidad superior a los bonos, que compensa de su mayor riesgo y menor liquidez. Finalmente, en cuanto a las *acciones* de empresas, su rentabilidad puede ser muy variable según la cuenta de resultados de cada una; su liquidez dependerá del nivel de contratación si cotiza en Bolsa, y la solvencia irá estrechamente ligada a la situación patrimonial de la sociedad cuyo capital representan. Es bastante común identificar las acciones con los activos reales que hemos denominado bienes de capital, lo cual no significa que estemos considerando un mismo activo de dos formas distintas. De hecho, para adquirir un activo tendremos que disponer de los recursos financieros necesarios, o bien emitir otro activo para financiar la compra de aquel. Buena parte de los movimientos especulativos de los *crash* bursátiles han sido originados por activos financieros de alta rentabilidad, emitidos para adquirir otros activos igualmente financieros relacionados muy indirectamente con bienes de capital o, en general, con activos reales.

LOS ACTIVOS FINANCIEROS Y LA FINANCIACION ECONOMICA

Emitir activos financieros, con la matizada excepción del dinero legal, es una de las formas que tienen los agentes económicos de financiar transacciones, que con sus propios ingresos no podrían realizar.

Según esto, los agentes económicos pueden considerarse integrados en dos categorías: aquellos que realizan un *gasto con déficit (AGD)* y los *agentes de gasto con superávit (AGS)*. Mientras que los primeros para realizar sus operaciones necesitan financiación ajena, los segundos gastan menos de lo que reciben y son ahorradores netos. Para financiar el exceso de gasto de los AGD, éstos emiten unos títulos (activos) en los que se comprometen a devolver al tenedor de los mismos la cantidad que inicialmente necesitan más una compensación por los ahorros que los AGS les ceden a los AGD al suscribir dichos títulos. Los AGS mantienen así su riqueza y reciben una compensación por el consumo aplazado que supone el ahorro. Si en alguna ocasión, y antes de expirar el plazo de devolución de sus ahorros, los AGS necesitaran recuperarlos, podrían vender estos activos a otros AGS. En las economías desarrolladas, la compra-venta de activos ya emitidos se realiza en el mercado secundario de valores o Bolsa, mientras que el mercado primario permite la suscripción de activos recién emitidos. Así pues, una distinción inicial de los mercados financieros diferencia los mercados primarios de los secundarios. De esta forma, al estudiar el mercado de activos, vamos a considerar de forma indirecta la Bolsa de Valores, ya que la subida o bajada de precios de los activos, originadas por la compra o venta de estos títulos, incidirán en los índices bursátiles y servirán como indicador de la actividad económica.

Las acciones y los bonos son los principales activos financieros que cotizan en Bolsa. La diferencia entre las acciones y los bonos radica primeramente en que las primeras tienen una rentabilidad variable que depende de los beneficios de la entidad emisora, mientras que los bonos garantizan un rendimiento fijo y conocido; y en segundo lugar que, por lo general, los bonos —salvo que sean perpetuos— tienen un plazo de amortización (devolución de su valor nominal) igualmente fijado en el momento de su emisión, al contrario de las acciones en las que este compromiso de amortización no existe. Una segunda división de los mercados de activos diferencia el mercado monetario del mercado de capitales. En el primero se negocian títulos muy líquidos, con un vencimiento a corto plazo y muy solventes, siendo su riesgo mínimo por la naturaleza de los agentes que los emiten. En el mercado de capitales en cambio se contratan activos menos líquidos, con vencimiento superior a un año y más elevado riesgo.

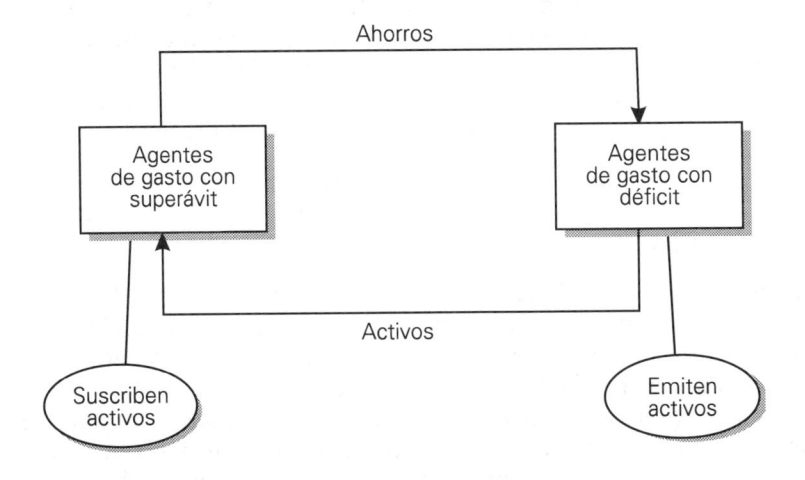

Cuadro 8.2. Creación de activos financieros.

RENTABILIDAD DE LOS ACTIVOS Y TIPOS DE INTERES

La rentabilidad de los activos supone una recompensa para su propietario. Un ahorrador que haya suscrito un bono público —por ejemplo, un título de deuda pública— ha desembolsado el precio del bono, que podemos suponer es de 10.000 ptas. (P_b = 10.000 ptas.). A cambio espera recibir una renta nominal anual, estipulada al emitir los bonos por el Gobierno, que suponemos de 1000 ptas. (R_b = 1000 ptas.). Si otro ahorrador suscribe otro bono por 5000 ptas. y una renta anual nominal de 800 ptas., podría pensarse que el primero ha hecho una mejor operación, ya que recibe una renta nominal superior. Como se comprenderá, no se trata de comparar las rentas en términos absolutos, sino en relación a lo que se ha pagado por cada título. Esto es lo que nos obliga a utilizar comparaciones en porcentaje para poder así utilizar unidades homogéneas. A la relación porcentual entre la renta neta anual de un bono (R_b) y su precio (P_b) se le denomina *tipo de interés* (r) de ese bono:

$$r = \frac{\text{Renta anual}}{\text{Precio del bono}} \% = \frac{R_b}{P_b} \% = \frac{1000}{10.000} \% = 10 \%$$

Al haber una notable diversidad de grupos de activos financieros rentables no podemos hablar de un tipo de interés único para toda la economía. Si diversos activos tienen rentas netas anuales distintas y diferentes grados de liquidez y solvencia, y siempre que el mercado de activos reciba una puntual información de estas características, la compra-venta de títulos fijará un precio de cada activo que considere estos condicionantes en relación a los otros valores y, consecuentemente, los tipos de interés variarán.

Un activo que aumente su renta neta, mejore su grado de liquidez o disminuya su riesgo elevando su solvencia, es más interesante para los ahorradores y, por tanto, será más demandado. La creciente demanda de un activo elevará su precio y, por tanto, reducirá el interés si la renta neta nominal permanece constante o varía menos que el precio del activo.

$$\uparrow D_b \rightarrow \uparrow P_b \rightarrow \downarrow r$$

Así pues, y como regla general, si la renta neta es constante, los precios de los activos y sus intereses varían en relación inversa. Naturalmente, ésta es una forma muy simple de abordar el análisis del funcionamiento del mercado de activos. En el caso de los bonos hay que tener presente además que la variación del precio de cotización en el mercado dependerá también del tiempo que quede para su amortización final. Así, un bono próximo a ser amortizado tenderá a tener una cotización o precio de mercado muy parecida al valor de emisión, que es el que recibirá su tenedor, siendo bastante insensible a los movimientos del mercado. En cambio, el precio de los bonos será más sensible al estado general del mercado de activos si el plazo pendiente hasta su amortización es mayor. Cabe también considerar el efecto sobre el precio de los bonos actuales ante una nueva emisión de títulos si las condiciones de emisión de los títulos nuevos son sustancialmente diferentes de los activos en el mercado.

En lo que afecta a las acciones, su rendimiento dependerá de su cotización en Bolsa, de la solvencia de la empresa, de los dividendos esperados y de las plusvalías que puedan obtenerse por el derecho de suscripción de nuevas acciones.

Los mercados de activos se han caracterizado en los últimos años por ser muy dinámicos e internacionales. Los operadores de los mercados se han esforzado por crear activos nuevos de características muy diversas, al objeto de captar recursos en diversos segmentos de los ahorradores y financiar de la forma más favorable proyectos empresariales o públicos. Esta multitud de productos se ha expandido por las principales Bolsas de Valores mundiales, haciéndolas en su conjunto muy permeables a perturbaciones puntuales inesperadas y añadiendo un alto grado de dificultad a la hora de predecir las tendencias de la cotización de los valores.

Sin embargo, esta mayor integración de los mercados de valores gracias también al alto nivel tecnológico utilizado hace del sector financiero un mercado bastante eficiente que se ajusta con rapidez. Esto quiere decir que los agentes operadores tienen buena información y la incorporan rápidamente en sus operaciones; o lo que es lo mismo, que las cotizaciones recogen con rapidez las nuevas tendencias produciendo los ajustes necesarios. De esta forma, los diferentes activos guardan de manera estable un diferencial de tipo de interés entre ellos como consecuencia del desigual grado de liquidez y solvencia de cada uno.

En este análisis hay que tener presente que partimos de agentes económicos racionales, con aversión al riesgo y preferencia por la liquidez. Esto quiere decir que prefieren los activos más rentables, más solventes y más líquidos, y ajustarán sus carteras de valores cuando consideren que hay una combinación de títulos mejor (siempre teniendo en cuenta que todo ajuste ocasiona unos costes de transacción que tienen que valorar). Y además hay que tener presente que pueden igualmente optar por hacer depósitos en los bancos, o por financiarse mediante préstamos bancarios, con lo que extienden el ajuste a la totalidad de los activos financieros.

Tras todas estas puntualizaciones, se comprenderá que el supuesto tradicional para estudiar el funcionamiento del mercado de activos no es tan limitativo como a primera vista parece. En efecto, el supuesto considera exclusivamente dos activos financieros: los bonos y el dinero; e incluso aquéllos son valores perpetuos que jamás serán amortizados. Pero podemos comprender que las alteraciones que sufran el precio de estos bonos y su tipo de interés originan ajustes más amplios en la totalidad de los activos financieros no monetarios que representan. Además, esta simplificación nos permitirá considerar un único tipo de interés para toda la economía.

RIQUEZA Y MERCADO DE ACTIVOS

Los agentes económicos, con independencia de que sean familias o empresas, tienen una determinada situación patrimonial que viene determinada por la relación entre sus activos y sus pasivos. Puesto que hay activos rentables, se puede mejorar notablemente la situación patrimonial con una gestión adecuada. En nuestro modelo, limitado a dos activos, los agentes económicos deben optar por mantener su riqueza (o conjunto de activos que poseen) en dinero o en bonos. En el supuesto de que los bonos sean títulos perpetuos emitidos por el Estado, la solvencia no es una característica diferenciadora de estos activos en cuanto a la seguridad de cumplir con sus compromisos (pago de intereses) por parte de la entidad emisora, pero sí existe el riesgo de pérdida de riqueza por una caída del precio de los bonos en el mercado (naturalmente si el bono es un activo representativo de la totalidad de activos rentables, la solvencia será menor que la del dinero). Así, tenemos un activo rentable que conlleva ciertos riesgos —bonos— y otro plenamente líquido —dinero—. La gestión de cartera o mantenimiento de la riqueza consistirá en seleccionar en cada momento la relación entre dinero y bonos que haga máxima la riqueza y satisfaga nuestros deseos de liquidez.

Los ahorros, que constituyen el flujo que incrementa el stock de riqueza, son en cierta medida un sacrificio de consumo presente en aras de un consumo futuro. La alteración de los precios de los bienes puede mermar la capacidad de compra de la riqueza si el valor nominal de la riqueza no varía. Por esta razón, el análisis del mercado de activos se realiza en términos reales, tanto para la oferta y demanda de bonos, como para la riqueza real (W_r), que definimos como riqueza nominal (W_n) dividida por el nivel de precios de los bienes (P). Para el análisis de la oferta y demanda de dinero consideraremos que se hace en saldos reales, es decir, teniendo en cuenta la capacidad de compra del dinero. Así, la oferta monetaria en saldos reales (L_s) será la oferta nominal de dinero (M_s), dividida por el nivel de precios, y la demanda en saldos reales será la demanda de saldos nominales (M_d) dividida por los precios:

$$W_r = \frac{W_n}{P} \quad ; \quad L_s = \frac{M_s}{P} \quad ; \quad L_d = \frac{M_d}{P}$$

Volviendo al estudio del mercado de activos, en el supuesto de que la oferta de bonos (B_s) y la oferta de dinero (L_s) sean constantes (midiéndose ambas magnitudes en términos reales), la gestión de la riqueza real (W_r) consiste en determinar la demanda de dinero (L_d) y la demanda de bonos (B_d). La suma de ambas magnitudes deberá ser igual a la riqueza real agregada para toda la economía:

$$\frac{W_n}{P} = L_d + B_d$$

Esta igualdad es importante porque indica que los mercados de dinero y el de bonos se ajustan conjuntamente. En efecto, si por alguna razón aumenta en algunos agentes el deseo de tener más dinero, tendrán que desprenderse de algunos bonos para obtener los medios de pagos adicionales que desean. El equilibrio del mercado de activos significa que no hay deseos de modificar las estructuras de las carteras y, por tanto, coinciden la oferta y la demanda de dinero y la oferta y la demanda de bonos:

$$L_s = L_d$$
$$B_s = B_d$$
$$W_r = \frac{W_n}{P} = L_d + B_d = L_s + B_s$$

Como suele ser tradicional, estudiaremos con detalle el ajuste del mercado de dinero, partiendo del análisis de la demanda de dinero y de la oferta de saldos reales. Su equilibrio sólo se alcanza cuando los agentes económicos estén satisfechos con la cantidad de dinero que poseen, pero en este punto también deberán estar satisfechos con la cantidad de bonos en su cartera, ya que la elección está limitada para un stock dado de activos, y si deciden globalmente la cantidad de bonos que desean mantener, también están precisando implícitamente el volumen de saldos reales que desean en su cartera. Así pues, al determinar, como haremos seguidamente, el equilibrio del mercado de dinero se está equilibrando el mercado de activos en su conjunto; para ello tendremos que analizar las razones por las que se demanda dinero y cómo se determina la oferta monetaria.

LA DEMANDA DE DINERO

El público demanda dinero por tres razones básicamente: por motivo transacción, por motivo precaución y por motivo especulación.

La *demanda de dinero por motivo transacción* se debe principalmente a que el dinero se utiliza como medio de cambio y a la existencia de una falta de sincronización entre los ingresos y los pagos. No se percibe la nómina diariamente, ni se paga el alquiler de un día de la vivienda, ni se compran alimentos exclusivamente para un día. Por otro lado, las empresas tampoco obtienen de sus ventas diarias el importe justo para pagar sus materias primas, salarios y otros costes. El funcionamiento de la economía requiere mantener unos saldos líquidos para hacer frente a nuestras transacciones habituales, y por ello se demanda dinero. ¿Cuánto? Depende principalmente del montante de nuestras transacciones, que a su vez estarán estrechamente relacionadas con nuestra **renta** (Y). Esta renta real condiciona el volumen de transacciones reales, de forma que la demanda de dinero en saldos reales (L_d) no se altera si suben los precios de los bienes, aunque en este caso sí subiría la demanda nominal de dinero (M_d).

También la demanda de dinero por motivo transacción se verá afectada por el coste de oportunidad de poseer dinero en lugar de activos rentables como los bonos. En efecto, si mantenemos saldos en dinero dejamos de percibir un **interés** (r), que podríamos ingresar si suscribiésemos bonos. Si el tipo de interés es muy alto intentaremos tener el menor volumen posible de saldos en dinero y demandaremos más bonos a ese alto interés.

Otro factor que incide en este motivo son los **costes de transacción y molestias** (C_t). Si el mercado de activos no funciona con rapidez y las comisiones de la compra y venta de activos son altas, es posible que no merezca la pena comprar bonos para venderlos al poco tiempo y hacer frente a nuestras transacciones. Estar siempre pendiente del tipo de interés y de la necesidad de disponer de dinero en cada momento es igualmente molesto y acentúa la preferencia por la liquidez. Finalmente, hay una serie de motivos relacionados con las **instituciones** económicas (I_t) que afectan a la demanda de dinero por motivo transacción. Este motivo hace referencia a determinadas formas que el sistema financiero ha creado para hacer frente a las transacciones, sin necesidad de tener dinero en ese momento. En concreto, la proliferación de tarjetas de crédito ha reducido la demanda de dinero, puesto que con ellas los agentes pueden hacer compras posponiendo su pago incluso varios meses, además de poder disponer con rapidez de dinero en efectivo. En estos factores institucionales hay también que destacar los hábitos de comportamiento de los distintos agentes económicos y principalmente la periodificación de los pagos, en especial la costumbre de hacer los pagos salariales. La demanda de dinero será menor si se paga semanalmente las nóminas que si se paga mensualmente.

Si la demanda de dinero por motivo transacción se justifica en la necesidad de mantener saldos reales para hacer frente a operaciones previstas, la *demanda de dinero por motivo precaución* tiene su razón de ser en la existencia de acontecimientos imprevistos fruto de la incertidumbre. Se realizan con frecuencia compras y pagos imprevistos y es usual que no sepamos cuándo tenemos que hacer frente con exactitud a pagos de operaciones a créditos por compras realizadas, al margen de sucesos inesperados que aconsejan esta tendencia de saldos por precaución. Por lo general, se mantendrán más saldos reales por este motivo si nuestro nivel de operaciones es mayor, es decir, si la renta es mayor; y esta demanda de dinero se reducirá si el coste de oportunidad de no tener activos rentables es alto, o lo que es lo mismo, si el tipo de interés es elevado.

Finalmente, la *demanda de dinero por motivo especulación* considera al dinero como un activo más, es decir, como una forma de mantener la riqueza. Si optamos por tener nuestra riqueza en dinero, perdemos el interés que nos reportaría la tenencia de bonos. Si decidiéramos tener toda nuestra riqueza en bonos, asumiríamos el riesgo de pérdida de riqueza si los

Mercado de activos (II): dinero y tipos de interés **159**

precios de los bonos se desplomaran. Si el interés es alto preferiremos tener bonos a dinero; un alto interés significa que los precios de los bonos son bajos y, por tanto, atractivos para comprarlos. Cuando el interés es bajo, tener dinero cuesta poco (en cuanto al coste de oportunidad o lo que se deja de ganar), y los precios de los bonos estarán demasiado altos como para desear comprarlos. Las expectativas juegan también un importante papel en esta demanda de dinero. Si son favorables se esperará que los bonos suban de precio y, por tanto, alentarán la compra de estos activos. En un momento en que cambien las expectativas y sean más pesimistas, el público creerá que el precio de los bonos va a caer, venderá sus bonos y demandará más dinero para anticiparse al desplome de las cotizaciones.

En el motivo especulación también influye el stock de riqueza en sí. Aunque varía muy lentamente, un aumento del stock global de riqueza de toda la economía se reflejaría en un mayor deseo de mantener dinero y también bonos.

Podríamos resumir considerando que *la demanda total en saldos reales de dinero* (L_d) es la suma de la demanda de dinero por motivo transacción (L_t), más la demanda de dinero por motivo precaución (L_p), más la demanda de dinero por motivo especulación (L_e):

$$L_d = L_t + L_p + L_e$$

En cuanto a las variables que inciden en ella, la demanda de dinero en saldos reales sube ($\uparrow L_d$) si se eleva la renta ($\uparrow Y$), baja el tipo de interés de los bonos ($\downarrow r$), aumentan los costes de transacción ($\uparrow C_t$), empeoran las formas de obtener saldos líquidos por razones institucionales ($\downarrow I_t$) o aumenta la riqueza real ($\uparrow W_r$). De todas estas variables, las tres últimas o son bastante estables o tienen un impacto menor en la demanda de dinero. Por ello se consideran generalmente variables fundamentales en la determinación de la demanda de dinero la renta en relación directa ($\uparrow Y \to \uparrow L_d$) y el tipo de interés en relación inversa ($\uparrow r \to \downarrow L_d$).

$$\begin{aligned} L_d &= L(Y, r) \\ &(\uparrow Y \to \uparrow L_d) \\ &(\uparrow r \to \downarrow L_d) \end{aligned}$$

Gráficamente, representando en las abscisas los saldos reales (L) y en las ordenadas la renta real (Y), la demanda de dinero aparece como una recta creciente que parte del origen, como refleja el Gráfico 8.1.

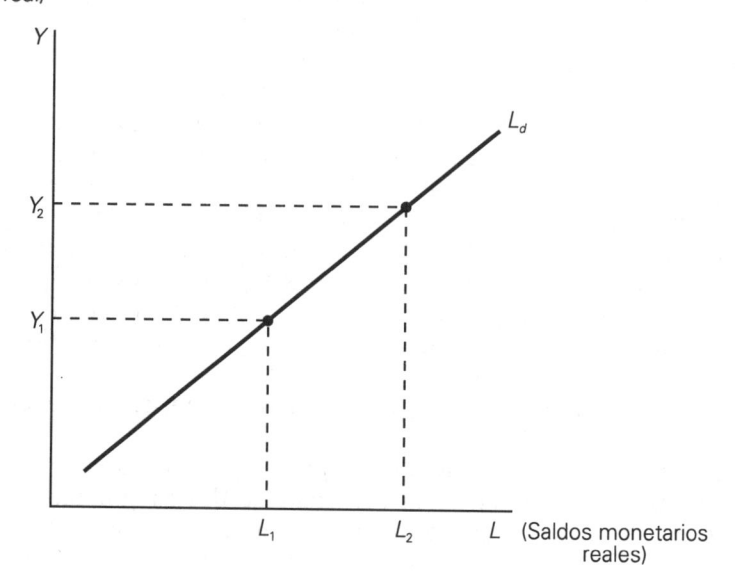

Gráfico 8.1. Demanda de dinero en función de la renta.

Si representamos en el eje de ordenadas el tipo de interés, la demanda de dinero (L_d) será una recta decreciente que nos indica cómo aumenta la demanda cuando el tipo de interés desciende (Gráfico 8.2). En este último gráfico en el que se considera la demanda de dinero en función primordialmente del tipo de interés, la recta L_d nos indica cuál es la demanda de dinero para cada tipo de interés. Así, para el nivel de tipo de interés r_1, el público desea mantener unos saldos líquidos por los tres motivos, igual a L_1; y si el interés bajara a r_2 aumentaría la demanda de dinero hasta L_2, pero esto ocurre siempre que la renta no varíe. En efecto, si nuestro nivel de renta actual es Y_1 para r_1 se demanda L_1 como muestra el Gráfico 8.2, pero si la renta sube (hasta Y_2, por ejemplo), la demanda de dinero aumentará porque al aumentar la renta sube la demanda principalmente por motivo transacción. Gráficamente, esto se refleja en un desplazamiento hacia la derecha de la recta L_d, como muestra el Gráfico 8.3. Véase que para el tipo de interés r_1 en la nueva recta de demanda $L_d(Y_2)$ los saldos reales requeridos son muy superiores a L_2.

En resumen, la recta de demanda de dinero para un nivel de renta dado es decreciente al tipo de interés; la demanda desciende si el tipo aumenta. Si la renta aumenta, desplaza la recta L_d a la derecha, y si la renta disminuye, la recta de demanda de dinero se desplaza a la izquierda:

$$\uparrow Y \to \vec{L}_d \quad | \quad \downarrow Y \to \overleftarrow{L}_d$$

Mercado de activos (II): dinero y tipos de interés **161**

(Tipo de interés)

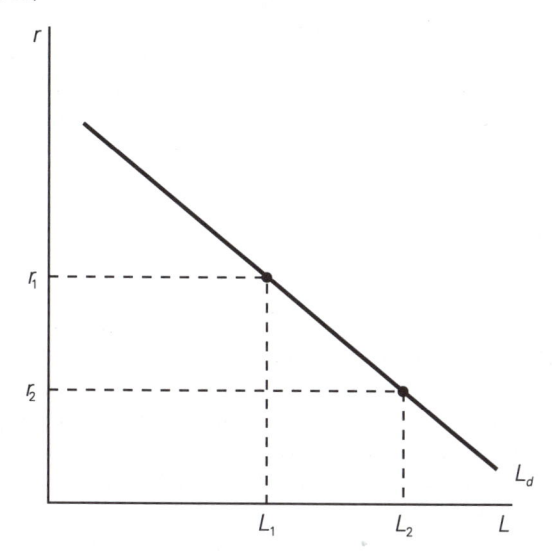

Gráfico 8.2. Demanda de dinero en función del tipo de interés.

(Tipo de interés)

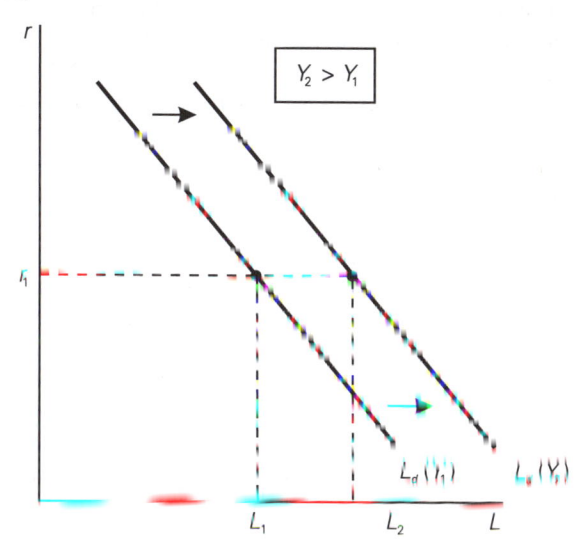

Gráfico 8.3. Demanda de dinero en función del tipo de interés ante cambios de renta.

Para terminar con el comportamiento de la demanda de dinero debemos señalar que los precios no afectan a la demanda de dinero en saldos reales (L_d), pero sí a la demanda nominal de dinero (M_d). Una subida de los precios hará subir la demanda nominal de dinero, porque para realizar las mismas transacciones necesitaremos más medios de pagos nominales, pero los mismos saldos reales.

LA OFERTA MONETARIA

Entendemos por oferta monetaria en saldos reales (L_s) la relación entre la oferta nominal de medios de pagos (M_s) y el nivel de precios (P). La autoridad monetaria (Banco Central de cada país) controla la oferta monetaria real a través de los saldos nominales (M_s) en el supuesto de que los precios sean constantes o conozca la variación de los mismos. La oferta nominal depende de la voluntad de la autoridad monetaria, que fija el stock de dinero en circulación según sus objetivos de política monetaria, como reacción a perturbaciones exógenas al Banco Central, o debido a alteraciones en las necesidades de liquidez del sistema financiero. En efecto, si un país tiene un sistema monetario de tipos de cambio fijos, una demanda extranjera de divisas nacionales (deseo de comprar pesetas a cambio de francos franceses) obligará al Banco Central a poner en circulación una mayor cantidad de billetes de la que en un principio deseaba mantener; esto es lo que se denomina perturbación exógena (la relación del mercado monetario con el sector exterior no es propiamente materia de estudio de este capítulo). Igualmente, las necesidades del sistema obligan a veces a la autoridad monetaria a crear dinero para

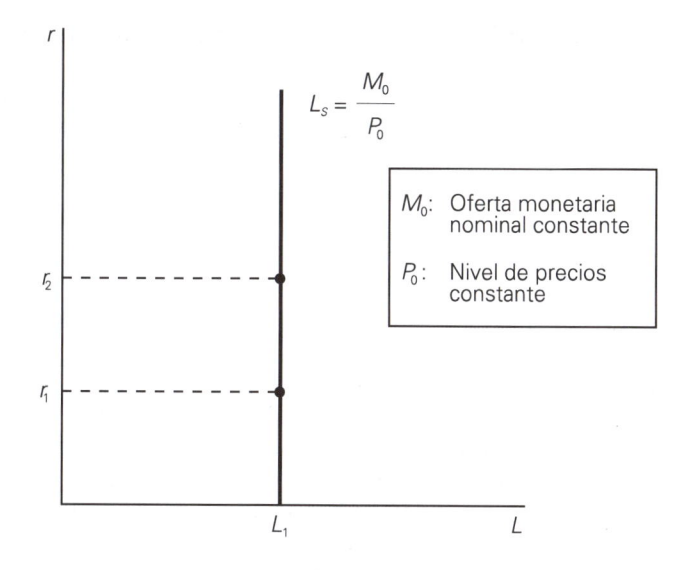

Mercado de activos (II): dinero y tipos de interés 163

Gráfico 8.4. La oferta monetaria.

En el Gráfico 8.5 podemos observar una oferta monetaria inicial ($L_s = M_0/P_0$), que se desplaza hacia la derecha porque el Banco Central decide poner más dinero en circulación ($L'_s = M_1/P_0$). Igualmente se desplaza dicha recta a la izquierda si aumenta el nivel de precios ($L''_s = M_0/P_1$).

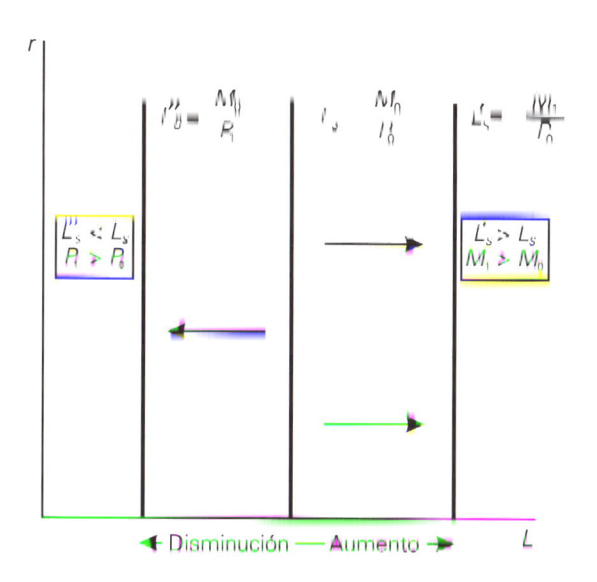

Gráfico 8.5. Aumento y disminución de la oferta monetaria.

Aunque al hablar de la oferta monetaria nominal podríamos referirnos a cualquiera de los cinco agregados monetarios (M_1, M_2, M_3, ALP1 o ALP2), nos referimos a la M_1 (efectivo en manos del público + depósitos a la vista) para simplificar el análisis que es extensible a las otras magnitudes, con las lógicas ampliaciones del modelo.

EL AJUSTE DEL MERCADO DE DINERO

Tras considerar por separado la oferta y la demanda de dinero, estamos en disposición de estudiar el proceso de ajuste del mercado de dinero y la determinación del tipo de interés. ¿Cómo se realiza este ajuste? Para estudiarlo partiremos de la representación conjunta de la oferta y la demanda de saldos reales, considerando en el eje horizontal nuevamente los saldos reales y en el eje vertical el tipo de interés, como hacemos en el Gráfico 8.6. Para comprender el ajuste podemos partir de un mercado de activos en el que el tipo de interés sea muy elevado.

En efecto, si el tipo de interés de mercado fuera r_5, la oferta de dinero que se mantiene inalterable viene representada por el segmento ac. La demanda de dinero para un nivel de renta Y_0, viene representada por la recta $L_d(Y_0)$, decreciente al tipo de interés. Si el interés es muy elevado (r_5), la demanda de dinero será baja, justamente el segmento AB. Para un interés tan elevado, el coste de tener dinero es muy alto y los precios de los bonos muy bajos, lo cual anima al público a tener menos saldos líquidos y más activos rentables. ¿Es ésta una situación estable o de equilibrio? Indudablemente no lo es. Al ser la oferta mayor que la demanda ($ac > ab$) hay un exceso de liquidez. El público no quiere tener tanto dinero como hay en circulación ($L_s > L_d$); la alternativa ante este exceso de dinero es comprar más bonos, pero al aumentar la demanda de bonos ($\uparrow B_d$) subirá el precio de los mismos ($\uparrow P_b$) y bajará el interés ($\downarrow r$); esta bajada del interés disminuye el coste del dinero y, por tanto, aumentará la demanda de dinero ($\uparrow L_d$), reduciéndose así en parte el exceso de liquidez. Si el descenso del interés ha sido de r_5 a r_4, sigue existiendo un exceso de liquidez, ya que la oferta de saldos reales (df) sigue siendo mayor a la demanda (de), por lo que el tipo de interés seguirá cayendo hasta r_3, en el que el stock de dinero en circulación coincide con la demanda de dinero. Entonces tendremos una situación estable o de equilibrio.

Hay que tener presente que al equilibrarse el mercado de dinero se equilibra también el mercado de bonos a un precio de los bonos (P_b) al que la oferta de bonos coincide con la demanda ($B_s = B_d$). Es importante entender que si la demanda de bonos fuera inferior o superior a su oferta, la demanda de dinero sería superior o inferior a la oferta monetaria, respectivamente. El equilibrio conjunto del mercado de bonos y dinero y el hecho de que los bonos representen al conjunto de activos financieros rentables que cotizan en Bolsa es explicativo del inmediato efecto que se produce en las cotizaciones de la generalidad de los activos ante cambios drásticos de la política monetaria.

En el Gráfico 8.7 representamos una situación en la que el interés es muy bajo (r_1). En este caso, la demanda de dinero es muy elevada (gi) y muy superior a la oferta monetaria (gh). El bajo coste de oportunidad de tener dinero anima a mantener más saldos reales, al igual que el elevado

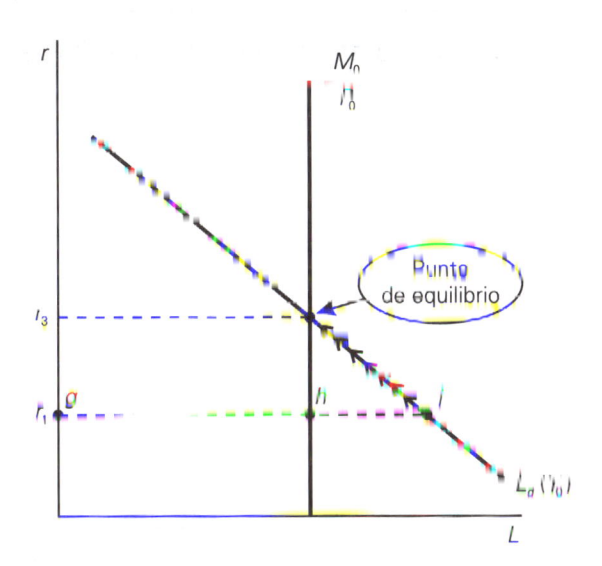

Gráfico 8.7 Ajuste del mercado de dinero (II).

precio de los bonos que hace que el interés sea bajo. En esta situación existe una falta de liquidez ($L_s < L_d$; $gh < gi$) y el público, si desea tener más dinero del que dispone, tendrá que vender sus bonos ocasionando una caída del precio de estos activos rentables. Al caer el precio de los bonos sube el interés y entonces la demanda de dinero disminuye eliminándose la situación de falta de liquidez. Como puede adivinarse, será necesario una subida del tipo de interés hasta r_3 para que estemos en una situación estable tanto en el mercado de dinero como en el mercado de bonos. Esta situación de estabilidad en la que los agentes económicos están satisfechos con la distribución de su riqueza entre activos rentables y dinero es lo que se denomina situación o punto de equilibrio; lo importante, no obstante, es comprender el proceso de ajuste al equilibrio y por qué si los agentes económicos tienen un comportamiento racional se tiende a este punto.

¿Se ajusta rápidamente el mercado de activos? El desarrollo del mercado de valores, y en general del sistema financiero, asegura un ajuste muy rápido ante cualquier perturbación, lo cual no quiere decir que el tipo de interés permanezca estable a largo plazo. Cualquier desplazamiento de la oferta o la demanda de dinero producirá situaciones de falta o exceso de liquidez y, por tanto, alteraciones en el precio de los activos rentables y en los tipos de interés. La realidad es que los tipos de interés a muy corto plazo (como el interbancario a un día o una semana) y a medio plazo (como el interbancario a tres meses) son muy sensibles a cualquier variación de los mercados.

PERTURBACIONES EN EL MERCADO DE DINERO

Una vez entendido el proceso de ajuste del mercado de activos podemos analizar el efecto sobre el tipo de interés de algunas «perturbaciones», es decir, de modificaciones de las variables que hasta ahora hemos considerado exógenas o dadas. Estas son: la oferta nominal de dinero, el nivel de renta, los precios y las variables que influyen en el grado de la preferencia por la liquidez, como, por ejemplo, una variación de expectativas.

Alteraciones de la oferta monetaria. La oferta nominal de dinero puede sufrir cambios debido bien a la variación de los deseos de la autoridad monetaria, bien a modificaciones de factores exógenos al Banco Central (obligaciones de comprar y vender divisas nacionales para mantener un tipo de cambio fijo). En el Gráfico 8.8 se considera el supuesto del aumento de los saldos nominales de dinero. Al aumentar la oferta nominal desde M_0 hasta M_1 se desplaza la oferta de saldos reales hacia la derecha. El mercado de dinero que estaba ajustado con la oferta anterior para un tipo de interés r_3 presenta ahora una situación de exceso de liquidez dado que la demanda para r_3 (ab) es inferior a la nueva oferta (ac). El público, ante la tenencia de saldos indeseados de dinero, compra bonos para recibir intereses; al hacerlo, hace subir el precio del bono y consiguientemente se reduce el tipo de interés, lo que ocasiona un incremento de la demanda de dinero que anula el exceso de liquidez inicial. A medida que el tipo de interés se acerque a r_2, los mercados de dinero y bonos ser irán ajustando simultáneamente.

Así pues, un incremento de la oferta monetaria origina una disminución en los tipos de interés, que a su vez hace subir la demanda de dinero hasta

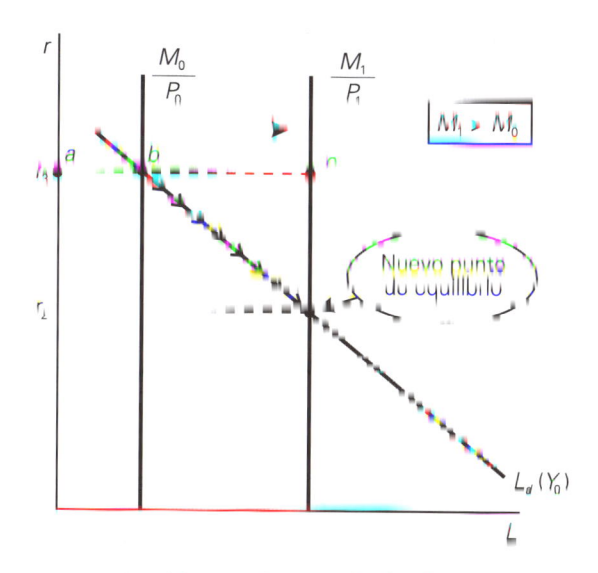

Gráfico 8.8. Ajuste del mercado de dinero ante una expansión de la oferta monetaria.

eliminar el excedente de liquidez adicional no deseado. También ha hecho subir el precio de los bonos y, en general, de las cotizaciones de los activos alternativos al dinero.

Un drenaje de liquidez, o disminución de la oferta monetaria, desplazaría la recta de oferta de dinero a la izquierda y el ajuste del mercado elevaría el tipo de interés.

Alteraciones del nivel de renta. Si sube la renta real de una economía se incrementarán las transacciones que se desean hacer y con ello la demanda de dinero. Esto es lo que refleja el Gráfico 8.9. La demanda de dinero para el nivel de renta Y_0 se desplaza hacia la derecha hasta una nueva recta de demanda de dinero para el nivel de renta Y_1. Al tipo de interés de equilibrio inicial r_3, sobre la nueva recta de demanda de dinero $L_d(Y_1)$ se origina una situación de falta de liquidez, ya que la oferta de dinero (*ab*) es notablemente inferior a la demanda (*ac*). En esta situación, el público, para satisfacer sus deseos de medios de pago, venderá bonos y los precios de estos activos comenzarán a descender a la par que sube el tipo de interés; con la subida del interés el coste de tener saldos líquidos aumenta y disminuye la demanda de dinero, atenuándose la presión sobre la falta de liquidez. Cuando los intereses se eleven hasta r_5, la demanda se habrá adecuado a la oferta y la falta de liquidez irá desapareciendo.

Alteraciones en los precios. El nivel de precios afecta, como hemos dicho, a la oferta de saldos reales y a la demanda nominal de dinero. En este segundo caso, puesto que consideramos la demanda en saldos reales, las alteraciones de los precios no modifican la recta de demanda de dinero y, por tanto, desde el punto de vista de la demanda no se altera el equilibrio del mercado de activos. (El público que demandaba dinero para comprar unos determinados bienes y servicios sigue deseando adquirirlos si suben sus precios nominales y la renta real permanece constante, pero necesitará más saldos nominales para adquirirlos aunque los mismos saldos reales, puesto que desea la misma cantidad de bienes y servicios que antes.) Sin embargo, una subida de precios disminuye la oferta monetaria en términos reales. Si los precios suben pasando de un nivel P_0 a otro P_1, la oferta de dinero se desplazará a la izquierda, como muestra el Gráfico 8.10, y al tipo de interés de equilibrio inicial (r_3) el mercado de dinero estará desajustado. En efecto, para r_3 si consideramos la oferta monetaria M_0/P_1, la demanda de dinero (*ac*) es muy superior a los nuevos saldos reales existentes (*ab*). La falta de liquidez originará una venta de bonos que tras hacer caer sus precios elevará el interés, desalentando al público en su deseo de tener dinero. Cuando la demanda de dinero va decreciendo por la subida del interés, la falta de liquidez del sistema cesa. El efecto final puede resumirse afirmando que una subida de los precios eleva el tipo de interés. De esta forma es fácil comprender los elevados tipos de interés que acompañan a las economías con altas tasas de inflación.

Alteraciones en la preferencia por la liquidez. Al referirnos a la demanda de dinero por motivo precaución y por motivo especulación, hicimos referencia a la incidencia que la incertidumbre económica y las expectativas tienen en los agentes económicos. Estas variables son difíciles de estudiar y su predicción obedece más a las impresiones personales de los agentes económicos que a sofisticados modelos matemáticos, aunque a veces éstos y las señales que los gobiernos emiten tienen un fuerte peso a la hora de

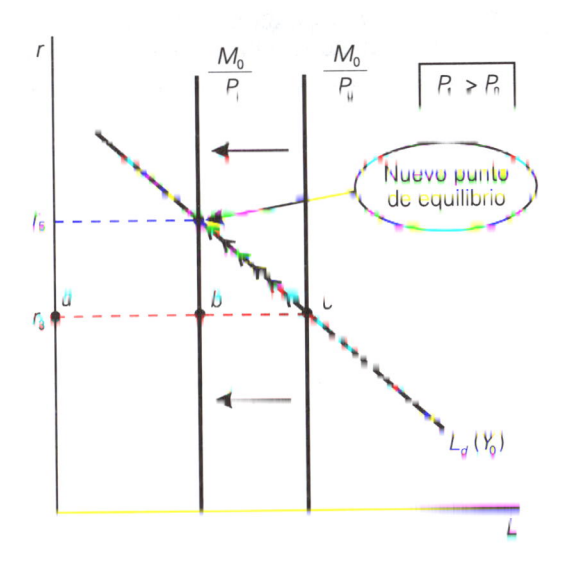

Gráfico 8.10. Ajuste del mercado de dinero ante una subida de los precios.

formar las expectativas. A veces algunos agentes especialmente bien informados asumen esta función de aventurarse a pronosticar el futuro y el público sigue tales predicciones en algunos mercados muy específicos.

En lo que afecta al mercado de activos, las expectativas juegan un papel fundamental, puesto que los agentes reflejan sus impresiones sobre el futuro en la forma en que desean mantener la riqueza. Malas expectativas sobre el devenir económico suelen reflejarse en una mayor preferencia por la liquidez, que es una forma a fin de cuentas de reducir el riesgo. Esta preferencia por la liquidez desplazaría la demanda de dinero hacia la derecha, motivando una falta de liquidez que origina la venta de bonos, la caída de sus precios y la elevación del interés, que compense ese mayor riesgo estimado. Naturalmente si la estimación de unas expectativas negativas es generalizada, la venta masiva de activos rentables desploma las cotizaciones bursátiles y los índices de las Bolsas.

Cuando las expectativas son buenas, el público desea tener una mayor parte de su riqueza en activos rentables y la recta de demanda de dinero se desplaza hacia la izquierda. La preferencia ahora por la tenencia de bonos eleva sus precios y hace caer el interés.

Las expectativas económicas de los agentes deben ser siempre tenidas en cuenta en el estudio del entorno económico, pero muy especialmente al considerar los mercados de activos y las operaciones financieras. El problema es la enorme dificultad que encontramos para estimarlas y aún más para predecirlas. Esta es una limitación del análisis económico que no debemos olvidar.

Igualmente debemos considerar los cambios en la preferencia por la liquidez, principalmente en lo referente a la demanda de dinero por motivo de precaución y transacción, si el sistema funciona con rapidez y podemos vender rápidamente nuestros activos rentables cuando así lo necesitemos. Así pues, las características institucionales de los mercados financieros también influyen en la función de demanda.

Gráficamente, las alteraciones producidas por un mayor grado de preferencia por la liquidez implican un desplazamiento hacia la derecha y hacia arriba de la demanda de dinero. El ajuste del mercado monetario es similar al supuesto de una subida de la renta real (Gráfico 8.9).

LA POLITICA MONETARIA

Una vez explicado el funcionamiento del mercado de dinero, estamos preparados para comprender uno de los principales mecanismos que tiene el Gobierno para incidir sobre la economía: la política monetaria.

¿Qué es la política monetaria? La política monetaria consiste fundamentalmente en controlar la oferta monetaria para conseguir unos determinados objetivos de política económica.

¿Qué persigue? Hay que tener presente que el tipo de interés es una de las principales variables que inciden sobre la inversión (volumen de existencias empresariales, bienes de capital y viviendas) y en menor medida sobre el consumo (principalmente sobre los bienes de consumo duraderos que suelen comprarse a plazos). Si tenemos presente que mediante la política fiscal se puede incidir en dos importantes componentes de la demanda agregada como el consumo y el gasto público, realizando una política conjunta fiscal y monetaria, el Gobierno cuenta con suficientes instrumentos —al menos aparentemente— como para suavizar los efectos negativos del ciclo económico y evitar las recesiones profundas.

Comparando ambas políticas, la monetaria tiene la ventaja de que actúa más rápidamente y de forma más flexible que la política fiscal, que requiere la aprobación previa de los Presupuestos del Estado por el Parlamento.

Básicamente, la política monetaria consiste en controlar la oferta monetaria para alterar el tipo de interés e incidir así en la demanda agregada y, por tanto, en la producción, el empleo y cómo se verá en los precios. Una política monetaria expansiva o suave, que incremente la oferta monetaria (desplazando la recta de oferta de dinero a la derecha), haría descender el tipo de interés y aumentaría la inversión y la demanda agregada, mientras que en el caso de una política monetaria restrictiva o dura (que desplazaría la recta de la oferta monetaria hacia la izquierda), la disminución del stock de saldos reales originaría una subida del tipo de interés, que retraería la inversión y la demanda agregada.

¿Cuáles son los instrumentos de política monetaria? Los instrumentos tradicionales que puede utilizar la autoridad monetaria para modificar la cantidad de dinero en circulación son: la alteración de los coeficientes de

liquidez de los bancos comerciales, los cambios en los tipos de redescuento de los efectos comerciales, las operaciones de mercado abierto y los consejos y recomendaciones al sistema financiero.

Los cambios habidos en el sistema financiero en los últimos años han alterado la forma tradicional de hacer política monetaria y la propia naturaleza de estos instrumentos habituales. El sistema financiero ha sufrido un proceso continuo de innovaciones, a la vez que se ha internacionalizado de manera notable, y la integración de monedas en sistemas monetarios estables ha modificado la esencia propia de la política monetaria y debe ser analizada en un entorno distinto y más complejo.

Así, el proceso de integración europeo ha llevado a dejar de lado la alteración de los coeficientes de caja como instrumento de política monetaria. La alteración de estos coeficientes obligaba a los bancos comerciales a retener más o menos efectivo en su caja, no pudiendo otorgar préstamos y frenando así el proceso de expansión de sus activos rentables y consiguientemente de los depósitos a la vista. Pero este mecanismo obligaba a alterar la composición de todo el activo con frecuencia, lo que generaba costes e incertidumbre en estos agentes; a su vez, la libertad de movimientos de capitales y la competencia internacional de las entidades financieras exigía un coeficiente de liquidez similar para todos los países. Al establecer el 3 por 100 como coeficiente de caja (encaje sobre depósitos) para los países que van ajustando su normativa nacional a las directivas comunitarias, la autoridad monetaria ha perdido uno de sus instrumentos tradicionales de política monetaria.

El redescuento de efectos (letras de cambio) permitía a los bancos comerciales presentar sus efectos al

liquidez del sistema, simplemente no ofrece préstamos nuevos o no renueva los préstamos que se rescinden, cosa que ocurre diariamente. (Este instrumento fue muy utilizado por el Banco de España con anterioridad a enero de 1993.)

El instrumento tradicional que permanece vigente es la intervención del Banco Central en mercado abierto. Mediante este instrumento, si la autoridad monetaria decide aumentar los saldos líquidos del sistema, compra activos como Letras o Pagarés del Tesoro a cambio de dinero. La venta de estos activos por el Banco Central es la forma de hacer una política restrictiva, cuando el Banco de bancos recibe el precio de la venta.

En el año 1990, el Banco de España redujo el coeficiente de caja del 17 al 5 por 100, acogiéndose a la directiva comunitaria. Para evitar la enorme subida de liquidez que hubiera originado esta medida en el sistema monetario, obligó a suscribir a los bancos comerciales unos activos emitidos para tal ocasión denominados «certificados del Banco de España» o «cebes». Actualmente, la circulación de estos activos, que devengan un interés del 6 por 100 pagadero semestralmente y se amortizarán entre 1993 y el año 2000, ha permitido al Banco de España contar con un activo muy adecuado para sus operaciones de mercado abierto.

Finalmente hay que decir que las recomendaciones del Banco Central, aunque carentes de poder coercitivo, ejercen una notable presión sobre las instituciones financieras a la hora de rescindir los préstamos a los particulares o denegar las peticiones de créditos, con lo que se aminoran los depósitos a la vista y el efectivo en manos del público y, por tanto, la liquidez del sistema.

Las dificultades de la política monetaria

Dado que mediante el control de la Base monetaria es posible poder ejercer una influencia sobre el gasto global y, por tanto, sobre la producción y el empleo, podría pensarse que la política monetaria es un instrumento definitivo para el control de las desviaciones cíclicas. Sin embargo, el manejo de la política monetaria se hace en la práctica especialmente difícil debido a una serie de problemas importantes.

En primer lugar hay que resaltar la falta de información completa y puntual de las variables macroeconómicas, que impiden obtenerlas en el momento justo y en un grado correcto. Calcular el incremento necesario de efectivo en circulación y el momento de hacer una expansión no es tarea fácil.

Además, aunque nosotros hablamos indistintamente de «Oferta monetaria» y de su efecto en el sector real de la economía se plantea igualmente el problema de identificar cuál de los cinco agregados monetarios está mejor correlacionado con el sector real. De hecho, se utilizan normalmente los ALP como agregados a controlar, y en la actualidad la M_3 como indicador para coordinar las políticas monetarias comunitarias. A este respecto con viene aclarar que la autoridad monetaria puede controlar con exactitud la base metálica, pero el control no es tan preciso si nos fijamos unos objetivos de crecimiento de agregados monetarios más complejos como los *ALP1* en los que son múltiples los activos que lo integran.

Un tercer problema que surge se debe a las alteraciones no previstas que modifiquen la preferencia por la liquidez, o cualquier otro de los comportamientos inherentes en el mecanismo de transmisión. Es decir, si en el proceso que se lleva a cabo desde el mercado monetario hasta el sector real, los agentes económicos implicados alteran algunos de sus comportamientos estimados, la dificultad de acertar con la política monetaria se acrecienta.

Finalmente hay que considerar la variable tiempo. Desde que se produce una alteración en el mercado de dinero hasta que ésta afecta al sector real hay un retardo difícil de precisar, que puede solapar el efecto de la política monetaria con la incidencia de otras medidas de política económica o con el impacto de acontecimientos no previstos, haciendo difícil percibir el impacto final de la política diseñada.

Como podrá comprenderse, todos estos problemas operan conjuntamente y hacen de la gestión de la política monetaria un «arte», en el que los riesgos de cometer errores es alto a pesar de los sofisticados modelos econométricos. Por ello se tiende a intervenir de una forma gradual y no con grandes alteraciones que produzcan desequilibrios no previstos pero posibles.

¿Cómo se lleva a cabo la política monetaria?

de lograrse presuponen la consecución de los objetivos finales. Una serie de *indicadores* como los tipos de interés, el volumen de reservas, la cantidad de efectivo en circulación o la base monetaria emitida nos permiten obtener infomación sobre el efecto de la política monetaria en cada momento, a fin de conocer si nos acercamos a los objetivos fijados o debemos hacer rectificaciones sobre la marcha.

Nuevamente hay que resaltar la dificultad de ejecución de la política monetaria. Suelen fijarse con frecuencia varios objetivos finales, entre ellos incompatibles, y al marcar prioridades las valoraciones de naturaleza propiamente política tienen su peso. Se pretende normalmente controlar la inflación sin producir un estancamiento económico, a la vez que se intenta que el sector exterior esté equilibrado sin merma de las reservas de divisas acumuladas. Con frecuencia se supeditan ciertos objetivos finales a la creación de un entorno favorable para unas elecciones generales próximas.

A veces la política monetaria está condicionada por la necesidad de financiar un déficit presupuestario —actuación que se denomina monetización del déficit—, o por el compromiso de mantener un determinado tipo de cambio cuando el sistema de cambios es fijo, o exige la fluctuación en una determinada banda de fluctuación. En estos casos, la política monetaria queda presa de estas necesidades y compromisos y puede llegar el caso de dejar de ser un instrumento para incidir sobre la economía.

¿Es eficaz la política monetaria?

En principio, la incidencia de la política monetaria en la producción y el empleo está demostrada. Pero también es cierto su efecto sobre los precios. Una política monetaria expansiva aumenta la renta y también los precios. Sin embargo, es difícil saber qué sube más. La teoría tradicional apuntaba que en el corto plazo se incidía más en la producción, y en el largo plazo casi toda la incidencia repercutía en los precios. La creencia actual de la mano de los economistas monetaristas nos dice que hacer una política monetaria expansiva es la mejor manera de disparar la inflación sin apenas tener efectos ni siquiera inmediatos sobre la producción. Los que consideran que los agentes económicos forman sus expectativas racionalmente piensan que el público se anticipa al impacto de una política monetaria y, por tanto, su incidencia es nula. Para estos economistas, la única forma de que la política monetaria sea eficaz es que sorprenda a los agentes, y aún así su eficacia sería a corto plazo. Incluso puntualizan que los agentes aprenden de sus errores, con lo cual no es posible sorprenderlos una vez tras otra.

Como puede apreciarse, las últimas tendencias restan eficacia a la política monetaria y aconsejan una gestión prudente de los agregados monetarios que facilite las transacciones de la economía a la vez que el equilibrio del sistema financiero.

Finalmente hay que apuntar que si un país tiene un compromiso de mantener un determinado tipo de cambio, la política monetaria estará supeditada a este acuerdo y el crecimiento o la restricción de los agregados monetarios no podrá poner en peligro la paridad entre las divisas. De esta forma, los países integrados en el Sistema Monetario Europeo tienden a llevar a cabo una política monetaria muy similar, con lo que se pierde autonomía a la hora de hacer una política propia. ¿Por qué hemos llegado a esta situación? La década de estanflación de los años setenta y la difícil recuperación de los inicios de los ochenta acusaron a los excesos de liquidez de alimentar la inflación. Los gobiernos con altas tasas de paro y fuertes déficit públicos se veían impotentes ante la presión social y política para implantar una política restrictiva, y el camino hasta la salida de la crisis fue largo y doloroso. Hoy los países occidentales no quieren que esto vuelva a ocurrir y articulan una política más o menos conjunta alrededor de las cumbres del G5 y del G7. Los sistemas monetarios tienden a aumentar el grado de autonomía de los gobernadores de los bancos centrales a costa de los gobiernos y a establecer una férrea relación entre las políticas monetarias de todos ellos para evitar tensiones internacionales y controlar la inflación.

NOTA BIBLIOGRAFICA

— Una explicación complementaria del funcionamiento del mercado de activos puede encontrarse en Fischer, Dornbusch y Schmalensee: *Economía* (McGraw-Hill, Madrid, 1990, 2.ª ed.), cap. 29; y Lipsey: *Introducción a la economía positiva* (Vicens Vives, Barcelona, 1991, 12.ª ed.), caps. 31 y 38.

CAPITULO 9

DEMANDA AGREGADA (IV): INVERSION Y POLITICAS MONETARIA Y FISCAL. EL SECTOR EXTERIOR Y LA BALANZA DE CAPITALES

En este capítulo se pretende analizar las relaciones existentes entre los mercados de bienes y activos. Se resaltarán los procesos de ajuste y se ampliará el modelo con el sector exterior. Abordamos igualmente los efectos de la política monetaria y fiscal, con distintos patrones de tipos de cambio, y se amplía el estudio de la demanda de inversión. Se parte de la comprensión previa del ajuste del mercado de bienes, del ajuste del mercado de activos y de los sistemas de tipo de cambio, y la estructura de la Balanza de pagos. Se considera un modelo de demanda con precios constantes.

INTRODUCCION

Los distintos componentes de la demanda agregada (consumo, inversión, gasto público y exportaciones netas) mantienen una interrelación importante con el mercado de dinero que permite que la política monetaria sea eficaz. Dos son los nexos que unen los sectores real y monetario de la economía: la demanda de inversión a través del tipo de interés —que como sabemos se determina en el mercado de activos—, y el nivel de renta y la demanda de dinero por motivo transacción. El análisis conjunto de los mercados de bienes y dinero complica un tanto el proceso de ajuste simultáneo, y por ello partiremos de un esquema sencillo que recuerde el ajuste de estos mercados de forma aislada.

177

El proceso de ajuste del mercado de bienes

Como se recordará en el modelo sencillo de Demanda Agregada, los desajustes entre la Oferta Agregada (*OA*) y la Demanda Agregada (*DA*) alteran los niveles de existencias de las empresas, y al hacer éstas sus nuevos pedidos la *OA* tiende a igualarse a los deseos del gasto (*DA*). Si en un momento determinado algún componente de la *DA* se incrementa, existirá un exceso de demanda (*DA* > *OA*) y la escasez de bienes hará disminuir las existencias empresariales. Ante esta circunstancia, los empresarios apreciarán que los niveles de existencias reales son inferiores a los deseados (inversión deseada o prevista) y harán nuevos pedidos a las empresas, que para atenderlos deberán producir más. Con ello se incrementa la oferta de bienes y servicios hasta que desaparezca el exceso de demanda.

El Cuadro 9.1 muestra el proceso de ajuste del mercado de bienes, que en este sencillo modelo inicial se lleva a cabo por la voluntad del sector de la producción de satisfacer la demanda.

Hay que tener presente que el Gobierno por medio de la política fiscal puede alterar dos importantes componentes de la *DA*: el gasto público y el consumo si modifica los impuestos directos. Teóricamente, mediante la

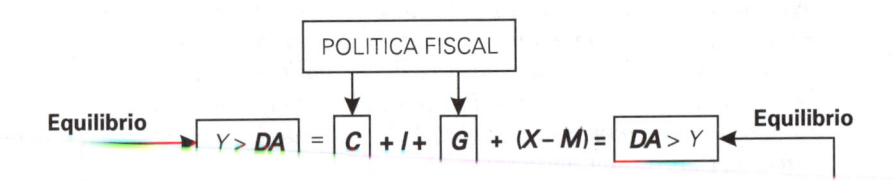

$$\text{Equilibrio} \rightarrow Y > DA = \boxed{C} + I + \boxed{G} + (X - M) = DA > Y \leftarrow \text{Equilibrio}$$

POLITICA FISCAL

política fiscal, el Gobierno puede incidir en la DA y ésta tiraría de la OA incrementando la producción y el empleo.

El proceso de ajuste del mercado de dinero

Al analizar el mercado de activos debe tenerse en cuenta que el ajuste entre la oferta y la demanda de saldos reales determina el tipo de interés. Cualquier variación en el mercado de activos originará un exceso o una falta de liquidez que el público intentará paliar comprando o vendiendo activos rentables (bonos). El precio de los bonos cambiará (subirá o bajará, respectivamente) y se alterará el tipo de interés en relación inversa al movimiento de los precios. Ante los cambios del tipo de interés, el público modificará sus deseos de demandar dinero y la perturbación se irá eliminando ajustándose al equilibrio del mercado.

El Cuadro 9.2 muestra esta senda hacia el ajuste. Nótese que es la Oferta monetaria la que obliga a la demanda de dinero a ajustarse al stock de saldos reales existente. Puesto que la autoridad monetaria puede controlar la oferta nominal de dinero, podría también determinar teóricamente el tipo de interés que considerase más conveniente para la buena marcha de la

(La demanda de dinero se ajusta a la Oferta Monetaria)

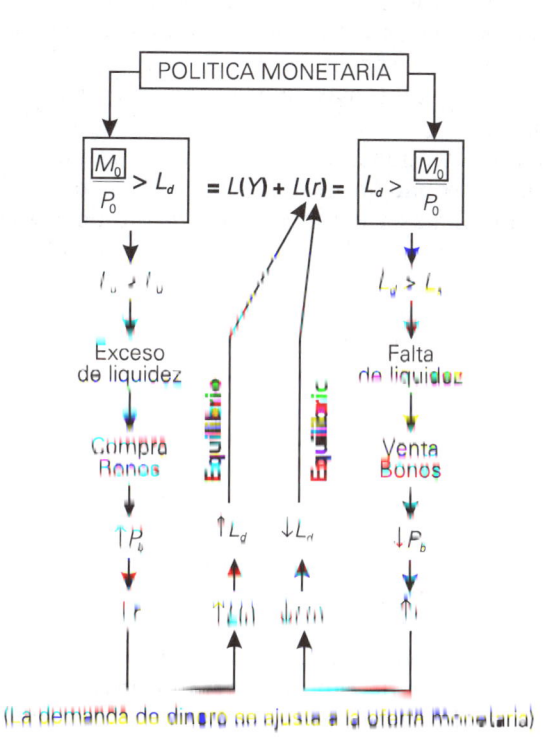

Cuadro 9.2. Proceso de ajuste del mercado de activos

economía. Como hemos dicho, una de las relaciones entre el mercado de bienes y el de activos encuentra su nexo de unión en la inversión y el tipo de interés, lo cual permite al Gobierno incidir en la *DA* no sólo con la política fiscal, sino también con la política monetaria. Para comprender este mecanismo de transmisión de la política monetaria es preciso abordar un estudio más amplio de la demanda de inversión.

LA DEMANDA DE INVERSION Y EL TIPO DE INTERES

Entendemos por inversión la compra de bienes de capital. Los bienes de capital son bienes que sirven para producir otros bienes, y entre ellos hay que distinguir tres categorías: las existencias, las plantas y los equipos (denominados capital fijo) y las viviendas. Por lo general, dedicar parte de la producción a la inversión es la forma más directa de conseguir que la economía crezca. La aportación que los bienes de capital hacen al proceso productivo tiene una recompensa para los propietarios de este factor de producción (en forma de alquileres, beneficios, dividendos o intereses), según cual sea la forma de propiedad o tenencia de estos bienes y su propia naturaleza. El hecho de que las viviendas permitan a sus propietarios recibir alquileres o ahorrárselos si viven en su propia casa, junto a la larga vida de las mismas sin pérdida de valor, hace que la construcción de edificaciones se considere inversión.

La inversión como componente de la demanda es una variable funda-

rentabilidades de los proyectos de inversión en las ordenadas (que se denomina eficacia marginal del capital) y el volumen de inversión en términos reales en las abscisas.

Como puede observarse, los proyectos de inversión hasta I_1 son más rentables que los que van desde I_1 hasta I_2; y este tramo alcanza una eficacia marginal del capital superior a los proyectos entre I_2 e I_3. Si el conjunto de empresarios decide realizar una inversión global por un volumen I_3, no significa que todos los proyectos de inversión hasta I_3 tengan una eficacia marginal e_3. Los primeros planes de inversión tienen una rentabilidad mayor, y los empresarios no acometerán otras inversiones menos rentables hasta no haber realizado las primeras (recuérdese que se ordenan los proyectos de inversión de más o menos rentables).

¿Hasta dónde están dispuestos a llegar los empresarios? La inversión tiene una acción alternativa. Si tenemos un excedente en nuestros ingresos, podemos mantener nuestra riqueza en forma de activos financieros rentables (bonos) o arriesgarnos un poco más y emprender una acción empresarial invirtiendo estos recursos en bienes de capital. Si la rentabilidad de los bonos es muy alta (tipo de interés = renta neta/precio del bono), los proyectos de inversión que superen esta tasa serán escasos y el resto no se acometerá. En el supuesto de que no tengamos excedentes en nuestros ingresos y deseemos realizar algún proyecto de inversión, tendremos que pedir prestado los recursos financieros necesarios a algún agente que sí tenga excedente o que tenga una riqueza acumulada y desee hacer este préstamo. En cualquier caso tendremos que abonar un interés que compen-

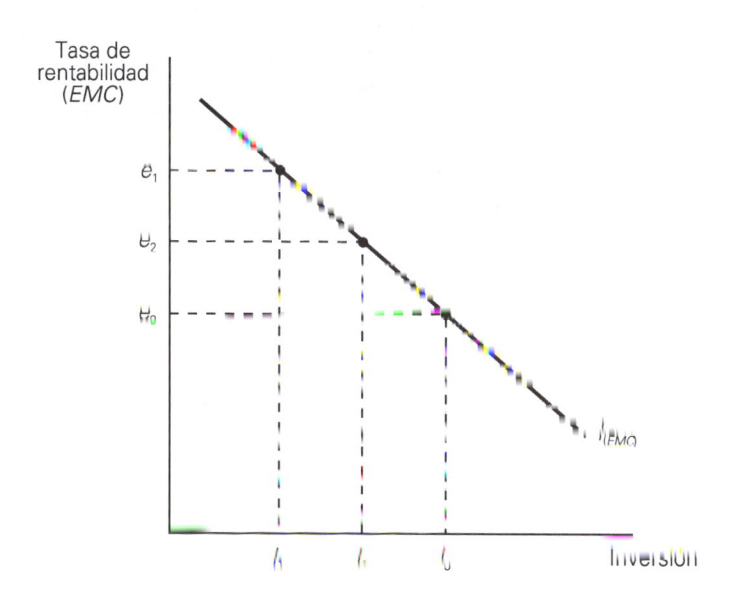

Gráfico 9.1. Inversión (eficacia marginal del capital).

se al prestamista el coste de oportunidad de desprenderse de sus activos financieros rentables. Como puede apreciarse, el tipo de interés de los bonos es el punto de referencia para decidir el volumen de inversión que los agentes empresariales desean acometer. En la teoría más sencilla se dice que los empresarios estarán dispuestos a realizar todas las inversiones con una eficacia marginal del capital superior o al menos igual al tipo de interés del mercado de activos. Las elaboraciones más complejas añaden al tipo de interés una tasa de riesgo adicional que compense la mayor incertidumbre que todo proyecto de inversión conlleva.

El resultado es la determinación de la demanda de inversión en función del tipo de interés como una recta decreciente, tal como se refleja en el Gráfico 9.2, en el que se sustituye en las ordenadas la eficacia marginal del capital por el tipo de interés del mercado de activos. Así si el tipo de interés del mercado fuese r_1, los empresarios estarían dispuestos a realizar una inversión I_1; y si el tipo subiera hasta r_2, la inversión que desearían realizar sería menor, ya que existen menos proyectos con una eficacia marginal del capital igual o superior a r_2.

Hay que decir para finalizar esta breve aproximación a la teoría de la inversión, que la recta de inversión se desplazaría hacia la derecha $I'(r)$ siempre que mejoren las expectativas de inversión o cualquier otra variable que aumente la eficacia marginal de cada uno de los proyectos de inversión considerados en la recta $I(r)$. Un empeoramiento de las expectativas haría desplazarse la demanda de inversión hacia la izquierda.

Una vez comprendido este proceso de toma de decisión se entenderá que, puesto que el tipo de interés puede fijarse por la autoridad monetaria en el mercado de activos y éste incide inversamente en la demanda de inversión, el Gobierno mediante la política monetaria puede alterar la inversión y con ello la Demanda Agregada, la producción y el empleo. El Gráfico 9.3 representa la incidencia de la política monetaria en la producción.

Para una oferta monetaria M_0/P_0, el tipo de interés de equilibrio del mercado de activos es r_0, para el cual los empresarios están dispuestos a realizar una inversión I_0. Esta demanda de inversión determina una Demanda Agregada DA que alcanza el equilibrio con la oferta de bienes en el nivel de producción y renta Y_0.

Si la autoridad monetaria aumentara la oferta nominal de dinero hasta M_1, la oferta de saldos reales se desplazaría hacia la derecha, como indica el

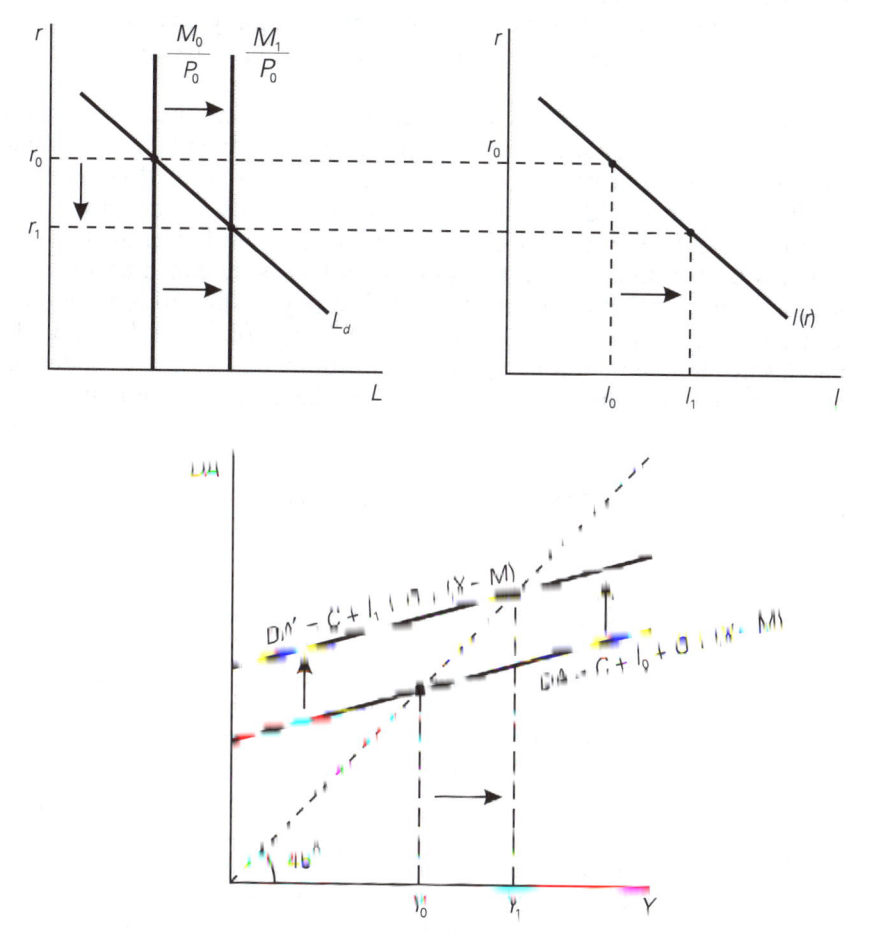

Gráfico 9.3. Efecto de la política monetaria (mecanismo de transmisión).

gráfico. Este exceso de liquidez haría bajar el interés a r_1 y la inversión aumentaría hasta I_1. Para ese nuevo volumen de inversión, la Demanda Agregada se desplaza hacia arriba hasta DA' y el nuevo equilibrio del mercado de bienes se alcanzaría con un nivel de producción y renta Y_1, mayor que Y_0.

En resumen, una expansión monetaria hace bajar el interés y aumenta la inversión, la demanda y la producción, mientras que una política monetaria restrictiva tendría un efecto contrario. Al estudiar este proceso debe tenerse en cuenta que la eficacia de la política monetaria depende de la sensibilidad de la inversión al tipo de interés. Si los empresarios para invertir requieren unas expectativas favorables antes que un bajo interés, y las expectativas son malas, la política monetaria probablemente no pueda relanzar la economía. También el supuesto contrario requiere nuestra atención. En ocasiones el tipo de interés es muy alto y la inversión es igualmente elevada. Esto puede deberse a que las expectativas son muy favorables o a que una inflación muy alta hace bajar el tipo de interés real y los empresarios atienden al tipo de interés real en lugar del nominal para llevar a cabo los planes de inversión.

La sensibilidad de la inversión al tipo de interés es especialmente relevante en la inversión en viviendas, debido a que mayoritariamente se financian con préstamos hipotecarios, en los que el tipo de interés esperado puede ser una variable importante dado que son préstamos a muy largo plazo.

Para finalizar este epígrafe hay que advertir que si admitimos que una parte de los bienes de consumo (denominados bienes de consumo duraderos) se financian también mediante préstamos o pagos aplazados, el tipo de interés y con él la política monetaria puede incidir no sólo en la demanda de

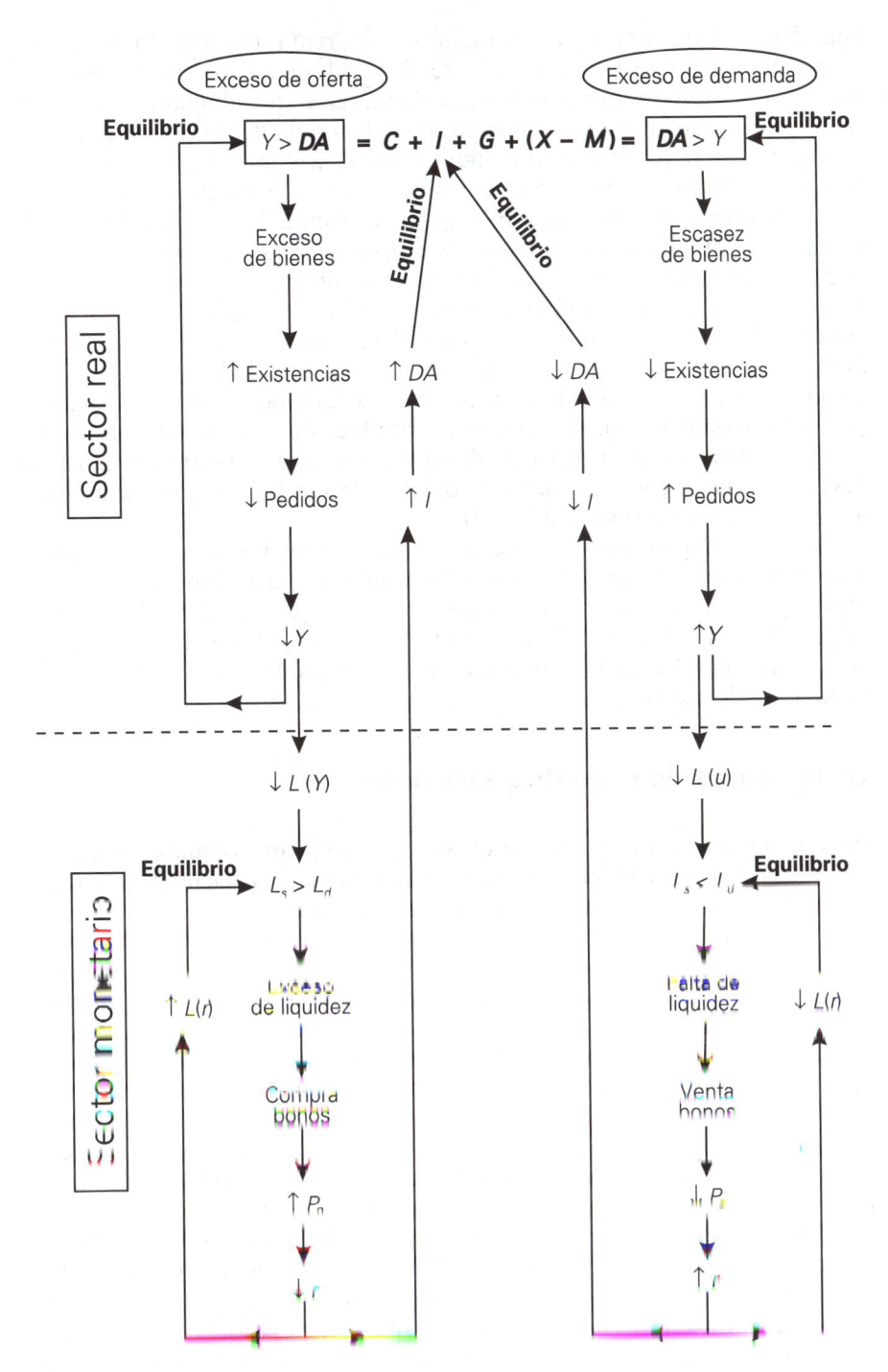

Cuadro 9.3 Proceso de ajuste conjunto de los mercados de bienes y activos.

mía. Pero al disminuir la producción y la renta también lo hacen las transacciones y consiguientemente se demandará menos dinero por este motivo, $L(Y)$ (éste es el segundo nexo de unión al que aludíamos del sector real y el monetario). La disminución de la demanda de dinero origina en el mercado de activos un exceso de liquidez que hace que el público adquiera bonos, con lo que el precio de los mismos sube y el tipo de interés baja. Al caer el interés se produce un doble ajuste. Por un lado, la caída del tipo de interés hace aumentar la demanda de dinero por este motivo, $L(r)$, puesto que tanto por motivo especulación como por disminuir el coste de oportunidad del dinero aumentará el deseo de liquidez del público. El aumento de la demanda de dinero elimina la tensión del mercado de activos, equilibrándose la demanda y la oferta de saldos reales. Por otro lado, la caída del tipo de interés anima la demanda de inversión, aumentando la demanda agregada y eliminando también el exceso de producción del mercado de bienes.

El supuesto de un exceso de demanda inicial y el pertinente ajuste se desarrolla en la columna derecha del Cuadro 9.3, y la secuencia puede deducirse de forma similar a la expuesta.

Así pues, el proceso de ajuste conjunto de estos mercados nos muestra una senda hacia el equilibrio conjunto. Cualquier variación debida a cambios en la política fiscal o monetaria, o a cualquier otra causa exógena, originará un desequilibrio en uno u otro mercado y el proceso de ajuste se pondrá en marcha de inmediato, aunque el equilibrio final puede tardar tiempo en alcanzarse.

La incidencia de la política monetaria

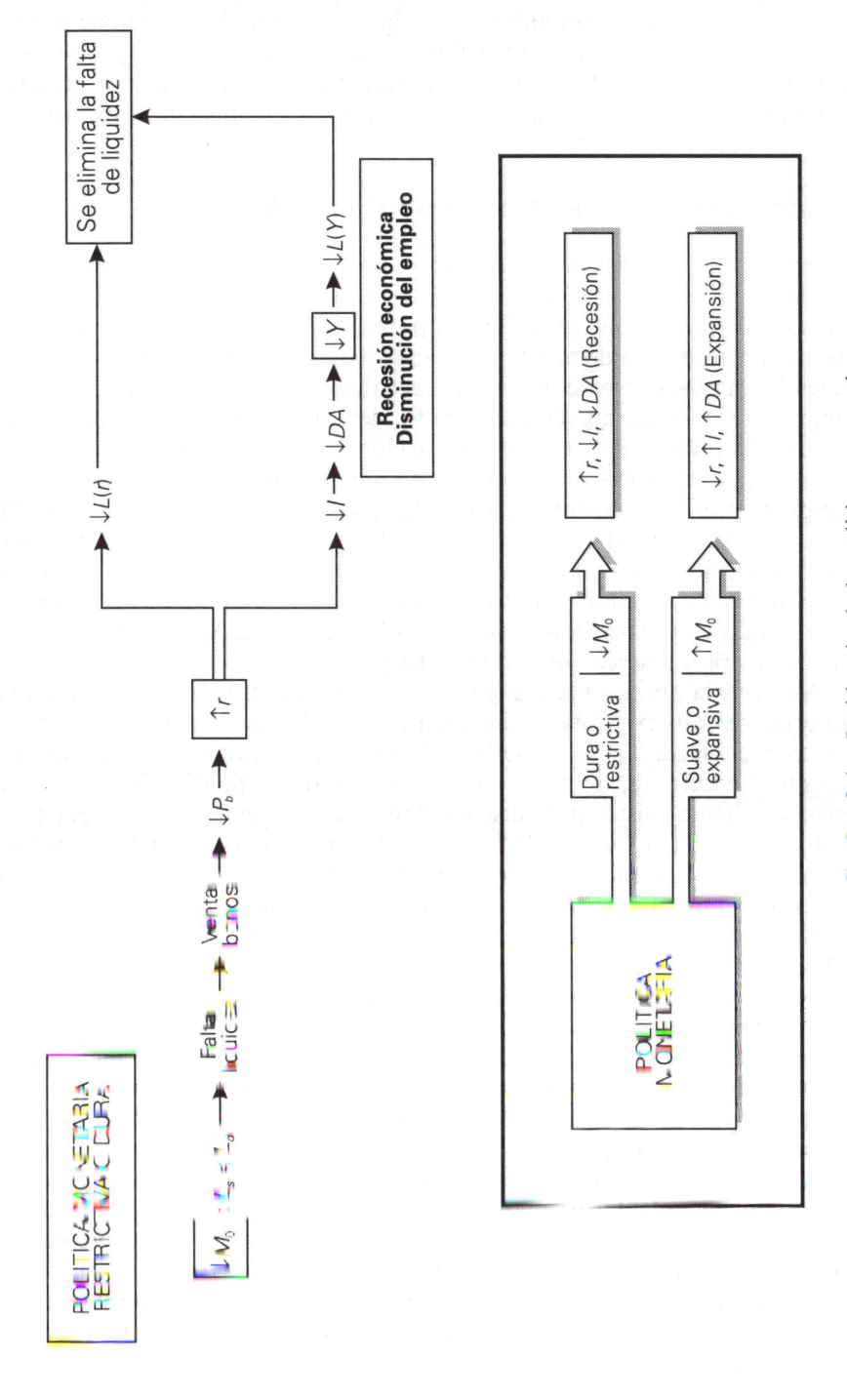

Demanda Agregada (IV): inversión y políticas monetaria y fiscal 187

POLÍTICA MONETARIA RESTRICTIVA O DURA

$\downarrow M_0 \rightarrow M_s < L_a \rightarrow$ Falta liquidez $\rightarrow$ Venta bonos $\rightarrow \downarrow P_b \rightarrow$ $\uparrow r$ $\rightarrow \downarrow L(r) \rightarrow$ Se elimina la falta de liquidez

$\uparrow r \rightarrow \downarrow I \rightarrow \downarrow DA \rightarrow \downarrow Y \rightarrow \downarrow L(Y)$

**Recesión económica
Disminución del empleo**

POLÍTICA MONETARIA
- Dura o restrictiva | $\downarrow M_0$ ⇒ $\uparrow r, \downarrow I, \downarrow DA$ (Recesión)
- Suave o expansiva | $\uparrow M_0$ ⇒ $\downarrow r, \uparrow I, \uparrow DA$ (Expansión)

Cuadro 9.4. Incidencia de la política monetaria.

Una política monetaria suave o expansiva que se realiza por medio de un incremento de la oferta monetaria origina una bajada del tipo de interés, junto a un incremento de la inversión, la demanda agregada, la producción, la renta y el empleo. Es una acción adecuada en momentos de recesión económica en los que la autoridad monetaria persiga unas mayores tasas de crecimiento y expandir la economía.

La incidencia de la política fiscal: el *crowding out*

El análisis de la incidencia de la política fiscal es un poco más complejo. El Cuadro 9.5 muestra los efectos de una política fiscal expansiva o suave iniciada por un incremento del gasto público. El mayor gasto por parte del Estado incrementa la demanda agregada y con ella la producción y la renta, teniendo inmediatamente un efecto expansivo sobre la economía en su conjunto. Sin embargo, el incremento de renta aumenta los deseos de liquidez del público por motivo transacción, y para hacer frente a esta falta de liquidez el público pone a la venta sus bonos, y sus precios caen al tiempo que el tipo de interés sube. La subida del interés disminuye los deseos de liquidez del sistema, eliminándose la falta de liquidez originada por el incremento de renta. Pero paralelamente, al subir el interés la demanda de inversión disminuye, junto con la demanda agregada y la producción, aminorándose la expansión económica inicial, a la vez que la reducción de renta modera los deseos de liquidez del público.

Así pues, la política fiscal expansiva origina dos impactos sobre la renta. Un primer efecto expansivo e inmediato y otro de menos magnitud recesivo y a medio plazo. La conjunción de ambos impactos contrapuestos nos permite predecir una implicación interesante de la política fiscal. Tras el

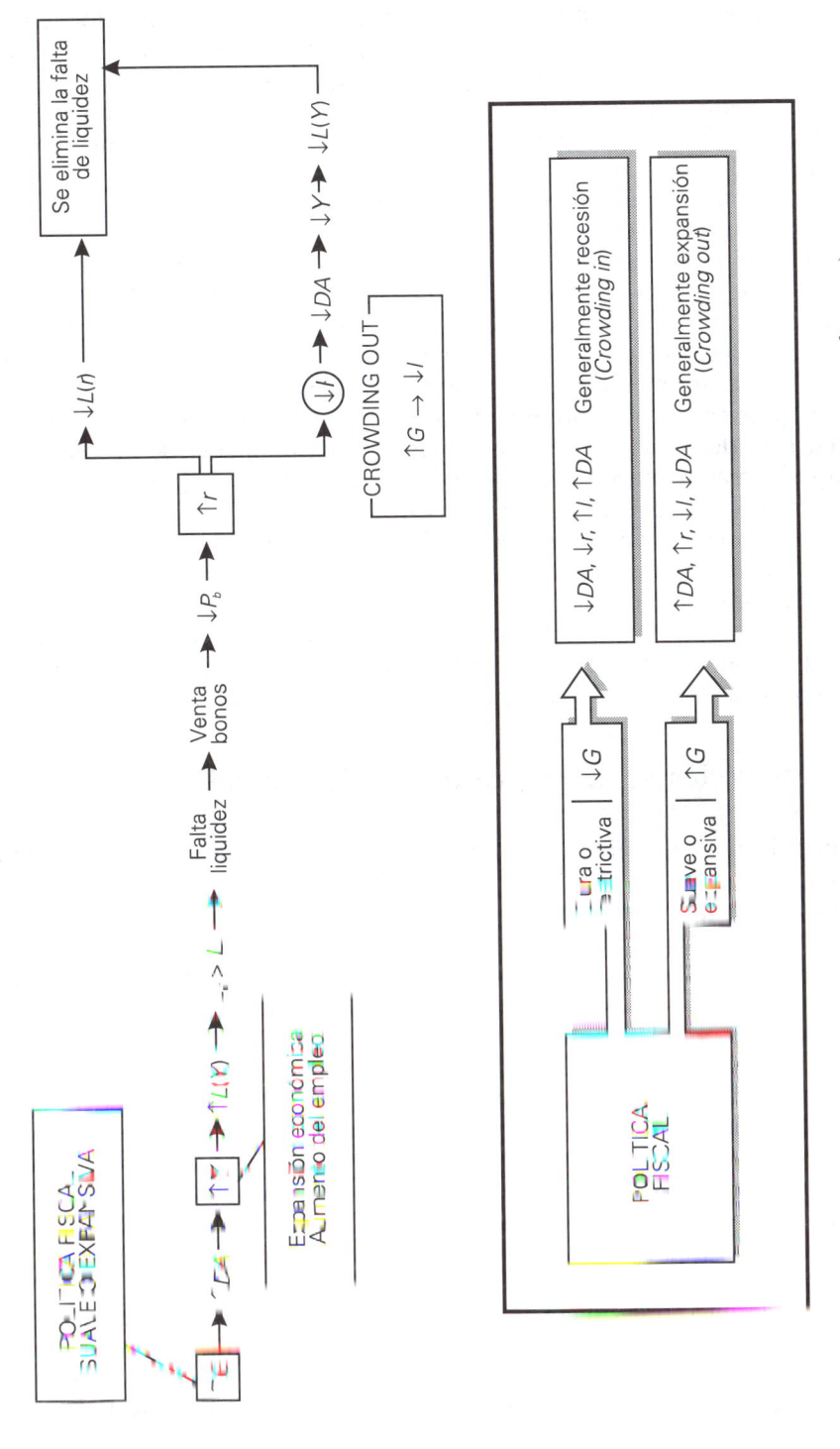

Demanda Agregada (IV): inversión y políticas monetaria y fiscal

Cuadro 9.5. Incidencia de la política fiscal (efecto desplazamiento o *crowding out*).

Podemos resumir la incidencia de la política fiscal afirmando, como se hace en la parte inferior del Cuadro 9.5, que una política fiscal expansiva o suave incrementa la demanda agregada y con ella la producción, eleva el tipo de interés y la inversión disminuye en beneficio del sector público. En el supuesto de hacer una política fiscal dura o restrictiva, la demanda disminuye, al igual que el tipo de interés. Por su parte, la inversión se incrementa en el efecto que se denomina *crowding in*, ganando peso el sector privado entre los componentes de la demanda agregada.

Una última precisión. Estamos suponiendo que para realizar la política fiscal utilizamos el gasto público como instrumento. Si en lugar del gasto público redujéramos los impuestos directos para hacer una política fiscal suave, el efecto sobre la demanda agregada, el tipo de interés y la inversión sería el mismo que hemos estudiado, pero puesto que no se incrementa el gasto público, el consumo privado sería el que desplazaría a la inversión. La secuencia del proceso sería la siguiente: la disminución de la tasa media impositiva aumentaría la renta disponible de las familias y, por consiguiente la demanda de consumo. El incremento del consumo tiraría de la demanda agregada aumentando la producción, la renta y el empleo. Pero el incremento de renta elevaría la demanda de dinero para transacciones, y ante la falta de liquidez originada el público vendería sus bonos, por lo que el precio de los mismos descendería a la par que subiría el tipo de interés. Es entonces cuando la inversión disminuye y se produce el desplazamiento de esta variable, aunque en esta ocasión es el consumo privado quien desplaza a la inversión.

La conjunción de la política monetaria y fiscal

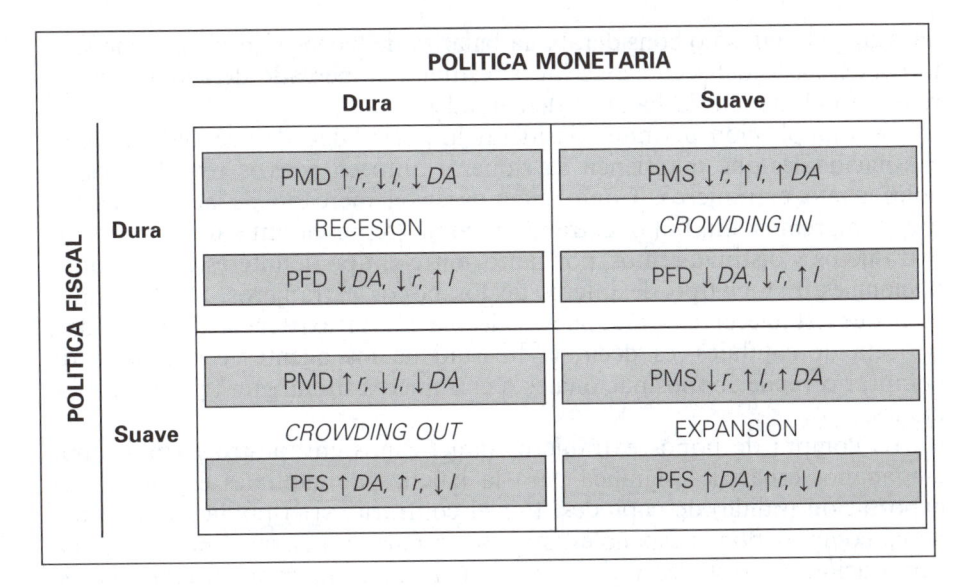

		POLITICA MONETARIA	
		Dura	**Suave**
POLITICA FISCAL	**Dura**	PMD ↑r, ↓I, ↓DA *RECESION* PFD ↓DA, ↓r, ↑I	PMS ↓r, ↑I, ↑DA *CROWDING IN* PFD ↓DA, ↓r, ↑I
	Suave	PMD ↑r, ↓I, ↓DA *CROWDING OUT* PFS ↑DA, ↑r, ↓I	PMS ↓r, ↑I, ↑DA *EXPANSION* PFS ↑DA, ↑r, ↓I

Cuadro 9.6. Efectos de una política conjunta fiscal y monetaria.

caso como de *crowding out* evidente. El supuesto de combinar una política monetaria suave con una política fiscal dura (cuadro superior derecho) tendría igualmente un efecto impreciso en la demanda, si bien el tipo de interés tendería a bajar y se animaría la inversión; sería pues un caso de *crowding in*, o efecto atracción.

¿Por qué no hacer una política monetaria y fiscal suave que mantenga altas cotas de crecimiento a la vista de este análisis? Porque en nuestro modelo, por el momento, los precios los estamos considerando constantes. Hay que tener en cuenta que los incrementos de la demanda no sólo presionan al alza a la producción y al empleo, sino que también hacen subir los precios. Que el impacto de un exceso de demanda recaiga más en la producción o en los precios dependerá de muchos factores que veremos al estudiar el modelo de Oferta y Demanda Agregadas; de cualquier forma podemos adelantar que una economía próxima al pleno empleo o con un sector productivo muy rígido transmite la presión de la demanda más hacia los precios que hacia la producción. Cuando la inflación se desata, tan sólo una política fiscal y monetaria dura la frena, con el consiguiente coste en términos de desempleo ante la disminución de la demanda.

LOS MERCADOS DE ACTIVOS EN ECONOMIAS ABIERTAS

Al considerar el mercado de activos en economías abiertas, el modelo adquiere unas connotaciones interesantes. Si el modelo sencillo de Deman da Agregada tan sólo consideraba la balanza de bienes y servicios representativa del gasto del sector exterior, al estudiar el mercado de activos incluiremos en el modelo la balanza de capitales.

Esta ampliación permite considerar la posibilidad de agentes económicos nacionales que mantienen su riqueza tanto en activos rentables españoles como extranjeros. Como hicimos en el mercado de activos nacional, tomaremos un bono extranjero como representante de los activos extranjeros y distinguiremos, por tanto, entre el tipo de interés de los bonos nacionales, r, y el tipo de interés de los bonos extranjeros, r^*. Hay también que establecer como supuesto de partida la existencia de movilidad perfecta de capitales, es decir, la libertad de los agentes económicos de comprar o vender bonos nacionales o extranjeros sin ningún tipo de restricciones.

La compra de bonos extranjeros (americanos en nuestro ejemplo) por ciudadanos españoles significa para la balanza de capitales española una exportación (salida) de capitales. Por el contrario, si el público americano desea comprar bonos españoles, supondría para la balanza americana una exportación de capitales y para la española una importación (entrada) de capitales. En nuestro modelo supondremos por simplicidad un único país extranjero, EE. UU., que representa al sector exterior de nuestra economía, también llamado «resto del mundo».

La importancia que tienen los movimientos internacionales de capitales se debe a su directa relación con el mercado de divisas y, por consiguiente, con los tipos de cambio. Esto es debido a que para comprar un bono americano es necesario para un español adquirir previamente dólares a cambio de pesetas, con lo cual los deseos de adquirir activos internacionales ejercen tensiones en el mercado de divisas. Sin embargo, estas tensiones y su

Movilidad de capitales con tipos de cambio flexibles

Si el tipo de cambio entre EE. UU. y España es flexible, el mercado de divisas funciona libremente reflejando las tensiones de las relaciones internacionales. Recordemos que el tipo de cambio para un español determina la cantidad de pesetas que tiene que pagar para comprar un dólar en el mercado de divisas. Si el tipo de cambio sube (más pesetas por dólar) significaría que la peseta se está depreciando respecto al dólar o que el dólar de aprecia respecto a la peseta. En cualquier caso, los españoles estarían perdiendo poder de compra en los mercados americanos y los americanos ganarían capacidad de compra sobre los productos españoles.

En el Cuadro 9.7 se ofrece un esquema del efecto de los movimientos de capitales sobre la economía nacional con tipos de cambio flexibles. Si suponemos que por alguna razón el tipo de interés español es superior al americano ($r > r^*$), el mercado de capitales internacional pretenderá adquirir bonos españoles puesto que su rentabilidad es muy alta. Pero para comprar estos bonos antes tienen que cambiar sus dólares por pesetas, puesto que los bonos españoles se cotizan por lo general en pesetas. La venta de dólares para comprar pesetas hace que la peseta se aprecie y el dólar se deprecie, por lo que el tipo de cambio peseta/dólar descenderá. El descenso del tipo de cambio origina que los productos españoles sean más caros para los americanos, por lo que descenderán las exportaciones españolas. En cambio, para los españoles los productos americanos son ahora más baratos y las importaciones españolas tenderán a subir. La disminución de exportaciones y el aumento de importaciones españolas provocan una disminución de las exportaciones netas, y la demanda agregada española descenderá haciendo caer la producción, la renta y el empleo. Además, esta disminución de la renta hace disminuir los deseos de liquidez del público español por motivo transacción, lo que dejará al mercado de dinero en España en una situación de exceso de liquidez. En este caso, el público español deseará comprar bonos españoles, tendencia que se une al deseo de los inversores americanos al exportar capitales hacia España. La compra generalizada de bonos españoles hará subir su precio y consiguientemente descender el tipo de interés, y al bajar este se restablece la paridad del tipo de interés nacional y extranjero, desapareciendo el desajuste inicial.

Vemos, pues, que una importación de capitales ha afectado al tipo de cambio, al mercado de divisas, a las exportaciones netas, a la demanda agregada, a la producción y al empleo, al precio de los activos rentables nacionales y al tipo de interés antes de restablecer el equilibrio. El diferencial de intereses y la mayor o menor presión de compra de la divisa nacional originará alteraciones en el mercado de bienes y en el empleo que pueden ser importantes y requieran políticas estabilizadoras, pero ya no será posible mantener permanentemente un tipo de interés nacional más elevado que el exterior, salvo que estemos haciendo sistemáticamente una política para elevar el tipo de interés español (como se recordará sería posible mantener

194 *Análisis del entorno económico de los negocios*

(Apreciación peseta) — $\downarrow tc$ $\genfrac{}{}{0pt}{}{\downarrow X}{\uparrow M}$ → $\downarrow DA$ → $\downarrow Y$ → $\downarrow L_T$ → Compra bonos → $\uparrow P_B$ → $\downarrow r$

Compra bonos españoles (**importación capitales**)

(Depreciación peseta) — $\uparrow tc$ $\genfrac{}{}{0pt}{}{\uparrow X}{\downarrow M}$ → $\uparrow DA$ → $\uparrow Y$ → $\uparrow L_T$ → Venta bonos → $\downarrow P_B$ → $\uparrow r$

Venta bonos españoles (**exportación capitales**)

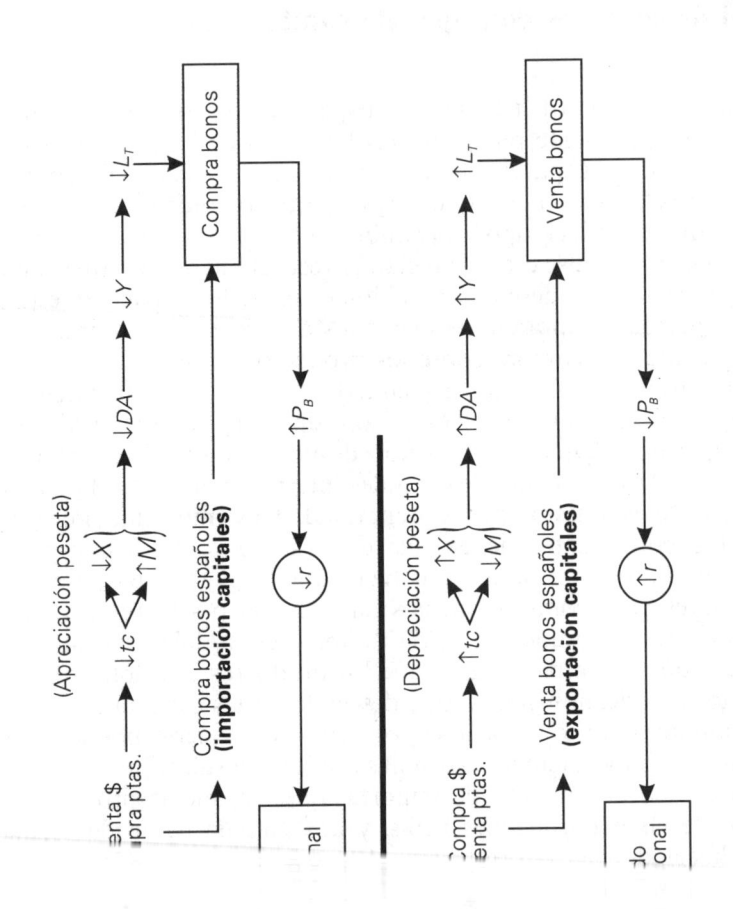

...entos de capitales con tipos de cambio flexibles.

alto el tipo de interés con una política monetaria restrictiva o una política fiscal expansiva).

Si el tipo de interés nacional fuera inferior al internacional ($r < r^*$), el proceso de ajuste sería el contrario. Los españoles desearían adquirir bonos americanos por ser más rentables. Para ello venderían los bonos españoles a cambio de pesetas, con ellas adquirirían dólares y el tipo de cambio peseta/dólar subiría. Esta pérdida de poder de compra de los españoles haría que disminuyeran las importaciones de bienes americanos y mejoraran las exportaciones españolas. La mejora del saldo de la balanza de bienes y servicios haría aumentar la demanda agregada que tiraría de la producción y el empleo. Pero la consiguiente subida de renta elevaría los deseos de liquidez del público español para hacer frente a las transacciones adicionales. Tendrían entonces que vender sus bonos no ya porque deseen adquirir bonos americanos, sino para satisfacer sus necesidades de efectivo. Por ambas acciones los precios de los bonos tenderían a descender y al subir el tipo de interés se eliminaría el diferencial de tipos y cesaría la perturbación inicial.

Dos aclaraciones adicionales es necesario hacer. Primera: ¿qué ocurre en la economía americana? El proceso opuesto. Cuando el tipo de interés español es superior al americano, ellos se ajustan siguiendo el proceso descrito en segundo lugar, puesto que estarían en la situación de tener un tipo inferior al internacional, r^*, que para los americanos sería el tipo español. Por tanto, el análisis expuesto es igualmente útil. Segunda aclaración: ¿el impacto de la movilidad de capitales es de igual magnitud en EE. UU. que en España? Indudablemente no, será inferior o incluso imperceptible. Cuando estudiamos la relación de España con EE. UU. realmente no estamos considerando una relación bilateral entre dos países, sino que tomamos a EE. UU. como abstracción del «resto del mundo». En ese «resto del mundo», las exportaciones de capitales españolas o las importaciones de capitales del resto del mundo a España no afectan aún sustancialmente su demanda agregada, ni tampoco su mercado de activos. Con esto queremos decir que será la economía nacional la que tendrá que adaptarse a las condiciones económicas internacionales y por ello se suele suponer que el tipo de interés internacional es constante, porque no se espera que se altere al adquirir los extranjeros bonos españoles, o al comprar los españoles activos financieros internacionales. Sin embargo, cuando las alteraciones del tipo de interés se producen en países financieramente importantes como EE. UU., Japón o Alemania, debemos esperar que tales perturbaciones afecten a los demás. Digamos que las economías de estos países condicionan al «resto del mundo» y obligarán a ajustarse al conjunto de la comunidad financiera internacional. Las grandes áreas comerciales como la Comunidad Europea y las frecuentes reuniones del G5 intentan evitar que los gobernantes de una economía nacional se conviertan en el detonante de una crisis financiera mundial, ajustando permanentemente sus políticas.

Movilidad de capitales con tipos de cambio fijos

Si los tipos de cambio son fijos, el Gobierno de cada país tiene el compromiso de facilitar las cantidades de monedas nacionales o reservas de divisas que el mercado de divisas necesite en cada momento, realizándose los cambios al tipo fijado.

El tipo de cambio fijo favorece tanto el comercio de bienes y servicios como los movimientos de capitales al reducir parte del riesgo que estas operaciones conllevan. En el Cuadro 9.8 presentamos la secuencia del ajuste económico cuando existe un diferencial entre los tipos de interés.

En el supuesto de que el tipo de interés nacional sea mayor que el exterior ($r > r^*$), los extranjeros desearán adquirir bonos nacionales, como vimos con anterioridad. Acudirán al mercado de divisas a cambiar sus dólares por pesetas para adquirir dichos activos, y en este caso los Bancos Centrales de ambos países deben facilitar las pesetas necesarias para esta operación. Si los americanos acuden al mercado de divisas americano, la Reserva Federal tendrá que vender parte de sus reservas de pesetas y comprar dólares, reduciéndose la cantidad de dólares en circulación y, por tanto, la oferta monetaria americana; pero cuando los americanos acudan a la Bolsa de Valores española a comprar los bonos pondrán en circulación pesetas que antes no lo estaban, es decir, se aumentará la oferta de dinero española. Si los potenciales compradores de bonos españoles acuden con sus dólares al mercado de divisas español, el Banco de España tendrá que poner en circulación las pesetas necesarias y a cambio verá aumentar su cuenta de reserva de divisas con los dólares que compra. En cualquier caso, la oferta monetaria española se incrementa originando un exceso de liquidez que se dirigirá hacia la compra de bonos españoles,

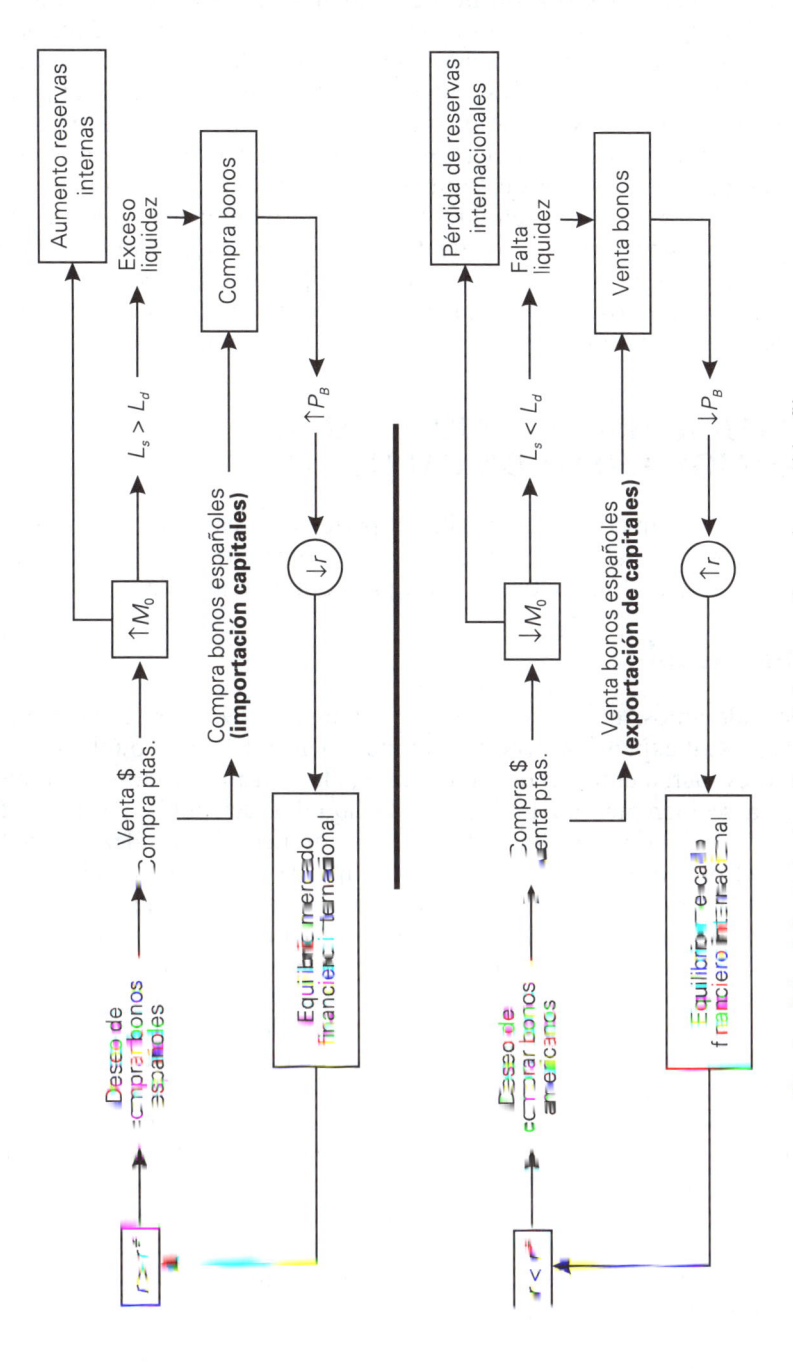

Demanda Agregada (IV): inversión y políticas monetaria y fiscal 197

Cuadro 9.8. Movimientos de capitales con tipos de cambio fijos.

De esta breve descripción puede deducirse la conveniencia de los tipos de cambio fijos puesto que no afectan directamente a la producción ni al empleo. Sin embargo, nuevamente estamos pasando por alto el supuesto de estabilidad de precios de nuestro modelo. Si los precios fluctuaran, posiblemente serían muy sensibles a los incrementos de oferta monetaria. Por ello se dice que un tipo de interés nacional superior al del contexto internacional termina impulsando un proceso inflacionista, dada la obligación del Banco Central de poner efectivo en circulación para mantener el tipo de cambio fijo y evitar una apreciación de la moneda nacional. Para evitar estas situaciones los Gobiernos ponen en práctica políticas correctoras que intentan evitar los efectos de las perturbaciones del sector exterior, aunque como vamos a ver estas políticas también tienen sus limitaciones.

POLITICA FISCAL Y MONETARIA CON MOVILIDAD DE CAPITALES

En economías abiertas con movilidad perfecta de capitales, el efecto de las políticas tradicionales de demanda es más complejo de analizar y en algunos casos anula el impacto de la propia política realizada.

Política fiscal

Si consideramos, como se hace en el Cuadro 9.9, la incidencia de una política fiscal expansiva debida a un incremento del gasto público, el efecto directo es incrementar la demanda agregada y la producción. Al aumentar la renta se incrementan los deseos de liquidez del público y la venta de

Demanda Agregada (IV): inversión y políticas monetaria y fiscal

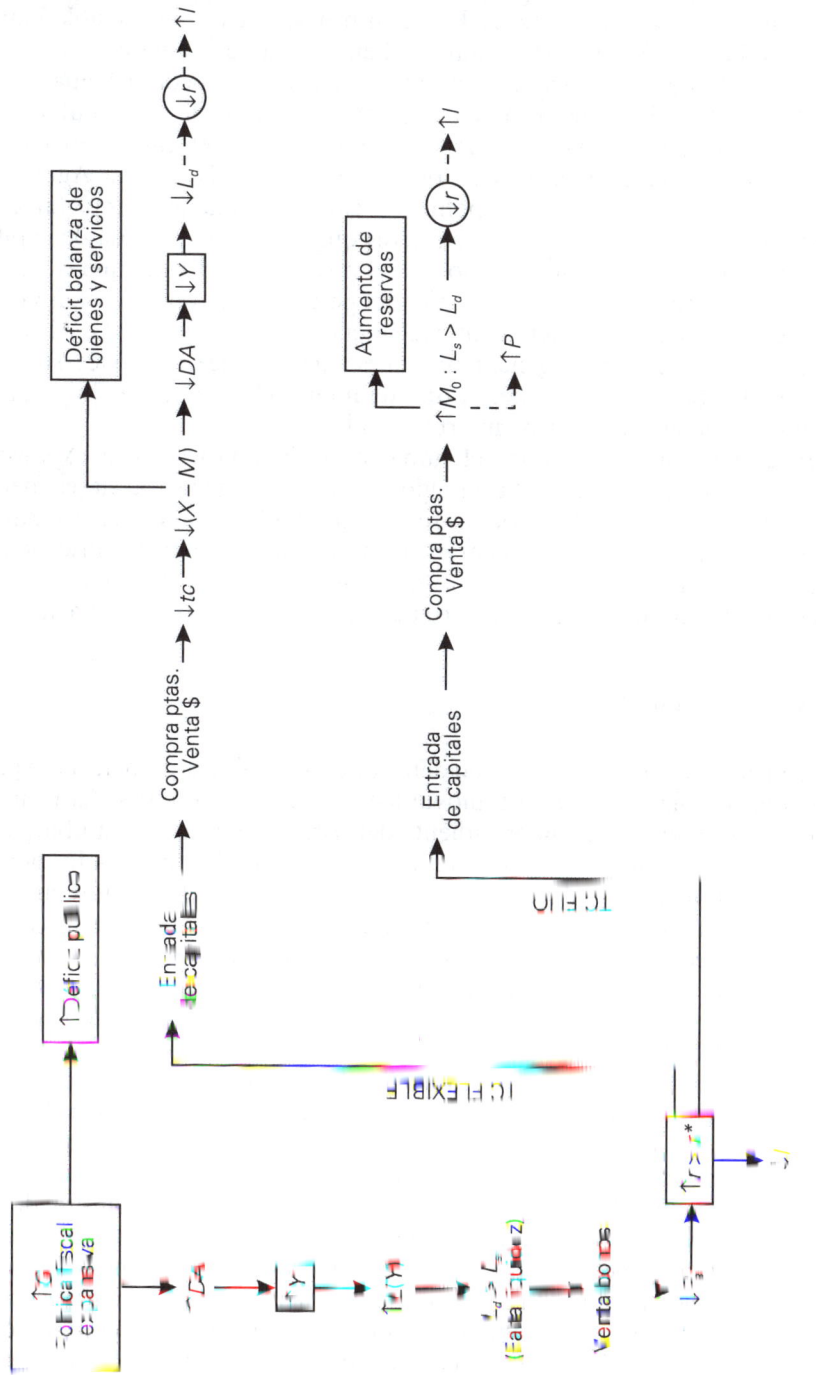

Cuadro 9.2. Incidencia de la política fiscal en economías abiertas.

perfecta del capital. Incluso puede afirmarse que con tipos de cambio flexibles la política fiscal es ineficaz. En cuanto a sus costes, al posible déficit público generado por el gasto público adicional, hay que añadir la disminución del saldo de la balanza de bienes y servicios, que puede ser igualmente deficitaria. Al final del proceso de ajuste, el incremento de gasto público no ha expulsado a la inversión entre los componentes del gasto, pero sí ha desplazado al sector exterior, que pierde peso en la Demanda Agregada.

Si el tipo de cambio es *fijo* la política fiscal es, en cambio, completamente eficaz. El diferencial de los tipos de interés que motiva la entrada de capitales hacia España origina una tensión en el mercado de divisas que el Banco de España tiene que solventar poniendo pesetas a la venta a cambio de dólares, con lo que verá incrementarse su cuenta de oro y divisas. Al poner pesetas en circulación se genera un exceso de liquidez que hace subir el precio de los bonos y descender el tipo de interés eliminándose el desequilibrio en el mercado financiero internacional.

En este segundo supuesto, el impacto de la política fiscal expansiva sobre la producción y la renta ha sido completo, e incluso al descender el tipo de interés al final del proceso se eliminaría el *crowding out*. El Banco Central español ha visto aumentar sus reservas y la única consecuencia negativa sobre la economía puede venir de la mano de la inflación, ya que al incrementarse la oferta monetaria se suele alimentar el proceso inflacionista.

Política monetaria

El Cuadro 9.10 nos muestra la incidencia de una política monetaria expansiva en economías abiertas con movilidad perfecta de capitales. La primera independiente del sistema de tipos de cambio, hace

Demanda Agregada (IV): inversión y políticas monetaria y fiscal

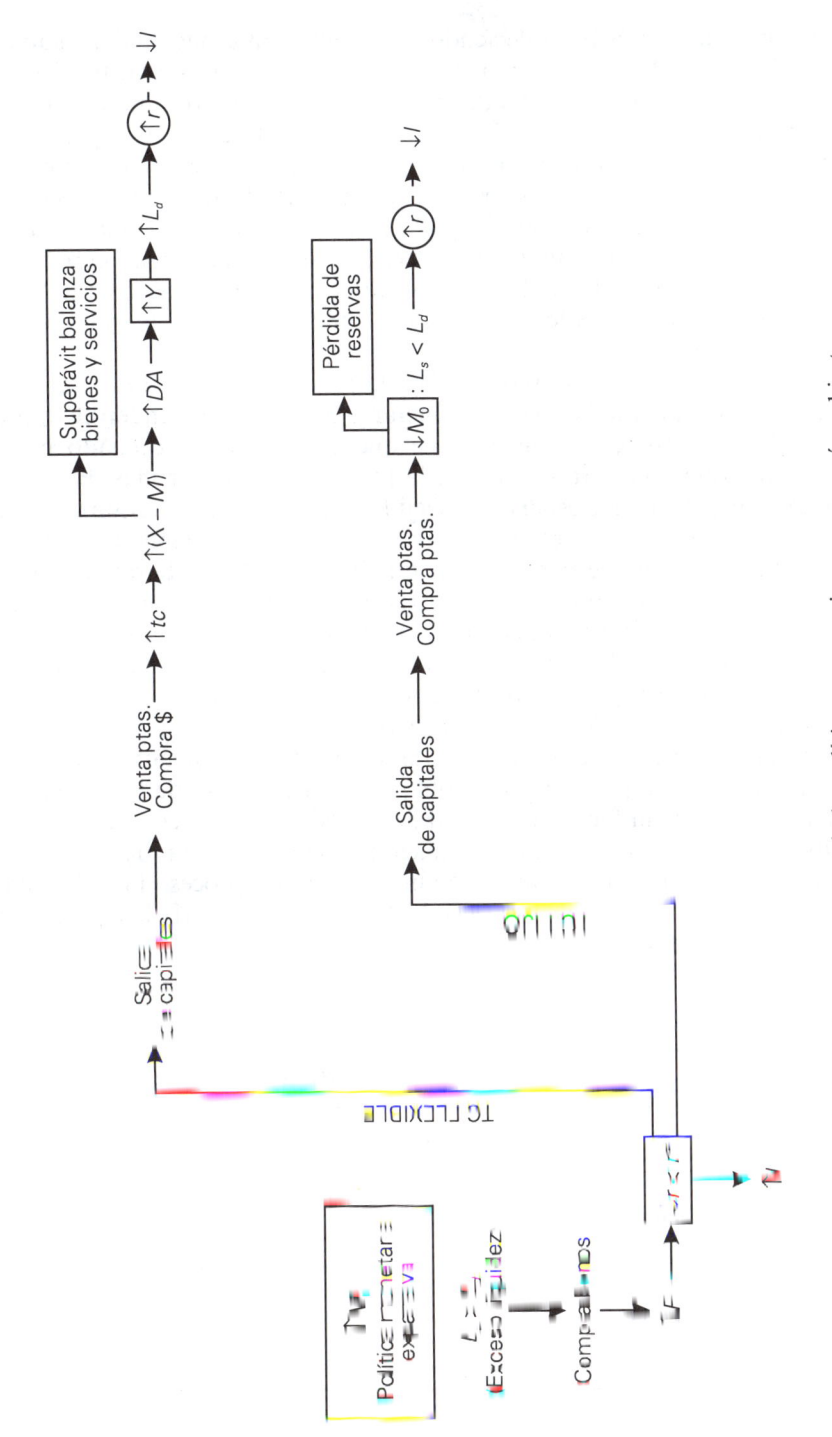

Cuadro 9.10 Incidencia de la política monetaria en economías abiertas.

subir el tipo de interés restableciendo el equilibrio internacional. Al subir el interés, la demanda de inversión descenderá hasta su posición tradicional, desapareciendo el cauce normal de transmisión de la política monetaria que, como vemos, pasa ahora por el sector exterior de la demanda agregada.

La política monetaria es completamente eficaz en economías abiertas con tipos de cambio flexibles, pero el mecanismo de transmisión hacia el sector real no afecta a la inversión y sí en cambio a las exportaciones netas. Hay que señalar igualmente que los precios posiblemente suban debido a la expansión monetaria. La inflación y la imposibilidad de aumentar la demanda de inversión son los costes de la política monetaria con tipos de cambio flexibles.

Cuando los tipos de cambio son *fijos*, la política monetaria es totalmente ineficaz. El incremento de oferta monetaria que hace descender el tipo de interés de los activos nacionales tiene que ser a la larga drenado por la autoridad monetaria para garantizar la paridad de las monedas. En efecto, cuando el tipo de interés español desciende, el público desea adquirir activos extranjeros y acude al mercado de divisas a comprar dólares a cambio de sus pesetas. El Banco de España tiene que hacer frente a este requerimiento poniendo en circulación dólares y retirando pesetas. Sus reservas disminuyen y también la oferta monetaria nacional, iniciándose un proceso de ajuste contrario que lleva a la economía a recuperar el tipo de interés y a dejar inalterada la inversión, la demanda y la producción.

Así pues, una política monetaria expansiva con tipos de cambio fijos sólo produce una pérdida de reservas. Si la autoridad monetaria se empeñara en mantener esta política (quizá obligada por las necesidades de Tesorería para financiar un fuerte déficit público), podría mantener artificialmente el tipo de interés inferior al internacional, pero a costa de una fuerte

El Cuadro 9.11 resume la incidencia de las políticas de demanda en economías abiertas con movilidad perfecta de capitales. La política monetaria, como hemos visto, es eficaz con tipos de cambio flexibles e ineficaz con tipos de cambio fijos. Por su parte, la política fiscal es ineficaz con tipos de cambio flexibles y eficaz con tipos fijos.

EL SECTOR EXTERIOR Y LOS MERCADOS DE BIENES Y ACTIVOS

Al objeto de completar nuestro estudio del sector exterior proponemos el Cuadro 9.12 que presenta la relación del sector exterior tanto con el mercado de bienes y servicios como con el mercado de activos financieros. En él puede apreciarse cómo la balanza de bienes y servicios recoge la relación del mercado de bienes y servicios con el sector exterior. Dos funciones de comportamiento condicionan esta balanza —las exportaciones (X) y las importaciones (M)— y una serie de variables determina el saldo final: la renta nacional (Y), la renta del resto del mundo (Y^*), el tipo de cambio (tc) y los precios nacionales y exteriores (P, P^*).

Por su parte, la relación entre el sector exterior y el mercado de activos se refleja en la balanza de capitales. Las funciones que rigen esta balanza son las propias de los mercados de activos nacional y extranjero: la oferta monetaria nacional y extranjera, y la demanda de dinero nacional y extranjera; pero junto a ellas hay que señalar la oferta de bonos nacionales y extranjeros y la demanda de bonos (nacionales e internacionales) española y extranjera. Las variables clave son el tipo de cambio y el diferencial de tipos de interés. Indudablemente, las expectativas juegan un importante papel en los movimientos de capitales, puesto que existe el riesgo de alteraciones en el tipo de interés extranjero y también en el tipo de cambio que puede

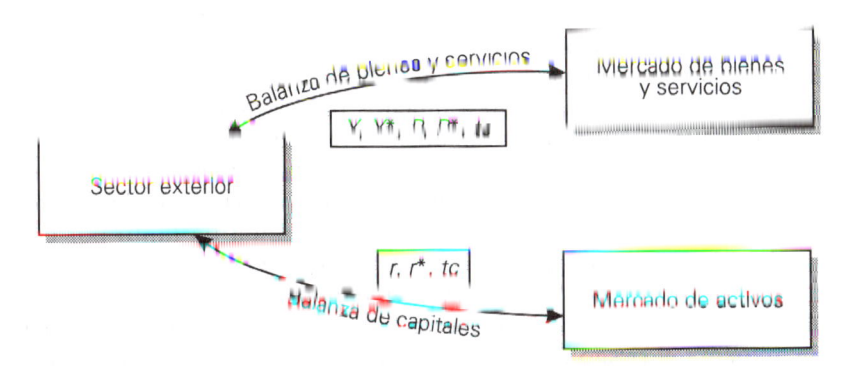

Cuadro 9.12. El sector exterior y los mercados de bienes y activos.

causar pérdidas a los tenedores de activos financieros de otros países. A veces estos riesgos pueden ser cubiertos con contratos de seguros o compras en el mercado de futuros.

La creciente internacionalización de la economía mundial produce, por lo general, rápidos reajustes entre los mercados financieros nacionales que buscan así posiciones de estabilidad muy sensibles al entorno internacional. Aún así podríamos preguntarnos la causa del evidente diferencial de los tipos de interés entre países cuando los movimientos de capitales se parecen cada vez más al supuesto de movilidad perfecta. La razón de estas diferencias de intereses entre países requiere una explicación que el propio modelo descrito permite deducir. El supuesto de igualdad de tipos de interés hace referencia en nuestro modelo a los tipos nominales, puesto que suponemos los precios constantes. Sin embargo, en economías con diferentes tasas de inflación el diferencial de tipos relevante para explicar los movimientos de capitales es referido a los tipos de intereses reales (tipo nominal menos tasa de inflación). Por eso es tan importante en el proceso de convergencia europea hacia un sistema monetario y económico común que la tasa de inflación de los países miembros sea muy próxima, dado que al final los tipos de intereses nominales tendrán que ser muy parejos.

Otra razón es el riesgo de cada país, que hace alusión a su situación política, estructura productiva, coyuntura económica o desequilibrios estructurales A veces un país con un alto tipo de interés real y nominal no atrae inversiones extranjeras, dado que el riesgo que los inversores internacionales corren al adquirir sus activos no es compensado por la alta rentabilidad de los activos.

Si tenemos presente el tipo de interés real y el riesgo de cada país, el modelo expuesto, aunque sencillo y simplificado, puede responder acepta-

La segunda cuestión importante es el impacto de la movilidad de capitales en las Bolsas internacionales. Cuando un país mediano o pequeño presenta un tipo de interés elevado en condiciones de riesgo aceptables, se produce una fuerte entrada de capitales que eleva las reservas de su Banco Central y hace subir el precio de sus activos. La compra masiva de estos activos, que suele realizarse en la Bolsa de Valores, provoca una subida generalizada de las cotizaciones y un ascenso de los índices bursátiles. También es cierto que las entradas de capitales no van exclusivamente a la compra de activos financieros con fines especulativos, sino que también buscan activos fijos e incluso financiar inversiones empresariales en compañías participadas. En estos dos últimos casos, los movimientos de capitales no serán tan sensibles al diferencial de tipos de interés. En cambio, los movimientos de capitales especulativos reaccionarán con prontitud ante expectativas de descensos en el tipo de interés nacional, o depreciaciones o devaluaciones bruscas, puesto que suponen una amenaza de pérdida de poder de compra de los recursos invertidos en activos nacionales por los extranjeros. Ni que decir tiene que una salida masiva de capitales pone a la venta activos en la Bolsa, desplomando las cotizaciones, pudiendo iniciarse un *crash* bursátil y una huida de capitales que merme el prestigio financiero internacional y la cuenta de reservas.

NOTA BIBLIOGRAFICA

— No existe en los manuales al uso un enfoque que se corresponda con el seguido en este capítulos, ya que se suelen utilizar para abordar este tema instrumentos analíticos más complejos. Quizá sean los más adecuados los capítulos 39 y 40 de LIPSEY: *Introducción a la economía positiva* (Vicens Vives, Barcelona, 1991, 12.ª ed.). Los capítulos 29 y 38 de FISCHER, DORNBUSCH y SCHMALENSEE: *Economía* (McGraw-Hill, Madrid, 1990, 2.ª ed.) pueden igualmente ser interesantes.
— El *Boletín Económico del ICE*, que publica la Secretaría de Estado para el Comercio, muestra semanalmente artículos y estadísticas de los aspectos más interesantes del sector exterior español y la economía internacional.

PARTE III
LA OFERTA AGREGADA Y EL FUNCIONAMIENTO GENERAL DE LA ECONOMIA

CAPITULO 10

LA OFERTA Y LA DEMANDA AGREGADAS (I): LA DEMANDA AGREGADA, EL MERCADO DE TRABAJO, LA OFERTA Y LA DETERMINACION DE LA RENTA Y LOS PRECIOS

En este capítulo exponemos el modelo de Oferta y Demanda Agregadas. Consideramos, pues, una economía con cuatro sectores y cuatro mercados, en la que las empresas han dejado de ser precio aceptantes y los precios varían. El ajuste del modelo también nos permitirá el análisis a corto y largo plazo.

LA DEDUCCION DE LA DEMANDA AGREGADA

La construcción del modelo de Oferta y Demanda Agregadas (*OA-DA*) debe iniciarse obteniendo la *DA*. Hasta aquí considerábamos los precios constantes, y aunque hemos apuntado algunos factores de la demanda que eran sensibles a su variación, no llegamos a introducir esta variable. Ahora se trata de determinar no sólo el nivel de renta que equilibra la *DA*, sino la renta y los precios a los que tiende la *DA* y la *OA* conjuntamente.

El primer paso es obtener la *DA* en función de la renta (Y) y los precios (P). Para ello debemos considerar la interrelación entre el Mercado de bienes y el Mercado de activos, puesto que los precios afectan primordialmente a los saldos reales.

En el Gráfico 10.1 exponemos la obtención de la curva de *DA*. Si en el mercado de dinero la Oferta monetaria es M_0/P_b, el equilibrio del mercado de activos se da en el punto b para la tasa de interés r_b. A ese interés, la demanda de inversión es I_b y el modelo de 45° determina la renta de equilibrio Y_b. ¿Qué ocurre si bajan los precios? Al bajar los precios hay más

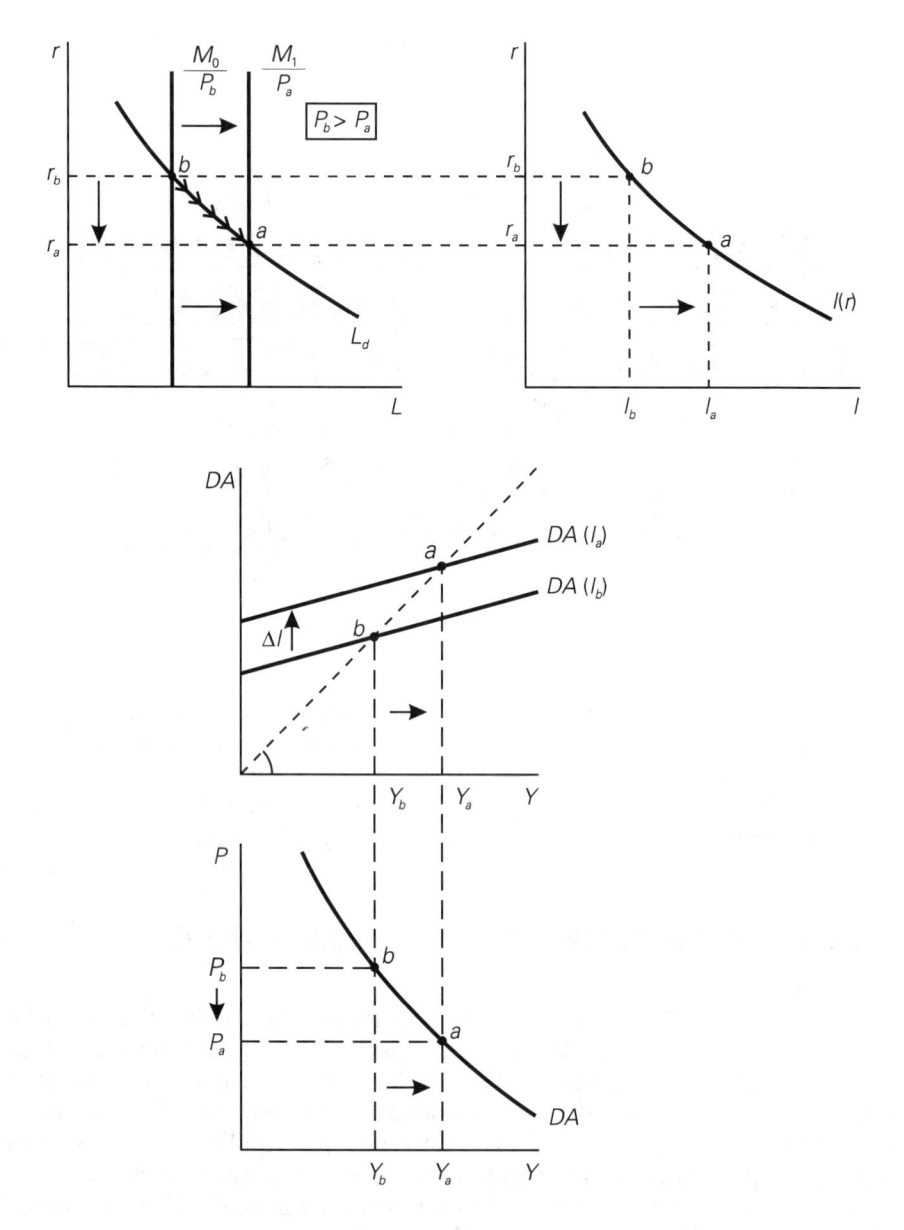

Gráfico 10.1. La Demanda Agregada.

saldos reales, y la Oferta monetaria se desplaza hasta M_0/P_a ($P_a < P_b$). Ante el exceso de liquidez, desciende el tipo de interés hasta r_a, aumentaría la demanda de inversión (I_a), y la Demanda Agregada se desplaza desde $DA(I_b)$ hasta $DA(I_a)$. Al aumentar la demanda, sube la producción y la renta hasta Y_a.

La disminución de los precios ha incrementado el nivel de renta que ajusta la Demanda Agregada. Esto es lo que representamos en el cuadro inferior del Gráfico 10.1. Para el precio P_b, el nivel de renta de ajuste de la demanda es Y_b, y cuando el precio baja hasta P_a, la renta que equilibraría el sector de demanda (mercado de bienes y de activos), aumenta hasta Y_a.

De esta forma obtenemos la curva de DA, buscando en el sector de la demanda una relación entre los precios y la producción. La curva, como puede apreciarse, es decreciente a los precios, puesto que si éstos descienden aumentan los saldos reales, la inversión y la DA. Cualquier otra variación de los precios nos mueve sobre la curva, descendiendo por ella si los precios bajan o ascendiendo si los precios suben. La secuencia es, por tanto:

$$\uparrow P \rightarrow \downarrow M/P \rightarrow \uparrow r \rightarrow \downarrow I \rightarrow \downarrow DA \rightarrow \downarrow Y$$

Si varía cualquier otro factor del Mercado de bienes y servicios, o del Mercado de activos, la DA se desplazará hacia la derecha si aumenta o hacia la izquierda si la demanda disminuye. En el Gráfico 10.2 vemos cómo para P_c la producción de equilibrio de la demanda es Y_c si la Demanda Agregada es DA; y como para el mismo precio la producción sube hasta Y_d si la demanda se desplaza hasta DA'. La DA se ha desplazado hacia la derecha porque algún factor de la demanda (Mercado de bienes o de activos) ha cambiado aumentando los deseos de gasto de la economía. Un aumento del gasto público (G), del consumo (C), de las exportaciones (X), una disminución de las importaciones (M), o incluso un aumento de la Oferta monetaria (M_0), aumenta la DA y desplaza la curva hacia la derecha.

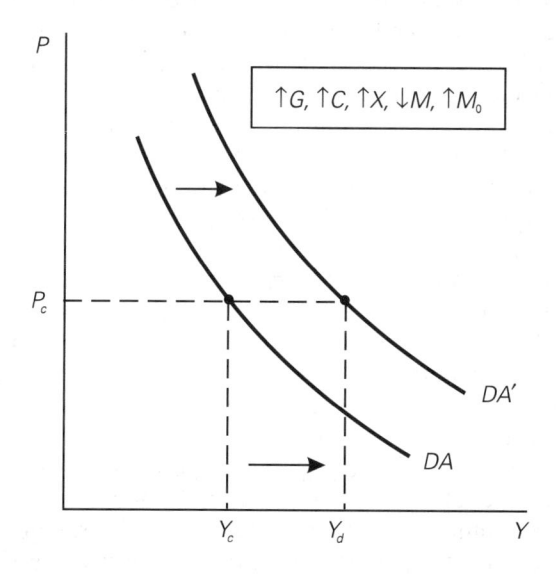

Gráfico 10.2. Desplazamientos de la DA.

Llegados a este punto, no parece necesario advertir al lector que debería saber si la *DA* se desplaza a la derecha o a la izquierda, no sólo por una variación de los componentes de la *DA*, sino también por la alteración de cualquier variable que afecte a *C*, *I*, *G*, *X* o *M*, como, por ejemplo, el tipo de cambio, los precios exteriores, los impuestos, la propensión marginal al ahorro o al consumo, entre otras variables.

¿Cuál es el significado de la *DA*? Así como en el modelo de 45° encontrábamos un nivel de renta y producción de equilibrio, al considerar los precios variables no tenemos un punto de equilibrio del sector de la demanda, puesto que para cada nivel de precio cambian los saldos reales, el tipo de interés y la inversión. Por tanto, para cada nivel de precios hay un nivel de producción en el que los mercados de bienes y el de activos están en equilibrio; y este es el significado de todos los puntos sobre la curva de *DA*.

¿Cuál será el punto efectivo de producción? Dependerá del nivel de producción al que estén dispuestas a llegar las empresas, puesto que si antes a un precio ofrecían cualquier cantidad, ahora no son precio aceptantes. Por tanto, hasta que no incorporemos la *OA* no estaremos en disposición de encontrar el nivel de producción y precios al que tiende la economía.

EL MERCADO DE TRABAJO

Para determinar la *OA* debemos considerar previamente el mercado de trabajo, puesto que suponemos que es el factor clave de la producción y en él podemos estudiar el principal problema económico: el desempleo. (Además hay que tener presente que el otro factor de la producción, el stock de capital de la economía, viene determinado por la demanda de inversión.)

Para el estudio del mercado de trabajo utilizamos las herramientas comunes a cualquier mercado. En el Gráfico 10.3 se representan en las abscisas el total de horas trabajadas en una economía (*N*) y en las ordenadas los salarios reales (*W/P*), es decir, el salario por hora dividido por los precios de los bienes, que nos indica la capacidad de compra que tiene el salario nominal (*W*). La *oferta de trabajo* la realizan *lógicamente los trabajadores*. Si el salario real es mayor estarán dispuestos a sacrificar su ocio y trabajar más horas. En cambio, cuando el salario real descienda pensarán que no merece la pena trabajar tantas horas y querrán trabajar menos. La *demanda de trabajo* es llevada a efecto por *las empresas*. Si los salarios son altos habrá pocos empleos suficientemente productivos para contratar esas horas de trabajo tan caras. Si los salarios reales descienden, la demanda de trabajo aumenta: por eso la curva es decreciente.

En un mercado laboral en competencia perfecta, el ajuste del mercado estaría en el punto *e*, al que se contratarían N_e horas de trabajo al salario real $(W/P)_e$. En este punto, la demanda y la oferta de trabajo coinciden. Los trabajadores que quieren trabajar al salario de mercado están trabajando; estamos, por tanto, en *pleno empleo*. ¿Por qué preocuparnos del desempleo?

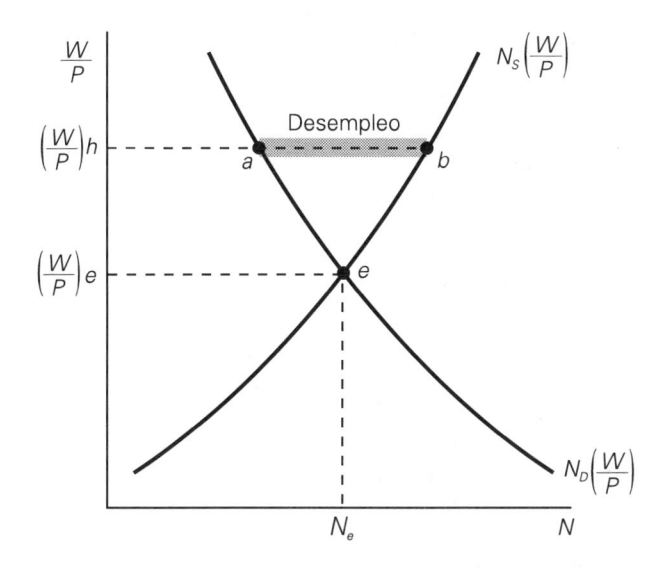

Gráfico 10.3. Mercado de trabajo.

Dejemos que el mercado laboral se ajuste por sí solo. Esta respuesta sería correcta si el mercado laboral fuera de competencia perfecta, pero desgraciadamente no lo es. La evidencia nos dice que se ajusta muy lentamente y que está sometido a fuertes restricciones.

¿Por qué el mercado de trabajo no es competitivo?

En primer lugar es un mercado regulado. El Estado interviene y, además de la legislación laboral sobre las condiciones del trabajo, fija un *salario mínimo*. El mismo Gráfico 10.3 nos muestra que si el salario real fuese $(W/P)_h$ la oferta sería muy superior a la demanda de trabajo. El desajuste entre la oferta y la demanda mantendría un alto nivel de desempleo (distancia entre *a* y *b*). Si los salarios no pudiesen bajar por estar regulados por el Estado, no habría forma de conseguir que el mercado se ajustara y que el desempleo desapareciera.

En segundo lugar, los *ajustes en horas de trabajo son lentos*. Tanto a los trabajadores como a los empresarios les interesa firmar contratos a medio y largo plazo. El trabajador lo prefiere porque le garantiza unos ingresos estables. Al empresario le interesa porque necesita un tiempo de formación y adaptación para que un trabajador sea productivo. Este período es caro para el empresario, y una vez que ha hecho este gasto espera sacarle provecho. Ningún empresario está dispuesto a despedir a todos sus trabajadores un día y contratar a otros al día siguiente, pues la productividad de su empresa se resentiría si ajustara la plantilla permanentemente en el corto plazo. Y a esto hay que añadir que el proceso de selección resulta largo e igualmente costoso.

Además, *despedir a un trabajador es caro*. Los empresarios, ante una recesión, *atesoran trabajo* un tiempo, hasta que están seguros de que la recesión es grave. Y no empiezan a contratar de nuevo hasta que se convencen de que la recuperación ha comenzado, puesto que volver a despedir sería gravoso.

En relación al *ajuste de los salarios*, también aparecen factores que los hacen muy inflexibles a labaja. En primer lugar, los *salarios se suelen fijar en negociación colectiva*, y en esta negociación los sindicatos juegan un importante papel. Al margen de cuestiones ideológicas —que no deben despreciarse en el análisis de países—, se dice con frecuencia que los sindicatos negocian los salarios de los trabajadores que tienen un empleo, que son quienes les votan en las elecciones sindicales, y que no defienden los intereses de los desempleados. Por esta razón no están dispuestos a aceptar moderar los salarios, al menos rápidamente.

Además, si se pudiera bajar el salario de mercado, esto supondría disminuir el salario por hora no sólo a los trabajadores en paro, sino a todos los que actualmente trabajan, originando malestar en el seno de las empresas, que dañaría su productividad y el incumplimiento de los contratos previos. Los empresarios estarían dispuestos a mantener *salarios de eficiencia* altos, que impiden el ajuste al pleno empleo.

El *proceso de negociación colectiva es largo y complejo*. Se negocian los salarios para un año y a veces incluso por un período de tiempo mayor. Si la coyuntura requiere bajar los salarios, difícilmente este largo proceso de ajuste salarial dará resultado a corto plazo.

Además, los trabajadores *no padecen ilusión monetaria*, es decir, fijan sus salarios en términos reales y establecen en la negociación colectiva cláusulas de revisión salarial según la tasa de inflación. Si los precios suben por razones ajenas al mercado laboral, la subida de salarios causada por estas cláusulas alimenta rápidamente la inflación de una forma automática.

Como puede apreciarse, el mercado de trabajo no es un mercado competitivo, y no podemos esperar que en el corto plazo se ajuste con prontitud por las características propias de un mercado, en el que se compra y se vende no un bien, sino horas de actividad humana, sujetas a connotaciones culturales, sociales, políticas o ideológicas.

Para introducir el mercado laboral en el modelo no podemos suponer que se ajusta perfectamente. Tendríamos un modelo siempre en pleno empleo, que sería poco explicativo de la realidad. Por ello vamos a considerar estas rigideces y el proceso de negociación colectiva.

Los empresarios serán reacios a contratar y despedir en el corto plazo. Si la demanda de sus productos es alta, antes que contratar a nuevos trabajadores preferirán pagarles horas extraordinarias, aún cuando éstas sean más caras. En cambio, la recesión hará que disminuyan los complementos de productividad, primas y otras retribuciones, con lo cual los trabajadores verán que sus salarios totales descienden o incluso que trabajan menos horas de las fijadas, ante la caída de la demanda.

Supondremos que los salarios se fijan entre los sindicatos y los empresarios mediante el proceso de negociación colectiva. Esto alargará el ajuste. Además los sindicatos tenderán a subir los salarios si la economía está creciendo, consolidando el salario de las horas extraordinarias, incorporarán cláusulas de revisión salarial e intentarán que sus afiliados no pierdan capacidad adquisitva, y sólo aceptarán moderar las subidas cuando la economía esté produciendo por debajo del pleno empleo.

Una última cuestión merece la pena apuntarse. Puesto que los sindicatos intentan no perder capacidad adquisitiva, procurarán hacer una estimación de la inflación previa a la negociación colectiva, dando entrada con ello a las expectativas de precios en el modelo.

No obstante, no debemos olvidar que nuestro objetivo es determinar el nivel de producción, empleo y precios al que tiende la economía, y puesto que el trabajo es un factor más de la producción será conveniente que afrontemos al fin el estudio de la Oferta Agregada.

LA OFERTA AGREGADA

La Oferta Agregada es la relación entre la cantidad de bienes y servicios (Y) que el sector productivo de la economía está dispuesto a producir y ofrecer en el mercado para cada nivel de precios (P).

Los precios

Para que los empresarios estén dispuestos a producir, el precio del mercado debe cubrir: las rentas salariales (RS), las rentas empresariales y de capital (REK), los impuestos a la producción (Tp) y el coste de la energía y materias primas (Cmp).

$$P = RS + REK + Tp + Cmp$$

Las *rentas salariales* que el precio de un bien debe cubrir son las horas de trabajo necesarias para producir ese bien (a) por el total de costes de una hora de trabajo (W). Las mejoras de la productividad empresarial debidas a la mejor organización empresarial, innovación tecnológica o utilización más intensiva del capital disminuirán este coeficiente a, que refleja indirectamente la productividad del factor trabajo. En cuanto a los costes salariales, W comprende el salario por hora de trabajo, más las cuotas a la Seguridad Social, impuestos retenidos al trabajador, costes sociales de la empresa, etc.

$$RS = a \cdot W$$

Las *rentas empresariales y del capital* vamos a suponer que se determinan mediante el supuesto del *mark up*, es decir, fijando un margen (m) sobre el coste salarial. Si la empresa es intensiva en capital, el margen será elevado (un 80 por 100, por ejemplo, sobre el coste salarial aW). La propia competencia se encargará de que los márgenes de la empresas sean similares, aunque diferenciados según los sectores y tipos de empresas. Aunque nuestro modelo es macroeconómico y suponemos que producimos un solo bien y un margen medio para la economía m, los empresarios son libres para entrar en el sector que tenga un margen más alto; las fuerzas del mercado harán el resto hasta que las rentas de la actividad empresarial y del capital sean similares en todos los sectores. Este margen es muy importante, porque debe ser suficiente para hacer rentables los proyectos de inversión que han ido conformando el stock de capital de las empresas. Si el margen se reduce, la oportunidad de encontrar proyectos de inversión rentables a los tipos de interés del mercado se reduce también.

$$REK = m \cdot RS = m \cdot (a \cdot W) = m\,(aW)$$

Los *impuestos a la producción* (Tp) fijados por el Estado comprenden todas las tasas y contribuciones que gravan la producción, el comercio, el transporte, y en general a todos los sectores productivos. (Aquí también podemos incluir generalizando el Impuesto sobre el Valor Añadido e incluso el Impuesto de Sociedades, aunque no sea del todo exacto, ya que debería incluirse en las rentas brutas del capital.)

Los *costes energéticos y de las materias primas* incluirían el resto de inputs de la producción con especial énfasis en el coste energético, debido a que ha provocado unos fuertes shocks de oferta cuyo impacto estudiaremos más adelante. El total de estos costos podemos considerarlos como el precio de estos factores (Pmp) por la cantidad de materias primas y energía incorporada a cada unidad del bien producido (Qmp).

$$Cmp = Pmp \cdot Qmp$$

Teniendo en cuenta todos los componentes de la oferta, el precio del bien es:

$$P = aW + m(aW) + Tp + Pmp \cdot Qmp$$

Como podemos apreciar, el coste salarial es el que determina la renta salarial y los ingresos de los empresarios y propietarios del capital. Por ello debemos también explicar cómo van a determinarse los salarios en el modelo, intentando dar entrada a algunas de las rigideces y características del mercado de trabajo.

Los salarios

Para la determinación de los salarios suponemos que existe negociación colectiva entre sindicatos y empresarios. Los salarios del año que se negocian (W) dependerán del salario del período anterior (W_{-1}) y de un *componente cíclico* (Ccl) que incide en el ajuste económico inmediato (corto plazo) y en la negociación colectiva anual (largo plazo).

$$W = W_{-1} + Ccl$$

Si la Demanda Agregada es muy fuerte, los empresarios querrán contratar más horas de trabajo en el *corto plazo*. Puesto que existe una jornada laboral estipulada, pueden optar por contratar a nuevos trabajadores o pedir a los actuales que realicen horas extraordinarias. Dado que estas horas tienen un coste mayor, sólo aumentarán la oferta de bienes y servicios si los precios suben lo suficiente para compensar estos costes adicionales. Si la demanda es baja disminuirán los complementos de productividad, se producirán despidos temporales, y en general habrá una cierta moderación de los costes laborales que permitirá moderar un tanto los precios.

En el *largo plazo*, la negociación colectiva también estará marcada por este componente cíclico. Si el nivel de producción de la economía en este último período (que denominaremos Y_0) es superior al nivel de producción de pleno empleo (Y_{pe}), los sindicatos tenderán a pedir subidas salariales muy altas y los empresarios consentirán aceptarlas para evitar descensos en la productividad por huelgas y malestar laboral. En cambio, los sindicatos disminuirán la presión sobre los salarios si existe desempleo, y si éste es muy alto aceptarán incluso pérdidas de capacidad adquisitiva de las rentas salariales.

Así pues, el componente cíclico de los salarios hace que éstos suban de un año a otro si la economía está próxima al pleno empleo, y se moderen si existe desempleo, por lo que podemos decir que los salarios dependen de la relación entre Y_0 e Y_{pe}. Otros dos factores podemos incluir en el componente cíclico, principalmente en el ajuste a largo plazo: la *tasa de inflación del año anterior* (α_{-1}) y la *tasa de inflación esperada* (α_e) (la inflación no es el nivel de precios P, sino la tasa que mide la variación de los precios entre un período α y otro). Si los sindicatos vieron que sus salarios subieron el año pasado menos que la tasa de inflación (α_{-1}) intentarán recuperarse de esa pérdida pidiendo subidas más altas este año, independientemente de la relación entre Y_0 e Y_{pe}. Además, si se espera una tasa de inflación para el año que negocian muy alta intentarán adaptarse a esta inflación esperada (α_e) desde el principio para que no les sorprenda con nuevas pérdidas de poder adquisitivo de los salarios.

En resumen, nuestro componente cíclico está condicionado por el nivel de producción efectivo en relación con la producción de pleno empleo, la inflación anterior y la inflación esperada. Al objeto de no complicar el análisis inicial, dejaremos las tasas de inflación para un análisis posterior, pero sin olvidar a qué factor de la Oferta Agregada afectan.

La curva de Oferta Agregada

Debido al componente cíclico, la Oferta Agregada puede representarse como una función creciente ante variaciones de precios (Gráfico 10.4). Su pendiente no es muy elevada, debido a que las subidas de precio necesarias para compensar el encarecimiento de las horas extraordinarias no suele representar un porcentaje muy alto en el total de costes.

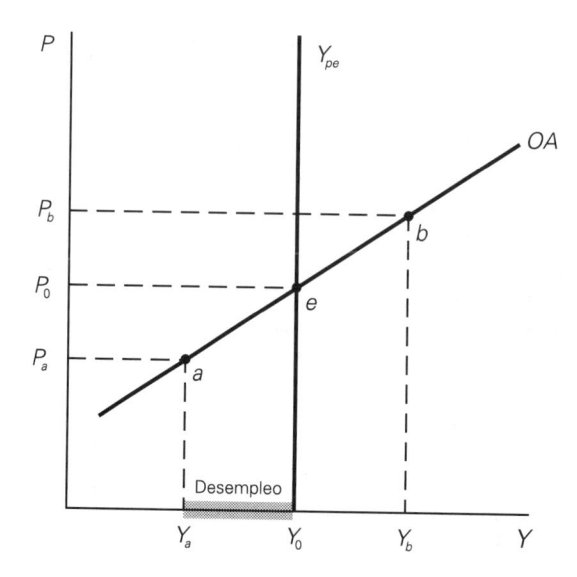

Gráfico 10.4. La Oferta Agregada.

Junto a la curva de Oferta Agregada (*OA*) representamos también la recta de pleno empleo (Y_{pe}), que determina el nivel de producción que se corresponde con la tasa natural de desempleo. Si el nivel de producción efectivo fuera el punto *e* del Gráfico 10.4, la economía estaría en equilibrio con pleno empleo y el componente cíclico no tendría incidencia ni en el corto ni en el largo plazo, puesto que el nivel de producción efectivo (Y_0) coincide con el de pleno empleo (Y_{pe}). En el punto *e* la población que quiere trabajar al salario de mercado lo está haciendo y no hay pérdida de capacidad adquisitiva al determinar el salario real (W/P).

Sin embargo, si la demanda fuerza a un nivel de producción efectivo superior al pleno empleo como representa el punto *b*, los empresarios para alcanzar el nivel de producción Y_b tienen que pedir a sus trabajadores que realicen horas extraordinarias, puesto que ese nivel de producción es superior al pleno empleo. El encarecimiento de los costos salariales hace subir los precios desde P_0 hasta P_b.

En cambio, si la Demanda Agregada fuera escasa y el punto de equilibrio efectivo fuera *a*, el nivel de producción sería Y_a, que al ser inferior al pleno empleo obligaría a los empresarios a disminuir el ritmo de producción, efectuar despidos y aceptar precios inferiores (P_a).

Así pues, el ajuste inmediato al componente cíclico de la producción origina *movimientos sobre la curva* de Oferta Agregada[1].

Las variaciones del resto de factores que inciden en la *OA* fuerzan *desplazamientos de la curva*, como se indican en el Gráfico 10.5. Debe

---

[1] Dejamos para más adelante el ajuste a largo plazo que provoca el componente cíclico.

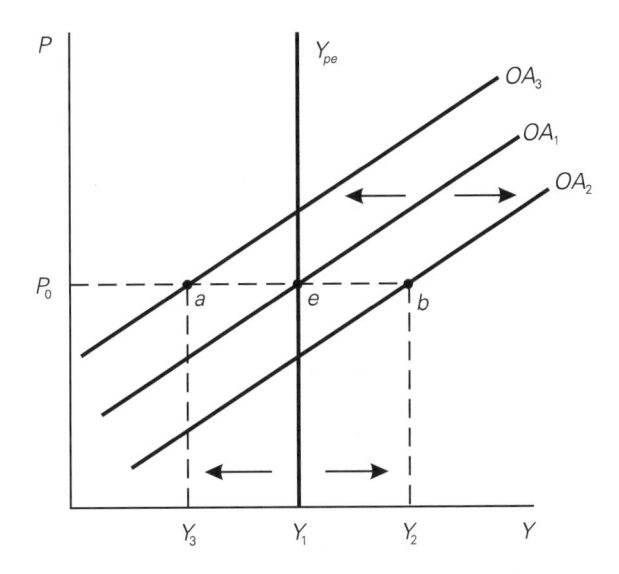

Gráfico 10.5. Desplazamientos de la Oferta Agregada.

observarse que el desplazamiento desde OA_1 hasta OA_2 es un «descenso» de la curva de OA, pero la oferta «aumenta». Si comparamos la producción ofrecida para el precio P_0, se percibe con facilidad que la oferta aumenta a medida que la curva se desplaza hacia la derecha y hacia abajo y disminuye si el desplazamiento de la oferta es al contrario.

¿Por qué se desplaza hacia la derecha (aumenta) la OA? El aumento de la OA puede deberse a una multitud de factores: moderación salarial ($\downarrow W$), mejora de la productividad ($\downarrow a$), disminución del margen empresarial ($\downarrow m$), disminución de los impuestos a la producción ($\downarrow Tp$), bajada de los precios energéticos y de las materias primas ($\downarrow Pmp$) o disminución de las necesidades de materias primas y energía en la producción ($\downarrow Qmp$). Ante estos cambios, las empresas ofrecen más producción a los mismos precios, o la misma producción a precios inferiores. La variación opuesta de estos factores hace descender la OA, y desplaza la curva hacia la izquierda y hacia arriba.

$$\downarrow W, \downarrow a, \downarrow m, \downarrow Tp, \downarrow Pmp, \downarrow Qmp \rightarrow \uparrow \overrightarrow{OA}$$

EL MODELO DE OFERTA Y DEMANDA AGREGADAS

Debemos al fin mostrar el modelo de *OA-DA*. En el Gráfico 10.6 representamos conjuntamente las curvas de *OA*, *DA* y la Y_{pe}. El punto de equilibrio e_1 indica una situación ideal de equilibrio a corto y a largo

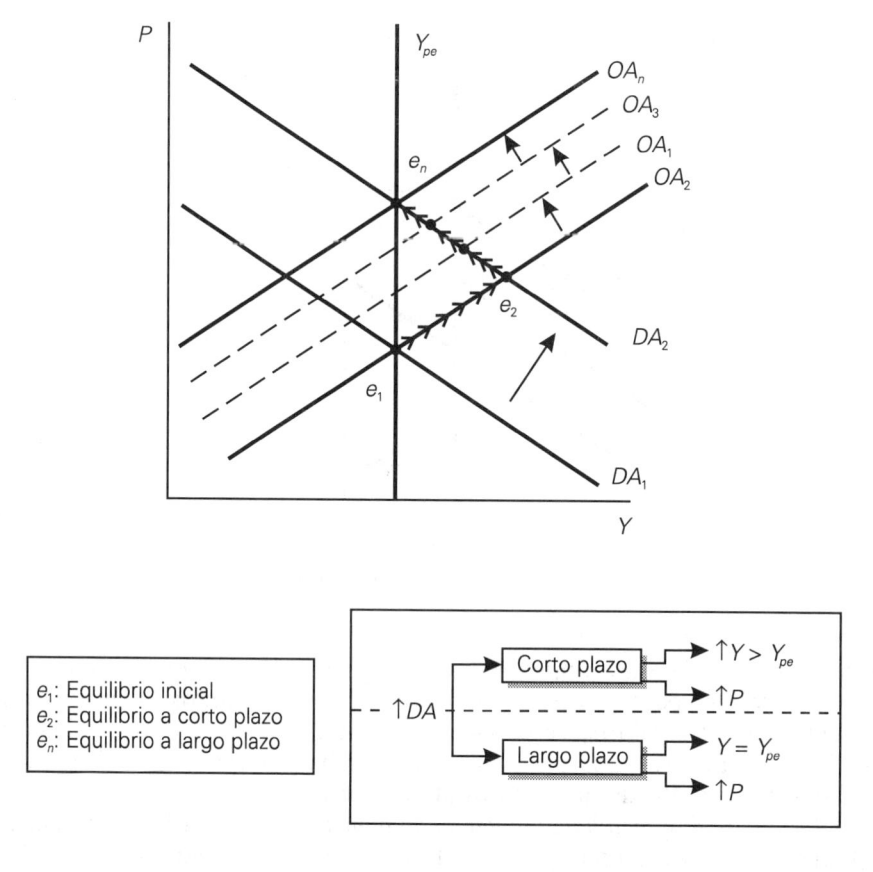

220 *Análisis del entorno económico de los negocios*

Gráfico 10.6. La Demanda y la Oferta Agregadas.

e_1: Equilibrio inicial
e_2: Equilibrio a corto plazo
e_n: Equilibrio a largo plazo

plazo, dado que a corto plazo coinciden la *OA* y la *DA*, y al coincidir con la Y_{pe} es un punto estable a largo plazo puesto que no hay variaciones del Ccl.

Sobre este gráfico, y para comprender el *ajuste a corto y largo plazo*, planteamos un *desplazamiento de la demanda hacia la derecha*: una política fiscal o monetaria expansiva, por ejemplo. El tirón de la *DA* quiere ser aprovechado por los empresarios produciendo más bienes. Sin embargo, al estar ya en pleno empleo deberán contratar horas extraordinarias y subirán los precios de los bienes y servicios producidos. En un movimiento «sobre la curva» de *OA* se alcanza un ajuste a corto plazo en e_2 donde coincide la *OA* y la *DA* ($OA_1 = DA_2$).

Pero el punto e_2 no puede ser una situación estable a largo plazo. Los trabajadores están haciendo horas extraordinarias y no querrán mantener esta situación año tras año. En la próxima negociación colectiva pedirán salarios superiores, y los empresarios que saben que están produciendo por encima de la producción de pleno empleo aceptarán estas subidas. Al subir los salarios, la *OA* disminuye y se desplaza hacia la izquierda y hacia arriba hasta AO_2. Los precios siguen aumentando y la producción va descendiendo. Si aún estamos por encima del pleno empleo, en el período siguiente volverán a negociar salarios al alza, y la curva de *OA* volverá a desplazarse hasta AO_3, aumentando los precios y ajustándose a la baja la producción. Después de varios ajustes de la *OA*, cuando se alcance la producción de pleno empleo se detiene el proceso de ajuste a largo plazo, alcanzándose un punto estable en e_n cuando la *OA* se haya desplazado hasta OA_n.

¿Qué ha ocurrido mientras tanto con la demanda? La demanda ha ido decreciendo, pero lo ha hecho «sobre la curva». Las subidas de precios originadas por los ajustes de la *OA* han ido, ajuste tras ajuste, disminuyendo los saldos reales (M/P); la escasez de liquidez originada ha subido el tipo de interés (r), aminorando la inversión (I) y disminuyendo, por tanto, los deseos de gastos de la economía, es decir, la Demanda Agregada. Pero esta disminución del gasto no desplaza la *DA*, sino que produce movimientos sobre ella hacia atrás, hasta alcanzar el equilibrio a largo plazo e_n. La senda del ajuste puede seguirse mediante las flechas sobre la OA_1 (corto plazo) y la DA_2 (largo plazo) del Gráfico 10.6.

El proceso será más rápido o más lento dependiendo de las subidas salariales de cada negociación colectiva. Al final del ajuste una expansión de la *DA* origina un incremento de la producción y la renta a corto plazo, que desaparece en el ajuste a largo plazo. Los precios por su parte han estado subiendo durante todo el proceso. Podemos decir, por tanto, que si partimos de una situación de pleno empleo y si todo el resto de variables económicas permanecen inalterables, una expansión de la *DA* a largo plazo lo único que origina es subidas de precios, es decir, inflación. En estas condiciones, las políticas de demanda expansivas, aunque consigan aumentar la producción a corto plazo, a largo son inflacionistas.

Una *disminución de la DA* desplaza la curva hacia la izquierda, como indica el Gráfico 10.7. Desde el equilibrio inicial e_1, pasamos a corto plazo a e_2. En este punto, los precios descienden y aún más lo hace la producción. El descenso de la producción por debajo del pleno empleo deja a la economía en una situación de desempleo. Si se permite el ajuste a largo plazo, los sindicatos ante el desempleo existente aceptarán moderaciones salariales, y con ellas la curva de *OA* va creciendo y descendiendo hacia la derecha. Mientras el desempleo exista, los salarios serán moderados y la *OA* proseguirá en su ajuste. El ajuste a largo plazo se alcanza en e_n cuando la *OA* coincida con la *DA* en pleno empleo (Y_{pe}). La senda del ajuste primero sobre la OA_1 (corto plazo) y después sobre la DA_2 (largo plazo) muestra que el efecto a largo plazo es un descenso en los precios, mientras que en el proceso de ajuste ha existido desempleo.

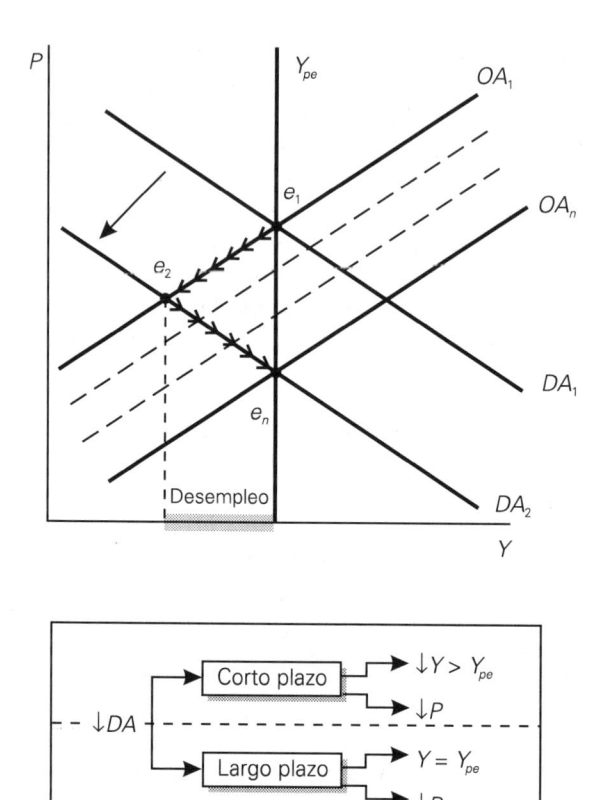

Gráfico 10.7. *OA-DA*: disminución de la *DA*.

Si la *OA aumentara* desplazando la curva hacia la derecha y hacia abajo, el efecto a corto plazo sería un descenso de los precios acompañado de un incremento de la producción, como muestra el punto e_2 del Gráfico 10.8. Este aumento de la producción ofrecida a cada precio se ha podido deber, como vimos, a mejoras de la productividad, disminución del margen empresarial, etc. Cuando se alcanza el ajuste a corto plazo (e_2), el Ccl inicia nuevamente el ajuste a largo plazo. El nivel de producción sobre el pleno empleo origina que se presione al alza de salarios en la negociación colectiva y la *OA* vaya desplazándose hacia arriba paulatinamente hasta alcanzar el punto e_n de ajuste a largo plazo ($e_1 = e_n$). El efecto a corto ha sido un aumento de la producción y un descenso igualmente temporal de los precios. Sin embargo, a largo plazo la producción y los precios vuelven al punto de partida. En esta ocasión, la senda de ajuste ha descendido sobre la DA_1 (corto plazo) al ir bajando los precios, y ha vuelto a ascender sobre ella (largo plazo) cuando los precios han ido subiendo.

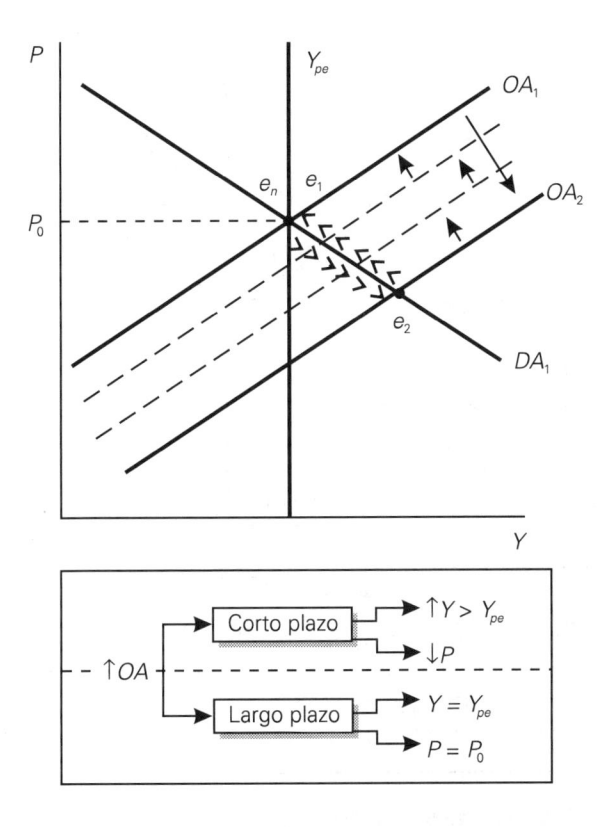

Gráfico 10.8. *OA-DA*: aumento de la *OA*.

El *descenso de la OA*, tal y como muestra el Gráfico 10.9, debido bien a una fuerte subida salarial para intentar adaptarse a la inflación esperada, a un aumento del margen empresarial, a una caída de la productividad, a una subida de los impuestos a la producción o a una subida del precio de las materias primas, es lo que se conoce como un *shock de oferta adverso*. El efecto inmediato sobre la economía (ajuste a corto plazo en e_2) es una reducción de la producción y el consiguiente *desempleo*, junto a una subida de los precios que se refleja en la tasa de *inflación*.

Como vemos, este modelo sí explica el fenómeno de la *estanflación*, que el modelo keynesiano inicial de *DA* del diagrama de 45° no podía explicar. La existencia de desempleo con inflación no es, sin embargo, permanente si no hay otras perturbaciones que alimenten la subida de los precios (veremos este caso en el capítulo siguiente). Los sindicatos aceptarán una moderación salarial para ayudar a combatir el desempleo. La curva de *OA* irá paulatinamente descendiendo hasta alcanzar el ajuste a largo plazo en el punto e_n, que coincide con el punto de partida.

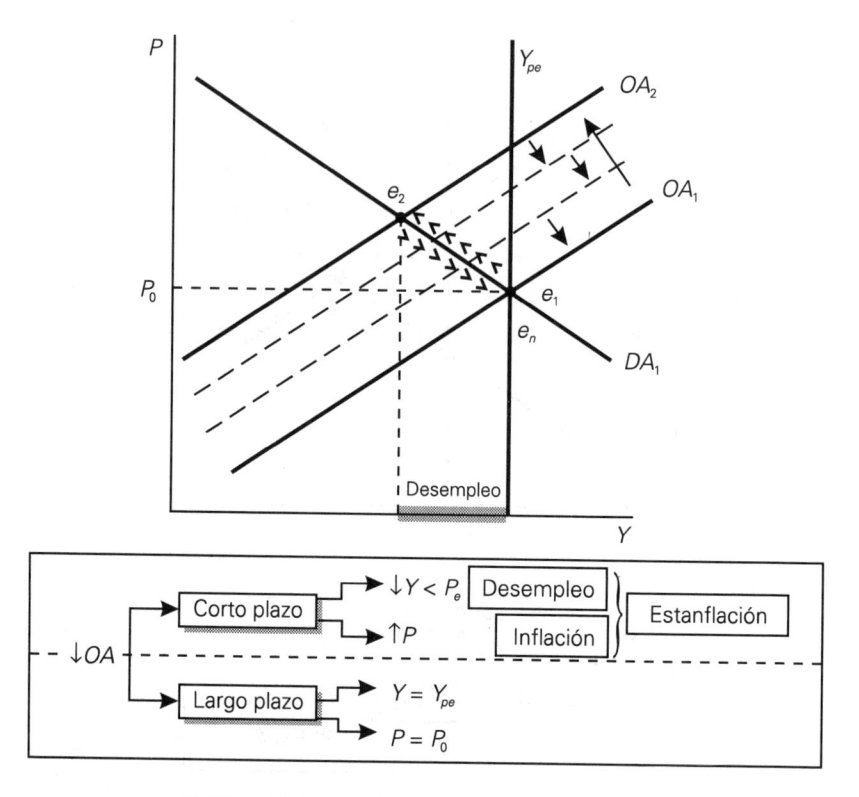

Gráfico 10.9. *OA-DA*: disminución de la *OA*.

Como indican los liberales, también llamados generalmente monetaristas, ante el proceso de estanflación lo mejor es dejar que la economía se ajuste por sí sola; «*laissez faire, laissez passer... le monde va de lui même*» era la máxima de los economistas clásicos, que consideraban que el mundo iba por sí solo buscando el ajuste del orden natural. Los keynesianos no estaban tan seguros de ello. Aceptaban que a largo plazo podría darse este ajuste (e_n), pero como decía Keynes: «a largo plazo todos estamos muertos». La evidencia nos muestra que si el ajuste a largo plazo necesita subidas (descensos) de la *OA*, el proceso es rápido. Sin embargo, si el ajuste a largo plazo requiere que la *OA* aumente y descienda la curva impulsada por la moderación salarial, el proceso puede ser más tardío y el desempleo más persistente: Keynes decía que «los salarios son rígidos a la baja». En el próximo capítulo veremos las posibles políticas económicas contra el desempleo y debatiremos la naturaleza clásica o keynesiana de nuestro modelo.

NOTA BIBLIOGRAFICA

El texto de Fischer, Dornbusch y Schmalensee: *Economía* (McGraw-Hill, 1990), en sus capítulos 30 y 31 plantea este modelo. El lector puede encontrar otros libros que utilizan diversos enfoques para determinar la Oferta Agregada. Como dijimos en capítulos anteriores, existe un acuerdo generalizado sobre el análisis y la formalización de la Demanda Agregada que no se da en el estudio de la Oferta.

CAPITULO 11

LA OFERTA Y LA DEMANDA AGREGADAS (II): SHOCKS DE OFERTA, EXPECTATIVAS, POLITICAS CONTRA EL DESEMPLEO Y LA INFLACION, Y EL LARGO PLAZO

Este capítulo cierra el modelo de OA-DA; estudiaremos en él el fenómeno de la hiperinflación con desempleo, la incidencia de las expectativas en la OA y la DA, los efectos de las distintas políticas para combatir el paro y la inflación, las limitaciones de estas políticas y las alteraciones que el largo plazo conlleva. Terminamos el capítulo diferenciando las posiciones clásicas y keynesianas y planteando un cuadro final del modelo que sirva de guía para estudiar la incidencia sobre la producción y los precios de cualquier tipo de perturbación económica.

LOS SHOCKS DE OFERTA Y LA ESPIRAL INFLACIONISTA

En los años setenta, la repentina subida de los precios del petróleo sorprendió a todos. En las décadas previas, la inflación no había sido un problema para las economías occidentales, y el modelo keynesiano de control de la demanda había podido garantizar un crecimiento sostenido. El crecimiento de los precios energéticos supuso un shock adverso cuyos efectos en nuestro modelo son claros: altos precios y desempleo. El Gráfico 11.1 muestra el caso. La subida de la *OA* debido al shock adverso hizo pasar a las economías del punto e_1 de equilibrio con pleno empleo, al e_2 de equilibrio a

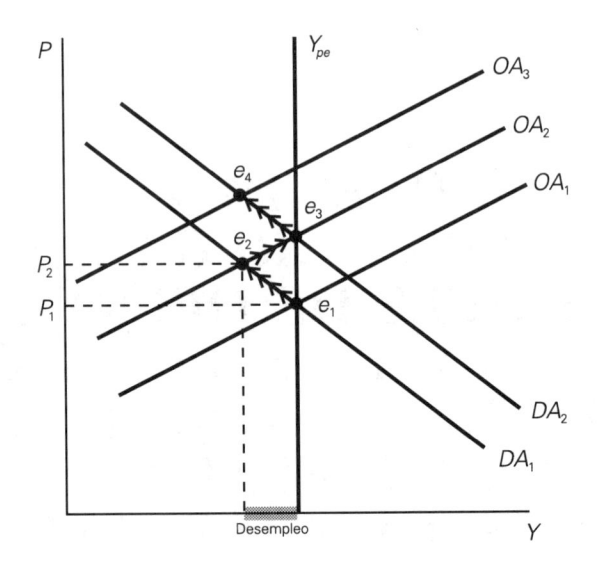

Gráfico 11.1. Shocks de oferta adversos y estanflación.

corto plazo con desempleo e inflación. En esta situación hoy sabemos que el desempleo presionaría sobre la negociación colectiva para moderar los salarios y volver al equilibrio con pleno empleo en e_1. Sin embargo, entonces se intentó combatir el desempleo con políticas de demanda (fiscal y monetaria) expansiva. La *DA* se desplazó hasta DA_2 y la economía empezó a recuperarse buscando el punto e_3, con nuevas subidas de precios. Pero en las negociaciones colectivas se intentaba paralelamente recuperar la pérdida de capacidad adquisitiva provocada por la inflación; la *OA* volvía a desplazarse hacia arriba (hasta OA_3) esta vez debido a la presión salarial, y no a los precios de la energía derivada del petróleo. En el nuevo equilibrio a corto plazo en e_4, el desempleo persistía y la inflación entraba ya en una espiral permanente, alimentada por nuevas políticas de demanda expansivas.

El modelo keynesiano había dejado de funcionar, los precios subían año tras año a tasas de más de dos dígitos, y el desempleo apenas se reducía. La receta del modelo keynesiano para acabar con el desempleo era ahora el origen de la estanflación. En estos años además se utilizó una política fiscal expansiva que se financiaba emitiendo billetes. Cuando se detectó que la emisión de Base Monetaria era fuertemente inflacionista, se empezó a financiar el déficit con deuda pública, los intereses subieron y la deuda en circulación empezó a crecer en algunos países de forma alarmante. Hoy, una de las condiciones del Plan de Convergencia Europea es que los países que entren en la Unión Monetaria no pueden tener en circulación una deuda fiscal superior al 60 por 100 del PIB, y el déficit público anual deberá ser inferior al 3 por 100 del PIB.

LAS EXPECTATIVAS

En los últimos años han irrumpido las expectativas en el análisis económico. El tiempo se ha convertido en una variable fundamental. Los acontecimientos cambian a gran velocidad y la información sobre estos cambios se difunde de inmediato. Los agentes forman sus expectativas sobre la marcha de la economía, y según éstas ajustan sus comportamientos.

Las expectativas se han convertido en una de las principales causas del ciclo económico y, por lo general, agudizan sus fases. Afectan principalmente a las variables económicas en las que el tiempo tiene mayor trascendencia. (En la *DA*, principalmente la inversión y los bienes de consumo duraderos.) En la parte derecha del Gráfico 11.2 planteamos el efecto de unas expectativas pesimistas sobre la economía, cómo afecta a la demanda de inversión. Los empresarios no creen que puedan amortizar las inversiones que realicen en este momento y dejan de invertir. La caída de la inversión tira hacia atrás de la *DA*, y la curva se desplaza hacia atrás. El punto de equilibrio pasa de e_1 a e_2, reduciéndose los precios y la producción, entrando la economía en recesión. Las expectativas negativas han originado una recesión económica de la que no se sale hasta que la moderación salarial lleve la curva de *OA* hasta el punto e_3, que sería el nuevo equilibrio a largo plazo.

Sobre la Oferta Agregada, las expectativas juegan un papel fundamental al estimar la inflación esperada (α_e) y ajustar los salarios según esta tasa en la negociación colectiva. Unas expectativas altas de inflación originan subidas salariales para adaptarse a la subida de precios, y desplazan la *OA* hacia atrás, como indica el cuadro izquierdo del Gráfico 11.2. Al pasar del punto e_1 al e_2, los precios efectivamente suben y la producción desciende. El efecto es el mismo que un shock de oferta adverso. Para volver al equilibrio se requiere moderación salarial, ahora posible ante la elevada tasa de desempleo.

Tanto en un caso como en otro, las expectativas de recesión económica han originado la propia recesión. Las teorías sobre las expectativas aún no están muy contrastadas. Según la teoría de las *expectativas adaptativas*, los agentes económicos observan el pasado y advierten los errores cometidos en el pasado al comparar las variables esperadas y las variables efectivas. De estas diferencias los agentes económicos aprenden para no dejarse sorprender. Así, si el Gobierno ha venido acertando en los últimos años en sus previsiones de inflación y crecimiento económico, los agentes privados tomarán sus decisiones dando por buenas las previsiones gubernamentales. En cambio si las previsiones del Gobierno nunca se han cumplido en los últimos años, los agentes, cuando el Gobierno presente sus expectativas de inflación del próximo año, recordarán que siempre las previsiones fueron inferiores a las cifras efectivas y sumarán por su cuenta este error sistemático para formar sus propias expectativas de inflación.

La inclusión de las expectativas en los modelos y en la forma de actuar de los agentes económicos reales ha resaltado un nuevo aspecto de la actuación del Estado en materia económica: la *credibilidad de la política económica*. El Gobierno no sólo actúa sobre la economía mediante los

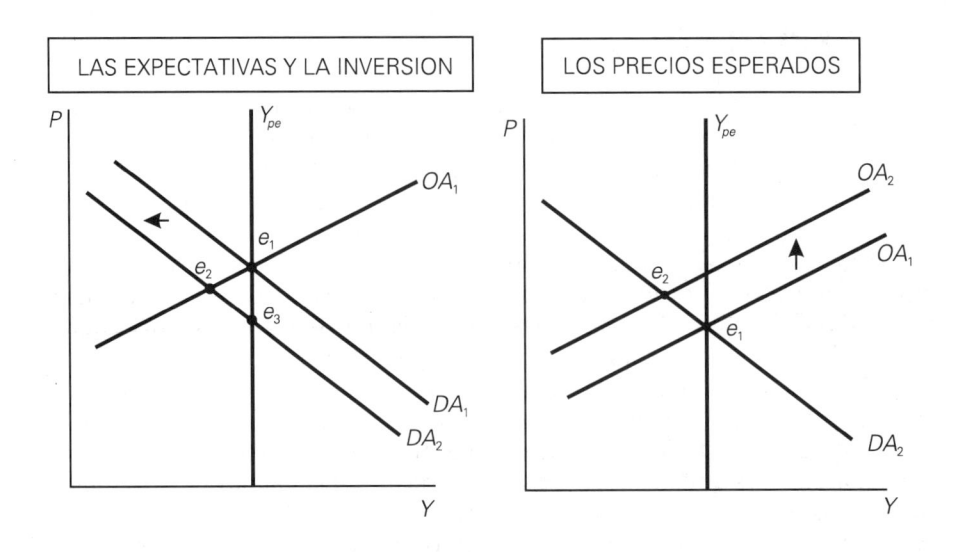

Gráfico 11.2.

instrumentos de política de demanda o de oferta, sino que también puede hacerlo emitiendo señales sobre sus previsiones, que inciden en las decisiones que toman los empresarios, los trabajadores, las familias y, en general, el conjunto de agentes económicos. Si los agentes económicos al analizar el entorno económico saben que el Gobierno suele acertar en sus previsiones y las medidas que dice va a tomar efectivamente se llevan a cabo, creerán las previsiones gubernamentales y actuarán como si los datos esperados fueran ya reales. En cambio, la pérdida de credibilidad de la política económica, obligará a los agentes a formar sus propias expectativas y el Gobierno habrá perdido un importante instrumento de política económica, principalmente de política de rentas.

La segunda teoría elaborada al respecto es la hipótesis de *expectativas racionales*. Los agentes, según esta teoría, forman sus expectativas con toda la información disponible, actúan de forma racional y no se dejan engañar, aprendiendo de los errores que cometen. Según esta teoría, aunque el Gobierno haya llevado a cabo una política creíble en el pasado y haya acertado sistemáticamente en sus previsiones, si los agentes estiman que se ha entrado en una recesión económica a tenor de la información que manejan, no se dejarán influir por las señales que emita el Ministerio de Economía y actuarán de espaldas a las previsiones del Gobierno.

La crítica a esta teoría apunta al supuesto implícito de creer que todos los agentes económicos son expertos en Economía. Sus defensores dicen que los errores de unos al alza se compensan con los errores de otros agentes, y sugieren el papel fundamental que juega el *arbitraje en los mercados*. Los agentes no tienen que ser expertos o *gurus* económicos: basta con que observen qué dicen y hacen estos expertos, y ajusten su comportamiento a las previsiones de los institutos de investigación, organismos económicos internacionales, personalidades relevantes de las finanzas, sectores industriales o publicaciones de contrastado prestigio.

LAS POLITICAS CONTRA LA ESTANFLACION

Además de dejar que la economía se ajuste lentamente a través de la moderación salarial, ¿se puede hacer algo contra el fenómeno de la estanflación? A esta pregunta intentamos contestar, diferenciando los efectos de las políticas de demanda y de las de oferta.

La política de demanda

Las políticas de demanda, y principalmente la política fiscal y monetaria, suelen ser las políticas más utilizadas para lograr la estabilización económica. El Gobierno controla bien los instrumentos (impuestos, gasto público y base monetaria), y los efectos sobre la economía son inmediatos. Pero el Gráfico 11.3 nos muestra la imposibilidad de que estas políticas por sí solas puedan solucionar el problema de la estanflación.

El punto e_0 es el nivel de producción y precios de partida (intersección DA_0 y OA_0). En él la economía está en paro y estimamos que el nivel de precios P_0 es de inflación respecto al año anterior. Si el Gobierno decide utilizar una política de demanda para reducir la inflación y el desempleo, podemos apreciar las dificultades a las que se enfrenta.

Si lleva a cabo una política de demanda expansiva (desplazamiento de la DA hasta DA_1), puede reducir a corto plazo el desempleo, pero los precios seguirán subiendo, como indica el punto e_1. Si en cambio decide hacer una política restrictiva (desplazamiento de la DA hasta DA_2), la inflación puede reducirse, pero como refleja el punto e_2, el desempleo subirá mucho más. Por tanto parece a primera vista, y como muestra el esquema inferior del Gráfico 11.3, que si desea actuar con las políticas de demanda tendrá que elegir si quiere combatir la inflación o el desempleo. Esta alternativa es la que se consideraba posible cuando se pensaba en la validez de la *curva de Phillips*, que representamos igualmente en el Gráfico 11.3. La curva CP_0 muestra las posibilidades de inflación y desempleo que tiene una economía como una relación de intercambio: menos desempleo implica más inflación (punto e_1), y combatir la inflación supone recesión económica y desempleo (punto e_2).

Esta alternativa de objetivos de política económica ha resultado engañosa y perjudicial. El Gobierno, presionado por los agentes sociales, casi siempre ha optado por hacer políticas de demanda expansivas para combatir el desempleo. Preferir combatir el desempleo antes que la inflación, si existe esta disyuntiva, es más justo socialmente y permite encontrar un consenso social rápido, puesto que promete crecimiento y bienestar. Sin embargo, el modelo de *OA-DA* nos advierte que si los precios continúan

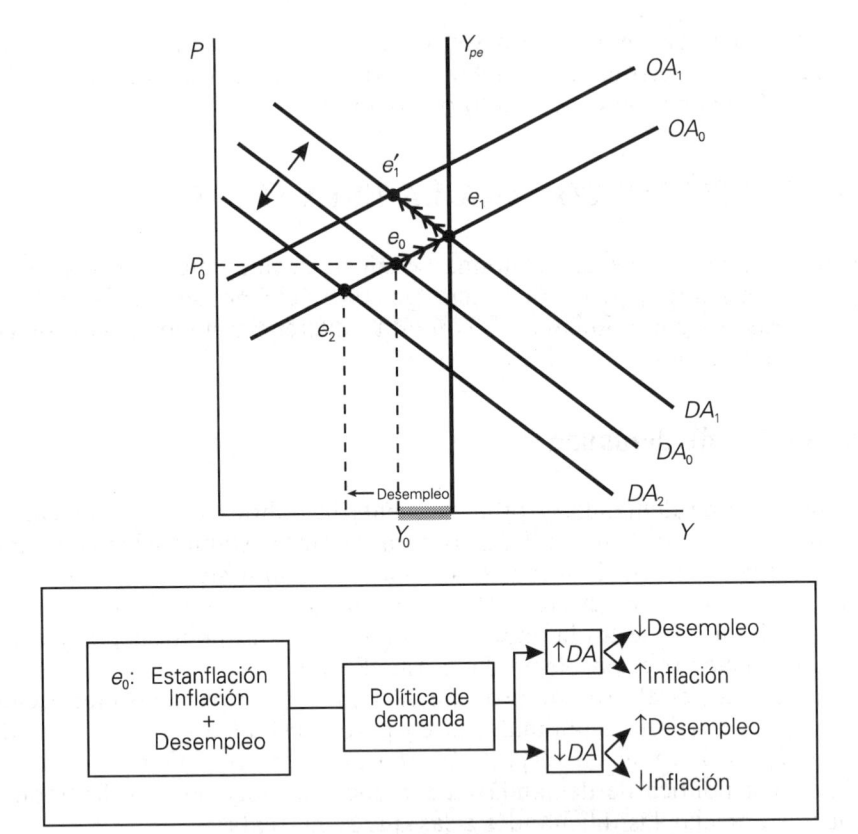

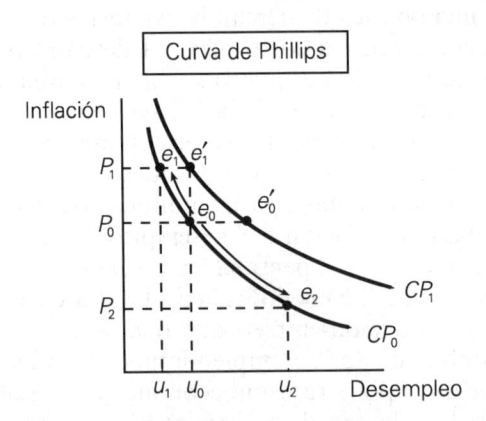

232 *Análisis del entorno económico de los negocios*

Gráfico 11.3. Políticas de demanda contra la estanflación.

subiendo, los salarios también lo harán para evitar la pérdida de capacidad adquisitiva. La *OA* se desplazará entonces hacia atrás (OA_1), y la reducción del desempleo durará poco como indica el punto e'_1 de la parte superior del

Gráfico 11.3. Por tanto podemos afirmar que las políticas de demanda expansivas, aunque en el corto plazo disminuyen el desempleo, a medio plazo alimentan la inflación y si persisten originan una espiral inflacionista de la que es difícil salir.

El desplazamiento de la OA hacia atrás (OA_1) se correspondería con un desplazamiento de la curva de Phillips hacia la derecha (desde CP_0 hasta CP_1). Como podemos apreciar en el gráfico de la curva de Phillips, desde el punto e_0 pasaríamos mediante una política de demanda expansiva al equilibrio a corto plazo e_1, descendiendo el desempleo desde u_0 hasta u_1 a cambio de una mayor inflación (los precios suben desde P_0 hasta P_1). Pero cuando la curva se desplaza hasta la CP_1, para los precios P_1 el desempleo se incrementa nuevamente hasta u_0 (punto de equilibrio a corto e_1).

A pesar de los resultados a largo plazo de las políticas de demanda expansivas, los Gobiernos suelen utilizar el intercambio *(trade-off)* entre inflación y desempleo para conseguir, a corto plazo en períodos electorales, un cierto grado de crecimiento económico que disminuya el desempleo (con una política fiscal expansiva, por ejemplo). Con esta forma de proceder animan la economía en el corto plazo, y después para combatir la inflación que esta política origina hacen una política, normalmente monetaria, restrictiva. Esto es lo que se ha llamado *ciclo político:* crecimiento económico preelectoral y ajuste duro en los años siguientes, para volver a soltar las riendas antes de la siguiente convocatoria electoral.

Los defensores de la hipótesis de expectativas racionales consideran que incluso a corto plazo el efecto del *trade-off* entre inflación y desempleo es reducido. Los agentes se dan cuenta de que se está haciendo una política de demanda expansiva, y como saben que al final los precios van a subir anticipan la inflación desplazando de inmediato la OA hacia atrás y pasando desde el punto e_0 directamente al e'_1, sin pasar por el e_1. A juicio de estos economistas, el Gobierno sólo puede conseguir reducir el desempleo con políticas de demanda, si sorprende a los agentes económicos, y aún así los resultados sólo tendrán una vigencia en el corto plazo.

¿Por qué se hacen entonces sistemáticamente políticas de demanda? Porque son más fáciles de hacer que las políticas de oferta, que requieren el consenso con los sindicatos y los empresarios. Además, las políticas de demanda dejan sentir sus efectos en el corto plazo, mientras que las políticas de oferta requieren un período más amplio para que sus resultados sean percibidos por los electores.

Aún sería conveniente antes de considerar las políticas de oferta una breve referencia a las implicaciones de cada una de las políticas de demanda posibles, que hemos tratado hasta ahora conjuntamente.

Política de demanda: la política fiscal

La política fiscal suele utilizarse en el período expansivo del ciclo político. El incremento del gasto público tira de inmediato de la DA y deja sentir sus efectos rápidamente sobre la producción y el empleo. Cuando se trata de reducir la *DA* para controlar la inflación, la reducción del gasto es una política que gusta poco a los políticos. Los departamentos del Gobierno consolidan sus presupuestos y cada ministro suele oponer serias resistencias a recortes del gasto de los organismos bajo su autoridad. Además, los recortes en unas partidas más que en otras levanta las críticas de la oposición sea cual sea su ideología. Si se reducen los gastos de armamentos, «nos quedamos desprotegidos». Si son los gastos sociales y de cobertura de desempleo, «se gobierna para los ricos». Si es la educación y la investigación, «estamos perdiendo el tren del futuro». Si la infraestructura, «el Estado ha dejado de invertir en el país», etc.

Es difícil hacer una política fiscal contractiva reduciendo los gastos públicos. Cuando no hay más remedio se prefieren aumentar los impuestos, y si es posible mejor los indirectos que los directos, que levantan mayor malestar social. Subir los impuestos directos podría justificarse desde el objetivo de la distribución de la riqueza, pero aumentar los impuestos indirectos sólo puede tener una justificación: reducir el *déficit público*.

El déficit público se ha convertido en el auténtico coste de la política fiscal expansiva. Su financiación normalmente a tipos de interés altos supone una carga para los presupuestos venideros. Si además se requieren ahorros extranjeros, obliga también a atender a los ratios de solvencia como país y a cuidar que el tipo de cambio no se deprecie o se devalúe y provoque la huida masiva de estos capitales financieros. Además, recordemos que los tipos de interés elevados que una política fiscal expansiva puede originar desalientan la inversión y se hipoteca el crecimiento futuro según el conocido efecto desplazamiento o *crowding out*.

Política de demanda: la política monetaria

La política monetaria suele utilizarse recientemente para combatir la inflación. Lejos han quedado los tiempos de la monetización masiva del déficit, y de todos es ya sabido que el incremento de Base monetaria es muy inflacionista. La *teoría cuantitativa del dinero* afirma desde hace siglos que los incrementos de la Oferta monetaria afectan a los precios y no a la producción. No obstante hemos comprobado cómo, según la economía keynesiana, un incremento de la liquidez del sistema hace descender el tipo de interés y aumenta la inversión, la demanda y la producción. Sin embargo es cierto que este *mecanismo de transmisión* es más largo que una expansión del gasto público, que tira de inmediato de la *DA*. Si una política monetaria suave aumenta la producción en el corto plazo, podríamos cuestionar la teoría cuantitativa al menos a corto plazo. Sin embargo, si el mecanismo de transmisión quiebra, la expansión monetaria redundará en una tasa de inflación elevada, sin afectar a la producción.

¿Por qué puede quebrar el mecanismo de transmisión? En primer lugar porque el ajuste del mercado de activos ante una expansión monetaria

puede recibir perturbaciones adicionales que impidan la rebaja del tipo de interés. Si el tipo es muy bajo (los precios de los bonos muy altos), los agentes pueden considerar que aunque haya mucha liquidez en el mercado no merece la pena comprar los bonos a sus elevados precios. En este caso, conocido como la *trampa de la liquidez*, se prefiere retener la riqueza en dinero y no en bonos. El tipo de interés no baja y el mecanismo de transmisión quiebra.

También es posible que la *inversión sea inelástica al interés*. Si los empresarios para decidir si llevan a cabo un proyecto de inversión no atienden exclusivamente al tipo de interés, o si lo hacen su incidencia no es determinante de la demanda de inversión, el mecanismo de transmisión quiebra igualmente. La inelasticidad de la inversión al interés puede deberse al peso que alcancen otras variables en el proceso de la decisión de invertir, como las expectativas de precios, salarios o renta de la economía. También es posible que los empresarios no atiendan tanto al tipo de interés de los activos alternativos al dinero, si son sociedades de fuerte tradición empresarial en las que los proyectos de inversión suelen financiarse con beneficios no distribuidos, si el sistema fiscal potencia la autofinanciación, o si los empresarios prefieren las operaciones productivas a los movimientos especulativos.

En último lugar, la política monetaria expansiva puede ser ineficaz contra el desempleo si las *expectativas negativas retraen la inversión*. Los empresarios se sentirán alentados a invertir más si el tipo de interés es bajo, pero no persistirán en este empeño si sus expectativas sobre el entorno económico más inmediato a su negocio son pesimistas. Si no creen que por las condiciones de la demanda o por la moderación de los márgenes empresariales que deberán aceptar ante la recesión económica que se avecina podrán recuperar los fondos destinados a la inversión, paralizarán estos proyectos, dejando a la política monetaria sin posibilidad alguna de evitar la recesión económica.

Estos argumentos, junto al peligro de inflación que la teoría cuantitativa del dinero vaticina, hacen que la política monetaria suela tener en los últimos años un cierto cariz restrictivo. Se intenta por lo general combinar una política monetaria restrictiva que controle la inflación con una política fiscal suave que evite el desempleo. La combinación de ambas políticas puede dar buenos resultados durante un tiempo y siempre que no se superen ciertos límites; en otro caso, una economía con una política fiscal muy expansiva y una política monetaria restrictiva (caso español entre 1987 y 1992) vería aumentar su déficit público y su deuda en circulación, y estaría desincentivando la inversión y el crecimiento económico con el tipo de interés elevado, a la vez que el sector público iría desplazando al sector privado de la economía (*crowding out*).

A este respecto hay que tener presente que el plan de convergencia europeo requiere tener una inflación no superior al 1,5 por 100 de la media de los tres países europeos con menos inflación, pero no dice nada de tener una tasa de desempleo alta o baja. Esta condición, junto al similar requisito de que los tipos de interés de los distintos países tampoco superen ese margen de un 1,5 por 100, hace que los críticos del plan argumenten con cierta razón que el plan persigue más una convergencia nominal que real.

Para finalizar este breve comentario sobre la política monetaria no debería olvidarse su estrecha conexión con los mercados de capitales. Tipos de interés altos (precio de los bonos bajos) atraen capitales exteriores, y cuando el interés se ajusta a la baja (precio de los bonos altos) suele provocar alzas en el mercado bursátil interno.

Además, la simple expectativa de que la política monetaria será más suave, y los tipos de interés más bajos, hace subir la Bolsa ante la previsión de la futura subida de las cotizaciones (en nuestro modelo representadas por el precio de los bonos). El papel de las expectativas es tan importante en los mercados financieros que la estimación filtrada de un dato alto de inflación hace presagiar a los agentes económicos una política monetaria restrictiva para controlar los precios, que aumentará el tipo de interés y desplomará el precio de los activos, y actúan en consecuencia anticipándose a estas expectativas de desplome de la Bolsa. Venden de inmediato sus acciones y desploman la Bolsa antes de que el Gobierno haga una política monetaria para controlar una inflación que aún no se sabe con certeza si ha subido.

Política de demanda: la política comercial

Finalmente, la política comercial, puesto que afecta al saldo neto de las exportaciones menos importaciones, puede ser considerada también de demanda. En la actualidad, los países occidentales tienen muy comprometida la política comercial por los acuerdos del GATT, la CEE, las áreas de comercio que agrupan a distintos países y las relaciones económicas y diplomáticas internacionales. Quizá sean EE. UU. y Japón los países con un menor compromiso sobre aranceles y contingentes, aunque intentan solventar sus rencillas comerciales en las Rondas del GATT y en las reuniones semestrales del grupo de los siete países más ricos del mundo (G7 o G5+2).

Sin embargo, sí es posible promover alteraciones en el otro gran instrumento de la política comercial: el tipo de cambio. A este respecto, el SME supone una seria limitación ante las devaluaciones competitivas, y el proceso de convergencia europea refuerza este control. No hay que olvidar que una de las condiciones para entrar en la Unión Monetaria en la «primera velocidad» o primer intento exige permanecer un mínimo de dos años en la banda estrecha del mecanismo de cambios, fijada en ±2,25 por 100 sobre la paridad central fijada.

No obstante, aunque una depreciación o devaluación de la moneda puede ser una política adecuada para mejorar el saldo de la Balanza por cuenta corriente y expandir la *DA*, no hay que olvidar que esta expansión origina incluso en el corto plazo una subida en los precios; y no debería ser necesario recordar que si los precios nacionales suben más que los exteriores perderemos exportaciones y aumentarán las importaciones. Por ello se dice que, por lo general, una devaluación es inflacionista.

Un problema adicional de las políticas comerciales expansivas mediante devaluaciones del tipo de cambio es que las operaciones comerciales no se ajustan rápidamente. Una devaluación provoca a corto plazo más déficit en la $B\,°/_c$, puesto que las importaciones se mantienen un tiempo y las exportaciones tardan tiempo en ganar nuevos mercados. Estas limitaciones y la preocupación por no enturbiar las relaciones internacionales hacen que no se tienda a utilizar la política comercial como política de estabilización o como instrumento para combatir la estanflación.

Es importante resaltar una última cuestión sobre los tipos de cambio. La tradición económica y política ve las devaluaciones como un acontecimiento «trágico» que «hiere el orgullo nacional». Hay algo de verdad y de falacia en este extendido sentir. Si la moneda de un país esta apreciada, el bajo tipo de cambio muestra la buena marcha de la economía y su competitividad exterior: las altas exportaciones presionan al alza la moneda, dado el deseo de importar nuestros productos por el resto del mundo. El tipo de cambio es un indicador de algo real: la competitividad de la economía. Sin embargo, querer tener una moneda apreciada por prestigio internacional y negarse sistemáticamente a efectuar una devaluación cuando el déficit de la $B\,°/_c$ es alarmante, sólo puede tener una justificación racional: que las necesidades de financiación de la economía, quizás agudizadas por el déficit público, requieran capitales extranjeros; y para los países comunitarios una justificación política aunque un tanto menos racional: seguir a toda costa el plan de convergencia que obliga a mantener estable la moneda, como hemos visto.

De cualquier forma hay que reconocer que la excesiva movilidad de los capitales en unos mercados financieros muy internacionales y con auténticos «tiburones» que actúan sobre grandes volúmenes de operaciones dificulta la política sobre los tipos de cambio y aumenta la incertidumbre general de las operaciones comerciales. La cuestión es que los sistemas de tipos de cambio fijos intentan disminuir la incertidumbre de las operaciones comerciales entre países, pero a la vez atraen a los «tiburones», que minan las paridades y acaban con las reservas de oro y divisas de los países más débiles.

La política de oferta

Con la política de oferta (estructural o de rentas) se puede actuar conjuntamente contra la inflación y el desempleo. En el Gráfico 11.4 se apunta esta posibilidad. Partiendo de un equilibrio e_0 con desempleo Y_0 e inflación P_0, una política de oferta que desplazara la OA hacia la derecha buscaría un equilibrio a corto plazo sobre la curva de demanda hasta llegar a e_1, disminuyendo al mismo tiempo el desempleo y la inflación.

A diferencia de lo que ocurría con las políticas de demanda, las políticas de oferta contra la estanflación colaboran a llevar la economía por la senda

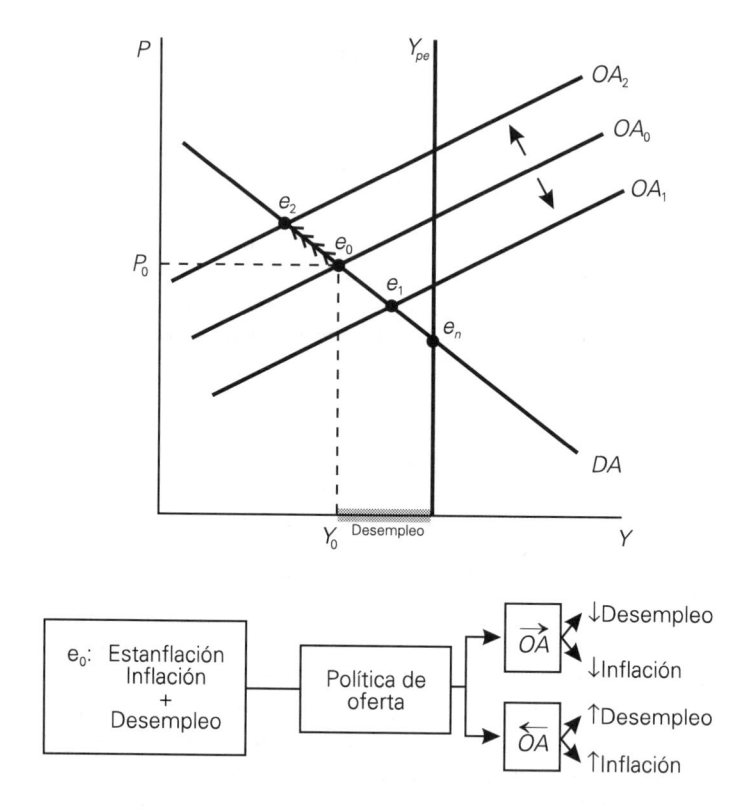

Gráfico 11.4. Políticas de oferta contra la inflación.

del equilibrio a largo plazo (e_n), sin provocar nuevas perturbaciones que distorsionen aún más el ajuste. También es cierto que si el diseño de la política de oferta es erróneo y la incidencia en el sector productivo es negativa, la curva de OA al desplazarse hacia la izquierda aumenta tanto el desempleo como la inflación (e_2).

¿Por qué se hacen siempre políticas de demanda y muy escasamente políticas de oferta? Para contestar a esta pregunta es necesario que nos aproximemos por separado a la política de rentas y a la política estructural.

Política de oferta: la política de rentas

La política de rentas pretende evitar que la inflación persistente se transmita de forma automática por medio de la negociación colectiva a los salarios y a los precios de los bienes y servicios, alimentando la espiral inflacionista.

Convencer a los sindicatos de que es preferible que sean ellos los que moderen las subidas salariales antes de que la alta tasa de desempleo les obligue a adoptar la misma determinación no es tarea fácil. Sabemos que el ajuste a la baja de los salarios es lento y puede hacer que el desempleo se convierta en una constante. La política de rentas intenta acelerar este ajuste, aminorando el coste del mismo en cifra de parados.

Para llevarla a cabo no se trata de efectuar operaciones en mercado abierto o de subir dos puntos un impuesto indirecto...; hay que convencer a los agentes mediante un instrumento muy escaso: la capacidad de persuasión. No se trata de imponer mayorías parlamentarias ni de llegar a acuerdos políticos. Las relaciones entre los sindicatos, la propia estructura de las fuerzas sindicales, su representación expresa o institucional, sus relaciones con el poder político, la representatividad de la patronal de empresarios y en última instancia el carácter y la personalidad de los agentes que se sientan a negociar, son los factores clave de la política de rentas.

Pero además el Gobierno debe tener la suficiente credibilidad para que sus propuestas sean escuchadas y parezcan posibles. En esta política, como en otras, las expectativas que forman los agentes sobre el papel del Estado es fundamental, y el Gobierno no puede pretender sorprender siempre a empresarios y sindicatos, porque más que sorprender éstos interpretan que pretenden engañarles y se reduce así la posibilidad de acuerdo.

Además, mediante la política de rentas se piden sacrificios a los trabajadores, y éstos piden algo a cambio. ¿Qué se les puede ofrecer que compense la efectiva pérdida de capacidad adquisitiva que la política de rentas va a ocasionarles? Los empresarios pueden prometerles que no se van a producir más despidos, pero nadie puede asegurar que esta promesa se cumpla. Más inversión o menos márgenes empresariales son promesas incompatibles; si se reducen los márgenes no se podrá recuperar la inversión efectuada, y nadie puede obligar a un empresario a invertir. Por su parte, el Gobierno puede aumentar las prestaciones sociales y prometer contratar a nuevos funcionarios; con estas medidas estaría haciendo una política de demanda expansiva, y cuando los precios empiecen a subir, los trabajadores se sentirán defraudados y pensarán que sus sacrificios no merecen la pena, presionarán al alza los salarios en próximas negociaciones y el pacto de rentas se romperá.

No es nada fácil hacer esta política. Sus resultados sólo se perciben a medio plazo. El riesgo de desgaste político de las personas implicadas y de credibilidad del Gobierno es muy grande. Y sin embargo es la política económica la que lleva a la economía por el camino correcto y merece la pena que se intente.

Si es tan evidente su conveniencia, ¿por qué los sindicatos no son más sensibles a esta necesidad? En primer lugar, los líderes sindicales deben responder ante sus afiliados y los trabajadores que les votan, y es difícil justificar la política de rentas si les han engañado sistemáticamente y el Gobierno y su política carecen de credibilidad.

Pero además hay una crítica sin fundamento a este modelo económico de *OA* y *DA*, que a juicio de los representantes sindicales es demasiado tecnocrática y monetarista. Afirman que hay otros modelos que ofrecen medidas alternativas, pero los modelos no aparecen y las medidas suelen ser contradictorias e inflacionistas. Y tampoco debe olvidarse que el modelo de *OA-DA* termina siempre exigiendo moderación salarial en el ajuste a largo plazo, en el que la *OA* es quien se ajusta. Los trabajadores son los únicos que aparentemente se ajustan, puesto que los empresarios quedan ocultos en la *OA* y el modelo no muestra que cuando los trabajadores son despedidos las empresas cierran, las inversiones se pierden y los empresarios pierden sus patrimonios en una situación de recesión económica.

Naturalmente en esta lectura del modelo, en las propias limitaciones de la política de rentas y en las declaraciones a veces de los Ministros de Economía que dicen que ya habrá política de rentas cuando el desempleo sea más elevado, están las razones de por qué no se utiliza más esta política económica.

Política de oferta: la política estructural

Si difícil es hacer política de rentas, aún más compleja es la política estructural. Cambiar el marco de las relaciones laborales, flexibilizar la creación de empresas, modificar los contratos de alquiler de viviendas, reestructurar sectores industriales, aceptar la pérdida de peso en el PIB del sector agrario y la progresiva terciarización de la economía, modificar la financiación autonómica, son políticas que operan en el largo plazo, que suponen ajustes y, por tanto, sacrificios a agentes que con las estructuras productivas actuales tienen ventajas competitivas sobre los demás, y opondrán resistencia.

Sin embargo, la política estructural es necesaria cuando las relaciones productivas de una economía impiden el ajuste del mercado de trabajo y provocan una tasa natural de desempleo excepcionalmente elevada. Es también necesaria cuando la estructura industrial va desapareciendo y no se percibe el nacimiento de un tejido empresarial alternativo, que supla esta pérdida de riqueza creando empresas competitivas.

Llevar a cabo la política estructural es muy difícil y costosa. Supone cambiar las normas jurídicas que definen las relaciones productivas actuales, para lo que es necesario un debate político y técnico con los expertos en esas disciplinas. Después contar con el apoyo de las partes implicadas, para que sean ellos quienes cambien sus normas de actuación, no retirándose del sector económico de la sociedad, sino implicándose más en él. Se necesita un horizonte temporal amplio, que excede normalmente a la legislatura, para permitir acometer estas reformas con la perspectiva de verlas terminadas. Además suele ser por lo general necesario apoyar estas medidas con importantes recursos financieros que incentiven a los agentes económicos a implicarse en la política estructural. Y siempre existe el riesgo de equivocarse, sin posibilidad de rectificar en el corto plazo.

La política estructural se lleva a cabo lentamente y sus costes y riesgos son muy altos. Naturalmente, como en todo, es una cuestión de matices. Quizás sea difícil diseñar e implantar una política estructural óptima, pero en cambio sí puede adivinarse que determinadas medidas van a ser negativas para el sector productivo de una economía. Hay pues una diferencia entre definir sectores con potencialidad exportadora y establecer una política que favorezca su desarrollo, y enterrar recursos financieros en empresas sin futuro, que además compiten y arruinan a otras más dinámicas y competitivas.

LIMITACIONES DE LA POLITICA ECONOMICA

Al margen de las dificultades que hemos visto existen, en cada una de las políticas posibles, limitaciones en la política económica que explican por qué es tan difícil resolver los problemas económicos.

Dejando a un lado los condicionantes de tipo ideológico y el ciclo político, aún hay que tener presente que en la economía real siempre se están dando *perturbaciones de varias variables económicas simultáneamente,* cuyos efectos pueden ser de sentido contrario. Es difícil saber entonces el impacto final de todas estas perturbaciones y la intensidad de las mismas. *Nuestro conocimiento está limitado,* y en el supuesto de que podamos detectar todas las variaciones, tampoco podemos saber el efecto final para diseñar una política anticíclica.

Otra cuestión importante es que a la hora de diseñar la política económica se suelen *combinar diversas políticas* y utilizar diversos instrumentos de una misma política. Al final es difícil pronosticar el resultado de estas políticas y el momento temporal en que van a producirse estos efectos. Y cuando se está implementando una política, puede acontecer algún cambio económico que la haga ineficaz.

Por estas razones se considera casi un «arte» llevar a cabo una política económica correcta, y por lo general lo prudente es mover los instrumentos con suavidad y permanecer atentos a si los efectos que se producen son los adecuados, a la vez que introducir correcciones inmediatas cuando la economía no responda a la política diseñada. Esta forma de hacer política económica se denomina *fine tuning,* o ajuste fino, y tiene la ventaja de permitir corregir los errores y el inconveniente de que los agentes económicos no están seguros de que las medidas actuales de política económica no sean mañana modificadas y se tomen las contrarias.

Los liberales estiman que la política económica no combate el ciclo, sino que es la principal causa del ciclo económico y especialmente de la inflación. Los socialdemócratas, en cambio, piensan que mediante la política económica se pueden evitar las recesiones económicas y conducir con mayor justicia social los ajustes económicos. Como siempre, unos y otros llevan parte de la razón, y depende de la economía en cuestión, de la política diseñada, de la forma de implantarla y de la suerte del entorno económico internacional en ese momento, que podamos dar la razón a una u otra posición.

LA POLITICA ADECUADA CONTRA LA ESTANFLACION

¿Se puede hacer algo para combatir la estanflación? Sin duda, aunque es difícil. En el Gráfico 11.5 se expone el diseño de una política económica adecuada contra la inflación. Partiendo de una posición de desempleo e inflación e_0, definidas por las curvas iniciales OA_0 y DA_0, se combina una política de rentas de moderación de los costes de la producción que desplace la oferta hasta OA_1, y una política de demanda ligeramente expansiva (DA_1). Después de estas actuaciones el nuevo equilibrio será el punto e_1, en el cual se ha reducido sustancialmente el desempleo y moderadamente los precios. Un nuevo intento de combinar ambas políticas llevaría la OA hasta OA_2 y la demanda hasta DA_2, alcanzando el pleno empleo en e_2 con precios estables.

En este proceso es fundamental que la política de demanda sea muy moderada. Si el desplazamiento expansivo de la DA es fuerte, los precios subirán y los sindicatos presionarán al alza los salarios, cambiando la tendencia al ajuste de la OA por un shock adverso que desplazaría la curva hacia la izquierda.

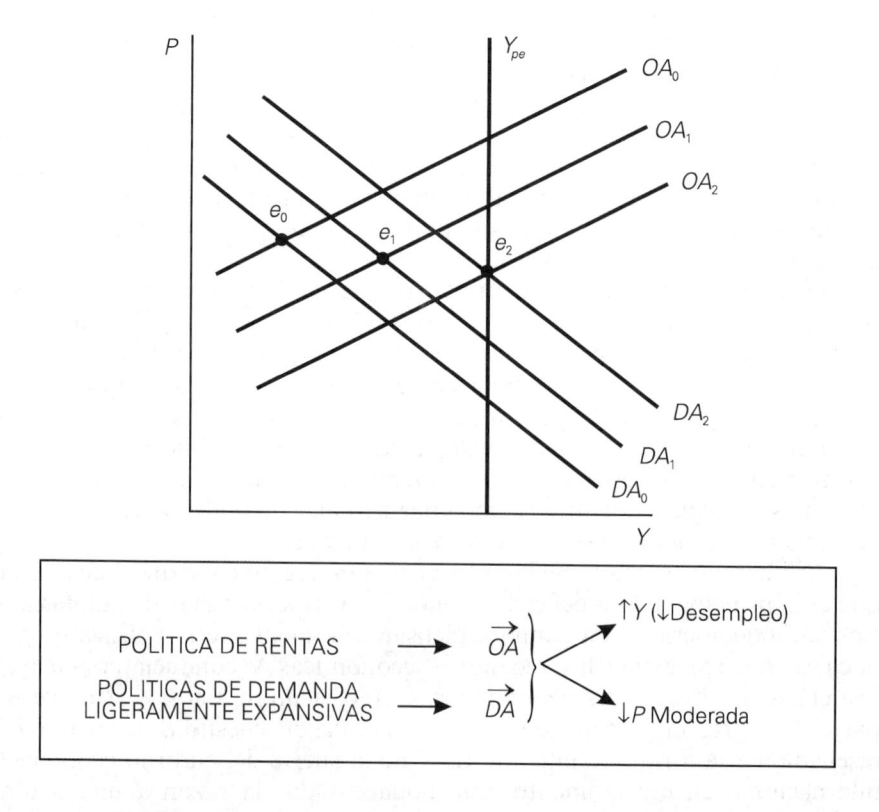

Gráfico 11.5. La política económica contra la estanflación.

La política de demanda a su vez puede ser monetaria, fiscal, o ambas a la vez. Aumentar muy ligeramente la Base monetaria relajaría el tipo de interés y animaría la inversión, pero si el mecanismo de transmisión falla puede provocar inflación más que crecimiento. La política fiscal de gasto público es más conveniente, pero provoca déficit y consolida el gasto para períodos posteriores. También es posible combinar ambas, haciendo una política fiscal expansiva y monetaria restrictiva (*crowding out*), o bien una política fiscal restrictiva y monetaria expansiva (*crowding in*), que garantice que la inflación no rompa la política de rentas.

De estas estrategias debe resaltarse que la política de rentas es la fundamental. La política de demanda simplemente es acomodante y ayuda a que el ajuste sea más suave y rápido, y el sacrificio salarial más pequeño y llevadero.

EL LARGO PLAZO Y LA PRODUCCION DE PLENO EMPLEO

Para completar el modelo queda tan sólo plantear el efecto de las alteraciones a largo plazo. Los cambios de la población activa, la innovación tecnológica, las variaciones del stock de capital, la mejora de la formación profesional y las reducciones de la jornada laboral son algunas de estas alteraciones a largo plazo.

Estos cambios drásticos acontecen cuando el horizonte temporal del análisis del entorno económico excede al corto plazo. En el largo plazo todo es posible; un país puede pasar de mantener una situación de privilegio en el entorno internacional, a iniciar un señalado declive, o a caminar desde el subdesarrollo hacia la riqueza y la elevación de la renta per cápita de sus habitantes.

Las variaciones descritas por lo general aumentan el potencial de producción del país. Como se muestra en el Gráfico 11.6, *es la recta de pleno empleo Y_{pe} la que se desplaza* hacia la derecha (Y'_{pe}). El punto e_0, que era de equilibrio a corto y largo plazo, sigue siendo de equilibrio a corto, pero no a largo plazo, después del desplazamiento de la recta de pleno empleo. El desplazamiento ha podido deberse a un incremento de la población activa debido a la mayor incorporación de la mujer al mercado de trabajo, o a la incorporación a la población activa de los jóvenes, por una disminución del período de escolaridad o reducción de la duración del servicio militar. Su efecto inmediato es el desempleo. En el ajuste a largo plazo teórico (punto e_n), los salarios deberían moderarse para dar entrada a los nuevos trabajadores en la población ocupada, pero como sabemos el ajuste será lento.

Si las pirámides de población indican que la población juvenil entrará masivamente en el mercado de trabajo, hay que aguantar el desempleo hasta que el ajuste se inicie, o anticiparse con políticas de oferta a las nuevas condiciones estructurales. Un marco laboral que permita la contratación de trabajadores sin experiencia y un pacto de rentas que favorezca el empleo

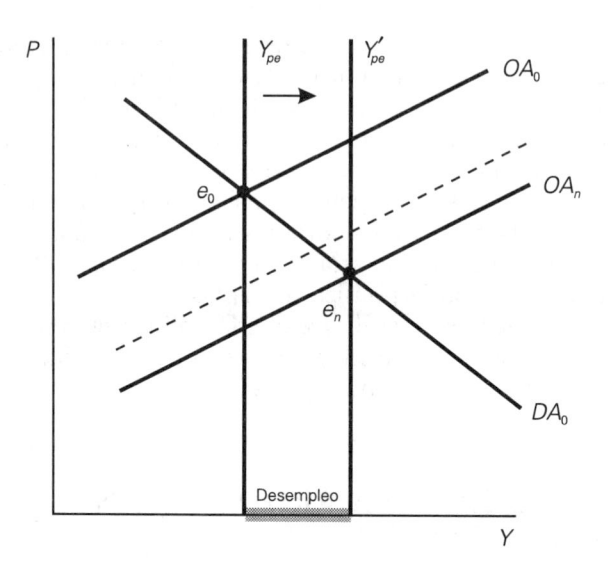

Gráfico 11.6. Los cambios a largo plazo.

juvenil sería la estrategia adecuada. Paralelamente, una política de demanda expansiva muy moderada ayudaría al ajuste final.

Indudablemente, la recta Y_{pe} se desplaza año tras año hacia la derecha, por regla general, debido a los incrementos de la población activa, al aumento del stock de capital, a la utilización de tecnología más avanzada y a la mejora de la gestión empresarial. En este proceso, unas relaciones productivas que provoquen shocks de oferta adversos pueden originar altas tasas de desempleo y una situación difícil de invertir con políticas exclusivamente de demanda.

¿ES NUESTRO MODELO CLASICO O KEYNESIANO?

El modelo que hemos expuesto es un intento de síntesis que permite explicar los problemas económicos de hoy, pero que a su vez puede también dar entrada a los supuestos clásicos y keynesianos.

En el Gráfico 11.7 presentamos estos casos. El *caso keynesiano* considera que los precios no varían mucho a corto plazo: las empresas serían precio aceptantes. Esto podemos plantearlo en el gráfico mediante una curva de OA completamente horizontal. En este supuesto, la política de demanda es totalmente eficaz. Si partimos de una situación de desempleo (e_1), con una política de demanda suficientemente expansiva, alcanzamos el pleno empleo (e_2) sin dificultad y sin subida de precios. El tirón de la demanda afecta exclusivamente a la producción y no a los precios.

La Oferta y la Demanda Agregadas (II) 245

SUPUESTO KEYNESIANO

SUPUESTO CLASICO

$\uparrow DA \rightarrow \uparrow Y$

$\uparrow DA \rightarrow \uparrow P$

$\uparrow DA \rightarrow \begin{cases} \uparrow Y \\ \uparrow P \end{cases}$

Gráfico 11.7.

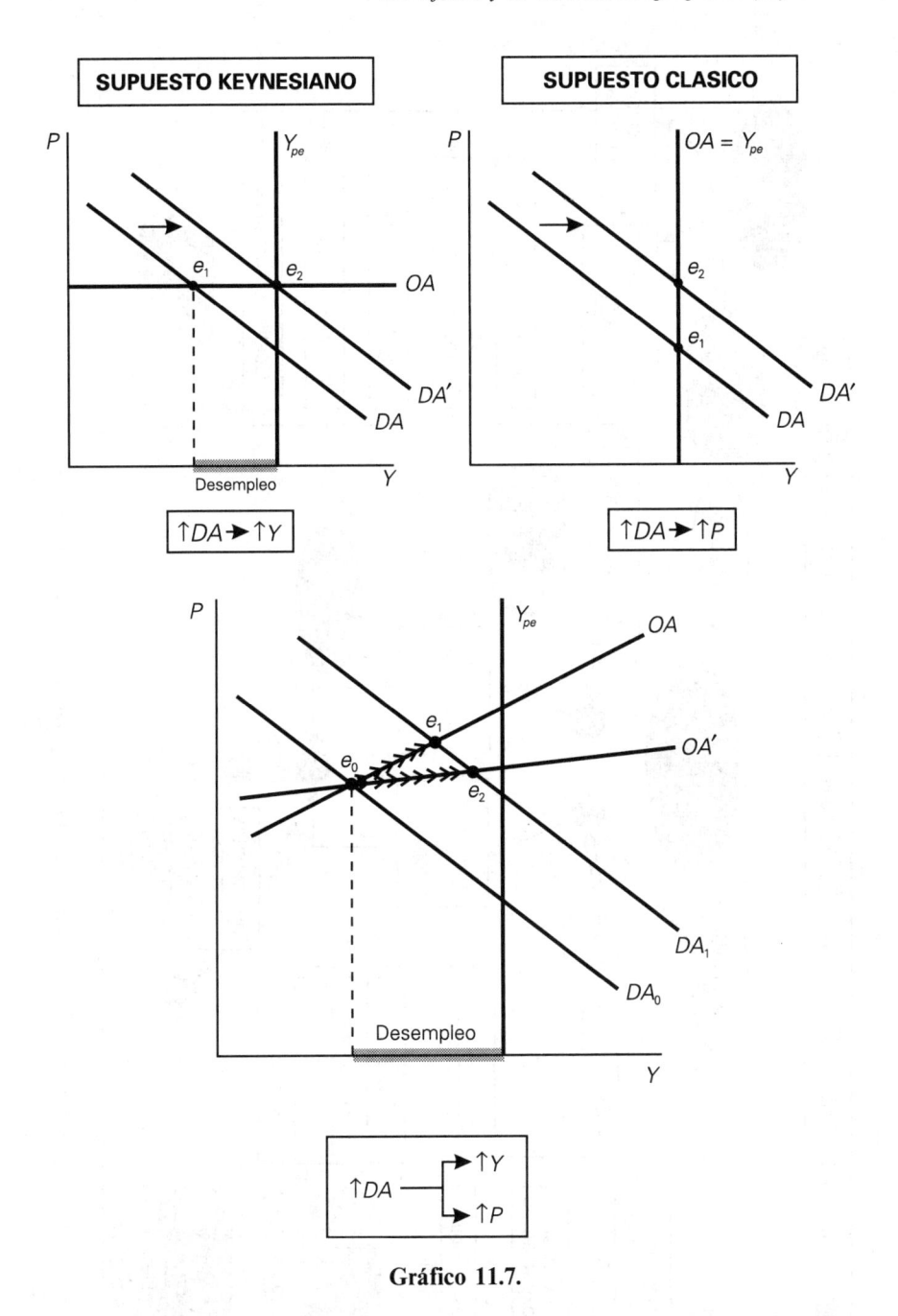

En cambio, en el *caso clásico* la perfecta movilidad de precios y salarios permite el inmediato ajuste del mercado de trabajo, y siempre estamos en pleno empleo. La curva de Oferta Agregada a corto plazo (*OA*) es completa-

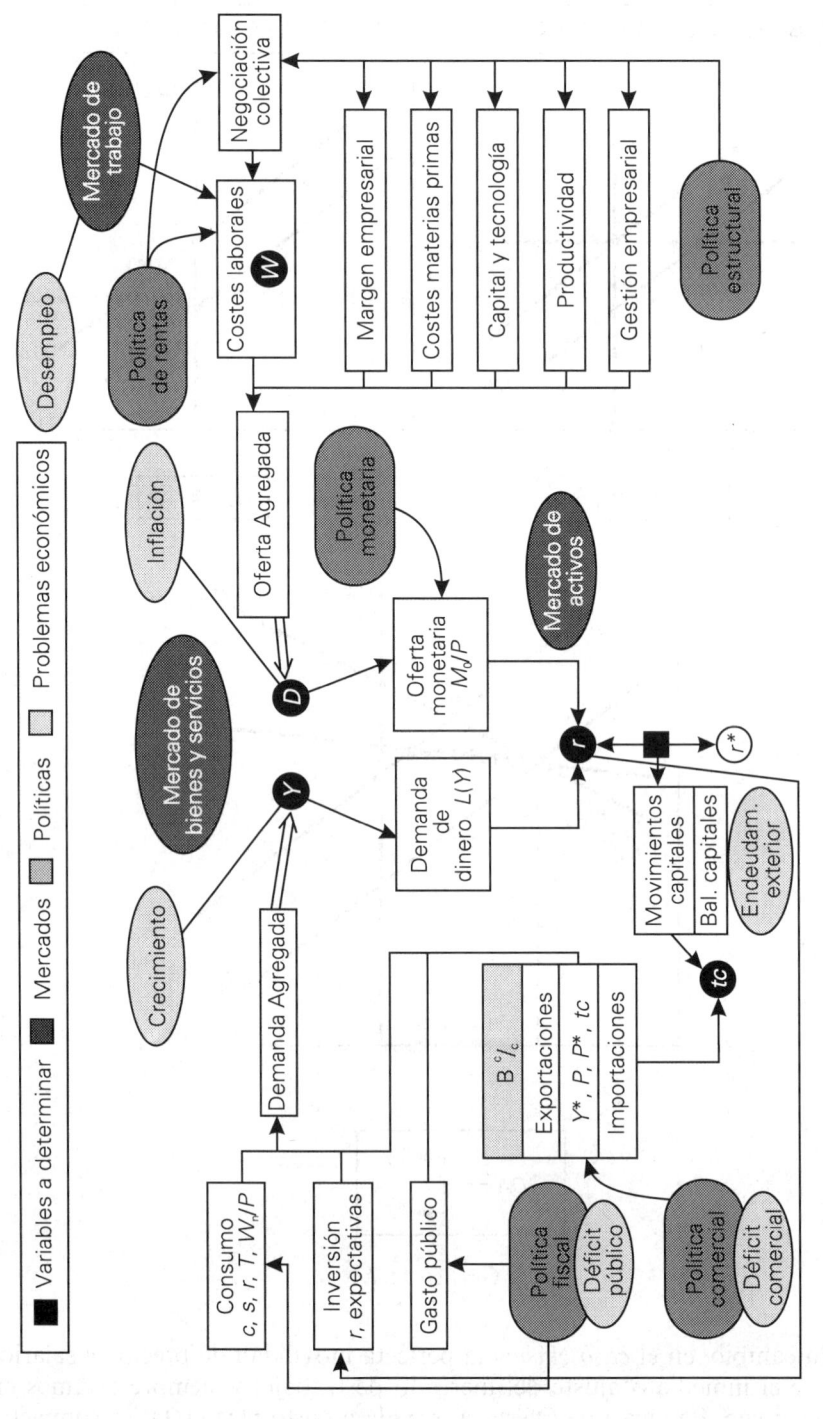

246 *Análisis del entorno económico de los negocios*

Cuadro 11.1. El modelo de Oferta y Demanda Agregadas.

mente vertical y coincide con la recta de producción de pleno empleo (Y_{pe}), que en cierta medida representa la Oferta Agregada a largo plazo. En el caso clásico cualquier expansión de demanda no tiene incidencia alguna en la producción —ya en pleno empleo—, y se transmite íntegra hacia los precios.

De ambos supuestos, además de comprender que nuestro modelo es una síntesis entre posturas encontradas, debemos aprender que el mayor impacto de una política de demanda sobre la producción o los precios dependerá de la pendiente de la OA. En la parte inferior del Gráfico 11.7 exponemos esta consecuencia. En el punto e_0, para combatir el desempleo se lleva a cabo una política de demanda expansiva (desplazamiento de la DA desde DA_0 hasta DA_1). Según la curva de Oferta Agregada tenga más pendiente (OA) o menos (OA'), la incidencia de esta expansión de la demanda afectará más a los precios (punto e_1) o a la producción (punto e_2).

Si la curva de Oferta Agregada tiene mucha pendiente (OA) significa que el componente cíclico fuerza al alza los salarios ante cualquier intento de producir más. Por lo general, la inflexibilidad del mercado de trabajo será la causa de esta repercusión en los precios. En cambio, una curva más plana (OA') representa un mercado de trabajo más flexible, que no reacciona con fuertes subidas de salarios ante la mayor demanda de trabajo. La pendiente de la curva de OA puede indicar, por tanto, la eficacia de la política de demanda contra el desempleo o la inflación. La reforma del mercado de trabajo es una política estructural que puede ayudar a facilitar los ajustes sobre una curva de oferta más plana, es decir, más keynesiana.

EL FUNCIONAMIENTO COMPLETO DEL MODELO

Para finalizar exponemos un esquema completo del funcionamiento del modelo de OA-DA, para que sirva de recordatorio del equilibrio conjunto de los mercados de bienes, activos y trabajo.

En el Cuadro 11.1 aparecen los mercados, las variables a determinar, las políticas económicas y los problemas económicos fundamentales. La comprensión del modelo permitirá al lector llevar a cabo el análisis del entorno económico, puesto que podrá precisar a qué componente del modelo afectaría cualquier perturbación, y los efectos que produciría a corto y a largo plazo sobre el conjunto de la economía.

NOTA BIBLIOGRAFICA

No suele ser fácil encontrar bibliografía complementaria a este capítulo; el capítulo 31 de FISCHER, DORNBUSCH y SCHMALENSEE: *Economía* (McGraw-Hill, 1990) y los capítulos 37, 38, 40 y 41 de LIPSEY: *Introducción a la Economía Positiva* (Vicens Vives, 1991) pueden considerarse los más adecuados.

CAPITULO 12

LOS PROBLEMAS ECONOMICOS: DESEMPLEO, INFLACION, DEFICIT Y COMPETITIVIDAD

En este último capítulo utilizaremos todo el instrumental expuesto para volver a plantear los grandes problemas de la economía. En las últimas páginas aplicamos el modelo a los problemas más recientes de la economía española y apuntamos algunas razones de la crisis internacional.

EL DESEMPLEO

El *desempleo* afecta a aquellas personas de la *población activa* (constituida por quienes están en edad de trabajar y desean trabajar) que no forman parte de la *población ocupada*, que son los que están trabajando. Un parado es una persona que, formando parte de la población activa, responde a las encuestas de desempleo afirmando que no trabajó la semana pasada y buscó trabajo las cuatro semanas anteriores.

El desempleo es el principal problema económico, y su crecimiento se debe a que los flujos de entrada en la población desempleada son superiores a los de salida. El Esquema 12.1 sistematiza estas relaciones. La *población no activa* está formada por los ancianos, las amas de casa, los niños y aquellas personas que temporal o permanentemente no desean trabajar. Este grupo se reduce cuando se producen entradas tanto en la población ocupada como en la población desempleada. Aumenta con los jubilados, las salidas temporales y los desanimados —trabajadores que están en desempleo y viendo que no encuentran trabajo dejan de buscarlo.

Las relaciones entre la *población ocupada* y la *población desempleada* son igualmente fáciles de entender a la vista del citado esquema. Quizá convenga advertir que el aumento de desempleados puede deberse a la entrada en un ciclo recesivo, pero también a cambios estructurales o institucionales. La incorporación masiva al mercado de trabajo de la mujer eleva el desempleo por encima de cualquier razón cíclica. Si se retrasa la edad de jubilación o se

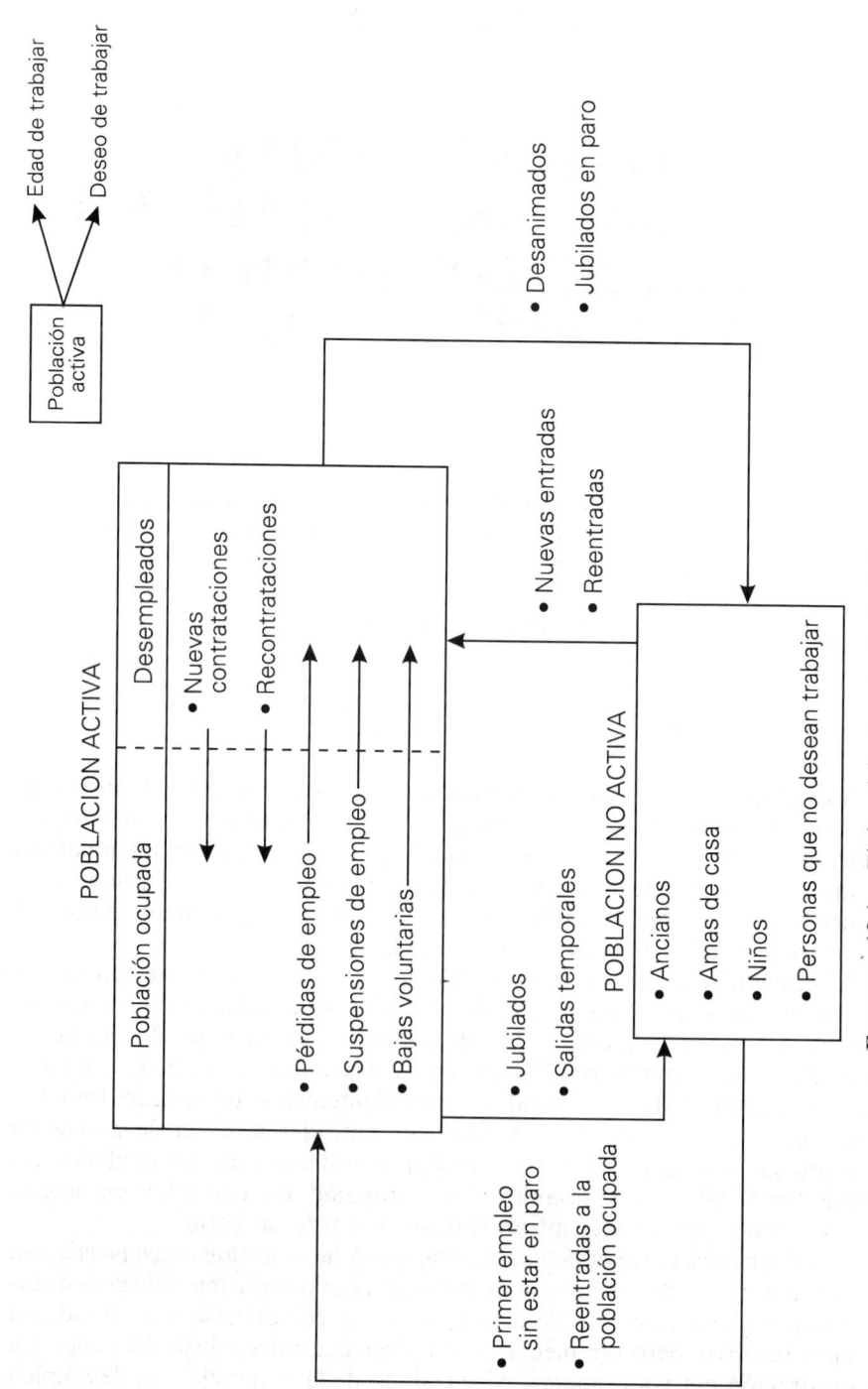

250 *Análisis del entorno económico de los negocios*

Esquema 12.1. Flujos del mercado de trabajo.

adelanta la edad de incorporación al mercado de trabajo, el desempleo también crece. Reducir el período del servicio militar o los años de formación universitaria tiene el mismo efecto. Si una sociedad pasa de ser una economía agraria a una economía de servicios o industrial, elevará el desempleo agrario a la vez que se demandan nuevos empleos en sectores para los que la mano de obra no está cualificada. Por último, el fenómeno de los trabajadores desanimados puede confundir en el análisis de coyuntura. Una economía que entra en una profunda recesión puede reflejar el dato paradójico de que el desempleo desciende, y a su vez cuando empieza a salir de la recesión el desempleo empieza a crecer rápidamente. Las personas que buscan empleo y saben que en plena recesión no lo van a encontrar abandonan la búsqueda y dejan de pertenecer a los parados según las estadísticas. En cambio, cuando detectan que la economía va mejor se apuntan rápidamente en las oficinas de empleo y el desempleo crece aunque la economía está creciendo.

El estudio del desempleo de una economía debemos hacerlo aproximándonos a la distribución del mismo por edad, sexo, regiones, razas, sectores productivos. El desempleo en la actualidad suele afectar más a los jóvenes, a las mujeres, a la población de zonas geográficas deprimidas, a la población marginal por razones étnicas, o a la del medio rural. La formación de estas personas suele ser inadecuada y su trabajo es de escasa productividad. Será difícil que se adapten a un sistema competitivo moderno, y si no encuentran la forma de adquirir el capital humano que necesitan mediante la formación adecuada permanecerán en el desempleo por tiempo indefinido. La *duración del desempleo* es una cuestión fundamental. Si en una economía una parte importante de la población está en paro, pero por poco tiempo, debido a que existe una rápida rotación porque las empresas se ajustan muy rápidamente a los cambios, y el mercado laboral es muy flexibe y responde a estos ajustes, el problema no es relevante. Esta clase de desempleo se denomina *desempleo friccional*, y es diferente de la existencia de una parte de la población que lleva en paro años y no tiene ninguna esperanza de encontrar trabajo (*desempleo estructural*).

El desempleo estructural es el problema más serio de una economía y de un país. Son personas que se autoconsideran inútiles, que observan la riqueza de sus vecinos y que no tienen ni esperanza ni posibilidad de encontrar trabajo. Su marginalidad les hace aproximarse a la delincuencia y a la droga y aún son más marginados por el resto de la población, que ve además que sus impuestos suben para pagar seguros de desempleo, prestaciones sociales y sanitarias, y sueldos de nuevos policías para combatir la delincuencia ciudadana. Es un círculo de pobreza y marginación muy dañino, que justifica políticas de redistribución de la riqueza.

El *seguro de desempleo* y las *prestaciones sociales gratuitas* son los instrumentos que intentan paliar la situación de esta parte de la población. Nadie discute la necesidad de estos gastos públicos y, sin embargo, se observa una paulatina disminución de estas prestaciones y una tendencia a limitar las ayudas a una parte más reducida de la población.

Indudablemente, estos gastos *disparan el déficit público*, y cuando la economía entra en recesión mantiene alta la *DA* y presionan sobre los precios impidiendo la necesaria moderación de los salarios para superar la fase baja del ciclo.

También piensan algunos que estas ayudas *restan incentivos para trabajar y animan a los empresarios a despedir a trabajadores*. Las personas que están cobrando el seguro de desempleo valoran más las horas de ocio, puesto que *eleva el salario de reserva* que expresa la relación ocio/trabajo, y exigen altos salarios para volver a trabajar. Alargan más el período de búsqueda de empleo, despreciando algunos empleos que consideran no del todo adecuados para su cualificación. Además, puesto que se suele exigir para recibir el seguro de desempleo y las prestaciones sociales estar apuntado en las oficinas de desempleo, *aumenta la tasa oficial de desempleo* (parados/población ocupada).

Estas prestaciones, socialmente justificadas, alimentan también determinadas corruptelas que han ido conformando en algunos países un auténtico sector económico paralelo: la *economía sumergida*. La economía sumergida supone una dura competencia para las empresas que pagan sus impuestos, y las anima a sumergir alguna faceta de la producción. Hacer salir a la superficie a la economía sumergida requiere un esfuerzo enorme y global, con medidas sancionadoras para empresarios y trabajadores, a la vez que una corrección estructural del sistema impositivo sobre las empresas y la financiación de los gastos sociales, para eliminar los incentivos hacia esta economía paralela.

La tasa natural de desempleo

Todos estos factores conducen a que se piense que el seguro de desempleo eleva la *tasa natural de desempleo*, es decir, aquel nivel de desempleo que consideramos coexistente con el pleno empleo, o dicho de otra forma, la tasa de desempleo que si se quiere reducir acelera necesariamente la inflación *(NAIRU)*.

El Gráfico 12.1 puede resultar explicativo de las clases de desempleo y los problemas para reducir la *TNP*.

En el recuadro superior del Gráfico 12.1 representamos la curva de *productividad del factor trabajo*, que relaciona las horas de trabajo con la producción obtenida si el resto de los factores productivos (capital principalmente) no se altera. La curva tiene esa forma para significar que si seguimos contratando trabajadores, la producción se incrementa cada vez menos, puesto que hay una limitación física al incremento de la producción debido a que el capital y los otros factores permanecen constantes (ésta es la denominada ley de los rendimientos decrecientes).

Esta curva nos permite pasar de los niveles de producción a los de empleo, como intentamos hacer en la parte inferior del Gráfico 12.1. En él representamos el modelo de *OA-DA*, que se encuentra en el equilibrio e_0,

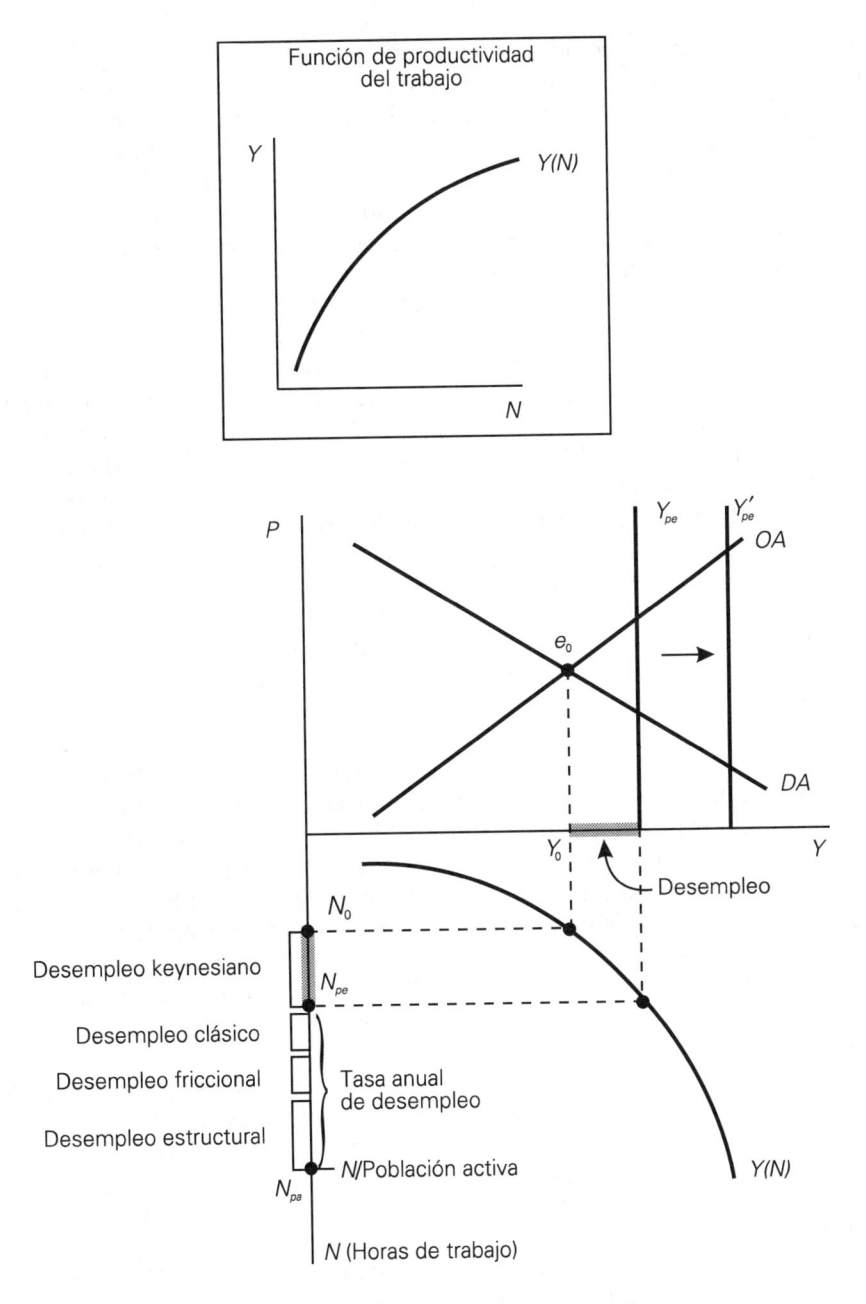

Los problemas económicos: desempleo, inflación, déficit y competitividad **253**

Gráfico 12.1. Tasa natural de desempleo.

inferior al nivel de pleno empleo (Y_{pe}). En la parte inferior de este cuadro, la función de productividad del trabajo (girada para que los ejes coincidan) indica que el nivel de empleo N_{pe} se corresponde con la producción de pleno empleo Y_{pe}. También se observa en el gráfico que el equilibrio e_0 implica un nivel de producción Y_0 inferior al pleno empleo y, por consiguiente, con desempleo. Las horas de trabajo correspondientes a este desempleo serían la diferencia entre N_{pe} y N_0. Este desempleo tiene una razón cíclica: es debido a la recesión y tiende a eliminarse a largo plazo. Se podría eliminar con un incremento de demanda si no importara un poco de inflación. Por eso a este desempleo se le denomina *desempleo keynesiano, de demanda o cíclico*.

Junto a él existen otras tres clases de desempleo, que aparecen igualmente reflejadas en el eje de horas de trabajo. El *desempleo clásico* se debe a que los salarios legales mínimos son muy altos; hay personas que estarían dispuestas a trabajar a salarios inferiores, pero nadie contrata legalmente con estos salarios. Son personas sin cualificación, poco productivas, jóvenes sin experiencia en su primer empleo, que los empresarios no contratan al salario mínimo y que al permanecer fuera de la población ocupada nunca adquieren la experiencia y formación necesarias para ser productivos.

Junto al desempleo clásico, el *desempleo friccional* y el *desempleo estructural* ya estudiados componen la diferencia entre las horas de trabajo necesarias para alcanzar la producción de pleno empleo (Y_{pe}) y el *volumen potencial de horas de trabajo de la población activa* (N_{pa}). Esta suma del desempleo clásico, friccional y estructural es lo que denominamos *tasa natural de desempleo*, que puede variar considerablemente de un país a otro y alcanzar cifras preocupantes.

Hay que tener en cuenta que, por lo general, conocemos la tasa de desempleo de una economía, pero desconocemos el nivel de la *TND*. Si pensamos que la *TND* debe coincidir con el nivel de empleo potencial de la población activa (N_{pa}), entonces nuestro objetivo es alcanzar un desempleo cero, y si para ello utilizamos políticas de demanda expansivas continuadas lograremos antes una hiperinflación que eliminar el desempleo por completo. El problema es estimar cuándo estamos en pleno empleo, de ahí el concepto de desempleo que no acelera la inflación. Hay economías que tienen su *NAIRU* en un 6 ó 7 por 100 de la población activa, que es lo considerado normal, y otras en un 15 ó 20 por 100, que son cifras ante las cuales no se puede permanecer impasibles.

Siempre hay desempleo friccional, clásico y estructural, y en ocasiones acompañados de desempleo keynesiano, pero mientras este último se elimina al salir de la recesión, los otros persisten. Si son reducidos no deben preocupar. Siempre hay empresas que cierran, trabajadores que no están cualificados, personas que quieren incorporarse al mercado de trabajo, jóvenes que terminan sus estudios, etc. Pero si son pocos y la duración de su paso por el desempleo es pequeña, es mejor no intervenir demasiado en un mercado que parece funciona eficientemente.

Sin embargo, cifras de desempleo persistentes de dos dígitos indican que el mercado de trabajo no asigna bien los recursos. Quizá el salario mínimo sea alto en relación con la formación de los desempleados y la productividad de las empresas, y sea conveniente fijar salarios mínimos inferiores o contratos especiales para los más jóvenes. Seguramente la ineficiencia del mercado de trabajo se deba a que existe una oferta de trabajo dual, en la que trabajadores muy cualificados compiten con otros sin formación alguna. Si la formación profesional es anticuada y no está al alcance de todos, la *TND* será alta. La regulación laboral puede también restar flexibilidad y eficiencia al mercado de trabajo. Condiciones de trabajo injustificadamente exigentes, altos costes de despido, un sistema contractual restrictivo, diferencias importantes entre los salarios y los costes laborales que incluyen las cotizaciones a la Seguridad Social de las empresas aumentan también la *TND*, al igual que lo hace el seguro de desempleo y las prestaciones sociales.

Una política que intente disminuir la *TND* tiene carácter estructural y requiere cambiar todo el sistema de relaciones laborales normativo que rige el mercado de trabajo. Su efecto sobre nuestro modelo sería desplazar hacia la derecha la Y_{pe}. Reduciría la *TND*, pero a corto plazo aumentaría el desempleo keynesiano o cíclico. El pacto social que requiere esta política podría fracasar si los agentes sociales no saben que los resultados se verán en el medio y largo plazo y siempre que no se produzcan subidas salariales.

El desempleo y la productividad: la Ley de Okun

El desplazamiento hacia la derecha de la Y_{pe} nos debe sugerir igualmente que dicho desplazamiento puede deberse no a disminuciones de la *TND*, sino a aumentos de la productividad del trabajo. Año tras año se producen amortizaciones de capital que incorporan equipos de más avanzada tecnología y más productivos. La demanda de inversión aumenta igualmente el stock de capital y la producción potencial de la economía. Si partiendo de una posición de equilibrio con pleno empleo como indica el punto e_0 del Gráfico 12.2 la economía incrementa el nivel potencial de la producción, el nivel de empleo correspondiente a e_0 se irá alejando del pleno empleo y el desempleo será cada vez mayor.

Okun señaló que una economía necesitaba crecer cada año entre un 2,5 y un 3 por 100 para mantener el empleo. Crecer un 1 por 100 según su ley es aumentar el desempleo. De nada sirve, pues, crecer un año un 6 por 100 y el resto un 0,5 por 100. Es preferible, por tanto, una senda de crecimiento duradera próxima al 3 ó 3,5 por 100 que una economía con grandes altibajos.

La Ley de Okun, además, indica que una vez superado el 3 por 100 para rebajar un punto el desempleo es necesario aumentar dos puntos la producción. Según esta ley, acabar con el desempleo es muy difícil. Si tenemos una tasa de desempleo próxima al 20 por 100 y queremos reducirla en un año al 15 por 100 tendríamos que crecer un 3 por 100 para superar la mejora de la productividad, más un 10 por 100 para reducir cinco puntos el desempleo. Ninguna economía occidental en la actualidad puede crecer en un año un 13 por 100: el sistema productivo no podría adecuarse a este impresionante tirón de la demanda y los precios se dispararían. Creciendo en cambio un 5 por 100 durante cinco años seguidos se podría reducir el desempleo al

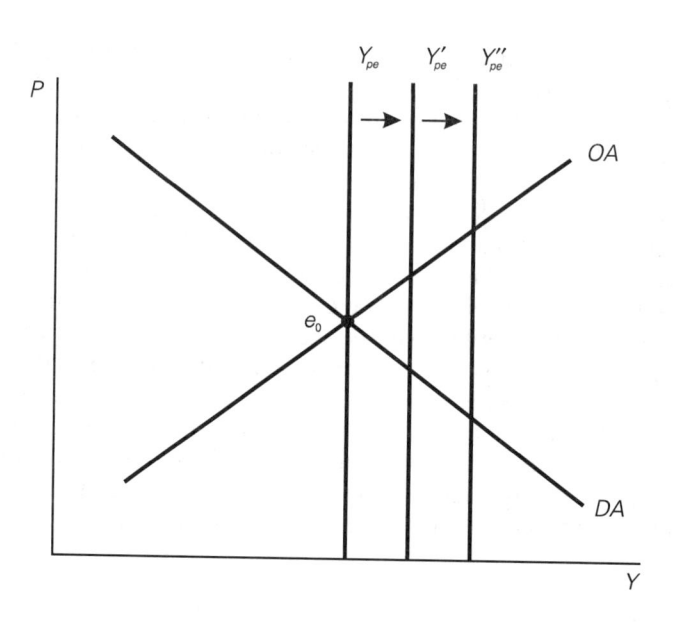

Gráfico 12.2. Desempleo y productividad.

15 por 100, pero cinco años es un período muy largo, y es difícil que en tanto tiempo no ocurra algún shock adverso que rompa la senda del crecimiento sostenido.

LA INFLACION

Junto al desempleo, la inflación es el otro gran problema económico. ¿Es tan perjudicial para la economía? ¿Qué se puede hacer contra la inflación? Estas son las cuestiones que intentaremos responder con brevedad.

Los costes de la inflación

El coste de la inflación dependerá de cómo los agentes económicos acierten en la formación de sus expectativas de precios y de las medidas que tomen para adaptarse. Se suelen diferenciar tres escenarios posibles: cuando la inflación se anticipa perfectamente y los agentes se adaptan; cuando la inflación se anticipa pero los agentes no se adaptan; y finalmente cuando al no anticiparse la inflación no es posible adaptarse y se sufren todos los costes y perturbaciones de la inflación.

Si la *inflación es correctamente prevista* y los agentes *se adaptan*, los costes y la inflación son reducidos. Los agentes hacen subir precios y salarios *(indexación o indiciación)* para no perder capacidad adquisitiva. Las tablas de impuestos se desplazan para que los agentes al aumentar sus ingresos nominalmente no salten a tramos impositivos superiores *(deslizamientos)* cuando sus ingresos no han subido en términos reales. El tipo de interés nominal sube para mantener el tipo de interés real[1] y no perjudicar a los ahorradores, ni producir la pérdida de riqueza real de la población. Finalmente, las rentas del mercado de capitales, beneficios y alquileres se ajustan igualmente a las subidas de precios para mantener la capacidad de compra de estos ingresos.

En estos casos, los costes de la inflación no son muy elevados, pero sin duda existen. En primer lugar hay que señalar que con una alta inflación hay que evitar mantener saldos altos de dinero, puesto que se deprecia de un día para otro. Es necesario mantener el saldo de dinero para transacciones en el banco en cuentas de altos tipos de interés nominal, y acudir al banco a sacar dinero cada vez que se efectúa un pago. Este coste, que genera distorsiones en el funcionamiento de la economía y tiene a sus agentes permanentemente preocupados de la gestión de la liquidez, se denomina *coste de suelas de zapatos.*

La alta inflación también obliga a modificar sistemáticamente los precios de todos los bienes para adaptarse a la inflación. Son millones de artículos que deben cambiar sus etiquetas de precios todos los días, y en casos de hiperinflación (inflaciones que superan el 1000 por 100 anual) varias veces al día. Estos *costes de ajuste o menú* afectan también a las transacciones a medio y largo plazo que se realizan en situación de incertidumbre, puesto que no se sabe el precio final de la operación hasta que se efectúa el pago.

Además, y puesto que en procesos inflacionistas no todos los precios varían igual, se producen *alteraciones de los precios relativos.* Es decir, de unos precios en relación a otros. Estos cambios obligan a alterar la combinación de capital, materias primas y trabajo en la producción, e introduce una gran incertidumbre en el sector productivo, que debe estar adaptándose sin descanso a los movimientos de precios relativos.

Finalmente, y lo que es más importante, la inflación *distorsiona el sistema de precios.* Los mercados microeconómicos interpretan normalmente las subidas de precios como una señal de demanda insatisfecha. Los empresarios aumentan en estas condiciones su producción, y cuando esperan venderla a los consumidores, éstos están dispuestos a pagar más precio por los mismos bienes. ¿Qué ocurre?, se preguntan los empresarios. Simplemente que hay inflación. El mercado ha perdido uno de sus principales mecanismos de transmisión de información y, con ello, la asignación de recursos eficiente no queda garantizada por el sistema de mercado.

---

[1] El tipo de interés real (r_r) es igual al tipo de interés nominal (r) menos la tasa de inflación (α) actual o esperada, según el tipo de expectativas que consideremos:

$$r_r = r - \alpha = r - \alpha_e$$

En numerosas ocasiones, los agentes *prevén correctamente la inflación, pero no se adaptan* a ella. Se producen deslizamientos de impuestos, la indiciación o indexación no es correcta, o el tipo de interés nominal no compensa la subida de los precios y el tipo de interés real desciende. En estos casos, a los costes señalados hay que añadir unos *costes de redistribución*, puesto que unos agentes salen perjudicados por el proceso inflacionista en beneficio de otros.

Por lo general, el Estado obtiene más impuestos de forma «silenciosa», perjudicando al sector privado. Los ahorradores comprueban cuando recuperan sus recursos que apenas pueden comprar nada con ellos, en beneficio de los acreedores, que pagan sus deudas con facilidad. Los ricos suelen adaptarse mejor a la inflación que los pobres, que carecen de patrimonio y de la información necesaria para protegerse de la inflación. Por último, los ancianos ven perder el poder adquisitivo de sus pensiones y sus seguros de jubilación.

¿Qué hacer?

Sabemos que el coste de acabar con la inflación es alto. Es necesario que se inicie un proceso de ajuste salarial, que normalmente sólo comienza después de una fuerte recesión. Originar un elevado desempleo para acabar con la inflación es una medida que a nadie le gusta tomar. Además hay que mantener esta política con credibilidad durante bastante tiempo. Las políticas monetaria y fiscal restrictivas constituyen el paso inicial para combatir la inflación. Después la política de rentas puede permitir expandir ligeramente la demanda siempre que los precios permanezcan estables. Si los gastos públicos aumentan por prestaciones al desempleo es necesario reducir otras partidas para que los precios no se disparen, el déficit público no puede monetizarse... Es difícil mantener esta política contra la inflación, y más aún cuando hay posibilidades de adaptarse a ésta que reducen sus costes. Incluso el Estado paga mejor sus deudas con inflación y recauda más impuestos.

Puesto que la inflación beneficia a una parte de la población y las políticas contra la inflación perjudica a muchos, es lógico no encontrar un consenso general para combatir la inflación. Hay quien además piensa que un poco de inflación es bueno para lubrificar el funcionamiento de la maquinaria económica. Sin embargo, la inflación, al margen de los costes de distribución, de los costes de suelas de zapato, de menú y de la alteración de los precios relativos, destruye el sistema de precios, impide la asignación eficiente de los recursos y aumenta la incertidumbre de la economía. Con una inflación alta florecen los negocios especulativos y se resienten los sectores productivos que no se atreven a realizar las inversiones necesarias, ante la incertidumbre que los procesos de inflación conllevan.

Además, si después de hacer el largo y gran esfuerzo necesario para controlar la inflación permitimos que las políticas de demanda vuelvan a disparar la inflación, perderemos credibilidad y legitimación para pedir nuevos sacrificios. Por estas razones, los países occidentales estiman que mantener una tasa de inflación moderada es un objetivo prioritario, y están dispuestos a enfriar la economía y soportar el crecimiento del desempleo, antes que dejar que los sacrificios del pasado para acabar con la estanflación se pierdan y la economía se desestabilice.

¿Por qué siempre hay inflación?

Si por lo general los precios están bastante controlados en las economías occidentales, ¿por qué siempre hay algo de inflación?

No debemos olvidar que la economía aumenta su potencial productivo año tras año por incrementos de productividad, aumento del stock de capital, o aumentos de la población activa. Si la Y_{pe} se desplaza hacia la derecha, como indica el Gráfico 12.3, la DA debe adaptarse al crecimiento de la capacidad productiva para no estrangular el crecimiento económico. Cuando una economía crece se realizan nuevas transacciones y el Banco Central debe ofrecer la liquidez necesaria para facilitar estos nuevos intercambios, puesto que de no hacerlo subiría el interés ante la falta de liquidez, perjudicando a la inversión.

Esta es la razón por la que el Banco Central fija unos objetivos de crecimiento de los agregados monetarios, que estima son suficientes para financiar el crecimiento económico. Naturalmente, la autoridad monetaria

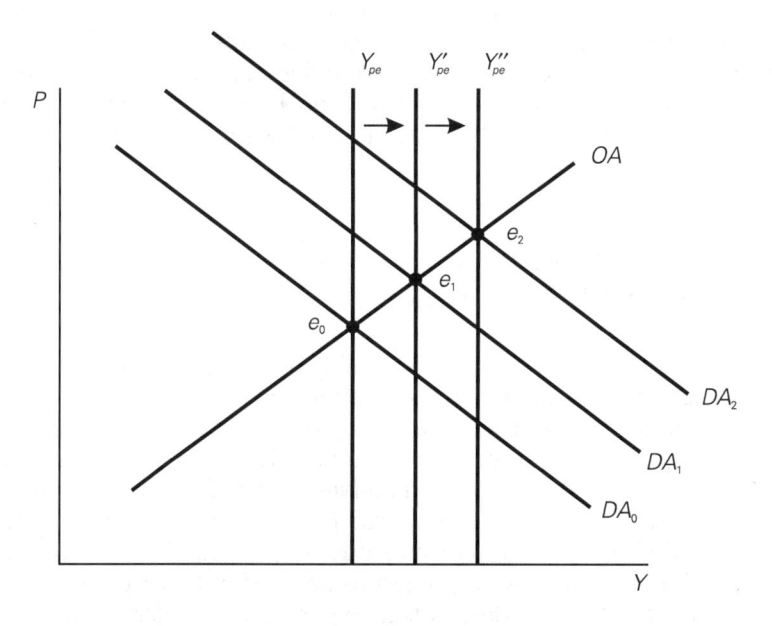

Gráfico 12.3.

no sabe con antelación cuánto aumentará la producción potencial de la economía y puede equivocarse inyectando más o menos liquidez al sistema. Por esta razón, junto a los objetivos de crecimiento de los agregados monetarios, el tipo de interés del mercado de activos determina las necesidades de financiación del sistema y en ocasiones puede obligar al Banco Central a decidir si mantiene sus objetivos de crecimiento de la M_3 o los *ALP1*, o aumenta estos agregados por encima del límite superior de la banda fijada porque el interés está muy alto.

Puesto que el equilibrio del mercado de dinero exigía la igualdad entre la oferta y demanda de saldos reales, podemos alterar un tanto esta condición para explicar mejor la incidencia de la política monetaria sobre la inflación:

$$M_0/P_0 = L_d(Y, r) \quad ; \quad M_0 = L_d \cdot P_0 \quad ;$$
$$\Delta\% M_0 = \Delta\% L_d + \alpha$$

La Oferta monetaria nominal (M_0) es igual en equilibrio a la demanda de dinero por los precios. Al considerar sólo tasas de crecimientos anuales, el incremento en tanto por ciento de Oferta monetaria ($\Delta\% M_0$) tiene que ser igual al incremento en tanto por ciento de la demanda de dinero ($\Delta\% L_d$) más el incremento porcentual de los precios, que es la inflación (α). Esto quiere decir que el crecimiento de la liquidez del sistema va una parte a financiar el crecimiento económico (puesto que L_d depende de Y por motivo transacción) y otra genera inflación. Hacer una política monetaria restrictiva reduce la inflación pero impide el crecimiento. Aumentar la cantidad de dinero de la economía para adecuar la *DA* a los aumentos de la producción potencial también puede filtrarse a la inflación. Y, por supuesto, si los sindicatos están atentos a los objetivos de la política monetaria pueden intentar adaptarse anticipadamente a la inflación y se puede iniciar un proceso inflacionista.

EL DEFICIT PUBLICO
Y LOS SHOCKS DE OFERTA

La inflación, el desempleo y el déficit público han constituido un círculo de empobrecimiento que ha impactado con fuerza en los países occidentales en los años setenta y cuyas secuelas aún hoy día existen. El Esquema 12.2 nos ayuda a comprenderlo. A principios y finales de los años setenta, acontecieron dos importantes shocks de oferta adversos debidos a la fuerte subida del precio del petróleo. La *OA* se desplazó hacia atrás y los precios subieron junto con el desempleo. Hoy sabemos que el ajuste estable requiere moderación salarial, pero entonces los gobiernos decidieron hacer políticas expansivas de demanda contra el desempleo. Expandieron la oferta monetaria o el gasto público, o ambas cosas a la vez. El efecto de estas políticas, como

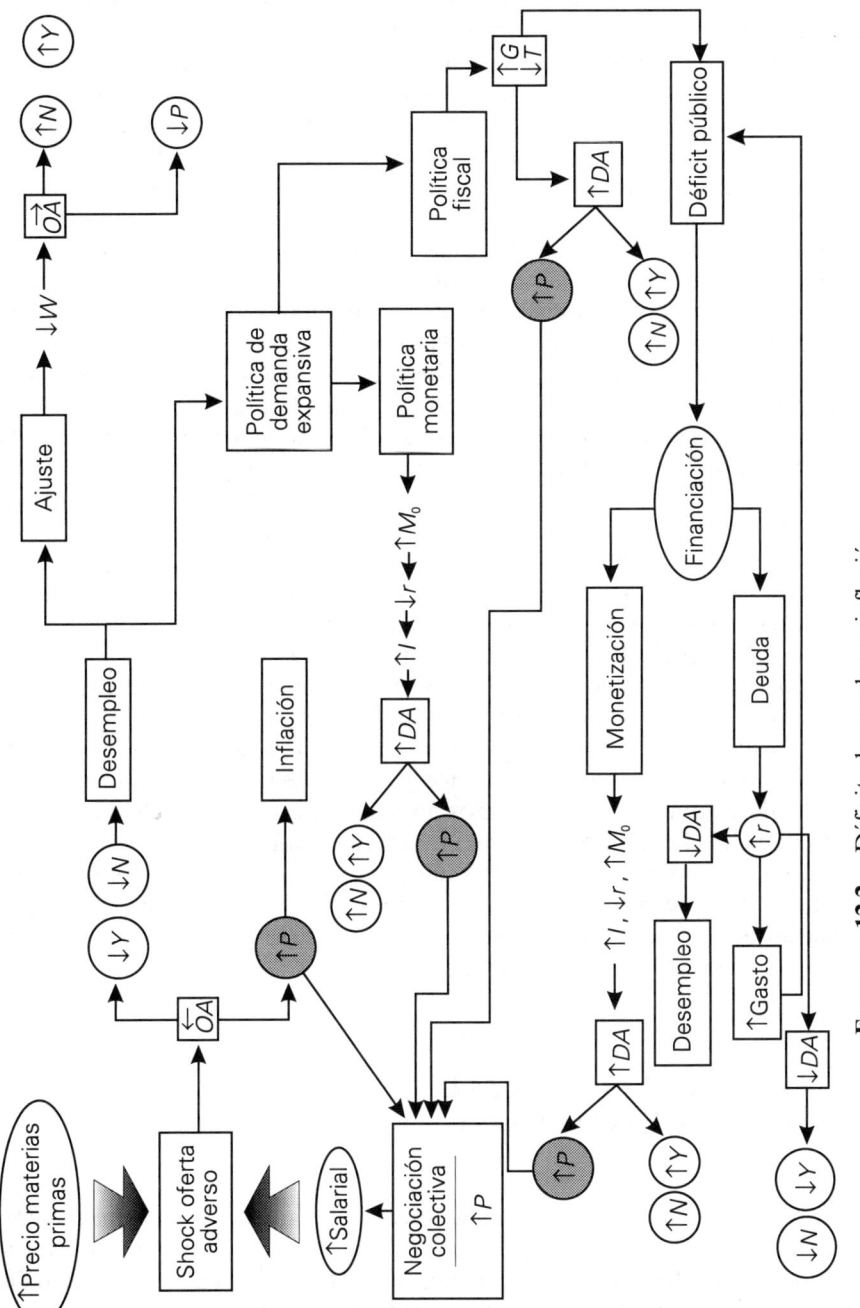

Los problemas económicos: desempleo, inflación, déficit y competitividad **261**

Esquema 12.2. Déficit, desempleo e inflación.

indica el esquema que comentamos, redujo temporalmente el desempleo, pero alimentó nuevamente la inflación. Por su parte, la política fiscal expansiva inició una etapa de continuados déficit públicos, que se financiaron primero monetizando el déficit y volviendo a alimentar la inflación, y después emitiendo deuda pública. Para que la deuda fuera atractiva para los ahorradores subieron sus intereses y cada vez la amortización y el pago de intereses fue acaparando un porcentaje mayor del presupuesto. Cuando los déficit se financiaron por completo mediante deuda pública, los títulos públicos rivalizaron con las acciones privadas, desplomando las Bolsas de Valores y originando *crash* bursátiles. A su vez los altos tipos de interés, impulsados por las restrictivas políticas monetarias posteriores, desalentaron la inversión y las economías dejaron de crecer.

Las diferentes subidas de precios fueron recogidas en el proceso de negociación colectiva, y de esta forma se inició la espiral inflacionista. Salir de ella costó mucho. Las economías tuvieron que hacer profundos cambios estructurales para adaptarse a una energía cara que utilizaban intensivamente. El paro se convirtió en permanente y se exigió al Estado que cubriera con el seguro de desempleo a las personas necesitadas. Se exigió además al Estado que diera educación y sanidad gratuita, que dotara de infraestructuras al país, etc. Los gastos públicos se expandieron, y aunque los impuestos subieron, los Estados se acostumbraron a presentar sus presupuestos con déficit. Después las economías empezaron a salir de la crisis, y cuando estabilizaron sus precios empezaron a crecer. Los déficit se moderaron entonces, pero salvo excepciones no desaparecieron.

En esta nueva recesión que atravesamos los déficit nuevamente han crecido, aunque la estabilidad de los precios asegura que no se iniciará la espiral de estanflación de los años precedentes. Cuando salgamos de esta fase del ciclo, el déficit público seguirá estando ahí y la deuda en circulación se habrá incrementado; necesitaremos, si no hacemos nada para evitarlo, financiar este desequilibrio, y los intereses de los países más endeudados seguirán altos y la inversión baja... Es una historia que se repite, y parece que los gobiernos no pueden evitar.

EL DEFICIT COMERCIAL Y LA COMPETITIVIDAD

El otro gran déficit de la economía, además de endeudar la economía con el exterior, indica las posibilidades de futuro de su sistema productivo. En una economía mundial en la que las empresas de todos los países compiten entre sí y cuando la política comercial apenas permite proteger a los sectores económicos nacionales de la competencia exterior, el déficit comercial y la pérdida de competitividad que refleja se convierten en un problema vital a medio plazo.

La competencia entre las naciones se está llevando a cabo en los mercados, y exige una adaptación permanente a los cambios cada vez más rápidos y profundos que mejore la competitividad de sus economías en relación a las demás. En la lucha por la competitividad las ganancias de unas empresas son pérdidas de otras. Un país que va perdiendo competitividad en todos sus sectores está abocado a devaluaciones permanentes, probablemente a una inflación permanente, y al desempleo resultado de la desindustrialización que se produce ante la falta de competitividad.

¿De qué depende la competitividad?

El Esquema 12.3 nos ayuda a comprender los factores que inciden en la competitividad. La competitividad de una economía depende de tres variables clave: la *productividad*, los *precios* y el *tipo de cambio*.

La *productividad* del trabajo podemos definirla como el valor añadido real obtenido (producción de bienes menos energía y materias primas) en relación al coste total del factor trabajo necesario para producir los bienes (horas de trabajo por el coste de la hora). El aumento de la productividad requiere el aumento del valor añadido, o la disminución de las horas trabajadas o de los costes laborales.

¿Qué podemos hacer para aumentar el valor añadido? La utilización intensiva de capital, una mejor organización empresarial y la innovación tecnológica son las vías directas. Requieren inversión —y por tanto intereses bajos y expectativas favorables— y un tejido empresarial dinámico.

Una mejor organización empresarial y una moderna tecnología son también factores que consiguen disminuir la cantidad de factor trabajo utilizada, además de la formación profesional que eleve el capital humano de la población laboral y de los incentivos necesarios que mejoren la prestación del servicio del factor trabajo.

Reducir los costes laborales obliga a moderar los salarios, a diseñar una negociación colectiva que tienda a este objetivo, a reducir el resto de costes laborales como cuotas de Seguridad Social, etc., y a flexibilizar el mercado de trabajo para que sus rigideces no impidan los ajustes necesarios.

Junto a los factores que inciden en la productividad, los *precios* nacionales deben ser más reducidos que los precios de aquellos países con los que pretendemos competir. La retribución de las rentas salariales, empresariales y del capital serán unos primeros condicionantes, junto al precio de las materias primas y fuentes de energía. La falta de competitividad de los mercados internos puede también generar precios altos y pérdida de competitividad. El conjunto de variables que conforman la *DA*, la *OA* y la Y_{pe} incidirán lógicamente en la determinación de los precios, al igual que la política económica del Gobierno y, por supuesto, las expectativas de inflación de los agentes económicos y las medidas que tomen para adaptarse a estas expectativas.

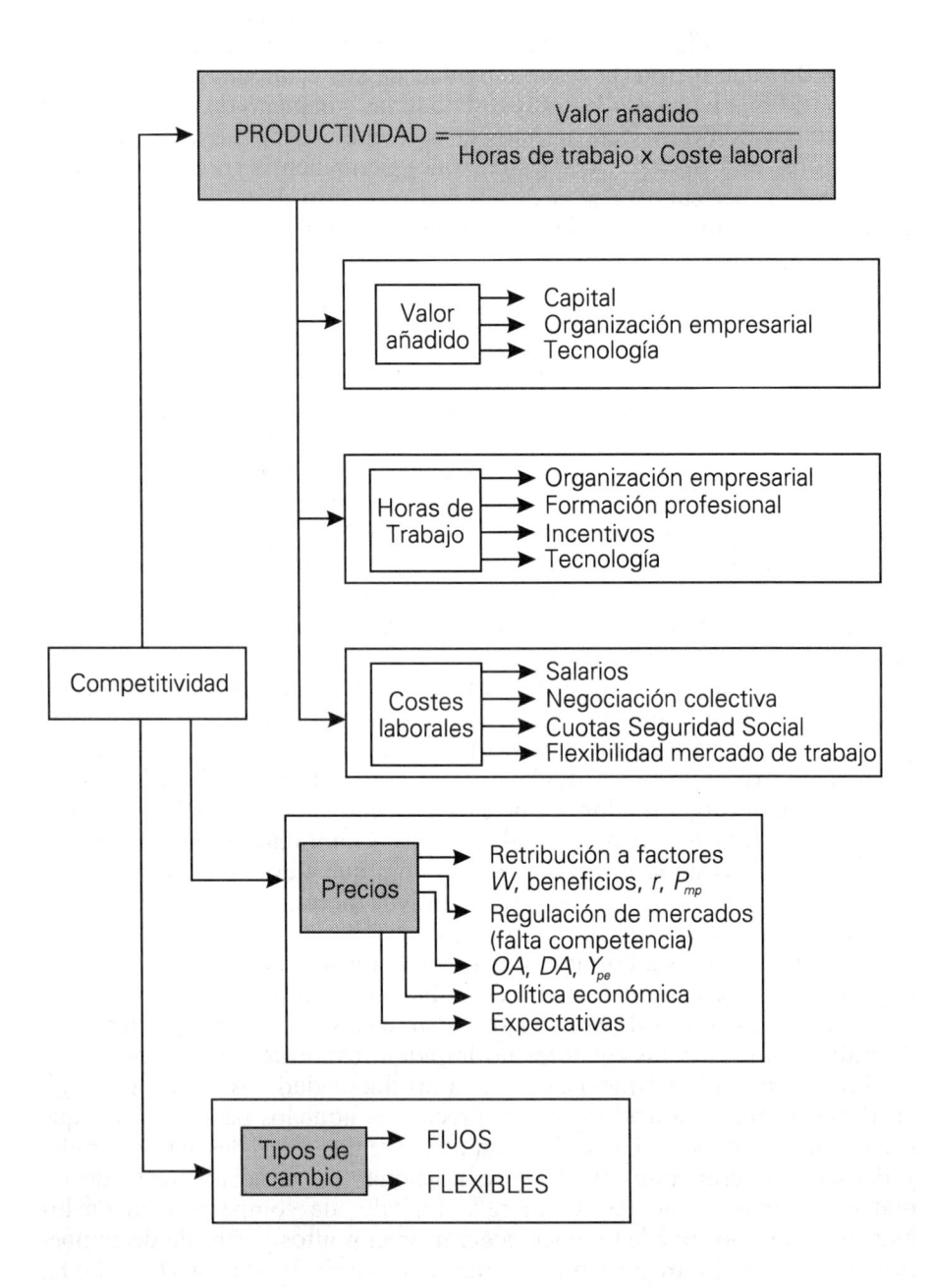

```
                    ┌─────────────────────────────────────────────────┐
                    │                      Valor añadido              │
                    │  PRODUCTIVIDAD = ─────────────────────────────  │
                    │                  Horas de trabajo x Coste laboral│
                    └─────────────────────────────────────────────────┘
```

- **Valor añadido**
  → Capital
  → Organización empresarial
  → Tecnología

- **Horas de Trabajo**
  → Organización empresarial
  → Formación profesional
  → Incentivos
  → Tecnología

Competitividad

- **Costes laborales**
  → Salarios
  → Negociación colectiva
  → Cuotas Seguridad Social
  → Flexibilidad mercado de trabajo

- **Precios**
  → Retribución a factores W, beneficios, r, P_{mp}
  → Regulación de mercados (falta competencia)
  → OA, DA, Y_{pe}
  → Política económica
  → Expectativas

- **Tipos de cambio**
  → FIJOS
  → FLEXIBLES

Esquema 12.3. Factores que inciden en la competitividad.

El *tipo de cambio* es el último factor a considerar. Devaluaciones o depreciaciones del tipo de cambio, según el patrón de cambios sea fijo o flexible, mejoran al menos temporalmente la competitividad. Pero si la productividad de una economía es inferior a la de los países con los que comercia, y sus precios suben más, devaluar sistemáticamente es una política miope que a largo plazo es perjudicial, principalmente si el país en cuestión es muy dependiente del exterior en energía, recursos naturales o bienes de capital. Sin embargo, una devaluación puede ser conveniente en una coyuntura que se plantee seriamente una mejora de la competitividad que incida en la mejora de la producción y la moderación de los precios.

DEFICIT, *CROWDING OUT* Y ENDEUDAMIENTO: ESPAÑA 1987-1992

Una buena forma de estudiar las relaciones entre el déficit público y el comercial puede ser analizar la política de crecimiento seguida por la economía española entre 1987 y 1992 y ver las consecuencias de esta estrategia.

El Esquema 12.4 nos muestra cómo en estos años el Gobierno ha realizado una *política fiscal expansiva* y una *política monetaria restrictiva*. La política fiscal expansiva ha sido el motor del crecimiento económico y la causante de una disminución del desempleo hasta una tasa próxima al 15 por 100 de la población activa, que ha resultado ser la tasa natural de desempleo de la economía española, dado que una vez alcanzada la permanente política fiscal expansiva sólo ha originado una cierta subida de los precios, aunque moderada. La política fiscal expansiva también ha originado un fuerte déficit fiscal menor en los años de crecimiento pero superior al 6 por 100 del PIB cuando la economía ha entrado en recesión. Puesto que no se ha querido monetizar el déficit para no alimentar la inflación, se ha financiado con deuda pública a altos tipos de interés, elevados también por la política monetaria restrictiva.

El control de los agregados monetarios ha permitido controlar la inflación y ha mantenido alto el tipo de interés. Para los mercados internacionales de capitales los activos españoles con sus altos intereses resultaban muy atractivos. Comenzaron a entrar capitales que eran bien recibidos para financiar el déficit público. El cambio de divisas por pesetas para comprar la deuda pública española apreció la peseta y aumentaron nuestras Reservas de Oro y Divisas. Estas mismas entradas de capitales permitían equilibrar nuestra balanza básica y financiar nuestro cada vez más elevado déficit comercial y por cuenta corriente, agravado por la apreciación de la peseta. La incorporación de la peseta al mecanismo de cambios del SME a una paridad tan alta en 1989 consolidó esa situación de déficit exterior, y el plan de convergencia reforzó la política monetaria restrictiva, a la vez que llamó la atención sobre la necesidad de reducir el déficit público.

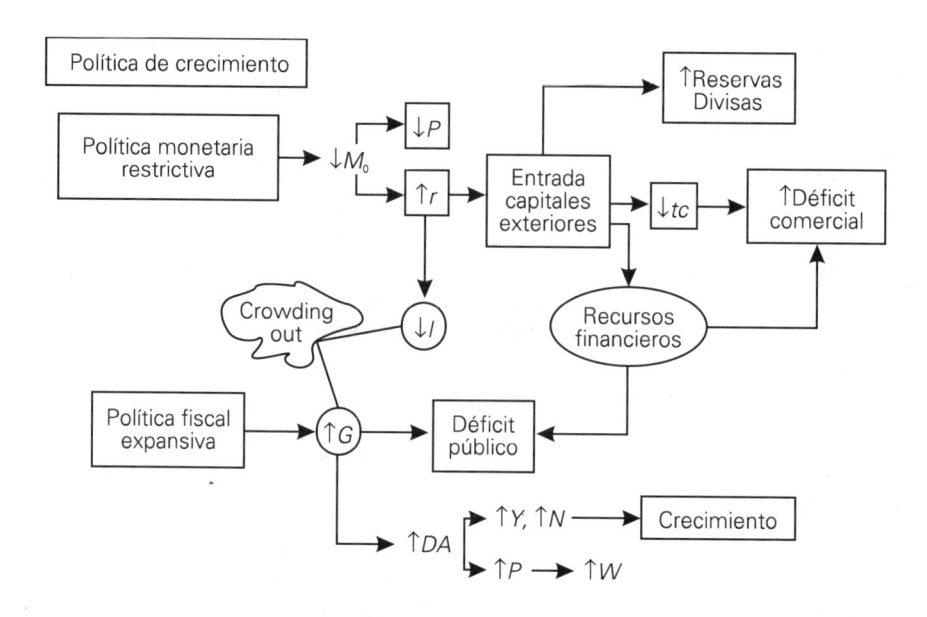

Esquema 12.4. España, 1987-1992.

Mientras, el elevado tipo de interés fue recortando drásticamente la tasa de crecimiento de la inversión, y el tipo de cambio muy apreciado fue dejando sin competitividad al sector industrial y al sector turístico. Las exportaciones cayeron y las importaciones canalizaban hacia el exterior buena parte del tirón del gasto español. Ante el cambio de expectativas y la entrada en recesión, los capitales extranjeros empezaron a buscar activos más solventes y la peseta empezó a pasar apuros para mantenerse en su banda de fluctuación. Las Reservas empezaron a caer y al final tuvo que devaluarse la peseta en tres ocasiones (cuando escribo esto), y la última el 13 de mayo de 1993, ¡jueves!, con todos los mercados financieros abiertos. El plan de convergencia y el deseo del Gobierno de mantener la peseta en el mecanismo de cambio del SME, apostando por entrar en el primer grupo de países que inicien la Unión Monetaria, obliga mientras tanto a mantener la peseta con altos tipos de interés, que desalientan la inversión y resta a la economía de la liquidez necesaria para financiar sus transacciones. La recesión, originada por la coyuntura internacional y agravada por la política seguida, está servida. Durante unos años se consiguieron altas tasas de crecimiento, se vivió por encima de las posibilidades reales de la economía gracias al ahorro extranjero: después la recesión internacional ha puesto las cosas en su sitio. Si el ciclo fue alimentado en su fase alcista, ahora también reflejará este exceso en la recesión.

EL EQUILIBRIO FUNDAMENTAL: EL ORIGEN DE LA CRISIS

Para terminar debemos volver al equilibrio fundamental del flujo circular de la renta:

$$C + S + T = Y = DA = C + I + G + (X - M)$$

y expresado de otra forma, después de simplificar:

$$S + M = I + (G - T) + X$$

El ahorro nacional más los bienes que nos venden otros países (es decir, el ahorro exterior, puesto que son bienes no consumidos por su población) tiene que ser suficiente para financiar la inversión, el déficit público y las exportaciones. Si el ahorro nacional es escaso, como le ocurre a la economía española, y el Estado tiene un fuerte déficit que financiar, los capitales extranjeros son necesarios para financiar la inversión que permite a la economía crecer. Cuando los capitales exteriores buscan otros países, si el Estado mantiene su déficit, el ahorro nacional no llega para financiar el déficit y la inversión; quien ofrezca más altos tipos de interés conseguirá estos recursos. Al final lo consigue el Estado, que le da igual pagar más altos tipos de interés. La inversión cae, la economía deja de crecer y el desempleo aumenta. Si los sindicatos no consienten que los salarios bajen, y permitan moderar los precios y ganar competitividad exterior, la recesión se alarga y no se ve la «salida del túnel».

La ecuación fundamental también nos ayuda a comprender las razones de la crisis actual. Considerando la economía occidental en su conjunto podemos eliminar X y M de la igualdad:

$$S = I + (G - T)$$

El ahorro mundial tiene que financiar la inversión global y el exceso de gasto de los gobiernos. En los últimos años los países occidentales han mantenido altas tasas de inversión y un crecimiendo sostenido de su producción. A su vez, los gobiernos han cerrado casi generalmente sus presupuestos con déficit. ¿Quiénes ahorraban? Los alemanes, los japoneses y una parte de los países productores de petróleo. La economía mundial funcionaba. La guerra de Kuwait requirió los ahorros de los países árabes, primero para financiar la guerra y después para acometer la reconstrucción. Alemania inició su proceso de unificación y no sólo dejó de financiar a otros países, sino que pide financiación internacional ofreciendo activos en marcos a tipos de interés altos. Y como «remate», los países de la Europa del Este se incorporan al mundo occidental, inician un largo y costoso cambio de sistema económico y piden recursos para poder vivir, amenazando con movimientos migratorios sin precedentes. ¿Quién ahorra ahora para financiar todo esto? La falta de ahorros ha encarecido los recursos, el déficit público se ha mantenido —si no aumentado— y la inversión se ha desplomado hipotecando el crecimiento económico para que se siga cumpliendo la ecuación fundamental. Es una recesión profunda debido a un cambio drástico en la financiación de las economías. Algunos pueden vivir por encima de sus posibilidades si los demás le financian el exceso de gasto, pero si todos queremos vivir así, la economía se ajusta y pone a cada uno en su sitio. La ecuación se cumple.

En la actualidad se está inyectando moderadamente liquidez al sistema, los tipos de interés bajan y ayudan a financiar los desequilibrios y a salir de la recesión; pero si no aumentan los ahorros, los precios pueden subir y obligar a realizar nuevas políticas monetarias restrictivas.

NOTA BIBLIOGRAFICA

A pesar del contenido especial de este capítulo pueden consultarse los capítulos 32, 33 y 34 del manual de FISCHER, DORNBUSCH y SCHMALENSEE: *Economía* (McGraw-Hill, 1990) para obtener referencias adicionales.

McGraw-Hill *Le ofrece*

- Administración
- Arquitectura
- Biología
- Contabilidad
- Derecho
- Economía
- Electricidad
- Electrónica
- Física
- Informática
- Ingeniería
- Marketing
- Matemáticas
- Psicología
- Química
- Serie McGraw-Hill de Divulgación Científica
- Serie McGraw-Hill de Electrotecnologías
- Serie McGraw-Hill de Management
- Sociología
- Textos Universitarios

Sí envíenme el catálogo de las novedades de McGRAW-HILL en

☐ Informática ☐ Economía/Empresa ☐ Ciencia/Tecnología
☐ Español ☐ Inglés

Nombre .... Titulación ....
Empresa .... Departamento ....
Dirección .... Código postal ....
Localidad .... País ....

¿Por qué elegí este libro?

☐ Renombre del autor
☐ Renombre McGraw-Hill
☐ Reseña en prensa
☐ Catálogo McGraw-Hill
☐ Buscando en librería
☐ Requerido como texto
☐ Precio
☐ Otros ....

Temas que quisiera ver tratados en futuros libros McGraw-Hill:

....
....
....
....

Este libro me ha parecido:

☐ Excelente ☐ Bueno ☐ Malo

Comentarios ....

Por favor, rellene esta tarjeta y envíela por correo a la dirección apropiada.

ALF

OFICINAS DEL GRUPO IBEROAMERICANO

USA
McGRAW-HILL IBEROAMERICAN GROUP
28 th. floor 1221 Avenue of the Americas
New York, N.Y. 10020

BRASIL
MAKRON BOOKS EDITORA, LTDA.
Rua Tabapua 1105, Sao Paulo, S.P.
Telf.: (5511) 280 66 22
Fax: (5511) 829 49 70

ESPAÑA
McGRAW-HILL/INTERAMERICANA
DE ESPAÑA, S.A.
Apartado Postal 786 F.D.
Edificio Oasis, A - Planta 1.ª - c/Basauri, s/n
28023 Aravaca (Madrid)
Telf.: (341) 372 81 93. Fax: (341) 372 84 67

ARGENTINA, CHILE, PARAGUAY Y URUGUAY
McGRAW-HILL EXPORT ESPAÑA
Apartado Postal 786 F.D.
Edificio Oasis, A - Planta 1.ª - c/Basauri, s/n
28023 Aravaca (Madrid)
Telf.: (341) 372 81 93. Fax: (341) 372 84 67

PORTUGAL
EDITORA McGRAW-HILL DE PORTUGAL, LDA.
Av. Almirante Reis, 59, 6.º, 1100 Lisboa
Telf.: (3511) 315 49 84. Fax: (3511) 352 19 75

COLOMBIA
McGRAW-HILL/INTERAMERICANA
DE COLOMBIA, S.A.
Apartado 81078, Santafé de Bogotá, D.E.
Transversal 42B, 19-77, Santafé de Bogotá, D.E.
Telf.: (571) 268 27 00. Fax: (571) 268 55 67

ECUADOR, BOLIVIA Y PERU
McGRAW-HILL EXPORT COLOMBIA
Apartado 81078, Santafé de Bogotá, D.E.
Transversal 42B, 19-77, Santafé de Bogotá, D.E.
Telf.: (571) 268 27 00. Fax: (571) 268 55 67

VENEZUELA
McGRAW-HILL/INTERAMERICANA
DE VENEZUELA, S.A.
Apartado Postal 50785, Caracas 1050
2da. Calle de Bello Monte entre Boulevard de
Sabana Grande y Avenida Casanova, Caracas
Telf.: (582) 761 64 20. Fax: (582) 761 69 93

MEXICO
McGRAW-HILL/INTERAMERICANA
DE MEXICO, S.A.
Apartado Postal 5-237, México 5, D.F.
Atlacomulco 499-501
Fracc. Industrial San Andrés Atoto,
Naucalpan de Juárez, Edo. de México, 53500
Telf.: (525) 576 90 44. Fax: Ventas (525) 576 08 15

CENTROAMERICA Y CARIBE
McGRAW-HILL EXPORT MEXICO
Apartado Postal 5-237, México 5, D.F.
Atlacomulco 499-501
Fracc. Industrial San Andrés Atoto,
Naucalpan de Juárez, Edo. de México, 53500
Telf.: (525) 576 90 44. Fax: Ventas (525) 576 08 15

Envíe la tarjeta por correo a la dirección apropiada